THE CORPORATION IN
THE 21ST CENTURY

21世纪的公司

现代企业商业运作原理与模式

[英] 约翰·凯 著

刘宝成 译

中信出版集团 | 北京

图书在版编目（CIP）数据

21世纪的公司：现代企业商业运作原理与模式 / （英）约翰·凯著；刘宝成译. -- 北京：中信出版社，2025.8. -- ISBN 978-7-5217-7863-2

Ⅰ.F272

中国国家版本馆 CIP 数据核字第 2025W1J748 号

The Corporation in the Twenty-First Century: Why (Almost) Everything We Are Told About Business Is Wrong by John Kay
Copyright © John Kay, 2024
Simplified Chinese translation copyright © 2025 by CITIC Press Corporation
ALL RIGHTS RESERVED
本书仅限中国大陆地区发行销售

21世纪的公司——现代企业商业运作原理与模式

著者：　　[英]约翰·凯
译者：　　刘宝成
出版发行：中信出版集团股份有限公司
　　　　　（北京市朝阳区东三环北路 27 号嘉铭中心　邮编　100020）
承印者：　三河市中晟雅豪印务有限公司

开本：787mm×1092mm 1/16　　印张：25.75　　字数：376 千字
版次：2025 年 8 月第 1 版　　　　印次：2025 年 8 月第 1 次印刷
京权图字：01-2025-3078　　　　　书号：ISBN 978-7-5217-7863-2
　　　　　　　　　　　　　　定价：78.00 元

版权所有·侵权必究
如有印刷、装订问题，本公司负责调换。
服务热线：400-600-8099
投稿邮箱：author@citicpub.com

"中国道路丛书"学术委员会

学术委员会主任： 孔 丹

委 员（按姓氏笔画排序）：

丁 耘	马 戎	王小强	王绍光	王海运	王维佳
王湘穗	方流芳	尹韵公	甘 阳	卢周来	史正富
冯 象	吕新雨	乔 良	向松祚	刘 仰	刘小枫
刘纪鹏	刘瑞生	玛 雅	苏 力	李 玲	李 彬
李希光	李若谷	杨松林	杨凯生	何 新	汪 晖
张 宇	张文木	张宇燕	张维为	陈 平	陈春声
武 力	罗 援	季 红	金一南	周和平	周建明
房 宁	赵汀阳	赵晓力	祝东力	贺雪峰	聂庆平
高 梁	黄 平	黄纪苏	曹 彤	曹和平	曹锦清
崔之元	梁 晓	彭光谦	韩毓海	程曼丽	温铁军
强世功	蒲 坚	熊 蕾	潘 维	霍学文	戴锦华

编 委 会

主　　任： 孔 丹
执行主任： 季 红

"中国道路丛书"总序言

中华人民共和国成立六十多年以来，中国一直在探索自己的发展道路，特别是在改革开放三十多年的实践中，努力寻求既发挥市场活力，又充分发挥社会主义优势的发展道路。

改革开放推动了中国的崛起。怎样将中国的发展经验进行系统梳理，构建中国特色的社会主义发展理论体系，让世界理解中国的发展模式？怎样正确总结改革和转型中的经验和教训？怎样正确判断和应对当代世界的诸多问题和未来的挑战，实现中华民族的伟大复兴？这都是对中国理论界的重大挑战。

为此，我们关注并支持有关中国发展道路的学术中一些有价值的前瞻性研究，并邀集各领域的专家学者，深入研究中国发展与改革中的重大问题。我们将组织编辑和出版反映与中国道路研究有关的成果，用中国理论阐释中国实践的系列丛书。

"中国道路丛书"的定位是：致力于推动中国特色社会主义道路、制度、模式的研究和理论创新，以此凝聚社会共识，弘扬社会主义核心价值观，促进立足中国实践、通达历史与现实、具有全球视野的中国学派的形成；鼓励和支持跨学科的研究和交流，加大对中国学者原创性理论的推动和传播。

"中国道路丛书"的宗旨是：坚持实事求是，践行中国道路，发展中国学派。

始终如一地坚持实事求是的认识论和方法论。总结中国经验、探讨中国模式，应注重从中国现实而不是从教条出发。正确认识中国的国情，正确认识中国的发展方向，都离不开实事求是的认识论和方法论。一切从实际出发，以实践作为检验真理的标准，通过实践推动认识的发展，这是中国共产党的世纪奋斗历程中反复证明了的正确认识路线。违背它就会受挫失败，遵循它就能攻坚克难。

毛泽东、邓小平是中国道路的探索者和中国学派的开创者，他们的理论创新始终立足于中国的实际，同时因应世界的变化。理论是行动的指南，他们从来不生搬硬套经典理论，而是在中国建设和改革的实践中丰富和发展社会主义理论。我们要继承和发扬这种精神，摒弃无所作为的思想，拒绝照抄照搬的教条主义，只有实践才是真知的源头。"中国道路丛书"将更加注重理论的实践性品格，体现理论与实际紧密结合的鲜明特点。

坚定不移地践行中国道路，也就是在中国共产党领导下的中国特色社会主义道路。我们在经济高速增长的同时，也遇到了来自各方面的理论挑战，例如将改革开放前后两个历史时期彼此割裂和截然对立的评价，再如极力推行西方所谓"普世价值"和新自由主义经济理论等错误思潮。道路问题是大是大非问题，我们的改革目标和道路是高度一致的，因而，要始终坚持正确的改革方向。历史和现实都告诉我们，只有社会主义才能救中国，只有社会主义才能发展中国。在百年兴衰、大国博弈的历史背景下，中国从积贫积弱的状态中奋然崛起，成为世界上举足轻重的大国，成就斐然，道路独特。既不走封闭僵化的老路，也不走改旗易帜的邪路，一定要走中国特色的社会主义正路，这是我们唯一正确的选择。

推动社会科学各领域中国学派的建立，应该成为致力于中国道路探讨的有识之士的宏大追求。正确认识历史，正确认识现实，积极促进中国学者原创性理论的研究，那些对西方理论和价值观原教旨式的顶礼膜拜的学风，应当受到鄙夷。古今中外的所有优秀文明成果，我们都应该兼收并蓄，但绝不可泥古不化、泥洋不化，而要在中国道路的实践中融会贯通。以实践创新推动理论创新，以理论创新引导实践创新，从内容到形式，从理论架构到话语体系，一以贯之地奉行这种学术新风。我们相信，通过艰苦探索、努力创新得来的丰硕成果，将会在世界话语体系的竞争中造就立足本土的中国学派。

"中国道路丛书"具有跨学科及综合性强的特点，内容覆盖面较宽，开放性、系统性、包容性较强。其分为学术、智库、纪实专访、实务、译丛等类型，每种类型又涵盖不同类别，例如在学术类中就涵盖文学、历史学、哲学、经济学、政治学、社会学、法学、战略学、传播学等领域。

这是一项需要进行长期努力的理论基础建设工作，这又是一项极其艰巨的系统工程。基础理论建设严重滞后，学术界理论创新观念不足等现状是制约因素之一。然而，当下中国的舆论场，存在思想乱象、理论乱象、舆论乱象，流行着种种不利于社会主义现代化事业和安定团结的错误思潮，迫切需要正面发声。

经过六十多年的社会主义道路奠基和三十多年的改革开放，我们积累了丰富的实践经验，迫切需要形成中国本土的理论创新和中国话语体系创新，这是树立道路自信、理论自信、制度自信、文化自信，在国际上争取话语权所必须面对的挑战。我们将与了解中国国情，认同中国改革开放发展道路，有担当精神的中国学派，共同推动这项富有战略意义的出版工程。

中信集团在中国改革开放和现代化建设中曾经发挥了独特的作用，它不仅勇于承担大型国有企业经济责任和社会责任，同时也勇于承担政治责任。它不仅是改革开放的先行者，同时也是中国道路的践行者。中信将以历史担当的使命感，来持续推动中国道路出版工程。

2014年8月，中信集团成立了中信改革发展研究基金会，构建平台，凝聚力量，致力于推动中国改革发展问题的研究，并携手中信出版社共同进行"中国道路丛书"的顶层设计。

"中国道路丛书"的学术委员会和编委会，由多学科多领域的专家组成。我们将进行长期的、系统性的工作，努力使"中国道路丛书"成为中国理论创新的孵化器，中国学派的探讨与交流平台，研究问题、建言献策的智库，传播思想、凝聚人心的讲坛。

孔丹

2015年10月25日

目 录

引言
企业在社会中的角色 //III

**第一部分
背景**

1 爱产品，恨企业 //003
2 制药的历史：治疗的例证 //014
3 经济动机 //025

**第二部分
商业简史**

1 机械的企业思维与管理 //039
2 制造业的崛起 //045
3 公司的崛起 //057
4 命运无常 //072
5 制造业的衰落 //078

**第三部分
我们成功的法宝**

1 一切向好 //091
2 商业的精进 //100
3 价值 //107
4 斯坦利·马修斯换乘火车 //115

**第四部分
个人主义时代**

1 财富买不到爱情 //127
2 或许它可以：现代企业理论 //134
3 所有权的神话 //146

　　　　　　　　　　4　公司必须追求利润最大化吗　　//158
　　　　　　　　　　5　偷工减料综合征　　//167
　　　　　　　　　　6　世界上最愚蠢的想法　　//172

第五部分
金融行业的游戏规则
　　　　　　　　　　1　金融业的发展　　//183
　　　　　　　　　　2　交易的艺术　　//190
　　　　　　　　　　3　前景并不乐观　　//198
　　　　　　　　　　4　圣象的陨落　　//207
　　　　　　　　　　5　财务诅咒　　//221

第六部分
21世纪公司的协作与变革
　　　　　　　　　　1　组合与能力　　//231
　　　　　　　　　　2　阿诺德·温斯托克的来信　　//242
　　　　　　　　　　3　麦克尼尔重返巴拉　　//253
　　　　　　　　　　4　空心化企业　　//267

第七部分
21世纪资本论
　　　　　　　　　　1　作为服务的资本　　//279
　　　　　　　　　　2　资本与财富　　//288
　　　　　　　　　　3　现在的资本家是谁　　//300
　　　　　　　　　　4　寻找资本　　//308

第八部分
最好的时代，最坏的时代
　　　　　　　　　　1　模糊是一种特性，而不是缺陷　　//319
　　　　　　　　　　2　后资本主义　　//327

　　　　　　　　　　致谢　　//331
　　　　　　　　　　注释　　//333
　　　　　　　　　　参考文献　　//365

引 言　企业在社会中的角色

> 没有人会把新酒装在老旧的酒囊里，若是这样，酒囊会被胀破，酒就会漏出来，酒囊也糟蹋了。相反，把新酒装在新酒囊里，两样就都保全了。
>
> ——《马可福音》(新国王詹姆士版) 2:22 [1]

1901年，金融家约翰·摩根筹建了美国钢铁公司，这在当时按各种标准来说都属于全球最大的企业。在此两年前，约翰·洛克菲勒将其业务活动整合至一家公司名下，即新泽西标准石油公司（现在的埃克森-美孚公司的前身之一），从而控制了美国约90%的精炼石油产品。钢铁和石油为汽车工业的勃兴奠定了基础，进而促使人们的日常生活以及对商业的看法发生了深刻改变。

在名著《战略与结构：美国工商企业成长的若干篇章》[2]（1962年）中，其作者、商业历史学家艾尔弗雷德·钱德勒讲述了现代管理型公司的兴起，其中包括通用汽车、杜邦（化工领域）、零售商西尔斯-罗巴克，以及新泽西标准石油等商业巨头。这些公司不仅在美国相关行业里独占鳌头，而且不断加快向海外扩张的步伐。其规模如此庞大，以至于营业额超过了许多国家的国民收入。伴随经济实力的壮大，这些商业帝国的政治影响力与日俱增，其经济实力和政治权力的结合似乎可以确保其霸主地位长盛不衰。

但事实并非如此。2009年，通用汽车公司按照《美国破产法》第11章规定的程序申请了破产保护，其汽车销量虽在美国位居榜首，但在全球市场上却被丰田和大众远远抛在身后。其他老牌的企业同样在劫难逃——杜邦经历了业务分拆，西尔斯-罗巴克已然几近名存实亡。它们之所以走向衰败，并非因为人们不再开车和购物，或者不再需要化工产品，而是因为其他企业后来居上，更有效地满足了市场需求。在钱德勒列举的例子中，唯有新泽西标准石油仍然领先如初，尽管主要能源从化石燃料向可再生能源过渡已属大势所趋。

20世纪70年代，你可能会预见，信息技术将是21世纪驱动商业发展的引擎。许多精明的投资者确实做到了：他们的远见和热情将IBM（国际商业机器公司）托举成为世界上最有价值的公司之一。然而，如若就此断言那个时代风光无限的计算机公司肯定会一直保持新前沿赛道的领跑者地位，显然过于乐观了。

21世纪迎来了汹涌澎湃的互联网科技浪潮。在华尔街，人们常采用此中新兴弄潮儿名字的首字母组合，称它们为"FAANG"，即脸书（Facebook，现隶属Meta）、苹果（Apple）、亚马逊（Amazon）、奈飞（Netflix）和谷歌（Google，现隶属字母表）。随后，金融界又把目光投向"七雄"，在FAANG基础上，英伟达取代了奈飞，特斯拉和微软是新加入的。微软在21世纪的头10年行动迟缓，将引领移动计算转型的角色让位给了苹果，不过最近几年，其市值又得到了强劲恢复。实际上，微软早在1975年由哈佛大学辍学生比尔·盖茨和其好友保罗·艾伦共同创立，在前述现代新兴经济巨头中属于资格最老的一个。相比之下，这些企业中有

4 家是在 21 世纪才开始上市交易的,而且没有一家从事传统制造业(后面会解释苹果的情况)。其员工既不是来自贫困阶层的劳工,亦非阶级压迫的对象,许多员工拥有名牌大学的学位(后面将谈到亚马逊),俨然代表着新兴生产力的创造者。

2023 年,投资者坚信"七雄"代表着商业的未来,于是争先抢购这些公司的股票,正如他们曾经对待美国钢铁公司、通用汽车和 IBM 的股票那样。至少在一段时间内,这些投资者可能是正确的。但经验表明,这 7 家公司可能和早期大企业一样,会随着时间的流逝而走向没落。在我着手撰写本书时,新日本制铁公司正在谈判收购夕阳西下的美国钢铁公司,这恰似为安德鲁·卡内基称雄的镀金时代补上最后一笔历史脚注。因此,任何企业都无法打破盛极必衰的周期规律,区别只是有早有晚。

本书的一个核心论点是,商业虽经历了多次迭代、嬗变,但用来描述商业的语言却普遍墨守成规。世界经济并不是由少数跨国公司控制的,甚至能够在本行业盘踞龙头地位的公司也寥寥无几。在过去两个多世纪里,从建造纺织厂、钢铁厂和铁路,到建造汽车装配线和石化工厂,都需要大量的资本积累。这些"生产资料"均局限于特定的行业,例如,铁路仅能用来跑火车,火车司机也只能去经营铁路的公司谋职。

21 世纪的领先公司不再依赖重型的设备投资,仅需筹集用于弥补初创时期亏损的适度资本即可轻装上阵。而且,此类公司的办公设施、商店、车辆和数据中心等有形资产大多可以用于开展自身主营业务之外的经营活动,而且是可以替代和分享的。它们不必掌握这些"生产资料"的所有权,完全可以凭借轻资产异军突起。

的确,房地产公司和车辆租赁公司等握有大量有形资产所有权的公司,很难依靠这种所有权实现对商业的控制,资本家也不可能依靠手中掌握的生产资料对劳工颐指气使。工人完全可以自由择业,而且多数受到工会保护，他们无须关心谁是生产资料的所有者，或者谁是企业的股东，因为这对他们并不重要。在他们心目中，一个理想的企业应当管理规范，层级相对扁平，并允许员工参与组织决策。

在现代企业中，这是极其必要的。如今的老板不能再像安德鲁·卡内基和亨利·福特那样对下属发号施令，因为他们无法掌握全面的信息，更难维系员工的忠诚；最重要的是，他们依赖广泛分布在整个组织系统中的集体能力。现代商业环境充满巨大的不确定性，企业必须注重发挥众多个体的能动性，将之凝聚成为集体知识和智慧，从而形成高效解决问题的能力。唯有如此，企业才能在组织革新中保持竞争优势。由此，企业中的关系不再纯粹是交易性的，企业需要围绕一个共同认定的目标群策群力。所以，企业管理和运营活动必然要同时兼顾社会性与商业性两个维度。

集体知识是我们在书本和网络上获悉的事实和理论，这些知识通过个体的经验以及他人的阐发得到丰富。多数动物仅局限于自身学到的知识和技能，而人类则具有传承、传播和积累知识的独特能力。我们所能理解的科学和欣赏的艺术，是一代代科学家和艺术家薪火相传、接续创造的结晶，而且有教师和专家为我们悉心讲解这些文明成果。集体知识还包括我们通过社会交往和商业互动对自己和他人产生的认知，我们从中学会了应该何时赞美，何时批评，何时跟随，何时引领。集体知识有时被描述为"群体智慧"，但群体智慧在于知识的聚合，而非知识的平均。没有人能够做到全知全能，在社会分工精细化的时代，甚至熟悉多个领域的通才都已经极为罕见了。

在21世纪，公司的竞争力是由人的智能而非有形资产决定的。成功的公司善于构建独特的能力集合，这种能力体现为供应商（或客户）关系、技术创新、业务流程创新、品牌、声誉和用户网络等方面的独特优势。对于这样的公司，竞争对手至多能够模仿和跟随，但难以超越。这些公司之间的差异化意味着现代产业在结构上已经发生了质变，不再像过去那样依靠密集的资本投入，竞争的焦点也远离了同质化产品的生产规模和低价优势。

因此，我们所说的"利润"不再是简单的资本回报，而是"经济租金"。在农业经济主导的时代，"经济租金"这个术语是指地主从土地中获取的收益，肥沃的土地和优越的地段自然能带来丰厚的回报。今天，经济租金用来描述某些人和机构因拥有卓越的商业才能而获得的收益。能言善辩的律师，杰出的外科医生，精明的股票交易员，体育和电影明星，音乐奇才泰勒·斯威夫特，硅谷的企业和房主，迷人的威尼斯，以及球迷遍及全球的曼彻斯特联队，他们获取的收益均可以归结为经济租金。

经济租金的概念同样适用于一些传统意义上的公司，如果它们为客户提供的商品和服务优于竞争对手，由此产生的超额收益就等同于经济租金。苹果和亚马逊就像泰勒·斯威夫特、曼彻斯特联队、硅谷和威尼斯一样，是凭借高超的竞争力赚取经济租金的。从某种意义上讲，这是通过创新差异化取得的垄断收益。

但是，这种垄断并不属于反托拉斯法打击的对象，相反，我们应该欢迎这种差异化及相关的"垄断"。在一个完全竞争的市场中，产品都是同质的，众多厂商的效率也相差无几。无论对于宏观经济还是对于个体企业而言，这种静态的均衡都不是理想的发展模式，因其抑制了企业的创新和进取精神。经济组织的核心任务在于追求生产要素的最优组合，从而实现价值最大化。成功做到这一点，就等于发掘了创造经济租金的源泉。

在现代经济学、商业和政治学表述中，人们通常将"经济租金"一词与"寻租"联系到一起，二者其实具有本质区别。个人和公司如果以不正当手段操控市场，或者通过强行销售毫无价值的产品和服务谋求暴利，那就是典型的寻租行为。现代经济中确实存在这种弊病，因此我们需要制定法规，限制利用政治影响来攫取优惠待遇、获取项目合同，或建立垄断性市场壁垒，以确保市场公平竞争。深入理解经济租金的性质和起源，将有助于我们找到应对寻租行为的方法。不过，本书的目的不是提出解决寻租问题的对策，而是通过分析和阐释来消除保守派和激进派认知中的偏差，真正揭示现代商业的运作原理和模式。至于分析商业和公共政策如何增加由创新差异化产生的经济租金，以及如何消除政治体制中的公权滥用，将是我下一本书的任务。

若要洞悉企业的财务账目，并理解现代经济中的收入和财富分配，有必要首先理解经济租金的概念、起源和效果。但是，资本和资本主义等传统术语妨碍了这种理解。现实中，即使精明的投资者也要审查"占用资本收益率"（ROCE），尽管这种收益率与资本投入的关联并不比与用水量或会议场次的更强。

经济租金不是什么异常现象，而是充满活力的经济所体现的核心价值特征。当个体和企业得以充分发挥各自的才能来创造租金时，经济就会增长；当法律和制度激励各类市场主体奋发图强，通过公平竞争淘汰保守和落后时，社会就会进步。如果这就是资本主义，那么我就是资本主义的卫道士。但是本书的内容与"资本"几乎没有关系，与资本家和工人为控制生产资料而进行的任何斗争完全无关。我所支持的以及本书所描述的经济制度，严格来说是一种市场经济机制，或者更确切地说是多元经济，而不是传统政治经济学中的资本主义经济。多元经济是一种人们可以自由地尝试任何创新（虽然经常失败）而无须中央权威批准的经济模式。多元经济是一种制度性的规范，制度规范确保消费者能够在一个竞争环境中表达他们的需求，而那些成功满足这些需求的商业行为能够得到保护和鼓励。

市场经济的多元化也需要一种共识和规矩，即承认失败和追求变化。官僚机构很难有这种自我意识。对照IBM、通用汽车和美国钢铁公司经济上的没落与苏联经济上的失败，可以看出，原因大致相同：高高在上的中央权威无法适应科学技术和市场需求的变革。它们不仅反应迟钝，而且迟迟不敢承认失败。区别在于，IBM、通用汽车和美国钢铁公司的经济表现迄今只是步入了下坡路，将领先地位让给了微软、苹果、丰田、特斯拉、纽柯（一家美国的钢铁公司）和安赛乐米塔尔（一家卢森堡的钢铁公司），而苏联的经济失败则彻底导致了整个政治体系的崩溃。

"资本主义"一词的产生，是为了描述一种由资产阶级精英设计和控制的经济体。现代商业的支持者和批评者经常将传统历史性的"资本主义"形象与当今市场或多元经济的现实混为一谈，后者的本质特征是其不受控制，或者至少不会长期受到任何人的控制。这种语言和现实的错位还在进一步扩大。20世纪下半叶，商业开始从依靠雇用大批产业工人从事规模生产的工业结构，演变成一个由知识工作者在合作环境中分享集体智慧的新结构，但是关于商业世界如何运作以及应该如何运作的问题，主流叙述却置若罔闻。经济关系仍然被纯粹定义为交易性的，商业的驱动力聚焦于目标和奖金，而将内在动机和职业道德抛诸脑后。商学院的教科书仍然强调商业的目的在于为背后的股东创造价值，而不是满足客户和社会的需求。

如此就出现了一个密切相关的悖论：资本对商业运营的支配地位每况愈下，金融部门的规模和报酬反而与日俱增。而且，金融部门扭曲的价值观正在向商界渗透——企业创始人和高管只因效忠于股东利益而得到丰厚的奖赏。由于商业道德受到侵蚀和无可争辩的金融霸权，21世纪的公司不得不接受正当性与合法性的拷问。如今，它们必须面对一个令人尴尬的现实：公众虽然热衷于产品，却讨厌它的生产者和经营者。正如我将深刻揭示的，当代管理者追求股东价值的执念最终不仅损害了股东价值，而且葬送了其前辈依靠智慧和诚信所创建的基业。

强调个人主义和股东价值的理念和方法源于美国，继而迅速向全球扩散。所有跨国经营的企业都要受到母国和东道国法律、规章、习惯和社会期望的约束，这些强制性的规范和社会习俗显然是因国而异的。这种差异不仅存在于美国与俄罗斯之间，加拿大与日本之间，英国、德国和美国之间，而且存在于美国国内的特拉华州与加利福尼亚州（简称"加州"）之间。然而，许多关于商业的论述未能认识到，公司董事和高管的法定职责和预期行为取决于公司的总部所在地和业务开展区域。本书将对上述不同地区的制度差异给予特别关注，因其在很大程度上决定了21世纪公司的未来。

作为本书作者，我是一名英国经济学家，我的商业经验和知识大部分来源于英国。英国是现代金融、现代法律和现代体制的开拓者，并通过殖民运动将之传播到了世界各地。英国是工业革命的发源地，18世纪和19世纪极具影响力的经济学著作——亚当·斯密的《国富论》和卡尔·马克思的《资本论》，就分别主要是在我儿时的家乡爱丁堡和我现在的伦敦办公室附近完成的。斯密和马克思的经济学为理解商业的本质和原理奠定了基础，而现代经济学对理解现代商业的贡献则难以望其项背。

不过，若要深入了解20世纪的商业，就必须认真研读美国一些学者的名作。除了前面提到的钱德勒的《战略与结构：美国工商企业成长的若干篇章》，还可以阅读阿道夫·A.伯利和加德纳·C.米恩斯的《现代公司与私有财产》[3]，从中审视美国商业主体从镀金时代的强盗大亨向20世纪由管理层控制的企业的过渡。如果有那么一个人能体现这种转变，那就是艾尔弗雷德·斯隆。他曾长期担任通用汽车的最高领导，堪称20世纪最伟大的企业家之一。当快要退休时，斯隆和他的财务总监唐纳森·布朗迫切希望将自己积累的经验教训传给后辈。他们于是聘请了一位逃离日趋纳粹化的欧洲，来到美国的维也纳知识分子，让他来讲述他们总结出的管理之道,他就是因此声名鹊起的彼得·德鲁克。

商业经典著作《公司的概念》[4]的问世,为德鲁克一举赢得了首位管理"大师"的美称。斯隆和他的同事并不喜欢这本书,出版商也对这一本商业著作能否畅销持怀疑态度。他们错得多么离谱! 70多年过去了,《公司的概念》仍然热度不减。如今,几乎每家书店都设有商业书籍专区,其中的图书大致可以分为两类。一类属于成功学,如《灵敏——令顾客满意并获取巨额利润的秘密》。这类图书的作者通常以提供咨询服务或发表"激励演讲"谋生,而且收入不菲。在机场书店里买一本这类图书,你可能不等飞机落地就把它丢在一边了。另一类严格来说属于政治经济学,如《剥削、毒害、监视——资本主义如何加剧不平等,戕害我们的福祉,摧毁地球》。这类图书刻意挑选一些已知的事实和观点来调动情感共鸣,以迎合那些固执己见的读者。

本书不属于上述任何一类。我希望思想深邃的高管能够在本书中找到一些有趣的东西,但我无意给那些急于求成的年轻经理提供什么秘籍。我的目标读者是那些通常不会拿起商业书籍的人,那些阅读大众科学或历史的人,他们可能不熟悉某些商业主题,我欢迎他们以一种严肃的态度来揭示其中的知识性和挑战性。对于那些商科的学生和有志于商业事业的年轻人,或仅仅想更深入了解商业的人,我希望他们能读本书,甚至喜欢它,并经过深度思考之后得出这样的结论:商业生涯不仅仅是为了经济回报。

第一部分

背景

我们每个人在社会中都扮演着多重角色，作为消费者、员工、储户和公民，我们与商业有着错综复杂的关系。按照 21 世纪的标准，假如没有现代商业提供产品和服务，我们的生活不仅在经济上窘迫，而且在文化上也会贫乏，甚至包括本书作者在内的很多人可能早已告别了人世。然而，不仅多数聪明且有一定见地的人对商业，尤其对大企业持有负面看法，而且 21 世纪商业的自我叙事还更加激化了这种负面看法。

1 爱产品，恨企业

> 参议员莱文质询："你的员工在电子邮件中描述这些交易时说'天啊，这真是烂透了'或'天啊，这真是垃圾'，当你听到或在邮件中读到这些话时，你作何感想？"
>
> 高盛财务总监戴维·维尼亚尔回答："我认为在邮件中出现这种言论是非常不妥的。"（笑声）
>
> ——参议院调查委员会，2010 年[1]

> 我们整个公司都全心全意为客户提供最高水平的服务，采取长远的眼光，切实考虑他们的需求和利益。
>
> ——高盛 CEO（首席执行官）苏德巍接受吉姆·克雷默采访，2022 年[2]

当我动笔写本书时，美国阿肯色州退休教师联合会正在领导一群投资者对高盛——被普遍认为是世界顶级的投资银行——提起集体诉讼。原告声称，他们被高盛的官方道德和价值观声明误导了。该声明开头（至今仍然）写道："客户利益永远至上。"[3]

你可能想当然地认为这家投资银行会立即进行辩解，例如动员对其满意的客户出面做证，高管信誓旦旦地做出保证，并拿出资料证明投资银行不惜牺牲自身利润来兑现客户利益至上的承诺。那你就大错特错了。

辩护律师提供了 30 多篇新闻报道，这些报道指控高盛的运作方式使公司及其员工受益，但将其客户置于不利境地。他们还出具了专家分析资料,证明这些不当行为被曝光对股价影响甚微。[4]辩护方辩称,市场参与者并不重视公司的道德声明,因此对其失德行为同样漠不关心。在法律术语中,这些新闻报道构成了对道德和价值准则中虚假陈述的"更正披露",就像年报中更正错别字的勘误表。商业原则声明是"通用的",属于"浮夸性宣传",类似于"喜力啤酒沁人心脾"的广告语。任何理智的人都不会将其视为值得信赖的事实陈述。[5]美国法院在早期的案件中裁定,摩根大通声称公司拥有一套"高度严谨的风险管理流程"以及旗下银行"树立了诚信标准",这些说法都属于"浮夸性宣传",如同"红牛为您插上翅膀",因此属于不可诉的范围。[6]然而,对于不熟悉美国集体诉讼奥秘的外人来说,"客户利益永远至上"与"喜力啤酒沁人心脾",二者在语气和内容上存在着明显且实质的区别。

在法律界,"浮夸性宣传"一词起源于一则著名的判例,其中担任辩护律师的是赫伯特·阿斯奎斯(后来的英国首相),他代理的石炭酸烟雾球公司输掉了一场主张免责的官司。该公司曾刊登一则广告,宣传其产品的用户不会感染流感,并进一步承诺,向任何使用其产品并感染流感的人支付100英镑,当时这是一笔金额相当大的钱。

据说红牛曾遭到一位消费者起诉,理由是他发现自己饮用了红牛饮品之后仍然无法飞行。不过,红牛确实解决了一起由消费者提起的诉讼,他们指控该公司夸大了饮料的能量属性。

"五小时能量饮料"公司发布了一段广告视频,主题人物声称在饮用该公司饮料后5个小时内游过了英吉利海峡,推翻了相对论,并打破了踢沙包的世界纪录。其广告语宣称:"长效能量,无糖,零碳水。你需要额外提升能量,请不要迟疑!"泰德·马丁自称是踢沙包的世界纪录保持者,于是对该公司提起了索赔诉讼,结果被美国伊利诺伊州法院驳回。该法院的萨普法官通过引用奥斯卡·王尔德的一句名言做出了判决："一个饶有趣味的事实是,人们把自己当回事儿的时候,从来不怕麻烦。"[7]

阿肯色州退休教师联合会的诉讼案在2023年8月有了裁决:最高法院将此案件发回至下级法院,强烈表明应支持辩护方的论点,从而叫停了这起集体诉讼。代表高盛出庭的卡农·尚穆加姆宣称:"这对我的客户来说是一起至关重要的案件;除了谋求金融收益之外,我的客户非常坚定地认为自己没有发表任何虚假陈述。"[8]尽管如此,这一案件引起的争议许久难以平息。早在2019年,知名调查记者、作家马特·泰比针对高盛发起的谴责在网络上持续发酵,他称高盛为"一只戴着人类面具的吸血鬼,无情地啃噬着任何闻起来像金钱的东西"。[9]

在1999—2000年的"新经济"泡沫期间,金融行业的各种利益冲突被广泛曝光之后,又有证据显示,金融机构在大肆推广住宅抵押贷款及其支持的证券,而无心查证借款人是否具有偿还能力。这种恣意的操作为随后爆发的全球金融危机埋下了祸根,金融行业的声誉从此一落千丈。银行业不再是受人尊敬的行业,人们甚至开始用异样的眼光看待整个商业世界。

在2020年全球商业精英齐聚的达沃斯论坛上,苏德巍宣布:"从7月1日起,高盛将只为在美国和欧洲的私营公司承销公募证券,这些公司至少要有一名风格多元化的董事会成员。"他解释说,这是"我们公司全面推动可持续、包容性经济增长战略的一个组成部分"。[10]高盛可以随时帮助这些公司物色合适的"多元化"人选。苏德巍的姿态说明,方兴未艾的ESG(环境、社会责任和公司治理)和EDI(公平、多样性和包容性)运

动，正在迫使现代企业将商业伦理纳入决策议程，随之企业则运用美德信号来代替商业道德以及相关可采取的实际行动。

针对高盛被指控为求自保而做空客户股票，参议院调查聚焦于"木狼"（Timberwolf）和"算盘"（Abacus）两种证券的交易，这令高盛财务总监维尼亚尔陷入了尴尬的境地。这些交易成了影片和同名图书《大空头》的素材，其中提出，高盛在市场上推销的证券是基于违约率极高的次级抵押贷款池的。这些交易不只是结果糟糕，其原本的设计初衷就是非常糟糕的。

不仅仅是金融行业

然而，美国商会急忙为高盛辩护，主动向法院提交了一份名为《法庭之友》的意见书。该意见书指出："几乎每家公司都会说，'客户利益永远至上'，'我们始终严格遵守相关法律法规和道德原则'，'诚信是我们的业务生命线'。"其接着警告说："下级法院的裁决意味着，公司如今发表诸如此类感召性的声明变成了自取其祸。"[11]商会的意见书中只字未提发表这类声明的企业应该采取合理的措施，通过确保其真实性来减少这种风险，[12]或者商会成员应该降低这些"通用声明"的调门，转而提出更适度且实际会努力遵守的道德标准主张。证券业和金融市场协会，银行政策研究所，美国银行家协会，以及美国财产和意外伤害保险协会也不甘落后，纷纷出具类似的《法庭之友》意见书。

当然，这些文件是由认为有责任为客户提供最强法律辩护的律师起草的，但难以想象那样的陈述会在未经管理层批准的情况下被公之于众，这起码说明，那些管理层不知道或根本不在乎这样会对公司商誉产生怎样的影响。

波音

2018年10月和2019年3月，波音737 MAX飞机在起飞后不久就坠毁，机上人员无一生还，这导致航空监管机构下令此型号的飞机全部停飞。在第二起事故发生后的一个月，时任波音CEO丹尼斯·米伦伯格发表了以下公开声明：

我们正在与客户和全球监管机构密切合作，以使737 MAX早日复航。我们将一如既往地坚守我们的价值观，专注于安全、诚信和质量……安全是我们的责任，我们要勇于承担起这份责任……当737 MAX重返蓝天时，我们向客户、机组人员及乘客保证，它将和其他任何安全飞行的飞机一样可靠。我们持之以恒的严谨作风，是对员工、客户、供应商伙伴和其他利益相关者的郑重承诺。[13]

对此，航空乘客会作何感想？信以为真，还是嗤之以鼻，抑或默认美国商会的辩解——"几乎所有公司都会发表此类声明"？

米伦伯格在8个月后被解雇并获得了一笔丰厚的遣散费，而此时737 MAX飞机仍稳坐在停机坪上。又过了8个月，美国国会的一项调查揭露："在几个重大问题上，波音向联邦航空管理局、客户和737 MAX飞机的飞行员隐瞒了关键信息，包括涉嫌引发坠机的机动特性增强系统的相关信息。"最重要的是，波音隐瞒了内部测试数据。这些数据显示，一名波音测试飞行员在飞行模拟器中发现，如果机动特性增强系统在未接收指令的情况下被激活，飞行员要在10秒以上才能察觉并做出反应。[14]这种缺陷被认为是"灾难性的"，而且恰恰是导致两起737 MAX飞机坠落事故发生的原因。在公司支付了约25亿美元的赔偿和罚金之后，

737 MAX 飞机在2021年恢复了飞行和订单交付。[15]

2022年9月，米伦伯格个人支付了100万美元的罚金，波音公司又另外补缴了2.4亿美元，以撤销美国司法部的指控。这些资金并不是对数百名死难者家属的赔偿，而是美国证券交易委员会针对波音公司在飞机失事之后出具的一份误导投资者（而非乘客）的保证性声明，向其追讨的一笔罚款。[16]对于司法和解的公告，波音表示，公司现已"进行了彻底整改，加强了安全流程和安全监督，全面强化了安全、质量和透明度管理的理念"。我们不禁要问，这究竟是痛定思痛之后真正的理念变革，还是又一个"几乎所有公司都会做出的"搪塞性声明？

就在我2024年1月完成本书的手稿时，有两个事件冲上了商业新闻版块的头条。其一是波音又遇到了新麻烦，阿拉斯加航空公司的一架737 MAX飞机因机舱侧面的一处门塞脱落，机身出现了一处大风洞（幸好飞机最后安全返回到了起飞机场）；其二是2024年达沃斯论坛将"重建信任"作为主题，这个主题的采用可谓恰逢其时。

利益相关者

达沃斯论坛的创始人和总策划克劳斯·施瓦布一直热衷于谈论"利益相关者资本主义"，并在2021年出版了一部关于这一主题的著作，为启动以"大重置"为主题的会议制造声势。米伦伯格谈到，要为"我们的员工、客户、供应商伙伴和其他利益相关者做出正确决策"。他所提及的"利益相关者"一词在由R.爱德华·弗里曼于1984年撰写的一部专著中得到推广，用于指代对企业绩效拥有合法利益的各类人群和组织。

显然，假如漠视利益相关者的诉求，任何组织都不可能取得成功。同样明显的是，他们的利益并不一定是一致的。管理层的责任是在相互冲突的利益之间找到平衡，还是坚持股东利益高于一切，而将消费者需求和员工福利之类的因素置于从属地位？是否只有在有助于实现利润最大化的条件下，企业才认真对待其他的利益相关者？这样的诘问似乎有些极端，但正如我将描述的，这正是一些知名学者、律师和企业家长期争论不休的焦点。

是股东优先，还是利益相关者优先？这两种视角之间的矛盾是贯穿本书的一条主线。有些人可能认为，这并不属于不可调和的矛盾，因为他们认为各方的利益本质上是一致的，所以这种矛盾可以在普遍的善意中得到化解。这是一种天真的看法，波音的例子说明，关涉商业的利益冲突是现实存在的，本书后文将对此做出更全面的论述。然而，回顾波音的历史，就像本书所讲述的其他一些企业一样，我们有可能从中找到一种更有说服力的解决方案。

众所周知，纯粹将他人的利益视为达到目的的手段，这种工具性策略必然会破坏社会关系。现代商业的成功依赖于在利益相关者之间构筑起强有力的社会关系。从长远来看，工具性的行为具有强烈的腐蚀性，将损害商业成功所必需的向心力和凝聚力。这种损害可能是不可逆转的，几乎没有哪家公司比波音公司更清楚地说明了这个问题。

贝尔斯登投资银行是另外一个例子，其高调的名言是"除了赚钱，我们什么都不做"，最终却落得人财两空。（2008年春，雷曼兄弟崩溃前6个月，随着全球金融危机的蔓延，贝尔斯登资金告罄。在美联储撮合之下，摩根大通出面救援，而救援条款异常苛刻，几乎将贝尔斯登的全部股东一扫而空。普遍认为，这是摩根大通借机对贝尔斯登实施的报复行为，因为摩根大通在经历类似的遭遇时，贝尔斯登一直袖手旁观。在贝尔斯登股东威胁进行集体诉讼后，其所获赔偿才有所增加。）

信心的丧失

在过去的 20 年里，商界的信誉可谓伤痕累累。20 世纪 90 年代，通过虚报利润炒作股价，几乎成了大公司心照不宣的潜规则，商界大佬的贪婪和傲慢托起了一个所谓的"新经济"时代。安然公司 2001 年的崩溃仅仅暴露了冰山的一角；有线电视运营商阿德尔菲亚通信公司在其 CEO 约翰·里加斯鲸吞资产之后宣布破产；世通公司 CEO 伯尼·埃伯斯（曾为篮球教练）辩称自己对正在发生的事情知之甚少，但仍因财务造假而被判处长达 25 年的有期徒刑。

2008 年的全球金融危机使公众对商业，尤其是对金融业的信心跌入低谷。连续曝光的不仅是高管的贪婪和腐败行径，还有他们缺乏提供金融服务所需的基本技能。在早期被判刑的里加斯、埃伯斯和安然 CEO 杰夫·斯基林等几位大佬之后，特别是全球金融危机后，被投入监狱的绝大多数商界人士都是初级岗位人员。近期曝光的一些丑闻又引起了新一轮针对高管的刑事指控，丑闻包括大众汽车篡改尾气排放数据，富国银行编造 200 万个虚假账户，等等。[17] 硅谷宠儿伊丽莎白·霍尔姆斯吸引了众多名流加入其公司董事会，并受到了多家美国商业杂志的追捧。其公司估值一度突破了百亿美元大关，最终却被揭露她宣传的血液检测产品根本属于子虚乌有。2022 年，她被判处 11 年监禁，罪名竟然不是误导患者，而是误导投资者。

许多投机取巧的商业做法很难被定性为违法。大型跨国公司普遍制订复杂的商业计划，以规避或减轻纳税责任；公司高管与普通员工的薪酬差距不断拉大引起广泛关注，其中一些身家过亿美元的高管并不是具有卓越管理才能的商业奇才。例如，菲利普·格林，他从老牌的英国家居百货公司 BHS 那里榨取了数亿英镑，然后以 1 英镑的价格转手将该公司卖给了多次破产的多米尼克·查佩尔；超级富豪麦克·阿什利是"直接体育"（Sports Direct）连锁店的老板，向来因专横跋扈和压榨员工而饱受诟病；埃迪·兰伯特将美国百年老店西尔斯－罗巴克推向了破产的深渊。这些高管的生活方式与其企业的命运形成了强烈的反差，格林和兰伯特分别拥有身长90米的超大游艇，而且它们构成了在媒体上被到处炫耀的美图。格林的游艇停靠在他居住的避税天堂摩纳哥的港口，而兰伯特的游艇"源泉号"得名于安·兰德宣扬个人主义的长篇颂歌。

2017年，为阿什利提供咨询的投资银行家杰弗里·布鲁将阿什利告上法庭，声称在骏马酒吧喝了四五品脱啤酒后，阿什利承诺如果公司的股价上涨至8英镑，阿什利将给予他1 500万英镑的奖励。证人证明阿什利经常在酒精影响下做出商业决策。然而，在判决中，莱格特法官援引伊利诺伊州萨普法官的一句名言，宣称："布鲁先生就此确信阿什利提出该提议是认真的，并且觉着与阿什利达成了具有法律约束力的协议，这只代表人类一厢情愿的无限想象力而已。"[18]

随着互联网世界的宠儿沦为人人诟病的对象，谷歌因"不作恶"的口号受人揶揄而将其改为"做对的事"，不久之后修改后的口号也悄然消失了。在2017年还是耶鲁法学院的学生时，莉娜·卡恩发表的一篇严厉批评亚马逊的文章引起了广泛关注，2021年时任美国总统拜登提名她担任联邦贸易委员会主席。马克·扎克伯格虽然面孔仍然像当年那位在宿舍里创立脸书的哈佛学生，但如今却成了一个饱受争议的人物。《大西洋月刊》是一份相当严肃的刊物，其编辑阿德里安娜·拉弗朗斯并不是一个政治情绪的煽动者，但在她眼中，脸书是一个"与美国和其他民主国家进行冷战的存在"，是"散播文明崩溃谎言的工具"。[19]

1 爱产品，恨企业

引领现代经济的成功企业并未受到好评，往往那些作为其产品最忠实用户的年轻人的评价尤为尖锐。2022年，有调查显示，美国30岁以下的成年人中有40%赞成资本主义，但稍微多一些拥护社会主义，占比44%。[20]（该调查允许受访者同时支持资本主义和社会主义。在65岁以上的人群中，支持资本主义的比例遥遥领先。）当然，这项调查并未向受访者明确这两个"主义"的内涵。关于什么是"社会主义"，列宁和伯尼·桑德斯有着截然不同的阐释。

由此可见，理解和讨论任何问题必须首先从定义或基本概念入手。在1946年发表的题为《政治与英语》的著作中，乔治·奥威尔指出，"除了表示'令人憎恶的东西'之外，'法西斯主义'这个词现在没有任何意义"。他继续说："我们几乎普遍认为，当我们称一个国家是民主政体的时候，我们表达了赞扬的态度。由此，每一种政权的维护者都声称本国是一个'民主国家'。"[21]

类似的问题也发生在"资本主义"一词上，其褒义色彩正在消退。多数情况下，人们并不关心它承载的具体内涵，徒然把它当作对社会发泄怨愤的靶子。用记者安妮·洛瑞的话说，"后期资本主义"成了一个涵盖当代资本主义矛盾和不平等现象的通用术语。例如，诺德斯特龙百货以425美元的高价出售带假泥点的牛仔裤，电信公司向囚犯收取每分钟14美元的电话费，星巴克强迫加盟店一律将"团结起来"的口号印在咖啡杯上。[22]更令人困惑的是，流行的批判性话语突出强调"资本主义"与"不平等"之间的关联性，但没有定义这两个含糊、复杂的术语，也没有解释二者之间的关系。

产品可依，企业难信

商业给人类带来的福祉是毋庸置疑的。波音开创了现代民用航空市场,为全球亿万人带来了实惠而快捷的旅行方式。[23]每天都有大批旅客走下波音飞机的舷梯,或开启他们的假日之旅,或参加商务会议,或与亲朋好友团聚。脸书和谷歌提供了庞大的资讯和交流平台,二者均拥有超过20亿月活跃用户,远超世界历史上其他任何公司的客户数量。

在工业革命开启之后的两个多世纪里,商业为世界上大部分人口创造了以前难以想象的舒适和繁荣。尽管在美国,民众对大企业的信任度仅高于国会,但人们仍更信任自己的雇主而不是政府。[24]美国人认为小企业值得高度依赖。本书的大多数读者最近可能遇到过真正将客户利益放在首位的员工,比如乐于助人的店员,令人心安的空乘人员,敬业的护士或医生,以及耐心了解客户特定需求的财务顾问。

英国注册企业实体约有600万家,美国则超过3 000万家。其中绝大多数企业雇员不到5个,[25]他们是便利店理货员、水管工、电工、社区律师或社区医生。当然,有些水管工比其他水管工能干,但他们所从事的行业基本相同,门槛较低,他们的主要区别在于,各自的运营区位不同。

本书不会过多讨论这些微型企业,尽管它们对现代经济至关重要,而是重点关注高盛、波音、默克、辉瑞、谷歌和苹果这样的企业巨头。这些企业雇用了成千上万的员工,在吸收大批优秀人才的同时,又进一步帮助他们拓宽了视野,提高了技能。正因如此,它们拥有独特的组合能力,能够在短期内扩大运营规模,开展全球运营。这些企业的活动不仅与千百万人的日常生活息息相关,而且影响其所在国家和地区的政治和社会。

2 制药的历史：治疗的例证

> 如果有一家公司以自行车的价格出售阿斯顿·马丁汽车，而我们收购了那家公司并要求以丰田汽车的价格销售它，我不认为那是犯罪行为。
>
> ——马丁·什克雷利，图灵制药公司CEO，2017年
> （对于一种已有60多年历史的抗寄生虫感染药物，他辩称，把价格从每片13.50美元提高到750美元是完全合理合法的。）[1]

制药行业有着不平凡的发展历程。石炭酸烟雾球是19世纪末该行业产品的典型代表，推销该产品的人员在毫无根据的情况下声称他们的产品能治疗多种疾病，这种被大肆宣传的万灵药（专利药）中常含有可卡因和酒精，[2]虽然有助于缓解患者的病痛，但对健康几乎无益。"蛇油"这个词至今仍用来形容把毫无价值的产品说得天花乱坠的推销术，因为在过去，药用"蛇油"——有些确实含有蛇油——曾一度被包装成包治百病的万灵药推销给轻信别人的人。[3]

科学医疗的兴起

人们很早就意识到，应该通过编制药典对药品进行一定程度的规范管理。起初，药典只是从医的专业人士认可的药物清单。在科学医疗出现之前，一个残酷的现实是，医生和药剂师所拥有的知识并不比他们的患者多

多少。医疗实践依赖于民间智慧、蛇油,以及医生在患者床边摆出盲目自信的架势。

现代药品监管始于1906年的美国。该年,厄普顿·辛克莱揭露了食品掺假和卫生条件糟糕等肉类加工行业乱象,塞缪尔·霍普金斯·亚当斯曝光了专利药物欺诈,这些被曝光的恶劣行为引起了全国的公愤,美国国会于是在1906年通过了《纯净食品和药品法》。[4]也正是在19、20世纪之交,科学与医药渐趋融合。德国拜耳公司于1899年为阿司匹林注册了商标,它是首批经证实有效的药物,迄今仍具有极其广泛的应用价值。(第一次世界大战期间,拜耳在德国以外的资产被交战国没收后,阿司匹林在美国和英国失去了知识产权保护。[5])20世纪30年代,源自煤焦油的磺胺类化合物已被用作染料数十年,拜耳实验室(当时是法本公司的一部分)的科学家推测这些化合物可能具有抗菌作用,并成功证明了这种效果,于是开发出名为百浪多息的药物。此后,治疗性磺胺类药开始风靡市场。[6]

一些重大事件显示,制药行业既有可能带来好处,也有可能造成危害。为满足医生和患者需求,田纳西州的一家名叫马森吉尔的公司于1937年开始生产磺胺酏剂。这种酏剂是将固体原料溶解在有毒的二乙二醇中,结果导致逾百人丧生。该公司的首席化学家未能理解配方的毒副作用,带着困惑和压力自杀身亡。今天,二乙二醇这种化合物被广泛用作防冻液。其实当时早就有人向国会呈送了关于加强化合新药监管的立法提案,但因存在争议一直受到搁置,而这一事件促使国会迅速通过了该提案。[7]

在20世纪50年代,德国格兰泰公司推出了镇静药沙利度胺,该药物被广泛用于治疗孕妇晨吐。管理不善的酿造苏格兰威士忌的公司蒸馏者公司获得了该药物在英国的专利授权。该药物因涉嫌导致婴儿先天性缺陷,于1961年被勒令禁售。但不幸的是,在此之前,已有许多在英国和德国出生的儿童患有严重的肢体畸形，[8] 在被拖延多年之后，受害者才得到赔偿。[9] 在美国，弗朗西斯·凯尔西在读研期间就记录了有关磺胺酏剂的悲剧。后来，作为美国食品药品监督管理局的审查员，她认定沙利度胺生产公司未能充分证明该药品的安全性和有效性，所以坚决拒绝授予该药品上市许可，她后来因此获得了肯尼迪总统颁发的杰出公共服务奖章。[10]

抗生素

1928 年，亚历山大·弗莱明在伦敦的圣玛丽医院发现了青霉素的抗菌特性，起初并未引起太多关注。令人困惑的是，在此后的 10 年里，无论政府还是企业，竟然都无意对这一彪炳千秋且蕴含巨大商业价值的创新进行投入。直到第二次世界大战爆发前夕，牛津大学的霍华德·弗洛里和恩斯特·钱恩才得到洛克菲勒基金会的资助，致力于研究青霉素的合成方法。[11] 功夫不负有心人，他们后来与弗莱明共同获得了诺贝尔生理学或医学奖。

战争促使人们集中资源并释放出大量的资金，这种效应在许多创新领域都有所体现。弗洛里赴美宣传青霉素期间，获得了乔治·默克的热情支持，由其长期担任 CEO 的公司——默克公司——就是以其姓氏命名的。蒸馏者公司应英国政府战时供应部邀请，负责管理在利物浦新建的青霉素工厂，于是意外跨入了制药领域。显然，该政府部门认为威士忌蒸馏与青霉素合成有某些相似之处。磺胺类药和青霉素是最早的抗生素，在接下来的几十年里，这类药物治愈了数百万可能会死于传染病的患者。药理学改变生命的潜力已显现，同时也创造了新的营利性业务。

默克公司是最早认识到这一潜力并从中受益的公司之一。老乔治·默克在 19 世纪末从德国移民到美国，成立了他家族药企的一个分支公司。

默克公司不断更新的《默克诊疗手册》一直是"被广泛使用的医学参考书",例如,其推荐了许多非常实用的临床疗法,比如,放血治疗支气管炎、用砷治疗阳痿等[12],而且多次更新其中的内容,使其更加科学可靠。默克公司的美国资产在1917年被美国政府没收,战争结束后,老乔治本人又从美国政府手中购回了股份。此后,德国和美国的默克公司一直是完全相互独立的企业。[13]

老乔治的儿子默克将公司转型为研发型企业,它于20世纪20年代末在纽约证券交易所上市。珍珠港遭袭之后,默克与弗洛里商定大规模生产青霉素,不仅向军方提供药物,而且将专利向其他公司和研究人员开放。1944年,默克推出了由罗格斯大学化学家塞尔曼·瓦克斯曼发现的另一种抗生素——链霉素。[14]第一位使用链霉素治愈的患者是美国陆军中尉罗伯特·多尔,其生命因之延长了75年,还曾成为参议院多数党领袖和共和党总统候选人。[15]这种药物开创了有效治疗结核病的先河,不仅疗效显著,而且能够彻底治愈。《1984》的作者乔治·奥威尔因患结核病濒于死亡,他恳请《观察家报》(奥威尔为该报的专栏作家)的编辑大卫·阿斯特从美国购得链霉素,但因对该药物反应不良,奥威尔于1950年去世。[16]那个年代是允许自由仿制青霉素和链霉素的,但在未来,制药公司将对其知识产权施加严密保护。

1950年,默克在弗吉尼亚医学院发表演讲时说:"我们要时刻牢记,医药的使命是治病救人,而不是赚取利润。利润会随之而来,如果我们牢记这一点,利润也不会令我们失望。我们记得越牢固,利润就越丰厚。"[17]强生公司在1944年发布的308字宣言,是创始家族中的一个成员约翰逊提出的。它强调利润是结果而非目标,与默克的观点遥相呼应。[18]1982年,当发现犯罪分子在容器中投入氰化物时,强生公司迅速召回其畅销的止痛药泰诺。[19]中层管理者无须收到通知便能立即将产品下架,他们知道这是正确的事情,并且相信上司会支持他们的行动。[20]这种用实际行动兑现企业价值宣言的工作作风,有力地维护了企业的道德声誉,现已成为各大商学院的经典案例。

20世纪80年代,默克公司的化学家怀疑他们开发的一种兽用产品有望治疗河盲症。这是一种由寄生虫引起的疾病,在撒哈拉以南非洲,寄生虫在人体内生长,导致那里的数百万人遭受巨大痛苦。默克公司创建了一种经适当修改的药物版本并确认了其效果。由于未能说服政府或慈善机构资助进一步开发,默克公司决定将药物免费提供给所有可能受益的人,并做到了持之以恒。(这种慈善行为的成本比普遍想象的要低,因为患者每年只需服用一次药片。[21])

多年来,默克公司多次位居《财富》杂志"全球最受赞赏公司"榜单的前列。[22]在1994年出版的经典著作《基业长青》中,美国管理学家吉姆·柯林斯和杰里·波拉斯将该公司奉为坚持长期战略并取得成功的典范。他们将"富有远见"的公司与规模相当但"理念平庸"的其他同行进行对比,例如,默克公司提倡"医药的使命是治病救人",而辉瑞则强调:"在人道之外,我们要竭尽所能,争取一切机会获得利润。"[23]柯林斯和波拉斯最后得出结论:从股票回报来看,包括默克公司在内的"富有远见"的公司,远远胜过其他竞争对手。

风水轮流转

二战之后,制药行业似乎与公众和政府达成了某种默契。药品价格虽然一直属于饱受争议的话题,但最赚钱的药品并非抗生素和疫苗之类的救命药物,而是那些可以缓解病痛却不能消除病痛的药物。于是乎,富裕人群常见的慢性疾病,如抑郁症、高血压、消化不良等,变成了医药市场的宠儿。三股势力阻碍了制药行业的健康发展，那些依靠普惠大众而获取丰厚利润的日子早已一去不复返了。企业设法高筑专利保护壁垒，监管部门官僚主义作风日趋严重，既限制了药物的使用，也制约了行业的竞争。

与此同时，华尔街不断对药企施压，要求它们尽快兑现关于股东价值最大化的承诺。市场营销的回报是即时的，而研发的回报不仅是滞后的，而且是不确定的。于是乎，制药行业的经营策略愈加急功近利。大势之下，默克公司也难以独善其身，柯林斯在《再造卓越》一书中提及了该公司的一个负面案例。1999年，默克公司推出了一种名曰"万络"的新型止痛药，然后针对所有人群发起了无差别的广告大战——美国法律允许药企直接通过广告向患者宣传处方药。[24]然而，对有些人群来说，服用价格低廉的阿司匹林就能得到同样的止痛效果。当时的默克公司CEO雷·吉尔马丁在2000年公司年报中写道："作为一家公司，默克全力专注于增长。"[25]

默克作为一家致力于大众健康的巨型跨国公司，推出这样的信条纯属自毁形象。患者购买其产品，仅仅是出于无奈。不久，万络被证明会诱发一些患者的心脏病。在接连不断的指责和诉讼中，默克公司于2004年撤回了该产品。即使备受尊敬的强生公司也要面对如潮的批评和挑战，其因监管机构发现其夸大药品功效、隐瞒毒副作用，以及对行为不端的子公司麦克尼尔消费品集团管理不善等而名誉受损。[26]不过，瑕不掩瑜，默克和强生仍然属于值得尊敬的企业。在2020年《财富》杂志"全球最受赞赏公司"榜单中，强生居第26位，默克排在第49位。[27]在履行社会责任方面，它们已经属于全行业中的佼佼者了。从另一方面讲，大众的维权意识和政府的全过程监管，也在很大程度上有助于遏止制药企业酿成灾难性的悲剧。

维伦特公司是1959年在加拿大注册的一家跨国制药公司，迈克尔·皮尔逊于2008年接任公司CEO一职后，采纳了一套全新的经营战略。他专门收购成熟的制药企业，并广泛争取成熟药品的销售许可，然后停止研发，集中资源进行营销推广，同时大幅提高药品销售价格。一时间，公司的利润和股价快速攀升，皮尔逊和其他高管从中获得了巨额奖励。对于这种战略，其他同行也在跃跃欲试，但皮尔逊下手最快。但是，敢咬第一口苹果的，也可能第一个中毒。正在公司高管沉浸在自鸣得意的氛围中尽情狂欢时，商业欺诈的罪名不期而至。皮尔逊被迫离职，公司股价暴跌。此后，公司将自身的主打品牌更名为博士健康，这是其所收购的一家知名眼镜公司（即后来的"博士伦"）的名称。[28]

然而，维伦特的做法不仅后继有人，而且大有后来者居上之势。马丁·什克雷利在图灵制药公司采取了更极端的价格欺诈策略，自1953年上市以来，该公司将Daraprim（达拉匹林）的价格从每片13.50美元提高到了750美元。[29] 2007年，仿制药生产商迈兰公司获得了EpiPen®——用于缓解急性过敏症状的药物——的经销权，在接下来的10年中，竟然将其价格提高了6倍。[30] 面对触犯反垄断法和骗取医疗补助的指控，在"未认罪"的情况下，迈兰公司支付了近10亿美元与指控方达成了和解。[31] 2019年，迈兰公司与辉瑞剥离出来的一家子公司合并，更名为晖致公司（Viatris Inc.）。该公司称："由拉丁语'VIA'（路径）和'TRIS'（三）合并而成的'Viatris'体现了新公司的发展方向，即开拓通往三个核心目标的新路径：扩大药品分销渠道，通过创新满足患者需求，成为全球医疗界的可靠伙伴。"董事长罗伯特·J.库里宣称："我们正在打造一家与众不同的公司，为充满希望的医疗保健事业开辟可持续的新征程，为患者在生命的每个阶段赋予更健康的生活。"[32] 不出所料，正如美国商会所提醒的那样，每家公司都不假思索地鼓吹类似的声明。

最令人发指的做法是对成瘾性药物的大肆推销。萨克勒家族控制的普渡制药公司，如今因向美国小镇推广容易导致成瘾问题的阿片类药物而声名狼藉，而强生公司就是这种药物的原料供应商。最终，强生公司承认在"绝望死亡"事件中扮演了不光彩的角色，同意赔偿50亿美元，同萨克勒家族一道与指控方达成了和解。[33]

萨克勒家族一直是慷慨的慈善家，曾向伦敦和纽约的博物馆、画廊，以及牛津大学的博德利图书馆捐款。商业丑闻给其慈善行为蒙上了一层阴影，美国酷儿摄影师南·戈尔丁率先向普渡制药公司就其生产的致瘾药物OxyContin发起了强烈抗议，进而发展成为一场运动，号召人们全面抵制萨克勒家族的捐赠，并将他们的名字从他们所捐建的建筑上抹掉。[34]一个值得深思的问题是，抵制该家族的捐助，是否意味着"迫使"他们将不当得利全部花在自己身上，而彻底告别公益事业呢？

面对高额利润的诱惑，制药公司络绎不绝，不断挑战底线。美国制药公司Insys Therapeutics开发了一款针对癌症晚期患者的阿片类药物——芬太尼舌下喷雾剂，用于缓解患者病情发作时的剧痛。对于这类患者来说，其高度致瘾的特性已经无关紧要。然而，由于消费人群仅包括即将离世的绝症患者，公司发现其市场空间非常有限。为了扩大市场范围，销售主管亚历克·伯拉科夫聘请了一名脱衣舞女，她负责诱使医生向未至疾病中晚期的患者推广这种阿片类药物并开具处方，从而给"拉客"一词赋予了新的含义。[35]在接受英国《金融时报》采访时，伯拉科夫承认自己没有"道德、伦理和价值观"。[36]直到面临起诉，他才意识到："我以为遇到这种情况，只要公司缴纳一笔巨额罚金就可以了事；但万万没想到，他们可能真的会拿走我自己的钱。"

根据《受犯罪组织影响和腐败组织法》，伯拉科夫和他的同事们被判敲诈勒索罪，目前正在监狱服刑。曾经体现私营企业与公共利益之间建设性关系的制药行业，如今已普遍受到厌恶，而且公众的厌恶之情是合理的。2019 年，盖洛普发起了一项调查，询问美国人对 25 个领域的看法是正面的还是负面的。在这当中，只有联邦政府、公共关系、医疗保健和制药行业得到了净负面评价，而制药行业的评分是其中最低的。[37]

新冠病毒疫苗的研制

2019 年底，中国向世界卫生组织通报，武汉市暴发了一种新型冠状病毒，多个国家在当地相继发现了这种病毒。随着病毒在全球快速蔓延，各个医院里人满为患，设施不堪重负。到第二年底，病毒已夺去数百万人的生命。各国为防控疫情采取的封控措施严重限制了许多企业的经营活动，造成了天量的经济损失。[38]

研究人员在几周内识别出病毒基因组，随即着手研制疫苗。疫苗开发线路分为两条，一条是沿袭传统的疫苗生产方法，用弱化或修饰的病毒株来激发人体产生抗体；另一条是采用仍处于试验阶段的方法，即用修改的信使核糖核酸（mRNA）训练身体产生免疫反应，这一创新思路使其先驱者卡塔林·卡里科和德鲁·魏斯曼在 2023 年赢得了诺贝尔生理学或医学奖。在美国和英国，政府为制药公司的疫苗开发提供资金支持，并提前为成功的产品开出了大额订单。欧盟采取了类似的措施，但行动迟缓，效果欠佳。[39] 在一年之内，阿斯利康、强生、莫德纳和辉瑞 4 家公司完成了疫苗的临床试验，并在几个国家获得了应急使用授权。

《财富》杂志 2021 年"全球最受赞赏公司"榜单显示，强生和默克的排名分别比上一年提升了 10 多位。尽管默克公司的疫苗产品在试验中失败了，但其评分仍有所提高。快速且有效的应对措施在一定程度上修复了该行业受损的声誉，但过去的不良行为在公众心目中造成的阴影仍然难以消散。不得不说，一些不负责任的舆论偏见起到了推波助澜的作用。我们固然可以对互联网各个角落里散布的偏执的阴谋论嗤之以鼻，但总有人喜欢这类八卦新闻。他们可以毫无根据地指责一些药品的副作用，以至于让许多本应理性的人群也开始犹豫不决。根据盖洛普2020年的调查，制药行业的净好感度虽然比2019年提升了7个百分点，但仍处于所有调查领域的末端。[40]

双重面孔

制药行业展示了现代商业天使与魔鬼的两副面孔。一方面，该行业的抗生素、降压药、他汀类药物、疫苗等产品拯救了亿万人的生命，几乎改善了每个人的生活质量，其收入反哺了新药研发，也为投资者带来了巨额红利。鉴于默克、辉瑞、阿斯利康和罗氏等公司的股票高度分散，股市回报充实了许多人的退休金。利润还支持了默克的慈善事业，虽然我们要对萨克勒家族的捐赠持谨慎态度。控股丹麦的制药公司的诺和诺德基金会是世界上最大的公益社团之一，英国最大的教育基金会惠康信托基金为英国科学事业提供了大笔的资助。[41] 换言之，全球四大慈善基金会中有两家源于制药行业的领军者——丹麦的奥古斯特·克罗格和哈拉尔德·佩德森，以及英国的亨利·韦尔科姆——的慈善行为。[42]（其他两家慈善基金会是分别由比尔·盖茨和瑞典宜家家具连锁店的创始人英格瓦·坎普拉德所创立的基金会。）

另一方面，制药行业也展示了大公司失信于公众的全部特征。许多高管由于所处职位承担着重大的责任，其言行影响着他人的福祉，乃至生命安全，然而其行为标准却远低于任何现代社会所能接受或应当容忍的水平。一味追求"股东价值",认为利润是公司存在的决定性目标,是道德退化的一个重要因素。

默克公司和维伦特公司纠结于短期的财务压力,不仅损害了企业及其产品的声誉,也降低了长远的股东回报。在后面的章节中,我将展示这些企业的短视行为,它们并非特例。不过,如果就此得出制药行业都在追求短期利润的结论,就未免过于草率和偏激了。其实,该行业背后存在一批眼光独到且敢于冒险的风险投资家,他们与杰出的学者保持密切沟通,跟踪并投资具有商业潜力的创新项目。许多成熟的大型企业同样如此,它们明知新产品开发和试验耗资巨大,回报周期漫长且高度不确定,甚至失败率极高,但仍然展现出义无反顾的魄力和耐力。许多大型的私人基金和公益基金也加入了此类"耐心资本"的行列。相比之下,普通的金融机构更加急功近利,这类机构几乎完全通过短期交易来获得报酬。它们的高管、投资专家和顾问整日骚动不安,频繁活动,结果却忽视并削弱了回报稳定的基础业务。

制药行业的历史展示了商业与社会之间长期以来错综复杂且难分难解的恩怨纠葛。本书集中分析了商业领域存在的4个突出问题:行业领袖的动机与行为标准,商业与金融的交互关系,构建有效监管制度的困难,价格、成本与价值之间的对立统一关系。这些问题不仅仅是制药行业所独有的,每种类型的商业都会遇到这些问题,且处理方案必然因行业性质、时间和地点不同而异。但在本书(以及后续另一本书)中,我将阐述商业必须恪守的基本原则和发展方向。

3 经济动机

> （他们）正忙于为广袤的帝国设计一种新的政府形式，他们自诩，这将成为，而且实际上看来确实有可能成为，世界上有史以来一个最伟大、最令人敬畏的帝国。
>
> ——亚当·斯密，《国富论》，1776年[1]

1776年，英国在美洲的殖民地发生了革命运动，包括本杰明·富兰克林和托马斯·杰弗逊在内的56名代表在第二届大陆会议上签署了《独立宣言》。同年，被誉为经济学奠基人的亚当·斯密发表了他的杰作。他的家乡——在70年前（即1707年）与英格兰联合的苏格兰，正迎来工业革命的开端。

斯密对美利坚合众国未来发展方向的预测展现了他的远见卓识，其中最令人敬佩的并不是他对政治的敏锐认识，而是他对经济规律的洞察。他写道："在一个善治的社会里，劳动分工的细化为各行各业人尽其才创造了条件；通过生产效率的倍增，不断扩大的财富必定会扩散开来，惠及最低阶层的人民，实现普遍繁荣。"[2]苏格兰和美国的经历都证实了这一点。

经济学家通常用国内生产总值（GDP）来衡量一个经济体的产出和收入。自1776年以来，英国的实际人均GDP——经通胀调整之后，增长了10倍以上，[3]但这一统计数据仍然无法反映其间翻天覆地的变革。想象一下斯密所处的时代,他的巨著《国富论》的手稿是用鹅毛笔写就的;他在爱丁堡的住所没有自来水,照明仅能依靠蜡烛;他的住所坐落于"皇家一英里"路旁,这是爱丁堡的一条主干道,它从爱丁堡城堡通往荷里路德宫,路上到处散落着臭气熏天的马粪。爱丁堡商学院最近修复的"潘穆尔府邸"坐落于洛克恩德小巷,这条狭窄的街道通向诺尔湖的东端,旧城的污水最终流入此处。几乎在斯密完成《国富论》手稿的同时,诺尔湖的排干工作开始了,如今这里变成了城市中一个引人入胜的景点——王子街花园。但在斯密时代,各类景观大部分时间都笼罩在燃煤产生的烟尘当中,爱丁堡因此有了"老烟城"的绰号。那时多数婴儿会夭折,斯密67岁离世前已经被视为当地的老寿星了。[4]

《国富论》以讲述一个别针工厂开篇:

> 我见过这样一个小型工厂,只有10个人在那里工作,平均每人每天可以制造4 800个别针,相当于48 000个别针总量的1/10。但如果他们各自独立工作,而且没有经过专门训练,他们当中的任何一个人一天可能连20个,甚至1个也造不出来。[5]

斯密思想的核心在于劳动分工促进生产效率。的确如此,在过去两个多世纪里,工商业依靠集体知识的积累和专业能力的结合,把我们从别针工厂带到了以脸书、苹果智能手机和空客为代表的现代商业世界。

集体行动

人类是社会性动物,与其他动物一样,人类也会竞争,会争夺物质财产、伴侣和权力。但与其他哺乳动物的区别在于,我们具备广泛而深入的沟通与合作能力,这正是人类所独具的无限生产力和创造力的源泉。

我们需要归属感,需要被认同。我们清楚,通过集体行动能够完成个人能力无法企及的事情。竞争有利于激发个体的决心、潜力和创造力,而合作则是创造和分享创新成果的必要条件。国家经济的成功依赖于将竞争冲动纳入协力合作的轨道,商业的成功同样如此。

穆扎费尔·谢里夫的"罗伯斯山洞"实验,在社会心理学中开辟了一个新的研究方向。他观察到,人类既有创建"内群体"(合作)的倾向,也有对某种事物形成共同敌意即敌视"外群体"(竞争)的倾向。这种如今被称为"情感极化"的现象,在当代政治发展背景下已成为被广泛热议的话题。

组织之所以存在,是因为人类可以集体完成个体难以实现的目标。2009年,设计师托马斯·思韦茨尝试自己从头开始制作一台烤面包机。[6] 他耗费了9个月的时间,成本是从当地商店购买的250倍,而性能还不如商店里摆放的现成产品。思韦茨起码有可能独立制作一台成本高昂而性能较差的烤面包机,但没有任何一个人能单独制造出一部智能手机或一座核电站,甚至没有人能够掌握与它们相关的全部制造知识。卢梭观察到,一个团体可以狩猎雄鹿,而个体只能捕捉兔子。[7] 你之所以能读到本书,是因为它是许多人智慧的结晶,但无论是我这位作者还是你这位读者,也许根本不认识他们。

人们组建体育俱乐部,成员加入其中,可以享受团队协作和竞赛的裨益。议会授权建立了国家美术馆,许多人向其捐赠画作或允许展示他们的藏品,供来自世界各地的数百万人欣赏玩味。专业人士在学校、医院中合作，因为他们知道通过分享知识和经验，比独立工作更能有效地服务学生和患者，更能推动知识的进步。人类不能飞行，但一群人通过协作可以制造出飞机。在空中和地面上成千上万人的协助下，一名飞行员可以运载数百人环游世界。

无论是狩猎队、航空公司（如空客与波音）、出版商、体育俱乐部、国家美术馆、学校，还是医院，任何组织的成功都证明，集体协作的价值要比个体行动的价值总和更高。个体尝试飞行可能令人发笑，但一群人可以共同建造并操纵飞机。出版商的角色在于组合并协调一系列人群或组织的活动，从作者到编辑，从印刷厂到书店，从银行到物流系统，最后才能将一本成书交到你手中。组合与协调，是商业以及各项事务取得进步和收获成果的关键。

中世纪修道士的手稿只有极少数人才能看到，而一旦与发明家兼商人约翰内斯·谷登堡的印刷机结合，那位神职人员的学识便能传遍世界各地。与他人一起锻炼更加愉快，体育俱乐部可以提供个人无力购买或无处摆放的健身设施。国家美术馆为众人提供的欣赏价值要胜过同样的画作在多个私人场所里展出。大学能够汇集众多学者的智慧，为学生提供比私塾更好的教育。有效的专业服务组织，无论是学校、医院、律师事务所还是咨询公司，都能通过聚合多人的不同能力和经验受益。这种聚合产生的集体知识可供所有人享用，启迪他们萌生新的思路，为商业、社会和科学问题提供更高效的解决方案。

通过集体行动实现增值的机会无处不在，即使是孤独的长跑者也能从参与精心组织的马拉松赛跑中获得乐趣。在本书中，我将频繁使用体育方面的例证。我对体育仅略感兴趣，但体育能够更加直观地展示人类同时竞争与合作的裨益，而且大多数人在讨论体育时不会带入那些对商业的成见。没有什么事件比在伦敦或纽约街头聚集 5 万人跑完约 26 英里

（1英里合1.609 3公里）的马拉松更能诠释竞争与合作的完美结合了。

动机的根源

多数集体行动并非纯粹为了追求经济目标。例如，很少有人为了赚钱而加入马拉松赛跑的队伍。相反，许多人参赛是为了帮助慈善事业筹款，即便是塔塔咨询服务公司也不例外。该公司是一个印度家族控股的大型企业集团的一部分，同时也是两个城市体育赛事的主要赞助商。没有什么人比参与体育赛事的人群更能清楚地说明"情感极化"现象，"没人喜欢我们，我们不在乎"是他们的口号。即使在经济目标主导的工作场所，集体行动的社会维度也是不容忽视的。

人类动机是心理学研究的核心课题，在对人类动机的描述中，亚伯拉罕·马斯洛的"需求层次论"无疑产生了深远的影响，虽然它难以归类为学术文献。据此理论，人们首先设法满足食物和居住等方面基本的生理需求，其次是确保生命和财产的安全。一旦这些需求得到满足，他们就开始寻求归属感和认同感；随后，他们将努力争取得到他人的尊重，直至完成自我实现的终极目标。后续的研究，如马丁·塞利格曼的"积极心理学"，倾向于认可人有多重需求的观点，但对马斯洛的层次排序提出了疑问。[8]他指出，即使是贫穷国家的贫困人口，也像大多数富裕国家的人们一样，存在对归属感和认同感的需求。

员工参加工作，当然期望拿到薪酬来支付生活用度，但他们同时也期待从组织化的工作场所获得情感上的愉悦。他们努力创造优质的产品，为客户提供贴心的服务，争取以出色的技能和贡献赢得同事和上司的表扬，一个重要的动机就是希望证明自身在组织乃至社会中的价值。奖金不只是他们出卖劳动力的所得，而且是他们赢得组织认同的象征。即使是在腐败环境中，无论是黑手党团伙的成员，还是串谋操纵利率的交易员，也都存在对同事认可的需求。

心理学家米哈里·契克森米哈赖发现，当被问及某一特定时刻的幸福状态时，人们讲述的快乐更多来自工作场景，而非家庭。当心无旁骛地投入某项艰巨任务当中时，一个人就会在不知不觉中进入米哈里所称的"心流"的兴奋状态。[9]

体验"心流"是人们冒着生命危险在恶劣天气中攀登山峰的驱动力，这种感觉在集体活动中表现得尤为普遍和强烈。若要见识"心流"的力量，可以观看利昂内尔·梅西对阵赫塔费球队时的进球，史蒂夫·乔布斯2007年在旧金山现场首发智能手机时的状态，或者克劳迪奥·阿巴多指挥柏林爱乐乐团同年在英国广播公司音乐会上的表演。[10]我清楚地记得，在伦敦一家剧院观看亚历克·吉尼斯爵士主演的一场戏剧时，剧场内突然发生了一阵骚动。吉尼斯暂停表演，用手指着肇事者说："你们能消停一下吗？"然后一切归于平静，吉尼斯若无其事地继续表演，就像什么都没发生一样。这是我亲眼看到的一位专业人士沉浸在"心流"中的表现。

但吉尼斯的表演并不是出于利他主义的动机，他在伦敦西区舞台上控制骚动的场面在很大程度上是为了维护他作为演员的自尊，这与他出演《星球大战》可以分得可观的片酬没有实质分别。梅西凭借出色的球技使自己成为世界上收入最高的运动员之一，就像莱因霍尔德·梅斯纳独自攀登珠穆朗玛峰并非出于服务公益的初衷。在所有这些情况下，虚荣心和自利虽不是唯一的动机，但毋庸置疑，它们确实是动机。

史蒂夫·乔布斯的一句话道破了"心流"作为行为动机的实质："唯一能让你真正满足的方式，是做你认为的伟大的事情；而成就伟大的唯一方式，就是热爱你所做的事情。"[11]像吉尼斯、梅西和梅斯纳一样，乔布斯的职业生涯表明，一个人出类拔萃的成绩往往源于其极度的自我专注。与大多数指挥家不同，克劳迪奥·阿巴多向来以谦逊敬业而为人所称道。当被问及为何拒绝指挥美国乐团时，他解释说："他们停止排练不是因为音乐结束了，而是因为下班时间到了。"[12]这一看似平淡无奇的观点，强烈地折射出决策背后的不同动机：是为维护尊严而舍弃名利，还是为追求名利而放弃尊严。

观点的分歧

我们时常在一些日常琐事上争论不休，对于影响大众生活乃至社会进步的商业更是如此。围绕商业的性质、作用以及运行方式，各路观点从来都莫衷一是，甚至引致无数大大小小的暴力冲突。在19世纪，一种源于马克思主义者的观念将资产阶级与无产阶级对立起来，认为商业代表着阶级斗争的前线；另一种观念是机械的，认为企业就是一种生产关系，其运作类似于物理变化或化学反应，其能够从特定投入中得到可预测的产出。

时至今日，尽管社会、政治和技术发生了巨大变化，然而这些尖锐对立的观点依然大有市场。阶级和地位在商业中确实仍然发挥着作用，但商业环境与19世纪中叶相比已然大相径庭。那时，几乎一半的英国人口是文盲，而现在英国几乎一半的人口接受过高等教育；[13]那时，议会把持在世袭贵族手中，而普选制迄今已走过了百年历程；[14]那时，英国公司（如银行或铁路公司）的董事会由高高在上的显贵组成，负责运营事务的总经理或总工程师无疑深知自己所处的从属地位，[15]而今天的董事会席位已经向世界各国人士包括从平民起家的投资人开放，而且董事会成员更倾向于听从精明能干的职业管理人的专业判断，因为后者决定了前者的财富能否持续增值。

世袭贵族制度从未在美国站稳脚跟，而由于教育始终被视为立国之本，美国快速提高了识字率。不同于欧洲国家的阶级结构，个体能否跻身美国的上流社会，取决于他获取财富的多寡，而非出身的贵贱。但到镀金时代末期，纽约出现了一个以阿斯特夫人为主角的"四百名流"（现指"上流社会"）社交圈。按照她的顾问沃德·麦卡利斯特的话说，"如果你走出这个圈子，你遇到的人要么在舞厅里不自在，要么让其他人不自在"。[16]在最初的上流社会社交圈中，旧财富要比新财富更受青睐。经过一番斗争，代表新财富的范德比尔特家族不仅受到上流社会的接纳，而且名气和地位得以后来居上。时光荏苒，至20世纪，在美国、英国乃至整个西方世界，新兴名流的社会地位已经超越了世袭贵族。在当今的北方国家，社会地位大多是个人成就或名人效应的产物，而不再依靠显赫的出身。当然，这种成就多种多样，并不总是值得钦佩。

大都会艺术博物馆的年度晚会是现代版的阿斯特夫人舞会。据报道，该晚会门票价格为5万美元，参加者身份需要经过由Vogue（一本时尚杂志）主编安娜·温图尔主持的小组的审核。2023年，西班牙国宝级女演员佩内洛普·克鲁兹和瑞士网球明星罗杰·费德勒成了温图尔的伙伴。2021年，美国进步派国会女议员亚历山德里娅·奥卡西奥–科尔特斯竟然穿着印有"Tax the Rich"（向富人征税）口号的礼服出席这场年度晚会，这种呼吁在当年可能根本无法通过阿斯特夫人门卫的审查。

国际组织"联合国贸易与发展"采用以下分类：发展中经济体大致包括非洲，拉丁美洲和加勒比地区，亚洲（以色列、日本和韩国除外），以及大洋洲（澳大利亚和新西兰除外）；发达经济体大致包括北美洲和欧洲、以色列、日本、韩国、澳大利亚和新西兰。根据所处的（大致）地理

位置，现在人们通常将这两组中的国家分别称作"南方国家"和"北方国家"。尽管存在一些争议，本书仍将继续遵循这一流行的划分方法。

资本的三结合

在大部分历史时期，直至镀金时代，"资本"一词都用来描述个人财富和物质生产资料。在工业革命之前，土地是这两者的主要组成部分。（而且如今它仍是一个主要组成部分，尽管现在是城市土地而非农业土地占据主导地位。）今天，"资本"一词常常宽泛地用来描述作为生产要素的资本和作为金融资产的资本，这两者不必直接或间接与任何有形物体相联系。"资本"还被用作衡量个人或企业实体净值的指标。关于"资本"一词的多重含义，特别是财富资本与生产要素资本之间的区别，我们将在本书后文进行详细讨论。

从个人财富到生产要素，再到对商业的控制，它们体现了"资本"的三大功能，我将这三大功能之间的联系描述为资本的"三结合"。随着工业革命的进程，这种联系不断受到侵蚀，在本书中，我们将看到资本的"三结合"是如何走向解体的。实际上，自工业革命开始，伴随着贸易范围的扩大，在为新企业提供有形资本方面，通过商业获取的财富要远胜于继承而来的土地和财产。

时至今日，如果有人相信斯密和马克思所描述的纺织厂和炼铁厂的商业图景，以及艾伦·伯尔和汉密尔顿塑造金融体系所使用的语言和模型，仍然可以轻易地用来描述苹果和谷歌的商业世界，他要么是出于一种食古不化的傲慢，要么就是纯粹缺乏想象力。对于约翰·摩根来说，"品格是信用的头等大事"，而今天最成功的金融家多数是名不见经传的，他们依靠计算机复杂的算法进行匿名交易。呼吁推翻资本主义的标语，如今显现在出席大都会艺术博物馆年度晚会社会名流的时尚晚礼服上，而不是在安德鲁·卡内基的霍姆斯泰德钢铁厂的纠察线上。

在过去的半个世纪里，经济学家和法律学者反复强调独立个体的身份而非阶级成分。个人主义的语言已成为政治和经济思想的核心，以及当今政治哲学的支柱。约翰·罗尔斯和罗伯特·诺奇克各自借助现代经济学的视角，发展了关于国家的新型社会契约理论。罗尔斯主张提高弱者的福利，既而吸引了政治左翼的支持；诺奇克则关注财产权的保护，既而赢得了右翼的支持。

20世纪70年代，罗尔斯和诺奇克分别发表了著作，并且观点相左。罗尔斯在《正义论》中提出了一个问题：如果我们处在"无知之幕"背后，不知道将在社会中占据何等位置，我们会希望社会如何构建？他得出结论：出于自身利益，我们会希望它保护处境最糟的人。相形之下，诺奇克在《无政府、国家和乌托邦》中提出的"资格理论"，强调保护通过"正当挣得"或"正当转移"获取的财产，并将国家视为个人为保护自身权利而订立的社会契约。他的结论是，一个公正的社会是一个人人相对不受约束的社会，即使这意味着有些人的境况要比其他人优越得多。所以，国家不应介入财富再分配。

这两种哲学理念分别突出了各自的极端，左翼寻求政府调节和集体行动，而右翼则强调个体自主权。二者均忽略了在个体与国家之间发挥纽带作用的社区，而地方社区和职业社区在我们的经济生活和社会生活当中始终扮演着至关重要的角色。并且，它们轻视了这些社区之间的竞争与合作，而这些恰恰是我们维持经济繁荣与丰富文化底蕴的基础。

契约关系的纽带

迈克尔·詹森和威廉·梅克林在1976年发表了一篇文章，题为《公司理论：管理行为、代理成本和所有权结构》。该文一直被学术界奉为现代商业组织理论的经典著作，被引用次数已超过13万。他们断言："大多数组织只是在个体之间搭建起一系列契约安排的法律虚体。"[17]换言之，公司以契约为纽带，在特定期间内将一群人联结到一起，他们通过互利合作来满足彼此的需要。

梅克林于1998年去世，迈克尔·詹森在本书英文版付梓时（2024年）病故。詹森在生前经女儿介绍，认识了心理自助培训大师维尔纳·厄哈德（真名为杰克·罗森伯格），之后经历了一次顿悟。[18]厄哈德是一位颇具争议的人物，在哥伦比亚广播公司的纪录片报道了他被指控逃税和性侵犯之后，他的职业生涯似乎陷入了绝境。这些指控后来被证实是莫须有的，据称是"山达基教"（宣扬心灵复原的邪教组织）为争夺培训市场而策划的一场诬陷。[19]詹森与厄哈德合作的著作围绕"诚信"这一主题展开了广泛的论证。

将个人主义作为经营商业的指导思想时，行为管理的核心无外乎运用各种激励手段来调动个人追求经济收益的本能。在这样的认知体系里，理性不过是赤裸裸的贪婪。投资银行家对年终奖金望眼欲穿，就像巴甫洛夫的狗对他的铃铛声那样。他们很快就会掌握斯金纳实验室里老鼠的技能，只要按压某个杠杆就能获得食物。[20]围绕这些假定设计的组织模式是机械性的，而非社会性的，因此出现代理成本现象也就不足为奇了。

在我曾经出版的《企业成功的基础》一书中，我对契约关系作为组织纽带的提法表示了认同。我一直相信，公司的本质是在个体之间构筑起的一系列关系。但我当时没有意识到，这一理念的倡导者纯粹将这些关系视为交易性的，而全然不顾其社会伦理的一面。倘若一味强调商业关系的交易性质，我们不仅会破坏商业与社会之间的伦理关系，从交易逻辑本身来看，还可能因助长投机与腐败行为而降低商业效率，这是本书的一个核心论点。

第二部分

商业简史

在中世纪和文艺复兴时期，行会和商人是商业活动的主角。18 世纪的工业革命催生了生产线，从而使重复性的规模化制造业占据了商业的主流。在北方国家，这类制造业的经济贡献在 20 世纪中期达到顶峰。此后，商业的重心开始从生产有形的商品逐步转向提供无形的服务，既有的制造业也从资源密集型转变为知识密集型，商业组织和商业金融也随着生产性质的变化而不断演进。然而，用来描述这些变化的语言和模型并未得到相应的更新。

1　机械的企业思维与管理

> 如果上帝的意思是有两种以上的生产要素，他本该让我们更轻易地画出一张三维示意图。
>
> ——罗伯特·索洛，约 1956 年[1]

几乎每一位经济学初学者都会学习由菲利普·威克斯蒂德于 1894 年首创的生产函数模型。经济学中，传统的生产要素包括土地、劳动力和资本。然而，为了构建看似严谨的理论模型，经济学家通常将其简化为可用二维示意图展示的两种要素，从而得出结论：产出是资本与劳动力结合的产物。前文索洛所言便是对这种不惜忽略现实的复杂性，而追求简单化的学术作风的讽刺性批判。

阿尔弗雷德·马歇尔等 19 世纪的经济学家仍然将土地视为第三种生产要素，但随着工业的快速发展，农业增加值在国民收入中的比重大幅下降，这第三种要素几乎莫名其妙地在经济分析中遁于无形了。其实，土地的价值犹在，只是性质和用途发生了改变——肥力已不再那么重要，真正凸显其价值的是区位优势。如果你认为世界是平的，请放眼纽约曼哈顿或伦敦金丝雀码头的城市景观，思考一下为什么天量的财富竟然如此集中地堆积在这样的小片土地上。[2]

二维示意图简单明了，仅需选定资本和劳动力两个维度。威克斯蒂德用生产函数表示企业经济行为，马克思把企业视为阶级斗争前线，这两种观点都采用了这种二维视角,尽管各自采用的方式和含义迥然不同。19世纪末至20世纪初的经济学家,如约翰·克拉克和克努特·维克塞尔解释说,根据资本和劳动力的相对稀缺性和价格,企业可以决定增加或减少机械设备。马克思主义者认为,企业增值分配是一个讨价还价的过程,在此过程中,无产阶级往往处于不利地位。因此,剩余价值分配是代表两种生产要素的经济力量和政治力量相互博弈的结果。古典经济学家注重基于要素贡献的经济力量,马克思主义者则强调基于集体行动的社会力量。

资本和劳动力投入越多,产出就越多:如果加倍投入这两种生产要素,则产出也将加倍,并且或许因规模经济而加倍更多。虽然资本和劳动力可以相互替代,但如果在劳动力数量固定的情况下加大资本投入,或在资本数量固定的情况下加大劳动力的投入,则会出现边际收益递减。(有关这种数学关系最常见的例子是柯布-道格拉斯生产函数,它以数学家查尔斯·柯布和经济学家保罗·道格拉斯的姓氏命名,后者曾担任伊利诺伊州参议员长达20年。[3])为了最大限度降低期望产出水平对应的成本,企业必须选择一种资本和劳动力的组合,这种组合反映了两种生产要素的相对价格,一是资本的利率或成本,二是劳动力的工资。

在技术易于模仿且入行门槛很低的情况下,所有企业的生产函数彼此相似,从相同数量的资本和劳动力中获得大致相同的产出。如果最终商品的价格超出生产成本(考虑到工资和利率),那么对于已建立的企业来说,扩张将是有利可图的,更多新企业也会进入市场。相反,如果需求和价格下降,产出价值低于生产成本,企业将缩减生产,弱势企业可能会破产倒闭。

假定所有已建企业和潜在企业的生产函数相同且不会随时间推移而改变,是生产函数模型及其推论的关键。这个模型基本上贴近工业革命时期一些炼铁厂和纺织厂的真实情况,也适合描述19世纪和20世纪新型的制造业。

20 世纪，一些经济学家，如约翰·希克斯、罗伊·哈罗德，尤其是罗伯特·索洛认识到，生产函数可能随时间推移而变化。只要对基本模型进行一个简单的修改，就能使任何给定的资本和劳动力组合下的产出随着时间的推移而增加，其原因要么是技术进步，要么仅仅是生产要素在重复性任务方面积累了更多的经验。技术进步被一些怀疑论者描述为"天赐之物"，它有助于提升资本或劳动力的生产率，或者使二者同时得到提升，后一种情况称作"全要素生产率"提升。经济产出的增长速度为何能够远远超过资本和劳动力的增长速度？技术进步为这一突出现象提供了合理的解释。

保罗·罗默将这一观点推进了一大步，他认为，此类技术变革不是"天赐之物"，而是那些受益企业先前进行投资的内生结果。[4] 在 1994 年一次政党会议上，性格张扬的英国保守党政治家迈克尔·赫塞尔廷戏谑反对派财政发言人戈登·布朗（未来的首相），他说布朗在讲演中引用"新古典内生增长理论"来描述英国的经济政策，还说其实布朗的讲演稿完全是布朗 27 岁的助手埃德·鲍尔斯（后来成了内阁大臣，还成了《舞动奇迹》节目的明星）撰写的，然后提高嗓门喊道："这位不是布朗，而是鲍尔斯！"随即，听众席上爆发出一阵嘘声。[5]

"科学"管理

赫塞尔廷的观点不无道理，新古典内生增长理论中没有将企业视为社会组织。照此理论模式，公司就是一群被称为资本家的人所拥有的资产集合，他们雇用工人，并命令工人前往工作场所操作机械设备。级别最高的员工，也就是所谓的高管，会向下一级管理者传达指令，如此这般，指令沿着组织层级逐级传达下去。

弗雷德里克·泰勒20世纪初在宾夕法尼亚的工业厂区工作，一路从学徒做到了总工程师。经过认真梳理自己的切身经验和对装配线流程的思考，他写成了一本备受推崇的巨著——《科学管理原理》（1911年），由此开辟了科学管理的先河。泰勒试图将商业流程分解成可以衡量和监控的各个独立部分，以便科学地分配工人的工作与时间。"泰勒主义"将人视为工具性的生产要素，认为需要为无知的工人规定精确的岗位职责，并且管理者要对工人实施高度权威的监控。实际上，用现代人的眼光来看，泰勒制的管理模式及其对工人的态度简直是冒犯至极，他说："如果无法说服工人接受新的制度安排，那就一个接一个地解雇他们，直到他们就范。"[6]

即使"一些最优秀的工人，无论是因为愚蠢还是固执，假如拒不接受（泰勒的）新制度，也必将被淘汰"。[7]工人的主动性彻底受到压制，他们唯一的职责是服从。低层的管理人员也必须做到令行禁止，泰勒认为："任何头目在学会立即执行上级指令之前，都没有资格指挥自己的手下，无论他是否喜欢这些指令或下达指令的上级，哪怕他确信用自己的方法能够更出色地完成任务。"[8]尽管自称对工人有亲和力与同理心，但当工人违背泰勒的意志时，泰勒会毫不留情，他说："有些人既厚脸皮又粗鲁……应逐渐增加言辞和态度上的严厉程度，直到达到预期结果或将言语耗尽。"[9]

如果邀请泰勒进入21世纪的公司，他会看到什么，又会作何感想呢？他会看到一排白领员工坐在屏幕前敲击键盘。他可能会纳闷，他们怎么知道要按哪些键，又是谁让他们这么做的呢？主管会把他拉到一边，向他解释在应用泰勒原则时遇到的困难。现代商业的规模和复杂性意味着，资本家和高管往往无法直接监控员工，看员工是否遵守了他们的指令。此外，基层员工可能掌握着上级所不知道的关键信息。

这位主管会继续说，科学管理是可能的，但他需求助于薪酬顾问而非机械工程师。如果这位主管研修过经济学——这肯定是工商管理硕士的必修课,他会用委托代理理论来描述资本家与员工的关系。其中,资本家作为委托人,员工作为代理人,双方都将争取自身利益最大化。进一步讲,解决委托代理问题的方法是设计一套激励机制,以确保从车间到高管办公室的每一个人都能恪尽职守,他们在服务于资本家盈利目标的前提下,按照各自的贡献获得奖励。马克思早在19世纪就提出了一个精确的解决方案:"计件工资是最适合资本主义生产方式的工资形式。"[10]

委托代理理论假定:个体是自私的,目标是短期的,行为是工具性的;劳动者是不合作的生产要素,仅对物质激励和高压手段有反应。计件工资模式甚至可以扩展到现代企业的高级管理层,这些高管有时候和泰勒描述的工人一样"既厚脸皮又粗鲁",他们不会满足于日常的薪水和公司福利,而需要奖金作为额外的激励。令人惊讶的是,许多投资人和企业家自己也接受了这样的观点,难怪有如此多的年轻人和知识分子对资本主义表示反感。

现代企业高管的职位一般带有"首席"二字。最具权威性的职位当属首席执行官(CEO)。首席运营官(COO)负责企业的日常运营,以便让CEO专注于"战略"事务,这通常意味着处理重大的交易。首席财务官(CFO,亦称"财务总监")负责编制预算,控制公司的现金流。紧跟时代潮流的企业可能会设立首席多样化官(CDO)或首席可持续发展官(CSO)。处于这些职位的高管,其个人品格和自我意识对于企业的发展方向和公众形象具有决定性作用。

本书的一个核心论点是,对商业的交易性叙事不仅令人反感,而且是错误的。它并不能解释成功的商业在现代社会的运作机制，或者说应该如何运作。每个人固然会对激励做出反应，但其行为更易受到所处环境的影响，尤其是易受周围人对自己看法和期待的影响。在生活层面，交口称赞和物质奖励都能引导人们按照社区认可的规范行事，或者为增进社区利益做出额外的贡献。在工作场合，人际关系以及企业与整个社会之间的关系，对个人生产效率和满足感都至关重要。

2 制造业的崛起

> 持续保持行业龙头地位的最佳战略在于，瞄准巨大规模的市场，集中销售少数几样制成品。
>
> ——安德鲁·卡内基，2018 年[1]

从工业革命初期到 20 世纪中叶，有关企业的机械管理思维模式受到了制造业的启发，同时影响了制造业的发展。尽管正如我将要解释的那样，这种模式对 21 世纪公司的适用性已经大为减弱，但其遗风仍然影响深远。

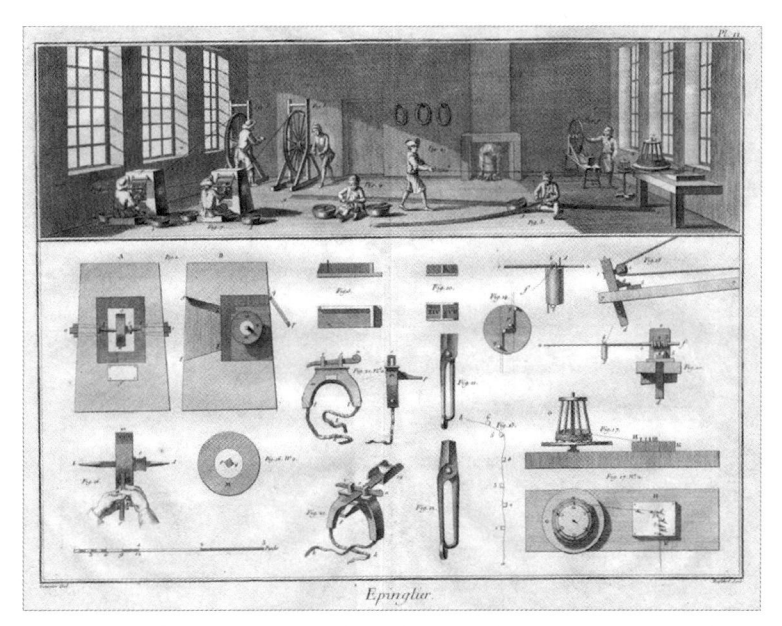

狄德罗别针厂，来自狄德罗主编的《百科全书》

经济历史学家约翰·克拉珀姆爵士对亚当·斯密提出了批评,他可能也批评了许多其他经济学家,认为他们未能进行深入的实证或制度研究。他说:"很遗憾,亚当·斯密没有走出柯科迪小镇,到几英里以外的卡伦工厂看一看,了解他们是如何制作大炮的。他去的那个愚笨的别针厂,只是一个破旧不堪的老作坊。"[2]

其实,斯密不太可能造访过别针厂。在斯密和哲学家大卫·休谟声名鹊起之前10年,另一位对苏格兰启蒙运动做出重要贡献的人物亚当·弗格森出版了《论文明社会史》一书。弗格森在书中引入了劳动分工的概念,并显然在多次讲座中提到过别针厂的生产效率问题。斯密和弗格森互相指责对方剽窃,弗格森回应称,两人都不是通过实地工厂考察得到别针厂这一例子的,而是借鉴了几年前出版的狄德罗主编的《百科全书》中一幅插图。[3](法国北部的诺曼底是手工制作别针的中心。)斯密在《百科全书》中看到的是有关"小型制造厂"的介绍,而非现实的工作场景。这场争论中断了两位苏格兰智者的友谊,直到他们晚年时关系才有所缓和。

并非每个人都对工业革命充满热情。苏格兰最伟大的诗人之一罗伯特·彭斯的确到过卡伦工厂,但未获准进厂参观。他并没有从这次经历中感受到社会的进步,反而变得更加忧虑:

我欲来此工厂一观,
非为心智从此了然,
只为免堕地狱,
若然,亦无惊诧之谈。[4]

在《国富论》出版之际,另一位访客考察了卡伦工厂,发现其雇用了1 200名工人,并认为这是当时欧洲乃至世界最大规模的工业基地。[5]

大卫·休谟认为这家工厂的工人数量要更多，在18世纪70年代初，苏格兰经济衰退期间，他在给斯密的信中写道："卡伦工厂正摇摇欲坠，这是整个经济局势中最大的灾难之一，因为它雇用了近一万名工人。这些事件会影响你的理论吗，或者会导致你修订某些章节吗？"[6]休谟尽管学识渊博，但他可能并不是一位擅长实证研究的经济学家，因为"一万"这个数字与我们所知道的卡伦工厂的实际状况或那个时代的行业状况存在显著出入。

斯密未能认识到，炼铁厂和纺织厂是工业革命的标志性产业，直到150年后克拉珀姆才对这一现象做出了深刻的解读。卡伦工厂采用了在英格兰中部科尔布鲁克代尔所开发的创新性炼铁工艺，理查德·阿克赖特在德比郡克罗姆福德的纺织厂将蒸汽动力、水力与创新性纺织机械相结合。19世纪伊始，罗伯特·皮尔爵士——未来同名首相的父亲——可能是英格兰最大的雇主之一，在兰开夏郡拥有一系列的纺织厂。

阿克赖特的水力纺纱机最初是由约翰·凯发明的，这个名字与早一代发明飞梭织机的约翰·凯无关。尽管这些早期的发明者已经具有专利保护的意识并付出了许多努力，但几乎没有从创新中获得多少经济利益。

阿克赖特的纺织厂和科尔布鲁克代尔的工艺容易被模仿，专利提供的保护极为有限，两位约翰·凯在付出了很高代价之后才有所开悟。商业秘密是对抗竞争的一种武器，这可能是彭斯没有获准进入卡伦工厂的原因：

我们敲击你的大门，
你的门卫听不见我们；
倘或我们来到地狱之门，
愿你的兄弟撒旦折磨我们！[7]

这些工业革命的先驱者大多在保护集体知识方面都没成功，英国国内的竞争对手或正在兴起的美国和德国的竞争对手纷纷跟进，千方百计效仿他们的创新工艺。

在当时，洛厄尔家族是波士顿婆罗门阶层的典范，正如古老的童谣所传扬的：

这就是古老的波士顿，
豆类和鳕鱼的家园，
洛厄尔家只与卡伯特家交谈，
而卡伯特家只与上帝交谈。[8]

弗朗西斯·卡伯特·洛厄尔是约翰·洛厄尔和苏珊·卡伯特的儿子，他在1810—1812年对英国的访问纯粹是一次工业间谍之旅，目的是使刚脱离殖民状态的马萨诸塞州摆脱对豆类和鳕鱼的依赖，尽快走上工业化的道路。当时英国禁止纺织机械出口，因此洛厄尔完全凭借记忆掌握了相关的设计图。回到马萨诸塞州后，他在查尔斯河畔的沃尔瑟姆镇建立了一家纺织厂。在他去世后，他的梅里马克制造公司在波塔基特瀑布附近建立了第二家更大的工厂。工厂的工业流程是线性的，作业方式单调而重复，生产的产品是同质化的，呈现出泰勒制流水线的雏形。这类工厂需要依靠大型设施集中生产，以便通过劳动分工和专业化取得规模经济效益。更为关键的是，它们的动力引擎由水力机转换成了蒸汽机。

19世纪30年代的铁路建设将工业革命推上了一个新的台阶，由此带来的变革不仅改善了运输条件，而且对企业的组织方式以及个体的思维理念和行为方式产生了深远影响。组织方式的层级化和生产方式的规模化成了企业发展壮大的必由之路，原先由手工艺人生产的啤酒和肉食之类的产品也开始走向工业化和集中化。在未来，人们将会提及的是大亨爱德华·吉尼斯和菲利普·阿穆尔，而不是曾经为斯密夫人服务的当地酿酒师和屠夫。

亚当·斯密最常被引用的一段话是：

我们能吃上晚餐，并非因为屠夫、酿酒师或面包师的仁慈，而是因为他们顾及自己的利益。我们所依赖的，不是他们的人道，而是他们的利己之心；我们从不跟他们谈论我们自己的需求，而只谈他们能得到怎样的好处。除了乞丐，没有人愿意主要依靠其同胞的仁慈生活。[9]

亚当·斯密终生未娶，一直与母亲一起生活，母亲仅早于他两年离世。沉默寡言的斯密不太可能与屠夫攀谈人道、利己之心或仁慈之类的话题，凯特琳·马歇尔指出："亚当·斯密只解答了一半的经济学基本问题，他之所以能吃到晚餐，并不仅仅是因为商人通过交易满足自身利益，更重要的是，他的母亲能够确保每晚餐桌上都有饭菜。"[10]

标准化与同步化构成了这一时代的另一特征。铁路公司甚至模仿军队的模样，让员工穿上显示职衔的制服。火车运行必须考虑成本核算，它必须等旅客和货物在某个地点集中到一定规模之后才发车。时间本身也要服务于商业需求，英国每个市镇的钟表以前都自豪地显示当地时间，但如今都采用了统一的"铁路时间"。大英帝国也如法炮制，将格林尼治标准时间强加给世界各地。

线性重复制造的逻辑导致了装配线的出现。借助这一创新，亨利·福特在丹麦裔工程师威廉·克努森的支持下，彻底改变了汽车行业，并最终影响了许多其他工业活动。1909年，也就是全面投产的第一年，福特制造出了1万辆T型汽车；6年后，这一数量增至25万辆，而汽车价格下降了50%以上。第一次世界大战结束后，该型号汽车价格进一步降低，年销量突破了100万辆。[11]

如果一个制造过程具有足够的重复性，那么大部分不确定性都是能够解决的，因为它们可以用概率的方式来描述。统计学中最为基础的"学生氏分布"（简称"t分布"）中，"学生"原本是W.J.戈塞特的化名，他于1899年加入都柏林的吉尼斯啤酒厂，公司管理层默许了他以匿名方式发表学术论文。作为回报，他在伦敦西部的皇家公园为公司建立了在英格兰的第一家啤酒厂。后来，摩托罗拉和美国通用电气公司用统计术语"六西格玛"（六个标准差）来描述如何在重复制造过程中降低对缺陷的容忍度，进而将这一统计术语通俗化。这些概率模型被广泛应用于金融服务业，高盛的财务总监大言不惭地宣称，2008年全球金融危机是一个"二十五西格玛"事件。但金融服务业乃至大多数现代公司与简单重复的制造业截然不同，美国通用电气公司后来付出了不小的代价才明白了这个道理。

福特的胭脂河工业综合体于1928年建成。这里以汽车制造为支柱产业，专用设备一应俱全，是当时世界上最大的工业基地——占地超过2 000英亩（1英亩合4 046.86平方米），面积超过伦敦海德公园和纽约中央公园总和的两倍。到了20世纪中叶，福特和通用汽车公司成了领先全球大型制造业的成功典范。

资本

卡伦炼铁厂由四位罗巴克家族成员、两位卡德尔家族成员和一位加贝特家族成员建立，他们都是成功的商人，不仅出资购置工厂、设备，以及煤炭、铁矿石等原材料，而且要垫付流动资金，[12]因为许多客户，如皇家海军，即便信用可靠，也经常拖欠货款。像工业革命时期的所有企业一样，卡伦工厂需要固定资本用于工厂建设，需要流动资本用于维持库存。所以，资本成为技术应用和企业成长的生命线。像詹姆斯·瓦特这样缺乏资金但才华横溢的工程师，也必须找到马修·博尔顿这样缺乏想象力的富翁，与之建立互利的合作关系。[13]

在马克思笔下，资本主义的兴起加速了欧洲封建制的衰落。马克思将暴力剥夺农民土地（如圈地运动）和殖民掠夺称为"原始积累"。奇怪的是，这一点契合了亚当·斯密的看法，后者称之为"劳动分工前的积累"。[14]但是，斯密倾向于将先前的财富积累归功于个体的勤俭节约，而马克思则将原始积累比作盗窃、掠夺。实际情况介于两者之间，但可能更接近马克思的版本。

卡伦工厂是工业革命时期传统的资本主义企业，其创始人依靠圈占农地获得了原始积累，然后又通过经商实现了财富增值。这些创始人建造并拥有卡伦工厂，同时以股东和管理者的身份控制其日常运营。这种模式凸显了早期资本主义企业的"三结合"：个人财富的投入，工厂和设备的所有权，以及日常运营的管理权。

对这种"三结合"的批判是马克思政治经济学的一个核心，他非常自信地预测，这种制度模式必然会走向消亡，因为行使管理权的资本家会控制企业增值部分（剩余价值）的分配，所以能够顺利地将工人的劳动成果据为己有。马克思当时设想，无产者行将取代富有者，掌握工厂的所有权，进而控制经营活动及其产出成果的分配。

实际上，苏联实行的社会主义在剥夺了富有者的资产之后，仍然保持了类似的"三结合"。（"发达社会主义"这一概念来自苏联领导人勃列日涅夫1977年的一次演讲，他在其中试图说明他们所追求的马克思主义理想与东欧的经济体制具有本质的差异。）在苏联的"发达社会主义"旗帜之下，特权并未被消灭，只是变换了主人。

马克思对收入和财富分配的描述强调了社会阶层和政治权力的重要性，因此，将工人阶级组织起来是确保工人获得其劳动果实的关键。经济学家对生产函数的描述考虑到了劳动力与资本的相互替代，而替代弹性是决定劳动力和资本收入份额的一个关键因素。为确保生产效率最大化，资本家密切监控工人并根据他们的工作量发放报酬，这种泰勒主义的观点在微观管理中结合了经济和政治两个层面的解释要素，因为生产效率决定了企业盈利能力和水平，而政治权力决定了生产要素和劳动成果的分配。经济和政治的结合如今仍然是企业管理的核心，尽管其作用机制发生了实质性的变化。

劳动力

随着土地的大举私有化和集中化，脱离土地的大批农民变成了依靠工资收入的雇佣劳工。在卡伦工厂工作的男性是从苏格兰低地的田野里招募来的，人多地少的压力迫使他们走进了工厂的大门。他们除了劳动力之外一无所有，而且缺乏行会组织的保护，因此只能依靠出卖劳动力来勉强维持生计。然而，从宏观经济着眼，土地兼并提高了人口的总体劳动技能，大踏步推进了英国工业化和城市化的进程，进而为将其制成品推向世界市场奠定了基础。彭南特先生在其18世纪出版的《苏格兰游记》一书中评论道："（卡伦）工厂教导人们勤奋工作，并训练他们掌握各种劳动的技法，这对普通民众来说属于新鲜事物，对国家大有裨益。"[15]

随着工业化的推进，越来越多的农民涌向迅速扩张的城市。工业革命的领导者们不仅建造了工厂，还建立了社区，为工人建造住房和其他设施。有些举措甚至更进一步。1848年工业城市布拉德福德遭霍乱袭击后，约克郡的纺织巨头提图斯·索尔特爵士慷慨解囊，拿出巨额财富用于提高员工福利，修建住房，于是有了索尔泰尔工业新村，如今，它仍保留着索尔特所创造的工业遗产。[16] 为改善职工的居住条件，肥皂业大亨威廉·利弗和巧克力制造商乔治·吉百利各自以工艺美术风格建造了叫作阳光港和伯恩维尔的模范村庄，后者被许多人视为第一个"花园城市"。[17] 弗朗西斯·卡伯特·洛厄尔招募新英格兰的农村妇女前来工厂做工，并在波塔基特瀑布附近建造了一座以他的姓氏命名的城镇，为她们提供食宿和教育资源。

但在这些炼铁厂和纺织厂里的工作是单调乏味的，而且需要的是体力劳动而非脑力劳动。工人们只接受过简单的培训，他们可以在不同的常规工作之间轻易调换岗位。底特律20世纪的汽车工厂同样如此，这里招募的工人主要是刚移民到美国的人和逃离南方种植园的非裔美国人。无论是在英国的卡伦炼铁厂还是在福特的胭脂河工厂，劳动力都被视为一种商品，这是早期资本主义的本质特征。从18世纪到20世纪，主要行业都是资本密集型的。建造一座炼铁厂、一条铁路或一个汽车厂需要巨额的资本投入，因此控制资本的人几乎控制了一切。有些资本家可能像吉百利家族或提图斯·索尔特那样仁慈，但如果没有工会的反制力量或法律的保护，工人的就业和收入几乎完全单方面地仰赖掌握资金、厂房和设备的资本家。

斗转星移，支撑英美兴盛长达两个世纪的制造业已然风光不再，如今其传统工业重镇的景象便可显露一斑。在英国，索尔泰尔和阳光港的工厂早已停产，只有吉百利（一家叫作亿滋国际的美国食品公司的子公司）还在伯恩维尔保留着一家工厂。在美国，第二次世界大战后，查尔斯河沿岸的最后一批纺织工厂关闭了，而位于下游的哈佛大学和麻省理工学院却声誉日隆。马萨诸塞州的洛厄尔市作为王安实验室的总部所在地，一度经历了短暂的复兴，但随着这家文字处理先驱在20世纪末的落幕，像索尔泰尔和阳光港一样，这座城市现在也变成了一个工业遗址，或者说，一个工业革命博物馆。

劳工的抗争

英国的数家新型工厂是最早经历罢工的一批工厂。随着美国纺织业的快速扩张，英国的纺织工厂迫于竞争压力，不得不大幅降低产品售价。1836年，为了保持利润率，这些工厂开始削减工资，一些工厂女工"罢工"了。这场早期的罢工行动未能取得成功，而就在两年之前，6位英国农场工人的遭遇比她们更加不幸。他们因秘密宣誓成立农业工人联盟而在一场劳资纠纷中获罪，并被流放至澳大利亚。再过半个世纪，组织化的劳工才成为一股不可忽视的力量，那6位来自托普德尔村的工人也被奉为"托普德尔烈士"。

随着镀金时代的发展，马克思预言的资本与劳动力之间的对抗关系越发成为现实。部分原因在于他的预言启迪了部分有识之士，进而激发了一连串的政治运动。1871年，英国议会通过立法允许成立工会，美国法院也不再强烈支持雇主压制新生的工会运动。然而，实质性的政治变革并不是一蹴而就的，而是一个漫长的斗争过程。在美国，1892年卡内基的霍姆斯泰德工厂的罢工，以及1894年标志性的普尔曼铁路工人大罢工，都以失败告终；在英国，1901年的塔夫河谷铁路公司诉铁路从业者协会一案中，英国法院判决工会要对罢工造成的经济损失负责，实际上等于宣判工人运动虽然表面上合法，而结果则是让工人的罢工行动变得徒劳无功。

马克斯·布兰克和艾萨克·哈里斯共有的三角衬衫公司（Triangle

Shirtwaist Company）占据了纽约阿施大楼（三角形建筑）顶部的三层，为防止盗窃和员工偷懒，公司将通向楼梯间和出口的门统统锁上了。1911年，一场火灾导致146名员工丧生，其中大多数是年轻女性，许多人是因为无处逃生而跳楼身亡的。布兰克和哈里斯被指控过失杀人，但被宣判无罪。[18] 这场悲剧将劳工保护立法向前推进了一步，继1833年英国《工厂法》和1877年《马萨诸塞州工厂法》之后，新的立法进一步明确了对工作条件的要求和监管程序。

工会的壮大显示了工人阶级团结起来的力量，使工人不仅有能力要求雇主提高工资待遇和改善工作条件，而且赋予了工人作为选民的政治权力。在1906年的英国大选中，自由党赢得了压倒性胜利。保守党首相亚瑟·贝尔福在他自己所在的曼彻斯特选区被击败，而此前在议会中仅有两个席位的劳工代表委员会赢得了29个席位，并从此更名为工党。其立即行动起来，在立法层面推翻了塔夫河谷判例（在英美法中，推翻某个判例意味着新的立法）。经过不到20年的努力，工党就组建了政府。从此，劳动者群体受教育程度越来越高，他们在工作中不断学习，提升技能。第一次世界大战结束后，社会主义政党在欧洲成为重要的政治力量。在俄国，布尔什维克夺取了政权，并建立了第一个奉行马克思主义的政府。

现代装配线

如今汽车制造仍然依靠装配线流水作业，但是假如亨利·福特前来参观今天的丰田或特斯拉的工厂，他会惊讶地发现，忙碌的工人非常稀少。1962年，通用汽车在美国的汽车销量占比超过了一半，福特占据了27%的市场份额。这一年，也标志着这些公司占据主导地位的巅峰时刻。2016年，它们在美国的市场份额合计不到1/3。[19] 20世纪60年代，以严格监控为基础的装配线主导的商业组织模式达到了顶峰，之后便一路滑向了下行轨道。

如今，最庞大的装配线用于生产飞机。波音公司在美国西雅图佩恩机场附近建造的工厂负责组装波音747型客机，这里有世界上最大的现代建筑之一，它的容积约为1 300万立方米，相当于5 000个奥林匹克标准游泳池的容量，占地却只有100英亩，不到胭脂河工厂5%的面积。这显示了现代企业生产高度集中而市场却极其分散的特性，与亨利·福特时代的工业模式形成了鲜明对照。

空中客车在法国图卢兹的装配厂是欧洲最大的建筑。（世界最大建筑包括：麦加的大清真寺，特斯拉在得克萨斯州的新建超级工厂，以及俄罗斯陶里亚蒂的汽车厂[20]——在私有化后被法国雷诺汽车公司收购，雷诺现将其持有的股份转让给了俄罗斯汽车工程研究院。）现代飞机制造堪称工业制造史上最复杂的大规模工业生产模式，由此可见，从别针工厂和卡伦工厂到波音和空客的生产线，工业化走过了一条漫长的道路。

3 公司的崛起

> 公司：一种精妙绝伦的设计，用于在免除个人责任的情况下获取利润。
>
> ——安布罗斯·比尔斯，
> 《魔鬼辞典》，1911年[1]

公司的概念由来已久，起源可以追溯到古罗马时代，英文的corporation（公司）一词源于拉丁语 *corporatio*。伦敦金融城公司如今管理着伦敦金融区的公共服务，并代表聚集在那里的商业团体进行政治游说。[2] 这个机构的确切起源已经消失在时间的迷雾中，我们仅知道它在1067年从威廉一世那里获得了皇家特许状，但这只能证明它自"忏悔者"爱德华时代以来就持有经营权。[3] 在其方圆一英里的辖区内，由银匠、鱼贩、面包师和酿酒商等组成的各种行会非常活跃，他们负责制定行业经营规范，监督学徒制，监控产品和服务质量，同时限制外来竞争并确定商品价格。凭借皇家授予的特许状，各行各业的个体商户和公司保有合法经营权和在一定范围内的垄断权。

行会和同业公会制度一直延续到21世纪，它们往往以觥筹交错的聚会形式为促进商业和社会交往搭建平台，并且组织会员支持慈善事业。不过，你在富丽堂皇的鱼贩公会所里很难遇到一位普通的鱼贩，那里唯一可能出现的鱼就是宴会法式菜单上的煎鳎鱼了。2019年，有人在这里拔出镶嵌在墙上的一根独角鲸长牙，用它制服了一名在罪犯改造会议上杀害了两人的暴力分子。[4]

殖民性公司

公司在本质上是一种组织机构，能够持有资产并达成协议，而这些资产不属于任何特定个体，协议也不对任何特定个体具有约束力。当然，作为多个自然人按照一定规则形成的集合体，公司拥有许多自然人的权利和义务，由此产生的"法人资格"这一说法已经上升为一项普遍的法律原则，进而构成了现代公司法的核心。公司章程需要明确其宗旨和成员资格，公司成员通常会从他们当中选出少数几个值得信赖的人来监督公司的运营管理。

当欧洲人在16世纪派遣船队探索世界时，他们通过成立公司的方式来筹集巨额的资金并分散极高的风险。1600年，伊丽莎白一世在她统治末期授予了英国东印度公司一份皇家特许状，允许其沿着新航路与东南亚地区开展贸易。两年后，新兴的荷兰共和国政府效仿英国，说服一群阿姆斯特丹商人组建了荷兰东印度公司，以整合和壮大他们在更东部的香料群岛的利益。

在英语中，公司也被叫作"company（同伴）"。可见，它就是指一群聚集在一起从事共同活动的人。当这样一个共同从事商业活动的群体获得某种特殊法律地位时，就如东印度公司那样成了一个公司实体。这种实体需要经过某种法定程序（如获得皇家特许状或经议会法案的批准），并明确成员对于公司的权利和义务。

接替伊丽莎白一世登上英国王位的詹姆士一世在1606年授予弗吉尼亚公司及其北方子公司普利茅斯公司特许状，以开启对北美大陆的殖民活动。但这家公司在商业上并不成功，弗吉尼亚并没有该公司的发起者所鼓吹的黄金矿藏，因此该公司最终被向王室负责的殖民行政机构所取代。哈佛公司于1650年从马萨诸塞殖民地立法议会获得了特许状，今天仍然是哈佛大学的上级管理机构，声称自己是西半球最古老的公司。

在17世纪，许多公司获得了国王授权，一些作为殖民性企业，还有一些因支持皇家事业而被授予某种垄断权。这些公司后来的命运发生了戏剧性的变化。詹姆士一世统一了苏格兰和英格兰的王权，但未能合并议会。17世纪90年代，苏格兰公司萌生了一个大胆的设想，动员人们远涉巴拿马地峡建立殖民定居地，或许由于这一行动考虑欠妥（或超前了几个世纪），许多登陆的苏格兰贵族家庭陷入了绝境。苏格兰公司的失败，客观上为英格兰与苏格兰之间的议会联合创造了契机。

18世纪末，随着荷兰海外殖民地被英国掠夺一空，荷兰东印度公司也宣告终结。而英国东印度公司继续扩张，并在19世纪上半叶成了印度实际上的统治者。1857年开始的印度民族大起义（现代印度人更愿意称之为独立战争）失败后，英国东印度公司被英王收归国有，不再是一个贸易实体。不久之后，维多利亚女王正式宣布自己兼任印度的女皇。从此，海外殖民变成了一项国家的公共事务，而非民间的商业活动。[5]

商业金融

通过证券交易买卖证券所代表的有形资产，这一商业做法由来已久。早在丝绸之路沿线，商人使用票据以规避自己携带硬币的负担和风险。公司的股份可能会易手，而公司的运营以及船只、货物、厂房和机械之类的基础设施和固定资产不会受到干扰，因为任何股份的持有者都希望企业取得成功，从而获得回报。

类似地，最初的银行券对应银行金库中的黄金。银行很快发现，其发行的银行券数量可以超过所持有的黄金数量，这一发现是银行"创造货币"理念的基础，但这种说法经常遭到误解。一家运作良好的银行拥有的资产要超过其负债，因此并没有凭空创造财富。如今，金库中黄金的等价物就是存款对应的资产，也是银行发放贷款的基本限度。从历史上看，这些贷款通常被个体或企业用于购买房屋、办公场地或机械设备等有形资产。如果说有魔法，那就是银行利用存贷期的交错对头寸进行合理把握，因为不是所有的存款人都会同时要求取钱，银行可以进行短期借款并长期放贷。另外，银行也不会在一天之内放出全部头寸，况且银行之间还建立了互助式的拆兑关系。

17世纪后期，众多银行机构如雨后春笋般在英国涌现出来，其中包括巴克莱银行、英格兰银行（现为英国的中央银行）和苏格兰银行（该行在2008年倒闭，现已并入劳埃德银行），它们的业务范围和客户基础逐渐扩大起来。稍后出现的商业银行更加侧重于参与国际贸易。1762年，从德国移民而来的约翰·巴林的两个儿子创立的巴林银行在伦敦开业。1798年，法兰克福银行家梅耶·罗斯柴尔德派他的儿子内森到伦敦设立分行。这是"五支箭"（至今仍是罗斯柴尔德家族金融帝国的象征）中的第一支。该伦敦分行在拿破仑战争期间蓬勃发展，尽管其从滑铁卢战役的早期消息中获利的传闻似乎是虚构的。像巴林银行和罗斯柴尔德银行这样率先进军证券市场的银行，堪称现代投资银行的先驱。

阿姆斯特丹证券交易所由荷兰东印度公司于1602年建立，作为交易其自身股份的场所。20年后，荷兰东印度公司又允许第二家公司在该交易所从事证券交易。咖啡馆的出现不仅为知识分子提供了哲学思考的去处，而且为渴望发财的人们开辟了金融投机的场所，今天仍然矗立在伦敦牛津大街上的格兰德咖啡馆声称自己是英国第一家这样的机构。1660年君主制恢复之后，清教徒几乎不再抵制赌博行为。1680年，在乔纳森·迈尔斯于伦敦金融城开设的咖啡馆里，交易者不仅买卖皇家债务，还进行公司的股票交易。乔纳森咖啡馆被誉为伦敦股票市场的发源地，而爱德华·劳埃德在附近开设的劳埃德咖啡馆则被公认为伦敦保险市场的发源地。

美国《独立宣言》发表仅3年后，一些曼哈顿商人便意识到新生的美利坚合众国迫切需要一个证券交易场所。1792年，他们聚集在华尔街的一棵梧桐树下签署了协议，商定建立一家纽约的交易所。19世纪上半叶，轰轰烈烈的铁路建设掀起了全美的投融资热潮，从而推动了股权交易市场的蓬勃发展。

2003年，美国军队攻入巴格达，一位年仅24岁、名叫杰伊·海伦的房地产销售员紧跟在美军后面进入了巴格达。他应美国国防部招募，负责按照纽交所模式在当地建立一家现代股票交易所，以推行美国自由民主的金融制度。海伦的共和党政治背景无可挑剔，但缺乏金融市场的操作经验。[6] 联盟驻伊拉克临时管理当局在2004年解散后，伊拉克官员放弃了根据美国模式建立证券交易委员会的尝试，同时也拒绝启用电子交易系统，转而恢复了在白板上为5家上市公司公布股价的做法。

公司股份二级市场的建立为金融投机和公然欺诈提供了可乘之机，大约在1720年，这类交易达到了狂热的地步。在英国，极速膨胀的南海泡沫和密西西比泡沫相继破裂。苏格兰人约翰·劳在一场决斗中杀人并逃亡巴黎，但他在那里并没有选择隐姓埋名的隐居生活。他说服法国政府接受了脱离金本位的货币理论，并顺势利用被授予的特许权为他的密西西比公司制造了欺诈性的股市泡沫。有鉴于此，英国政府在随后的一个世纪里对公司的组建和推广施加了严格的限制。[7]

但这种严格限制仅仅持续了一个世纪。铁路几乎改变了经济生活的方方面面，包括商业和生产的组织模式。最初鼓动建设铁路的是一批当地的商人，因为他们看到了快捷而可靠的交通运输给他们的生意带来的好处。修建铁路当然是一项资本密集型的工程，他们从王室或政府获得特许状之后，便着手以发行股票的方式筹集资金，并承诺兑现股息。例如，连接布里斯托尔和伦敦的大西部铁路，就是由布里斯托尔的商人们集资修建的，他们还专门聘请了杰出的年轻工程师伊桑巴德·金德姆·布鲁内尔负责工程监理。

即将建成的铁路引起了一批保守主义者的担忧，乔治·爱略特在长篇小说《米德尔马契》中将此事设定为中心主题。该小说虚构了一个叫作米德尔马契的城市，并把历史场景定格在1829—1832年。除了曲折缠绵的爱情故事，它以生动的情节和人物展现了铁路即将给人们带来的机遇和危险。在小说中，利物浦至曼彻斯特的铁路开通仪式上，站在轨道上的利物浦议员、前内阁大臣威廉·赫斯吉森被疾驰的机车撞死；通过对这场事故的反复回忆，为新线路勘测土地的凯莱布·高思陷入了痛苦的思想斗争。[8]相较于英国，美国的铁路建设进展较慢，但最终展示出更强劲的活力。1869年，利兰·斯坦福把金色道钉敲进两条铁路的连接点，标志着第一条横贯北美大陆的铁路正式竣工。

时至19世纪40年代，基础建设的经济潜力及其社会影响日益显著。英国沉浸在一片"铁路狂热"之中，股票价格在1845—1846年达到顶峰，以连接伦敦与伯明翰，以及利物浦和曼彻斯特的铁路为例，相关股票价格从发行时的100英镑冲高到250英镑，而几年后又跌至110英镑。[9]这当中新的基建资金主要来自英国中产阶级的储蓄，美国铁路建设的融资也是通过与此类似的方式开展的。相关的服务行业随之跟进，德勤会计师事务所的创始人威廉·德勤建立起一套会计流程，定期向大西部铁路的股东们提供财务报告，以帮助他们在铁路繁荣时期防范相关公司的欺诈行为，从而树立了诚信负责的良好声誉。

即使是勃朗特姐妹（偏远的约克郡一位乡村牧师的女儿们）也卷入了铁路热潮。1846年，夏洛蒂写信给一位熟人：

感谢你的友好问候！我想当你听说铁路恐慌时，你一定想知道我们这里的情况。我非常高兴地告诉你，我们的小股本金尚未减少，请放心。正如你所说，从约克到米德兰的铁路确实是一条非常好的线路。不过，我必须承认，就我个人而言，我希望及早明智行事。我认为，即使是最好的线路也不会在许多年内一直保持目前的溢价水平。我非常希望我们能在为时已晚之前卖掉股份，并将所得款项投资于某些更安全的，即使目前可能不那么有利可图的项目。但是，我无法说服我的姐妹们完全认同我的观点。我觉得我宁愿冒着损失的风险，也不愿与她们发生争执，否则就会伤害艾米莉的感情。——夏洛蒂·勃朗特[10]

夏洛蒂只说对了一部分：约克至（北部）米德兰的铁路的确是"铁路之王"乔治·哈德逊帝国投资的核心项目，但在1849年的一次股东会议上，哈德逊的骗局被揭穿。为避免锒铛入狱，他在被迫退出公司之后立刻逃往海外，这一宏大的铁路项目也就此搁浅。这个故事也许能为当代热衷于加密"资产"的投资者敲响警钟。

在南海泡沫破裂和密西西比公司失败一个世纪之后，政府逐渐放松了对公司的管制。1856年，英国修订立法，发起人通过简单注册便可成立有限责任公司，不再需要获得皇家特许状或经特别议会法案批准。法国以及美国几个州此前已采取了类似的政策。

许多观察家怀疑公众并不愿意与此类有限责任公司打交道，况且当时这些公司甚至不需要公开账目。(1880年,旨在培养和规范审计师的特许会计师协会成立,但直到20世纪,公司——哪怕是最大的公司——才被要求聘用审计师。)1865年,奥弗伦-葛尼公司采取了有限责任公司制,而在次年宣布倒闭,以此为导火索引发的经济衰退进一步放大了这种疑虑。

如果有太多存款人同时想要取回他们的存款,银行存贷期措置的魔法就可能失灵。如果你认为这种情况可能发生,你会希望排在取款队伍的前面——这就是银行最惧怕的挤兑现象。在一篇开创性的文章中,《经济学人》杂志的编辑沃尔特·白芝浩推广了中央银行作为"最后贷款人"的理念。这一理念一直延续到21世纪截然不同的金融环境,并在2008年得到了充分运用,尽管具体做法并未完全照搬白芝浩推荐的操作方式。

然而,银行倒闭非但未能阻止,还加速了有限责任制的进程。1878年,推行国际扩张并开设了100多家分行的格拉斯哥城市银行宣布倒闭。因该银行采取的是无限责任制,结果导致了1800名股东当中超过80%破产;[11]几个月内,董事们全部入狱。这一事件为英国零售银行业的无限责任制敲响了丧钟。一些评论员指出,2008年苏格兰两家主要银行相继倒闭,结果却截然不同。

到了19世纪末,有限责任公司蓬勃兴起,大有锐不可当之势。曾经专门为铁路建设进行融资的公司的结构被用于银行业,进而又从资源勘探逐渐扩展到制造业。1886年,爱尔兰酿酒商吉尼斯首次公开募股,这成为工业型公司在伦敦证券交易所上市的标志。首次公开发行迎来了大幅超额认购,股价从开盘时的10英镑上涨到16英镑。不久后成为艾维伯爵的爱德华·吉尼斯,通过出售65%的公司股份获得了600万英镑,[12]策划此次上市的巴林合伙公司赚取了50多万英镑的佣金。[13]巴林家族不仅指使旗下的银行作为承销商组织了此次发行，而且精明地为自己保留了1/3的公开发行股份。[14]

爱德华·巴林因其银行开创性地推动了19世纪晚期金融业的发展，于1885年被皇家封为雷夫尔斯托克男爵，并因助力加拿大太平洋铁路建设融资而赢得了一个城镇（雷夫尔斯托克）以他的名字命名的殊荣。然而好景不长，仅仅5年之后，巴林银行作为最早在阿根廷遭受重大损失的金融机构之一（但绝不是最后一家），从此开始走向崩溃。虽然巴林银行本身得到了英格兰银行的救助，但该银行是一家无限责任合伙制企业，为了偿债，这位新晋贵族只好卖掉其乡村庄园和在伦敦梅菲尔区的房屋。

巴林银行在遭遇1890年灾难后改制为有限责任公司，尽管伦敦和纽约的大多数其他投资银行在接下来的一个世纪里，仍保持无限责任的合伙制企业形式。因此，当巴林银行在1995年再次失败时（由于"恶棍交易员"尼克·李森的欺诈行为），股东们血本无归，但凭借祖辈的"先见之明"，巴林家族的后代依旧悠然自得地居住在位于牛津郡的巴洛克式的豪宅里。[15]

在整个20世纪里，因金融管理失败而承担个人责任的观念逐渐淡化。雷曼兄弟公司的爆雷引发了2008年全球金融危机，而不到一年后，其CEO迪克·富尔德就在纽约创办了新的咨询公司，在业务推广宣传中还配文"那是过去，这是现在"。[16]有些人之所以能够鼓足勇气东山再起，可能要归功于传奇式的投资家约翰·坦普尔顿爵士道出的一句名言："投资中最昂贵的四个字就是'这次不同'。"

各国关于公司实体的立法千差万别，甚至美国不同的州之间也有很大差异。如今，世界各地为公司的法律形态冠以名目繁多的缩写，例如：LLC（有限责任公司，美国），Inc.（股份有限公司，美国），PLC（公共有限公司，英国），SARL（有限责任公司，法国），AG（股份公司，德国），等等。决定公司法律结构的关键因素包括：股东的个人责任限制，财务报告的披露义务，适用的税收标准，企业当前和未来的股东数目，以及是否准备进行公开上市发行，等等。

欧盟委员会一直试图在欧盟范围内推行统一的公司立法，并推出了公共利益实体的概念，倡导大型企业将服务于公共利益的原则纳入公司的经营战略。但该倡议能否得到响应，要由众多成员国自行决定，因此该问题几乎没有取得什么实质性进展。现在，一家在欧洲开设的公司可以注册为"欧洲公司"（*Societas Europaea*），而空中客车集团便是现代欧洲公司的典型代表，但需要诉诸拉丁语来命名这一事实表明，在全欧洲范围内统一公司立法可谓困难重重，美国也存在同样的问题。今天，"公司"和"企业"这两个词在用法上大致是相同的，本书也采用了这一约定俗成的用法。美式英语倾向于使用"corporation"，而英式英语习惯使用"company"。

证券流通使人们可以在不干扰企业运营的情况下进行股份买卖，银行存贷期的措置可以将零散的储蓄转化为长期投资，金融业的这两项发明具有极其重要的历史意义，否则我们很难想象，国际贸易如何开展，工业革命如何发生，或者支撑现代经济命脉的铁路等基础设施如何建成。

英国霸权的终结

在19世纪，英国主导了全球工业的发展，但随着德国和美国经济实力的增长，其主导地位日益受到挑战。19世纪70年代，奥托·冯·俾斯麦领导下的普鲁士统一了德国，工业化进程随之加快。1870年，德意志银行在柏林成立，实业家维尔纳·西门子是其（两位）董事之一。在德国，银行系统而非股票市场，始终是将公众储蓄引向工业领域的主要渠道。西门子在1897年向公众出售股份，目的不是像爱德华·吉尼斯那样将所持股份变现，而是为了筹集资本以扩展业务。最终，银行出面认购了西门子的大部分股份。即便在今天，德国银行业的主力也不是德意志银行这种大型的国际化金融机构，而是由国家支持的州立银行和在德国大多数城镇仍在运作的社区储蓄机构。

进入镀金时代，美国的"强盗大亨"们，如约翰·洛克菲勒（石油）、科尼利厄斯·范德比尔特（铁路）、安德鲁·卡内基（钢铁）和詹姆斯·杜克（烟草）等，发起了一场整合运动，试图通过收购竞争对手公司形成行业垄断。在爱德华·哈里曼和杰伊·古尔德等金融家的协助下，他们的控制欲快速膨胀，企图独揽设定价格的权力、决定行业未来的权力，以及对劳工和政府发号施令的权力。他们相信，一个商业帝国可以从不断扩大的规模经济中获益。

当时最伟大的银行家非约翰·摩根莫属。巴林银行虽依靠将吉尼斯公司推上股市取得了骄人的成绩，但很快就陷入了财务危机；而摩根在1901年通过将卡内基钢铁公司与其他几家企业合并，创建了当时世界上最大的公司——美国钢铁公司。该公司在纽约证券交易所首次亮相便将市值推高到14.5亿美元，摩根及其合伙人一举斩获了超过1亿美元的利润。[17] 即便按照现代的标准，这个数字也足以令人咋舌——尤其是因为最大的贡献者（或受害者）是安德鲁·卡内基。时年65岁的卡内基一共从公司上市中获得了4.5亿美元（如果坚持讨价还价，他也许能争取到更多收益），于是决定急流勇退，告别商界，转而将余生贡献给慈善事业。

1890年，美国在人类商业历史上破天荒推出了第一部反托拉斯法，即《保护贸易和商业不受非法限制与垄断危害的法案》（简称《谢尔曼法》），旨在打击州际商业壁垒和企业合谋形成的垄断，维护自由贸易和市场公平竞争。而以英国为首的欧洲部分国家则反其道而行之，部分理由是为了抗衡来自美国的强劲竞争，认为商业整合更有利于壮大本土产业的竞争力。一战之前，英国已经形成了许多垄断性的行业巨头，如帝国烟草、联合碱业、花布印染商协会、联合波特兰水泥制造公司等。英国著名的商业历史学家莱斯利·汉纳提出了"产业理性化"的概念，证明少数大企业比众多小企业更有利于提升产业效率。这一概念备受以英格兰银行为代表的英国政府青睐，从而为英国未来几十年推行的"企业经济"政策奠定了理论基础。[18] 20世纪20年代，更多通过合并创建的大型企业涌现出来，其中包括帝国化学工业公司、蒸馏者公司（主营苏格兰威士忌）和联合利华公司（主营肥皂和人造黄油）。德国也经历了一波类似的合并热潮，由此建立的法本公司和联合钢铁公司，分别成为化学工业和钢铁工业的巨头（这两家公司在1945年都被获胜的同盟国解散了）。

卡内基和摩根联合组建的美国钢铁公司经受住了反垄断审查的考验，而洛克菲勒的标准石油公司却未能幸免。两家公司随后的表现更加耐人寻味。在美国钢铁公司成立120余年后的2023年，新日本制铁公司仅仅出价141亿美元，提议将其收购。而长期以来，美国钢铁公司股票都是道琼斯股价指数的重要成分股，该指数已经增长了300倍。反观因高度垄断而被勒令解体的标准石油公司，从该公司中拆分出来的30多家公司当中，许多都焕发出旺盛的生命力，埃克森-美孚公司（起源于标准石油公司在新泽西和纽约的子公司）长期跻身世界领先公司之列，俨然成了一棵久盛不衰的常青树。

新世纪，新商业

铁路运输、工厂机械动力、公司制度和资本市场，这四大因素的有机结合创造了一个新的商业景观。而且，这只是一个开端，围绕汽车和电力这些领域的变革性创新，新世纪将见证一系列新兴产业的崛起。

许多企业家和工程师看到了汽车产业改变社会的潜力，其中当然包括亨利·福特、安托万·凯迪拉克、沃尔特·克莱斯勒和兰塞姆·奥兹；在美国以外，还有卡尔·本茨、威廉·莫里斯和路易斯·雷诺。这一新兴产业自然引起了那些追求产业合理化和企业整合的人的广泛关注。比利·杜兰特接管了别克公司，并将其作为收购许多竞争对手公司和供应商的平台。仅在1909年一年，他就将凯迪拉克、奥兹莫比尔和庞蒂亚克等品牌收入其品牌群中。

杜兰特作为推销员和交易商的才能超过了他经营企业的能力，那些资助他疯狂收购行动的银行控制了他所创立的已陷入财务困境的公司——通用汽车公司，并将他解雇。但他并未就此一蹶不振，而是立即成立了杜兰特汽车公司，不仅收购了雪佛兰公司，而且自行开发了一款可与福特T型车相媲美的车型。在大获成功之后，他重新控制了通用汽车。但好景不长，通用汽车到1920年再度面临财务困境。杜邦家族成员皮埃尔·杜邦作为通用汽车的最大股东，再次迫使杜兰特离开公司。在将自己的滚柱轴承业务出售给通用汽车公司之后，艾尔弗雷德·斯隆顺势加入了这家公司，并在杜邦的支持下于1923年出任公司CEO，于是得以按照自己精心制订的一套计划对杜兰特留下的庞大企业帝国实施管理革新。因无法忍受亨利·福特古怪而专横的领导作风，德才兼备的威廉·克努森成了斯隆管理团队的一员。在他的协助下，通用汽车超越了主要竞争对手，不仅摘取了美国汽车业的桂冠，还成了世界上最大的制造企业。

产业集中化持续推进

人们往往忽略，20世纪40年代英国的国有化运动，主旨是促进产业整合，而非推行公有制和政府管控。事实上，后者在许多行业已经存在，英国铁路管理局、中央电力局和国家煤炭管理局等机构的名称就表明，它们必须听从中央政府的指令。

如同20世纪20年代那样，在战后国际贸易激增的刺激下，英国在20世纪60年代着手由国家出面支持产业整合。在成立了产业重组公司之后，英国政府又创立了颇具争议的国家企业委员会。产业重组公司的三大标志性成就是：将所有的汽车公司合并为英国利兰汽车公司，将所有的计算机公司整合为国际计算机公司，将主要的电气公司整合为英国通用电气公司（GEC）。英国相信，应对国际竞争的最佳策略就是造就超大规模的国内企业。

然而事与愿违，现实很快给出了答案。作为汽车行业的旗舰公司，英国利兰汽车公司在1974年崩溃，后被国有化并最终被拆分。计算机领域的旗舰企业国际计算机公司在1981年失败，被日本制造商富士通收购（撰写本文时，该公司因在邮政会计系统中的缺陷导致多人受到迫害，所以成为英国最令人厌恶的公司之一）。电气行业的旗舰公司英国通用电气公司勉强存活到2001年被迫解体。

相比之下，国家企业委员会成效也并不显著。多数由政府推动整合的国家龙头企业陆续交出了失败的答卷。继英国利兰汽车公司投资扩张计划失败之后，主营机床制造的阿尔弗雷德·赫伯特公司于1983年倒闭（国家企业委员会曾为其注资250万英镑），政府投资5 000万英镑创办的半导体企业Inmos国际公司于1989年被出售给法国和意大利政府合资的意法半导体公司，曾获政府扶持的辛克莱无线电器材公司于1980年停业。劳斯莱斯公司由于在研制RB 211航空发动机上成本严重超支，在1971年被收归国有。1973年，其标志性的劳斯莱斯汽车品牌被出售给了宝马汽车公司，而后来实现私有化的劳斯莱斯航空发动机部门如今稳居全球三大生产商之列。

随着规模化制造业的不断壮大，许多商品需要走出国门进行跨国交易，全球化引发了钢铁、石油和制成品等领域的国际竞争。贸易保护主义游说团体一直试图抵制市场开放，但第二次世界大战后形成的世界经济体系促进了各类商品的自由贸易。在殖民时代，国际贸易的基本模式是工业国家以制成品交换非工业国家的原材料，而到了 20 世纪末，大多数国际贸易已转变为工业经济体之间的制成品（以及日益增多的服务）交换。

无论是商人还是商业理论家，无论是过去还是现在，都夸大了企业规模的裨益。来自技术革新的规模优势是显而易见的，而规模扩张的劣势大多源于人的因素，且在短期内不易显现。达到一定规模的企业必然形成故步自封的利益团体，进而阻碍集体智慧的发展，排斥商业模式的迭代和产品的创新。所以，如果大型企业依靠业务规模获取的定价权没有被竞争所削弱，政府监管部门就要出面施加干预，以确保市场竞争能够持续为经济发展和技术进步注入活力。我们如今能拥有笔记本电脑，要感谢英特尔和微软，而不是 IBM；能拥有智能手机，要感谢苹果，而不是美国电话电报公司（AT&T）和威瑞森；能拥有电动汽车包括自动驾驶汽车，要感谢特斯拉，而不是通用汽车。

20 世纪 20 年代，通用汽车在美国与福特和克莱斯勒竞争市场的主导地位，在欧洲则通过其子公司欧宝和沃克斯豪尔参与竞争，但最终让位于其他国家的后起之秀。今天，英国消费者可以购买在德国制造的福特汽车、在西班牙制造的大众汽车、在韩国制造的现代汽车以及在本国制造的日本品牌汽车；他们可以在于加州设计、中国组装的智能手机与在韩国设计、越南组装的智能手机之间做选择，而且，所有这些商品几乎在世界各地都可以买到。

4 命运无常

> 所有的命运都是一种福报，因其要么奖励，要么训诫，要么纠正，要么惩罚，所以要么有用，要么公正。
>
> ——《哲学的慰藉》，波爱修斯，写于524年，正身处狱中，等待被处决[1]

《财富》商业杂志自1955年开始，坚持每年发布美国最大的500家公司的名单。最初排名前十的公司的命运有力地驳斥了这样一种观点：大公司可以凭借规模优势一路高歌猛进。

1955年的那份榜单上有两家汽车公司：轻松位居榜首的通用汽车公司，克莱斯勒公司。通用汽车公司在2009年进入了破产保护程序，经过重组得以复苏，如今成为全球第四大汽车制造商，排在丰田、大众和现代汽车公司之后。回想1955年，韩国现代还未成立，也没有一辆丰田汽车离开过日本。另外，成立于2003年的特斯拉公司已被评为美国最有价值的汽车公司。

克莱斯勒公司在1970年陷入财务困境，因得到美国政府的救助，并处置了欧洲业务，在善于利用媒体造势的李·艾柯卡领导下，暂时恢复了元气。[2] 20世纪90年代，克莱斯勒与戴姆勒（德国梅赛德斯品牌的所有者）进行了一次失败的合并，克莱斯勒于2007年将业务出售给一家私募股权财团，并在2009年申请了破产保护。意大利菲亚特公司收购了克莱斯勒之后，与美国汽车工人联合会的养老基金和美国政府一起参与了再融资。2021年，菲亚特-克莱斯勒与法国汽车制造商标致雪铁龙集团合并，合并后的公司现在被称为斯特兰蒂斯集团。[3]

1955年的那份榜单上还有斯威夫特和阿穆尔两家美国食品加工公司，经历多次企业重组和所有权变更后，这两家公司的残余业务如今分别被纳入巴西和中国公司的旗下。

入选那份榜单的3家石油公司当中，新泽西标准石油公司收购了其竞争对手美孚公司，今天的埃克森-美孚公司即由此演化而来，它是唯一一家在1955年和2020年榜单上都存在的公司。1984年，在遭遇企业"掠食者"布恩·皮肯斯的敌意收购后，海湾石油公司找到了一位"白衣骑士"雪佛龙公司（前身为加州标准石油公司），后者保留了海湾石油公司的部分资产，并对其余资产进行了处置。（"白衣骑士"与"掠食者"相对立，是指为支持现有管理层对抗敌意收购，而善意收购某公司股份的收购方。）

1955年的那份榜单还包括3家制造企业。美国钢铁公司在随后数十年间逐渐衰退；化工行业巨头杜邦在两次世界大战期间成为推行现代职业化管理的企业典范，与英国的帝国化学工业公司和德国的法本公司共同主导了全球化工产品市场。艾尔弗雷德·钱德勒在《战略与结构：美国工商企业成长的若干篇章》一书中称赞了4家卓越的企业，尤其对杜邦青睐有加。但后续的事件表明，钱德勒描述的只是过去，而并非对未来的预测。在随后的几十年里，杜邦表现平平，试图收购标准石油公司的一家后继公司雪佛龙公司，也未能成功。2015年，杜邦与美国另一家领先的化工企业陶氏化学合并，合并后的企业后来被分为3个独立单位，其中一个保留了杜邦这个名称。

在20世纪的大部分时间里，通用电气在美国一直被视为运营最佳的公司，不仅为自己培养了大批优秀人才，还向其他企业输送人才。其曾经的CEO杰克·韦尔奇长期被奉为美国最受尊敬的商界领袖之一。他在任长达20年之久（1981年至2001年），始终坚持业务聚焦，声言只对公司能成为第一或第二的市场感兴趣。[4]韦尔奇主导公司拓展金融服务业务，使之一度成为整个公司利润和收入的驱动力。在他退休之后，尤其是在公司遭受2008年全球金融危机的重创之后，被金融服务业务增长所掩盖的核心业务的弱势浮出了水面。

1955年的那份榜单没有包括零售企业。如果按销售额排名，那么西尔斯-罗巴克、蒙哥马利·沃德和杰西潘尼这三大美国连锁百货巨头必然成为领衔主角。然而，它们的业务每况愈下，最终走向了同样的归宿：2000年，蒙哥马利·沃德申请破产，西尔斯-罗巴克和杰西潘尼也分别在2019年和2020年步其后尘。

这些企业命运不佳，并非因为它们处于夕阳行业。全球对汽车、食品、石油、钢铁、化工产品，特别是电器的需求一直在持续增长，消费者也依然有消费需求，但那些1955年上榜的公司今天绝大多数失去了行业的主导地位。时至今日，主导汽车行业的是丰田和大众，食品行业是雀巢，钢铁行业是安赛乐米塔尔（该公司接管了苏联地区的大量过剩产能），化工行业是德国的巴斯夫。至于电气行业，这要取决于你对电气的定义，但无论你认为谁是市场领导者，都绝对不会是通用电气。在美国，汽车行业仍是通用汽车；但若论市值，那就是特斯拉。食品行业的领导者是百事和泰森，钢铁行业是纽柯，制药行业领先的是辉瑞，零售行业是沃尔玛和亚马逊。唯有埃克森-美孚，以及杜邦和通用电气的一些子公司，仍然在各自所在领域中处于全球领导地位。

当谈及当今如日中天的信息科技公司时，一位记者问我是否有曾经长期主导市场却走向衰败的例子。我告诉她，更有趣的问题应该是如何找到一家自始至终保持市场主导地位的公司。不过，事情并非一概如此。在 1955 年那份榜单的前十大公司中，除克莱斯勒（1904 年成立）外，所有公司都是在 19 世纪成立的；另外，对于当今仍然活跃的领先公司，我们可以明显地识别出来它们是哪家公司的后裔。（通用汽车的前身别克公司成立于 1899 年，但世界第一辆汽车是 1886 年在德国上路的。）

今朝的《财富》500 强榜单

到了 2020 年，《财富》美国 500 强榜单已经改头换面，服务业也被纳入了榜单，因此按销售额计算的前两大公司是零售商——即使在 1955 年也会是这样，只是如今的领先零售商是 1955 年还不存在的沃尔玛和亚马逊。榜单上至少有 4 家公司的名字是美国以外的读者可能不太熟悉的，它们都属于美国昂贵医疗体系里的服务行业：联合健康（United Health）是一家保险公司，麦克森（McKesson）和森科拉（Cencora，前身为美源伯根）是药品分销商，CVS 健康既是保险公司也是零售商。

强生公司作为今天榜单上的唯一一家制造企业，属于医疗保健领域；伯克希尔-哈撒韦是传奇的"奥马哈先知"沃伦·巴菲特的投资工具，旗下拥有一些从事制造业的子公司。现代榜单上的 AT&T 已非昔日的 AT&T；后者的"贝尔系统"曾垄断美国电信，直到 20 世纪 80 年代依据反垄断判决被拆分。西南贝尔是那次拆分出来的众多企业（统称"小贝尔"）中最小的一个，但其 CEO 理查德·波普却雄心勃勃。随着限制逐渐放宽，波普率先发起了一场收购狂潮，在吞并了几家其他"小贝尔"公司之后，接下来又收购了原 AT&T 保留的长途电信网络，随后继承了所收购公司的响亮名称"AT&T"。该公司还曾收购卫星广播公司 DirectTV 和媒体集团时代华纳。埃克森-美孚是稳居榜单前十的常青树，也是 1955 年榜单唯一的幸存者。

1955年，世界上最大的公司几乎由美国和欧洲包揽，其中多数属于美国。然而今非昔比，近年来，《财富》世界500强榜单呈现的一个显著特征就是亚洲的经济崛起，除了现代、丰田、三星和索尼等日韩企业，逾百家中国企业跻身其中。放在1955年或1975年，如果谁说中国公司将在任何行业成为全球领导者，必然引起哄堂大笑，现在没有人再笑了。除了在能源、银行等传统产业领域占据主导地位的巨型国有企业，阿里巴巴、腾讯等民营信息科技公司不仅荣登《财富》世界500强榜单，而且进入了世界上最具价值公司的行列。

1955年，无论是基于销售额、雇员数、资产、利润还是股市市值排名，领先企业的名单都大致相同，而且集中于能源和制造业。时至今日，拥有最多雇员的公司集中在服务业，其中包括提供清洁或餐饮等方面服务的金巴斯集团，安保公司杰富仕，保全公司欧艾斯，负责运送文件和物资的联合包裹、联邦快递等物流公司，以及沃尔玛、家得宝、塔吉特等零售商，当然还有亚马逊。

《财富》杂志在按资产排名时特意排除了银行，否则那些银行将占据榜单的显赫位置。当然，由其本质所决定，银行拥有庞大的资产，但同时有类似规模的负债，有时甚至资不抵债，2008年的情形仍然历历在目。其他资产雄厚的公司包括AT&T、威瑞森和康卡斯特等提供专业基础设施的公司；按收入或资产计算，福特和通用电气等制造企业仍然名列前茅，但恐怕不会长久。

若问哪些公司属于21世纪的领先企业，最简单的方法就是看哪些公司的利润和市值最高。在我撰写本文时，有6家公司的市值超过了一万亿美元，分别是字母表（谷歌母公司）、亚马逊、苹果、英伟达、Meta（脸书母公司）和微软，紧随其后的是伯克希尔－哈撒韦、埃克森－美孚、特斯拉和中国台湾芯片制造商台积电。[5]

亚当·斯密曾描述过一家别针工厂，10名工人承担18道不同工序。即使他生活在20世纪中叶，他也无法想象企业专业化的程度。一些公司，如英国的金巴斯集团，提供的不过是劳动力；其他公司，如银行和投资公司，提供的仅仅是资本。后文将描述大型但鲜为人知的企业是如何提供资本服务的，它们甚至向经营性的企业出租其本身曾经拥有的资产。

一些现代公司，如联合健康，除健康保险外，还提供专业的管理服务，就像传统公司的财务部门一样；实际上，有一些企业，如英国的赛捷软件集团，专门向小公司提供簿记服务。另一些公司，如谷歌或Meta，为用户生成的内容提供网络平台。尽管谷歌和Meta无处不在，但它们在销售收入方面并未占据顶尖位置，因为它们既不购买输入的内容也不销售输出的内容，而是依靠广告投放获取大部分收入，从而赚取利润。由此可见，21世纪的公司与那些登上1955年《财富》榜单的企业有着本质的区别。

5 制造业的衰落

> 我们的 GDP 当中，物质部分的增长非常缓慢。经通胀因素调整后，产出的增长几乎完全归功于对新概念的运用。
> ——艾伦·格林斯潘，1988 年[1]

> 究竟哪里写着美国不能再次领导世界制造业？哪里写着呢？我不知道在哪里写着，反正在我任内那是不会出现的。
> ——拜登总统在弗吉尼亚州斯普林菲尔德市的演讲，2023 年[2]

在传统社会中，超过一半的人口在田间从事农业劳作。英国首次人口普查（1801 年）数据显示，务农人员占全国劳动力的 1/3。到了 1861 年，这一比例降至 27%，到 19 世纪末更是低于 10%。[3] 这些田间劳动者去了哪里？1861 年的人口普查数据清晰地显示，英国 40% 的劳动力在从事制造业。

自那以后，制造业的就业份额一直呈下降趋势。起初下降得相当缓慢：1960 年，英国制造业仍然提供了 30% 的工作岗位；美国同期为 29%。而到了 2019 年，这些数字都下降到了 8.5%。[4] 许多人，包括拜登总统及其前任，都对这一趋势感到焦虑不安。

我将这样的认知定性为"制造业崇拜"，即认为制造业永远是经济活动的中心，其他活动在某种程度上处于从属地位。这种观念由来已久，甚至形成了思维定式。唯有有形的东西才代表真正的产出，唯有体力劳动才算作真正的工作，这种观念可能是历史上人类在无休止地寻找食物、燃料和住所的过程中逐步形成的。在史前时代，男人狩猎、捕鱼并制造原始工具，如果他擅长这些事务，他的妻儿就能过得好，否则他们就会穷困潦倒甚至冻馁而亡。女人也在辛勤劳作，操持家务之类的琐事可能更加辛苦，但从经济上看，只有男人的劳动才被视为生产性劳动。对亚里士多德来说，"理论思辨"（意为"沉思"）是人类活动的最高形式。[5]尽管如此，他也承认：

> 从水果和牲畜中获取财富的技艺总是合乎自然的。正如我所说，获取财富的方式有两种，一种是家庭管理的一部分，另一种是零售贸易。前者是必要且值得尊敬的，而构成后者的交换活动有理由受到指责，因为它是违背自然的，是人们相互之间获利的一种方式。[6]

我们从原始时代继承了需求层次的观念，在这种观念中，食物和住所方面的需求要排在会计服务和整容手术之前。需求层次观念又派生出了生产活动层次的观念：农业、初级资源开采和基础制造业的地位要高于美发业、批发业和电视节目制作行业。

但是，一旦集体智慧和经济制度发展到一定程度，人们不再需要整天狩猎和耕作就能够获得足够食物，这种思维就丧失了经济相关性，这种局面早在几个世纪前就已经变成了现实。一旦经济发展到这般水平，我们的祖先就开始在满足基本需求之外寻求更多的自由选择。他们当年所渴望的那些服务，至今仍可代表我们所购买的各类服务，尽管服务的形态发生了某些变化。牧师会驱逐邪魔，政治领袖会组织掠夺外族的资源，修理匠会打磨石头和刀具，最终保险代理人会为不幸的村民组织互助计划，帮助那些因天灾而丢失牛羊或房屋被毁的家庭。随着市场经济的兴起，亚当·斯密所描述的劳动分工出现了。专门的任务被分配给最能胜任的人，有些人负责狩猎，而其他人则根据自己的特长提供服务。

"你总不会认为一个经济体只靠理发和汉堡就能生存吧？"制造业崇拜者会如此咆哮。是的，我不这么认为，就像我不认为经济体仅依靠生产钢铁和汽车便能生存一样。现代经济必然是多样性的，而消费的多样性完全与生产的专业化相兼容。正如斯密所指出的，劳动分工受限于市场的边界，市场在地理范围上的扩张持续推动着国家之间的劳动分工。瑞士和丹麦都在世界上最富有的国家之列，但它们都不生产汽车。

许多人会以为瑞士作为北方国家中的一个小国，仅专注于发展旅游业和高度保密的银行业，其实不然。瑞士有20%的劳动人口从事制造业，尤其是在特种化学品和精密工程领域见长。[7]但是在这些制造业的车间里，我们很少能看到尘土飞扬和汗流浃背的场面。

随着经济增长满足了人们对食物、燃料和住所的基本需求，物质生产带来的回报与需求层次的顺序开始脱钩。你只能通过生产人们需要的商品来获得报酬！是的，但提出这一命题的人们必须明白，汽车修理、心理咨询、保险服务和整容手术也是人们需要的东西，因此也应当被纳入商品的范畴。不同的工种获得的报酬逐步拉开了差距，这反映了天赋、技能以及权力的稀缺性。基于天赋或专业技能，影视明星、保险代理人和外科医生的收入要远高于普通产业工人；基于层级制度（当然也不乏天赋和技能的成分），政治领导人的待遇要远高于基层员工。而且，收入颇丰之人从事的职业通常不需要付出太多体力，同时也更有乐趣。

有人可能发问：相对于为满足基本需求而整日劳碌的大众，那些天赋异禀或位高权重的人是否有时会因为赚得太多而感到尴尬？答案可能令人失望。近几十年来，尤其是在金融部门和在企业高管群体中，许多人似乎完全摆脱了这种尴尬。他们已经说服了自己，相信自己配得上巨额报酬；或者，他们已经筑起了坚固的心理防线，根本不在乎别人的看法。

工业革命建立在用机械替代人力或畜力的基础上。飞梭和珍妮纺纱机用机器动力取代了熟练工匠，然后内燃机取代了马匹，光纤电缆使得跑马拉松彻底变成了一种娱乐活动。今天，机器人几乎可以执行任何曾经需要手工劳动完成的重复性任务，装配线的工作现在大多交给机器人或低收入国家的工人。但无论全球化和自动化进展到何种程度，许多服务只能由就近的劳动者来提供。这意味着在发达经济体中，低技能的人员仍然可以通过提供这些服务来维持体面的生活。中国的工人可以组装你的智能手机，但他们不能为你剪发、清理你的垃圾或给你的祖母洗澡。

制造业崇拜者常常否认这些服务活动是"真正的工作"，他们坚信依靠体力劳动赚钱才是"必要且值得尊敬的"，而那些坐在办公室里设计智能手机、研究机翼气动装置或规划配送网络的人所创造的价值，是不可靠的。在亚里士多德之后的两千年里，一位（英国工党）"红墙"地区选民在2021年疫情封控期间对《经济学人》杂志记者说："但凡你能穿着睡衣做的工作，那就不算真正的工作。"[8]

这在很大程度上反映了一个性别认知问题：当你追问什么是"真正的工作"时，制造业崇拜者通常会列举出那些传统上由男性从事的工作：采矿和金属加工是"真正的工作"，而传统女性从事的烹饪和看护，无论技能多高，完成得多辛苦，都不属于此类。制造业曾经是低技能男性就业的主要领域，但在发达经济体中，情况已不再如此。制造业的衰退导致了劳工阶层的去男性化，进而瓦解了男性的社会纽带和政治组织单元。在制造业崇拜者眼中，一直以女性职工为主的纺织业，与传统女性为家庭制作衣物没有太大分别，他们几乎不承认纺织为"真正的工作"。

制造业的大型工厂创造了人口聚集的社区，其中许多工厂现已关闭，如英国的"红墙"地区和美国的"铁锈地带"。[9]底特律的汽车工厂和匹兹堡的钢铁厂曾经是城镇的标签,如今却显露出一片萧条破败的景象,许多大型设施处于闲置和老化的状态。不过,医院和大学显然属于这些城镇的例外情况,它们的生命力远远超过了那些制造企业。牛津大学已有8个多世纪的历史,而1922年在牛津开业的莫里斯汽车工厂在70年后就关闭了,并于2002年被彻底拆除。1770年,牛津的拉德克利夫医院几乎与卡伦工厂同时开业,但卡伦工厂已经关闭,而拉德克利夫医院的医护人员数量如今已经达到了1.1万人。罗切斯特市曾是柯达和施乐的代名词,现在则以罗切斯特大学和伊斯曼音乐学院而闻名于世。

大学雇用的主要是知识渊博和训练有素的专业人士,低技能的工人只担任提供支持性服务的配角。在制造业场景中,为公司吸引客户和赚取收入的产品,毫无疑问,是胭脂河工厂装配线上的工人生产的,而不是会计和计时监工制造的,装配工人可能想知道经理们在做什么有用的工作。同样,大学门卫可能也会疑惑教授们在做什么有用的工作,但不会怀疑正是教授的活动和声誉为大学带来了收入。如果说工业革命始于用机械劳动代替人力和畜力劳动,那么它的延续则表现为用集体智慧取代体力劳动。

对制造业的痴迷并没有实质性的经济基础,但具有重大的社会和政治意义。在美国支持唐纳德·特朗普和在英国投票支持脱欧的白人工人阶级,他们愤愤不平的根源在于北方国家传统的男性工作被经济全球化的浪潮荡涤殆尽了。凝视着那些男性赤裸上身、汗流浃背,在炽热的高炉旁忙碌的照片,或是整天在地下挖煤搞得灰头土脸的煤炭工人的照片,往往会陷入怀旧的沉思,这是一种荒谬的反应。这些可能是"真正的工作",但也是艰苦的工作,我们的社会因为不再需要这些工作而变得更加美好。但是,这些艰苦工作铸就的工人阶级的团结和社会的稳定,如今却一去不复返了。马丁·沃尔夫曾有力地论述这种损失所带来的社会和政治后果，这些后果体现在当今政治秩序的脆弱性上，不过他也承认全球化带来了巨大的裨益。[10]

现代性难以承受之轻

在现代经济中，价值不是来自建造更大或更重的东西，而是来自创造更智能的东西。你可以在亚马逊网站上花 25 英镑买一套商务西装，它会很实用——即买即穿，聚酯纤维混纺面料，而且可以机洗——将污渍斑斑的裤子扔进洗衣机，洗出来的就和新的一样。你也可以在玛莎百货以 10 倍的价格买一套意大利优质羊毛西装；而若你想在萨维尔街定制一套西装，那得再花 10 倍的价钱。你需要决定是要一套时尚的西装，还是仅仅要一套普通西装；是要一套定制的西装，还是仅仅要一套外观得体的西装。买一套普通西装你无须花费太多，但要是追求时尚，你就得花不少钱，而要是想要个性化定制，那花费就更多了。

卡伦炮是 1776 年卡伦工厂开发的一种短炮，相比当时常用的长炮，火力更大，分量更轻，使得舰船上能够携带更多的攻击性武器。据说拿破仑将他在特拉法尔加之战中的失败归咎于英国皇家海军卡伦炮的威力。而枪支的威力和性价比一直在提高；英国陆军的标准制式 SA80A2 步枪，经通胀因素调整后，每千克实际价格仅比卡伦炮高出两个数量级。有史以来被使用过的最强大的武器——在长崎投下的原子弹"胖子"，重量相当于 5 门卡伦炮。纳尔逊的"胜利号"战舰的装甲重量至少是"胖子"的 60 倍。

1805 年，拿破仑在给海军部长的信中写道："在这场战役中，英国人率先使用了卡伦炮,在各处对我们造成了巨大伤害。我们必须抓紧完善我们(火炮)系统。"[11]

福特公司的 T 型车最初于 1908 年下线,售价为 850 美元,而美国当时的人均年收入约为 500 美元;到了 1926 年,该车价格降至 260 美元,而美国的人均年收入升至 1 500 美元。[12] 超大型的空客 A380 因造价高昂,足以令航空公司望而却步,而且其设计意味着,若按每千克计算,航空公司要支付比 T 型车高出一个数量级的价格,空客因此也无法收回生产成本。不过,一个商业上失败的产品仍然可以是技术上的奇迹。

如果你想要购买最新款的智能手机,那就准备好支付更高的价格(按每千克计算)。苹果公司有意尝试减轻其旗舰产品的重量,尽管它仍然比初代苹果手机稍重一些。此外,辉瑞的新冠病毒疫苗标价每剂 15 英镑,虽然该价格看似不高,但如果按每千克计算,它是所有这些产品中最昂贵的,因为一剂疫苗的重量只有 30 微克。

产品名称	开发时间	2020 年价格(英镑/千克)[13]
卡伦炮[14]	1776 年	2
SA80A2 步枪[15]	2000 年	200
福特 T 型汽车[16]	1908 年	27
空客 A380[17]	2007 年(投入商用)	1 250
帝国大厦[18]	1931 年	1.40
哈利法塔[19]	2010 年	2.70
摩托罗拉 DynaTAC 移动电话[20]	1984 年	10 000
苹果手机 iPhone 15 Pro Max	2023 年	5 000
别针[21]	1821 年	11
辉瑞新冠病毒疫苗[22]	2020 年	500 000

建筑业一直比制造业更耗资源。帝国大厦仅用一年就建成了,是当时世界上最高的摩天大楼,其每千克成本远低于福特T型汽车。但对于现代建筑而言,正如男士西装一样,价值已日益从材料转移到设计上,从单纯的功能性转移到人们所感知的效用上。如今世界上最高的建筑——迪拜的哈利法塔,其高度大约是帝国大厦的两倍,每千克的成本同样大约是这座纽约标志性建筑的两倍。

更好,而非更多

正如美联储前主席艾伦·格林斯潘在本书前文所言,发达经济体中的现代经济增长在很大程度上意味着产品和服务变得更好、更复杂,而不是更多。曾经,贫穷的标志是没有足够的食物,而现在我们将没有家用电脑描述为"数字贫困"。如今,肥胖是贫困人群普遍面临的问题,而富人则购买新鲜食材,办理健身房会员卡,并痴迷于"养生"。在北方国家,人们将超过10%的收入用于医疗保健,不是因为他们有更多的病症,而是因为他们能够享受到名目繁多的医疗保健服务,可以预防性地使用避孕药、抗生素,以及接种疫苗。

我的祖父母出生在苏格兰的一个小村庄,一生从未到过几英里之外的地方。(我的祖父于1916年英年早逝,尽管他的一些朋友葬在了法国。)他们的一些亲戚移民到了美国,并很快富裕起来。依靠这些亲戚的慷慨资助,我的父亲得以就近上了大学。今天那个村庄将"高地之泉"出口到全球各地,那里的居民有条件也确实会前往遥远的地方,探索异域的风土人情。

当今世界,经济增长的引擎是脸书、谷歌、语音助手Siri、电子邮件和即时访问百万首歌曲的平台,是低成本航空旅行和随叫随到的优步,是心理咨询和基因编辑，是变焦眼镜和蓝牙耳机，是卫星导航系统和手机银行。简而言之，经济增长是由一些看似平凡却有益于人类的想法推动的，这些想法一旦被转化为产品，就使我们的生活变得更加轻松和舒适：集装箱、拉环罐、垃圾桶和行李箱上的轮子，诸如此类，不胜枚举。这些事物可谓有利有弊，其中许多（如互联网）满足了我们未知的需求，但现在看来已经是不可或缺的了。面对当下对经济"增长极限"的担忧，甚至"去增长"的主张，我们必须强调，对于发达经济体而言，其经济增长本质上不是为了生产"更多的东西"，而重点在于将集体智慧融入日常资源当中，以创造新产品，培养更加领先的能力。这一点至关重要。

这一点，尽管在我们个人看来显而易见，却并没有得到许多经济学家的充分认识。我们从前文列出的产品和工艺创新中获得的裨益，在衡量国家产出的指标（如GDP）中难以得到充分体现。统计部门尝试为产品创新和质量改进留出一些余地，但在估算新产品（如智能手机）能为我们的生活改善带来多少价值方面，存在着一个几乎无解的原则性问题——因为直到被生产出来并摆到我们的面前，我们才意识到，那些产品正是我们想要的。

在一篇出色且广为流传但未获得足够重视的论文中，威廉·诺德豪斯根据人类为照明付出的努力，计算出了数千年来每流明光的价格——从收集和点燃木材作为唯一的照明方式，过渡到照亮《国富论》手稿的牛油蜡烛，最后到诺德豪斯书桌上的电灯。[23]他指出，如果按照传统的计量方法（无法完全覆盖新照明技术），光的成本自1800年以来上升了，上升幅度可能是一个数量级，或只是两倍。而他提出的指数则显示，成本下降了至少两个数量级。传统的价格指数衡量的是用来制造光的材料成本，所以价格就上升了，但我们需要的是光，而不是蜡烛或灯泡。更加突出的是，自诺德豪斯的文章发表以来，随着发光二极管（LED）灯取代了白炽灯泡，光的价格进一步下降了，且速率无法估量。现代的 LED 灯更加明亮，将 LED 灯本身的（按比例计算的）价格包括在内，一个 LED 灯 24 小时的照明成本大约为 2 新便士（100 新便士等于 1 英镑），[24] 比用白炽灯泡实现相同的照明效果便宜大约 90%。[25]

这并不意味着要再次对 GDP 作为衡量指标进行无休止的批评，但 GDP 的确忽略了影响大众生活的诸多重要的社会和生态元素，诸如幸福感、自然环境、人际关系的质量、不平等程度以及人权保障等方面。我对 GDP 作为衡量指标的批评，在于它未能准确、充分地反映它旨在衡量的内容：经济产出的价值。因此，对于根据此类数据测算出来的收入趋势或生产率增长速度，我们最好多持几分保留态度。当专家为最新的 GDP 增速是 1.8% 还是 1.9% 纠结时，他们无非是在为一个不能全面体现实际发展情况的衡量指标和微不足道的差异自寻烦恼。

从另一方面来讲，这并不意味着经计算得出的 GDP 数据没有可用的信息。在与一位在投资银行从事 GDP 预测工作的人士交谈时，我惊讶地意识到，她和当今大多数经济学专业学生一样，没有修过国民收入核算课程，也并不真正理解 GDP 是什么。但经过思考，我认识到，对她的工作来说，这并不真的重要。她的职责是预测统计部门将会公布的 GDP 数据，因为这将影响市场。由于统计部门能够获取众多数据源，其报告确实提供了经济中有关某些趋势的有用指标，并肯定会影响市场反应和商业行为。但这是一个有益的提醒，警示我们，在不深究数据来源及其含义的情况下，贸然使用表面化的经济数据是存在风险的。

世界上许多地方尚未享受到北方国家朝"更好而非更多"的方向进行经济转型所带来的好处，尽管亚洲的大部分地区正迅速朝着这一方向迈进。一些亚洲国家通过借鉴西方积累的集体智慧，实现前所未有的经济增长速度。而且，随着东西方集体智慧的融合，全世界有可能整体加快向前发展的步伐。但反观其他地区，特别是非洲，传统类型的物质生产仍然是经济增长的主基调。为了满足食物、住所和医疗等方面的基本需求，那里的人们把当地的能源和原材料输送到发达国家，以换取用于基础建设的资金和耐用消费品。这是发达国家得以保持繁荣的必要前提，如果我们误解了自身成功的本质，假借可持续发展的名义剥夺他人追求富强的机会，那将是人类的一场双重悲剧。

太多的"圣贤"一直在杞人忧天，他们一再耸人听闻地预言我们行将耗尽地球资源——从木材到煤炭，再从硝酸盐到石油，所以增长必将终结——但他们总是错的，原因在于他们未能认识到经济增长主要在于"更好"而非"更多"。实际上，我们并没有耗尽耕地，我们的进步也不会因为锂的短缺而停滞，因为尽管所有的物质资源都是有限的，但人类的创造力却是无穷的。

第三部分

我们成功的法宝

人类善于不断积累集体知识并将之转化为集体智慧，因此在几乎所有方面都变得更加出色了。简而言之，集体智慧是一个团队发现和解决问题的能力。有些企业之所以取得成功，是因为其能够构建新的或独特的能力组合，提供新的或独特的产品，利用相同的资源创造更高价值的产出。通过这种方式增值，企业及其他组织便创造了经济租金。

1 一切向好

> 我必须承认,一切正在变得更好,一直在一点儿一点儿地变好。
> ——约翰·列侬,保罗·麦卡特尼,1967 年[1]

依靠集体知识的积累和集体智慧的发展,人类几乎在各个方面都变得更加出色了。数千年来,人们一直努力跑得更快,为了预警敌军即将到来,传递胜利的捷报或君主的急令,也为了在体育赛事中一较高下。我们不知道古人跑得有多快,直到近代,我们才有了精确的计时,因而可以观察到运动员的速度是如何一步步提高的。1924 年,哈罗德·亚伯拉罕以 10.6 秒的 100 米短跑成绩赢得了奥运会金牌(这场 100 米短跑比赛在荣获奥斯卡最佳影片奖的《烈火战车》中被永久记录),[2]目前尤塞恩·博尔特仍然保持着 9.58 秒的 100 米短跑世界纪录。[3]注意,这里的进步不仅仅表现在速度上,还显示在计时学上。

最初的马拉松——从马拉松镇到雅典的一场惊心动魄的疾跑——可能是 19 世纪诗人罗伯特·勃朗宁虚构出来的。基于这一创意的启发,并听从了语言学家米歇尔·布雷亚尔的建议,奥林匹克创始人皮埃尔·顾拜旦在 1896 年首届奥运会上安排了一场马拉松比赛。这场比赛的获胜者跑完全程用时不到 3 小时。2019 年,埃鲁德·基普乔格成为第一个在两小时内完成马拉松全程的人。今天,纽约马拉松比赛中,有超过 1 000 名的参赛者打破了 1896 年奥运会的纪录。虽然菲迪皮茨可能从未完成从马拉松镇到雅典的传说之旅，但一些史料支持他用了两天时间从雅典跑到斯巴达警告波斯人来袭的说法。为纪念菲迪皮茨的壮举，现代斯巴达超级马拉松赛特意将比赛路径设计在雅典与斯巴达之间。借助现代道路提供的便利，领先的选手只需 20 多个小时就能完成比赛。从信息传递角度来看，如今的光纤电缆大约仅需 1 毫秒便可传送战争的消息或者比赛的结果。

亚伯拉罕在 1924 年奥运会获胜之前曾聘用一位私人教练，名叫萨姆·穆萨比尼，这几乎被视为作弊，但今天，即使是俱乐部的专业运动员也要聘请资深的教练，享用科学的营养配餐，并征求友好竞争对手的建议。[4]博尔特的速度比早期赛事的获胜者提升 10%，基普乔格快 50%。跑步这项数千年来性质未变的运动项目就是一面镜子，从一个侧面反映出人类的进步。穆萨比尼可以指导亚伯拉罕赢得奥运金牌，但自己永远跑不赢那场比赛；亚伯拉罕可以跑得比任何人都快，但对运动力学一无所知。两者的结合强过任何一方单打独斗，所以说，多元能力的组合不仅是现代体育运动取得卓越成就的源泉，更是富民强国的法宝。

优势互补

苏格兰国家肖像画廊组织了一场纪念 20 世纪苏格兰伟人的展览，我去观赏了我的研究生导师詹姆斯·米尔利斯爵士的肖像（详见后文）。在画廊里，米尔利斯对面的是肯尼·达格利什爵士——苏格兰最著名的足球运动员。[5]米尔利斯在加洛韦的一个小村庄长大，从那里起步，先求学于爱丁堡大学，后到牛津大学和剑桥大学深造，最终到斯德哥尔摩领取了诺贝尔经济学奖。[6]达格利什来自格拉斯哥的一个叫作达尔马诺克[7]的破旧地区，凭借自己的球技走出达尔马诺克，周游世界，获得了女王的授勋，而且赚了很多钱。

几天后，我到了距离爱丁堡只有 40 英里的格拉斯哥，却发现仿佛身处另一个世界。在一间昏暗的办公室里，我从一位社区救助人员那里了解到这座城市面临的困境，其中极其突出的是堪称西欧之最的毒品成瘾问题。颇具讽刺意味的是，我被告知，毒品交易变成了一个自我救赎的生财之道。敢于冒险的年轻人能够借此积累足够的财富，然后改邪归正并离开这个地区，去追求中产阶层的生活方式。

通过求知和实践，达格利什和米尔利斯的天赋变成了一种能力——解决问题的能力。世间的问题永远是五花八门的，比如如何绕过英格兰队的防守，或者如何实现合同的优化设计，但是能力在很多情况下是通用的，尤其是认识和分析问题的能力。实践、求知和能力建设，都是市场经济制度下组织环境的产物。正是因为凯尔特人足球俱乐部的公园球场紧邻达尔马诺克，达格利什才有机会将自己的天赋发展成为数百万人钦佩的能力；相反的例子是，达尔马诺克盛行的毒品交易使基思·加特肖尔滥用了他的才能，他因在那里的一个仓库经营毒品贩卖业务而被判处 9 年徒刑，任何正派的社会都要设法遏制这种才能的发展。

像亚历克·吉尼斯和利昂内尔·梅西这种人才的个人成就，均是与众人合作和竞争的结果。梅西倘若没有优秀队友和教练的帮助，没有伯乐式的人物将他引荐到巴塞罗那足球俱乐部（简称"巴萨"），或者没有巴萨的天才识别和训练系统为他提供服务，他可能还窝在他的家乡罗萨里奥，把踢球当作简单的个人爱好。但足球是一项团队运动，任何帮助梅西和达格利什的巴萨和凯尔特人足球俱乐部的队员，转到另一个俱乐部也都会是出色的球员。电影明星吉尼斯曾与像大卫·林恩和乔治·卢卡斯这样的伟大导演合作，[8] 但他的出色表演也需要其他有才华演员的配合，以及舞台工作人员、摄影师和售票员的支持。没有他们，吉尼斯或许还在地方性的舞台上跑龙套，寄居在破旧的屋子里。

斯里尼瓦萨·拉马努金曾是印度马德拉斯港务局的一名职员，业余时间喜欢钻研数学。他将自己的笔记发送给几位著名的数学家，只有戈弗雷·哈代回复了他，并意识到他是一位天才。哈代安排这位年轻人赶赴剑桥，在一些反对声中，拉马努金被聘为剑桥大学三一学院的研究员。基于非凡的数学成果，他很快被选为英国皇家学会的会员。

然而，拉马努金并不适应这个陌生的环境，前往欧洲的旅程本身违背了他所虔诚信奉的印度教教义，英国的天气和食物也常常令他生病，在10岁时就与他结婚的妻子还在印度。最终，拉马努金返回了他的祖国，年仅32岁便与世长辞。天赋固然重要，但只有在适配的环境中才能最大限度发挥价值。

亚历克·吉尼斯出生在伦敦，母亲阿格尼丝·卡夫是一位单身妈妈，她无疑是个酒鬼，而且很可能是一位性工作者。幸运的是，一位富有的银行家安德鲁·格德斯支付了他的教育费用，使他能够在戏剧学校完成学业。格德斯是他的父亲吗，还是他的父亲另有其人呢？

米尔利斯和拉马努金的杰出才能唯有被置入优秀的组织才得以升华，并在众多能人的配合之下才能释放出最大效力；而拉马努金和吉尼斯以及梅西的不同经历说明，才能与环境的适配至关重要。有些人善于主动寻求外部的支持，但对于一个组织来说，以系统的规则和组织方式构建管理基础，博采众长，构建起一支优势互补的团队，就是独特能力的集中体现。

全球化与包容性

体育运动能够不断刷新纪录，原因之一是精英选手的来源日益广泛。亚伯拉罕1924年参加比赛时的对手是在英国或美国接受大学教育的白人男性，而今天大多数短跑和极限运动冠军具有非洲血统。[9]包容性——允许来自不同国家和社会阶层的运动员竞争金牌，以及运动工程学、对竞技因素的科学分析、营养方面的进步和系统化的训练方案，这些要素的有机结合，使得我们见证了10秒内的100米短跑和两小时内跑完马拉松的成绩纪录。

2021年，意大利的马塞尔·雅各布斯在奥运会100米短跑中意外获胜。尽管雅各布斯几乎一直都在意大利生活，但他的父亲是一名非洲裔美国军人。自1984年以来，该项目的其他所有金牌都由来自美国或西印度群岛的黑人运动员赢得。（美国没有参加1980年的比赛，英国白人艾伦·韦尔斯意外获胜。）自阿贝贝·比基拉在1960年奥运会马拉松赛中赤脚奔跑夺冠以来，埃塞俄比亚赢得了4枚马拉松金牌，肯尼亚2枚，乌干达1枚。世界上不同的地区，包括英国和斯堪的纳维亚半岛，尽管在地理环境、社会结构和基因方面差异很大，但都曾有表现出色的时期。所有这些因素可能都发挥了作用，目前，对于这些现象中的任何一个，似乎都没有一个达成共识的解释。

更具诱惑力

根据《圣经·创世记》的记载，人类获得的第一份产品是伊甸园的苹果，这被认为是人世间诸多麻烦的源头。而正是这个苹果带来的诱惑，才激励着世人接连不断地创造出物美价廉的产品，以克服各种各样的麻烦。据考证，伊甸园不可能位于西欧或美国，那里的本土酸苹果几乎不可食用。但是夏娃摘下的果实"好作食物，也悦人的眼目……能使人有智慧"。[10]如果伊甸园位于现在的伊拉克，正如许多人相信的那样，那么那颗果实可能是起源于哈萨克斯坦并仍广泛生长在那里的小野生苹果。我们今天吃到的所有苹果几乎都被认为是酸苹果与这种亚洲品种杂交的结果。苹果可能是沿着丝绸之路从哈萨克斯坦传播开来的，它传到了古希腊和古罗马，而后罗马帝国又将其传播到整个欧洲，包括英国。苹果从英国传到美洲，后来美国运用其全球领先的选择性杂交技术，逐步改良了其味道和口感。今天，夏娃可以用现代的布瑞本苹果和蜂糖脆苹果来诱惑亚当。2022年，华盛顿州立大学培育的新杂交品种宇宙脆苹果开始广泛上市，其因口感好、保质期长而备受赞誉。

我们能跑得更快，是因为有关运动工程学和营养学的集体知识在不断积累；在教练的帮助下，这些知识又变成了集体智慧。萨姆·穆萨比尼与哈罗德·亚伯拉罕的合作赢得了一枚奥运金牌。我们能吃到更可口的苹果，是因为物种跟随文化交流在全球实现扩散，当然还应归功于有关杂交技术的集体知识的积累。更进一步，依靠华盛顿州立大学的植物学家，当地果农和育种专家，以及市场营销和品牌代理机构的通力合作，宇宙脆苹果得以风靡市场。通过积累集体知识、应用集体智慧和在全球范围内深化劳动分工，人类几乎在各个方面都做到了步步精进。

———

关于人类步步精进这一命题，当然也存在例外。个体在智力测试上的表现一直在稳步提升，这一历史趋势通常被描述为"弗林效应"。但到了20世纪70年代，西欧国家开始停滞不前。本作者尚有自知之明，没有因为属于有史以来最聪明的一代而自豪。美国的读者切不要自鸣得意，国际学生评估项目（PISA）的对比测试显示，美国在北方国家当中的表现仍然相对较差，得分最高的国家集中在东亚。

通过基于抽象问题的测试来衡量人类智力的想法，由统计学家弗朗西斯·高尔顿爵士（后文将详细介绍）首创，并在 20 世纪初开始得到实际应用。有人对此持有不同看法，因为测试内容难免具有特定文化的局限性，而这必然会影响到对不同时间和不同群体之间差异的解读。

竞争与合作

我讲述跑步和苹果育种的例子，旨在强调集体知识和集体智慧的增长不单纯关乎我们通常所说的"技术"层面——例如汽车和晶体管之类的工具。当然，技术促进了社会和经济的进步，但汽车和晶体管之类的实用工具是人类能力增长的结果，而非原因。心理学家塞西莉亚·海耶斯提出了"认知工具"的概念，强调人类以文化为纽带形成集体认知能力，即将人类零散且不断增长的知识整合成解决问题的能力。这就是我反复论证的集体智慧。

虽然集体智慧是合作的产物，但正是个人、团队和企业之间的竞争促进了其发展。19 世纪末，西联公司与贝尔公司、托马斯·爱迪生与尼古拉·特斯拉、西屋电气与通用电气之间的竞争，促成了电力的首批商业应用。一个世纪后，IBM 与数字设备公司（DEC）、斯坦福国际研究院的唐·尼尔森与欧洲核子研究中心的蒂姆·伯纳斯-李、网景与微软之间的竞争，为我们带来了互联网及其首批商业应用。到 1900 年时，莱特兄弟只是众多试图实现动力飞行的先驱者之一。20 年后，许多企业致力于发展商业航空。随后,喷气发动机虽然许多人设想过,但最终由英国和德国的一些工程师团队将其变成了现实,从而彻底改变了国际旅行方式。

要讲述创新历史,话题离不开爱迪生和特斯拉等天才发明家,以及伯纳斯-李和莱特兄弟等先驱者的英勇事迹,这很常见,也很自然。但试想一下,假如1903年,莱特兄弟没有在美国北卡罗来纳州试飞成功,在其他地方,也会有人在相近的时间实现类似的创举。当集体知识积累到一定程度时,必然会涌现出一大批杰出的人物,将集体知识转化为解决问题的方法,从而推进集体智慧的发展。同样常见和自然的是,对照从飞机到智能手机的发明,我以跑步和苹果品种培育的发展历程为例来描述创新历史,意在说明集体智慧的增长具有超越特定技术的广泛适用性。

进化人类学家约瑟夫·亨里奇指出,集体智慧的持续增长是人类成功的"秘诀"。[11]人类区别于动物的特点在于具备社会学习能力——不仅从自己的经验中获得知识,还善于汲取他人的经验,这种学习能力通过广泛的相互交流不断增强。任何个体的知识都是集体知识的沧海一粟,没有哪个个体既有知识又有技能去独自建造一架空客飞机,但是成千上万的个体集结成一个合作团体就可以做到。

这一观察的重要性是无可估量的。心理学家迈克尔·托马塞洛指出:"你从未见过两只黑猩猩一起搬运一根圆木。"[12]一些灵长类动物已经发展出一定的集体智慧,这使它们偶尔可以一起狩猎并策划攻占其他种群的领地。但人类的集体智慧已经登上了更高的台阶,不仅可以建造飞机和智能手机,还能认识到攻击其他部落大多时候是一件愚蠢的事情。总而言之,我们在现代世界所享受的前所未有的繁荣是集体智慧持续增长的结晶。

正是因为将多样化的知识组装起来解决问题的集体智慧在不停地锐意

精进，我们才有了更快的速度和更可口的苹果，爱丁堡的洛克恩德小巷才不再通往污水坑，你才可以即使在冬日的夜晚，也能一眼望到小巷的尽头，67岁亡故的亚当·斯密，如果活在今天，有望更加长寿。这也是为什么尽管富足还无法全球普及，但起码在北方国家，人们普遍能够体验到富裕生活的滋味。

2 商业的精进

> 天色渐暗，不久蜡烛便被点燃了。马卡克（特斯拉的猫）在房间里走了几步，爪子不停地摇晃，像是走在湿漉漉的地面上一般。我仔细地打量它，我是真的看到了什么，还是产生了幻觉？我竭力凝视，清楚地看到一圈光晕笼罩着它的身体！这个奇妙夜晚对我童年时期想象力的影响实在难以言喻。日复一日，我一直在问自己"电是什么"，却始终找不到答案。自那时起，80年过去了，我仍在追问同样的问题，但还是无法找到答案。
>
> ——尼古拉·特斯拉，1939年（83岁），致波拉·福蒂奇的信[1]

几个世纪以来，许多自然现象只能用超自然来解释，或根本无法解释。有些电鳗能通过放电使猎物昏迷，雷电能短暂地照亮天空，两种金属浸入液体中可以使死青蛙的肌肉抽搐。文艺复兴和启蒙运动之后，科学向超自然现象发起了挑战。19世纪早期，科学家开始意识到，这些不同的现象都是我们现在所熟知的电的表现形式。早在18世纪，就有人逐渐揭开了电的谜底，但他们关于电的认知更多是出于好奇，而非具有实际应用价值的发现。

那么，究竟是谁"发现"了电呢？是1752年在雷雨中放风筝的美国人本杰明·富兰克林吗？还是1799年通过化学方法产生电荷的意大利人亚历山德罗·伏特？或是1820年证明电流关联磁性的丹麦人汉斯·奥斯特？又或是1831年在伦敦皇家学院描述了磁力场的英国人迈克尔·法拉第？抑或是1873年将先前发现用方程式整合为统一理论的苏格兰人詹姆斯·麦克斯韦？所有这些人都"发现"了电。集体知识的本质在于它是众人创造的成果，是全人类的共同财富。

随着关于电的集体知识的持续积累，集体智慧得到了发展，表现为将这些知识应用于实践，从而解决问题。富兰克林的实验开辟了在高大建筑物上安装避雷针的实践，马里兰州议会大厦就是一个典型。这只是电力知识实用化应用的一个小小开端。德国数学家卡尔·高斯率先提出电脉冲可用于通信的想法，他自己都无法想象这一想法将带来电信的问世！得知普林斯顿大学的约瑟夫·亨利做过与高斯类似的研究后，曾经是肖像画家的塞缪尔·莫尔斯获得了亨利的技术协助，并说服了美国国会提供少量资助，以建设一条电报线路。莫尔斯从电报业务中赚得盆满钵满，但最高法院最终驳回了他围绕电子通信的多项技术提出的专利权主张。

亚历山大·贝尔利用了这种技术开源的自由，着手研究通过语音振动来帮助自己与重度听力受损的梅布尔·哈伯德进行沟通，并后来与她结婚。贝尔意识到，这些振动可以通过电波进行传输和还原，因此电话应运而生。在岳父的帮助下，贝尔成立了公司，贝尔公司长期主导美国的电话业务，直到20世纪80年代根据法院裁定被分拆为多个"小贝尔"公司。

其他人也有类似的想法。由于受到贝尔电话的威胁，西联公司雇用了托马斯·爱迪生对电话进行改进。爱迪生后来获得了留声机的专利，并成为将电力应用于商业的积极倡导者，其中最著名的商业应用就是电灯。爱迪生有许多竞争对手，包括在西屋电气工作的从克罗地亚移民至美国的尼古拉·特斯拉。特斯拉成功地推广了交流电，使其战胜了爱迪生的直流电。如果你搜索"电动机的发明者"，你会看到至少10个不同的名字。

埃隆·马斯克以尼古拉·特斯拉的姓氏命名他的汽车公司，特斯拉在"电流之战"中的胜利帮助人类塑造了现代世界的面貌。100多年后，人们会对马斯克有同样的评价吗？在当今时代，还没有其他任何一个人能像他那样如此公然地展现那样高远的雄心壮志。

在富兰克林将风筝升空迎接雷暴之后近3个世纪，我们无法想象一个电力没有普及的世界，一个单凭信使奔跑来传递信息的世界，一个单凭肩挑畜驮进行运输的世界，一个即便建立了工厂，工厂里的生产也仅依赖一台发动机的世界。

飞行的历史

自古以来，载人飞行一直是令人心驰神往的美好想象。希腊神话中，伊卡洛斯因飞得太靠近太阳而蜡翼熔化，继而坠入大海溺亡。由于鸟类是靠扇动翅膀飞翔的，所以人们很长时间都误以为扇动翅膀是飞行的关键。直到17世纪的科学启蒙时期，人类才开始理解飞行背后的机制。即便在今天，只有少数科学家和工程师知道如何设计能够在空中保持飞行的飞机，大多数普通人仍然无法完全理解其中的原理。[2]

罗伯特·胡克是英国的一位博学多才之人，他率先认识到，物体如果具有足够的前向推力就不会坠落。实际上，早就有人观察到，标枪和铁饼可以在落地之前飞行一段距离。然而，对于战车或马车来说，却没有实现这种推力的机制。在蒸汽机发明成功之前，动物（包括人类）一直是主要的动力来源，而风力、水力以及依靠集体智慧创造的车轮仅起到了辅助作用。

詹姆斯·瓦特于 1769 年发明的冷凝器大大提高了托马斯·纽科门于 1712 年发明的大气式蒸汽机的效能，而工业革命早期的标志性产品源于将瓦特的技术突破应用于其他现有技术中。不过，瓦特引擎的开发不仅需要资本，还需要马修·博尔顿的商业头脑。博尔顿和瓦特的公司之所以能够长期保持优势，很大程度上要归功于威廉·默多克的发明天赋——他曾步行 300 英里为这两位合作伙伴提供服务（他起先是该公司的雇员，后来成为合伙人），并对瓦特的设计做了许多关键的渐进式改进。高效蒸汽机的应用可能是工业革命最重要的催化剂，这是从 17 世纪开始的科学革命中积累的集体知识结出的伟大成果。瓦特的发明天赋，默多克的技术专长，再加上博尔顿的商业技能及金融资源，形成了建造并持续改进蒸汽机的能力。多年后智能手机的发展，同样是集体知识和互补技能有机组合的结果。

许多人尝试安装纽科门和瓦特的引擎来驱动船舶，但商业成效不尽如人意。然而在 1804 年，理查德·特里维西克有了一个新奇的想法：将引擎安装在轮子上。乔治·斯蒂芬森说服了连接斯托克顿和达灵顿的铁路的发起人，使用轮式蒸汽机来拉运货车，将矿区的煤炭运往港口。1825 年该铁路开通时，一节标有"实验"字样的车厢载着当地一众显贵进行了一次尝试。下一步是显而易见的，也是革命性的。很少有人想从矿区到码头旅行，但许多人往返于利物浦和曼彻斯特之间，于是连接这两个城市的线路在 1830 年向乘客开放。随后不到半个世纪，铁路就连接起了美国的大西洋海岸和太平洋海岸。19 世纪见证了技术和商业组织的稳步发展，到了 19 世纪末，蒸汽机船已经可以横渡大西洋了，但早期引擎的功率重量比还远未达到航空器所需的条件。蒸汽涡轮机的发展彻底改变了海上交通，但如果靠燃煤来驱动飞机，那无异于天方夜谭，尽管当时有些幻想家也萌生过这样的念头。苏格兰化学家詹姆斯·杨认识到了矿物油的潜力，并与爱德华·比尼和爱德华·梅尔德鲁姆合作从页岩中提取石油。（小时候在爱丁堡，我经常路过西洛锡安的页岩堆，但没有意识到它辉煌的历史地位。这些残余页岩如今已堆砌成了一座受到保护的纪念碑。）新燃料开辟了一条新的发展道路，随后内燃机得以发展，使我们享受到了从马车出行跨越到汽车出行的舒适。

几乎每个小学生都知道，威尔伯·莱特和奥维尔·莱特制造了第一架靠自身动力起飞的固定翼飞机。基于科学家的集体知识积累，工程师将其转化为集体智慧，载人飞行在20世纪初终于成为现实。在随后的一个世纪里，具有市场眼光的商人又将这些技术能力与开发商业产品所需的组织能力结合起来。1967年，第一架波音737投入使用，在接下来的50年里，这种飞机被制造出了上万架。[3] 1969年，波音747巨型喷气式客机首飞。欧洲空客公司推出的短途客机A320和宽体客机A380将与这些飞机展开竞争，其中，A380是目前穿梭于空中的体型最大的商用飞机。

空客A320是当今时代最复杂的人造产品之一，不存在也不可能存在一本手册能够描述飞机组装、飞行控制和飞机管理的全部过程。空客公司本身就是一个复杂的国际网络：A320的前机身在法国圣纳泽尔制造，水平稳定器在西班牙赫塔菲制造，机翼在英国威尔士的布劳顿制造，许多其他部件在欧洲各地制造。空客公司还构建了一个复杂的专用运输网络，并用自己专门设计的飞机将零件运送到图卢兹进行组装，组装完毕的飞机再从法国飞往德国汉堡，在那里完成最后的总装工序。

时下流行的一个术语"学习曲线"，最初被用来描述亚当·斯密声称的在别针工厂观察到的现象。[4] 个体通过重复执行常规任务而变得更加熟练，尽管通常随着重复次数增加，熟练度的增速会减慢。[5] "经验曲线"则描述了集体作业中的相同现象。这种现象最早在飞机制造中被量化：每架飞机的成本随着生产数量的增加而降低，据估计，累计产量每翻一番，飞机制造单位成本会降低15%。[6]（经验曲线是动态的，与累计产量相关，而静态的规模经济则描述某一时刻产量增加带来的成本降低。）经验曲线是集体智慧增长的结果，组织和发展团队的能力在其中发挥了决定性作用。

自莱特兄弟首次飞行以来，飞机的设计一直在逐步演进，这一过程离不开广泛的信任、合作以及人们自愿的知识共享。数千项大大小小的改进合到一起，使我们的飞机从承载奥维尔·莱特飞行100码（1码合0.914 4米），发展到能够搭载400名乘客飞行17 000英里。基于多次迭代的信息技术发展起来的"电传操纵"系统，理论上能使一架飞机在无人驾驶的情况下从伦敦飞到悉尼。而飞往悉尼（或其他任何地方）还需要另一套复杂的网络，包括预订系统、地勤服务、航空公司联盟和国际空中交通管制等。亚当·斯密的杰作在第一舰队登陆澳大利亚的12年前就已出版，比第一架空客飞机问世更是早了200多年，但毫无疑问，斯密仍然会对现代劳动分工的效果感到惊叹。然而，劳动分工需要交换，而交换需要有价值的概念。

"群体智慧"这一概念常被认为起源于亚里士多德，这位先哲是本书中经常出现的人物。这一短语的普及要归功于美国记者詹姆斯·索罗维基关于群体智慧的一篇文章，[7]而这篇文章开篇就提到了弗朗西斯·高尔顿的一个著名观察：在一次乡村集会的比赛中，参与者被邀请猜测一头牛的重量。高尔顿注意到，从分散的猜测结果中获取的中位数（也可能是平均数）恰好接近正确的重量。[8]

有效市场假说是现代金融经济学的支柱，高尔顿的观察为之提供了早期佐证。投资奇才本杰明·格雷厄姆把市场比作投票机，把投资比作称重机，进一步印证了高尔顿的观察。我在《金融与繁荣》一书中运用"牛的寓言"，围绕市场机制问题粗浅地阐述了一些类似的看法。[9]

不过，亚里士多德描述群体的智慧时，并没有想到猜重比赛或有效市场假说，他意在阐发"整体（而不是平均数）大于部分之和"的哲学理念。"掺杂了其他成分的食物与单一的食物相比，能使整体更有营养。"他承认专业知识确实非常重要："可以这样认为，最有资格判断哪位医生给出了正确治疗方案的是……本身也是医生的人。"[10]现如今，随着分工的细化，一架飞机飞行需要依靠飞行员、调度员、空中交通管制员等众多专业人员的集体知识，而不是乘客的平均意见。

3　价值

> 捉一只鹦鹉并教它说"供给与需求",你就培养了一位出色的经济学家。
>
> ——欧文·费雪,1907 年[1]

> 什么是犬儒主义者?就是知道一切的价格但对一切的价值一无所知的人。
>
> ——奥斯卡·王尔德,1892 年[2]

> 争论价值是由效用还是生产成本决定的,就如同争论是剪刀的上刃还是下刃剪开了一张纸一样,毫无意义。
>
> ——阿尔弗雷德·马歇尔,《经济学原理》,1890 年[3]

经济组织的合理性在于它能够增加价值,但"价值"是什么意思呢?价值理论是经济学的基础,亚当·斯密(1776 年)、大卫·李嘉图(1823 年)和卡尔·马克思(1867 年)等早期的经济学家,都提出过各种版本的劳动价值理论。劳动分工将复杂任务分解成若干部分,再将这些部分的产出重新组装成一个整体,从而实现价值增加。这一过程需要互惠和交换,既涉及社会协作维度,又涉及商业机制维度。加工木材时,抛出和接住墨线的两个人隔了几码的距离,要把墨线拉直,就需要彼此默契合作。

在此背后需要一种商业安排，以认可每个人对整体产出做出的贡献。这就容易理解为什么以制造别针为代表的经济活动会发展出劳动价值理论。你可以环顾一下工厂，看看谁真正在干活。

这些早期理论家因此将价值视为劳动对象的一种实实在在的属性，是直接和间接的人力投入所创造的成果。但这种对价值的"客观"定义遇到了一些问题：尽管托马斯·思韦茨投入了大量资源，亲自动手制作烤面包机，但他的劳动成果还不如街边商店的产品好用；再看希腊神话中的西西弗斯，他永无止境地持续劳动之所以没有价值，不仅是因为他从未将巨石推到山顶，更是因为这项活动本身毫无意义。

一种对价值的"主观"定义则侧重于产品的效用。从这个角度看，价值存在于消费者的心中，而不是源于生产者的努力。亚当·斯密据此提出了有关钻石和水的悖论：为什么只是外观漂亮的钻石比维持生命的水要贵得多？

在19世纪下半叶，斯坦利·杰文斯（1863年）、卡尔·门格尔（1871年）和莱昂·瓦尔拉斯（1874年）结合主客观双方的论点，提供了一个看似折中的解释：价值是主观的，因为它不能超过消费者自认为的从产品中获得的快乐或用途。如果没有人需要推动一块巨石上山，那么推石头就没有价值，无论西西弗斯投入了多少工作量。但客观的生产成本也很重要。钻石之所以有价值，不仅因为它外观美丽，还因为它很难被找到，且开采和切割需要大量劳动。我们每天会将好几加仑（英制1加仑等于4.546升，后同）的水冲进马桶，因为水很充足，容易获取和分配，所以单位价值就较低。

边际效用递减理论有助于我们进一步理解有关钻石和水的悖论，尽管水在绝对意义上价值巨大——人会因缺水而死，但当你在淋浴中额外享受一分钟时，最后一加仑水的价值会变得很小，其价值远低于第一加仑水，或者所有水平均每加仑的价值。如果钻石很常见，人们将不会给它附加太多价值，我们可能用它做耳环、刀片乃至垒牛棚。这种平均价值和边际价值之间的差异，是19世纪末经济学的重大见解之一。是否明白这一差异的重要性，仍然能够区分一个人是否学过经济学基础课程。

价格

前文论述没有提及价格或市场。钻石、《蒙娜丽莎》画作、大峡谷和可俯瞰中央公园的公寓之所以具有很高的价值，是因为它们既稀有又令人向往。由于水资源丰富，北方国家的人们对水不够珍惜，还会造成不必要的浪费；而在水资源稀缺的干旱地区，人们则将水视为宝贵的资源。在任何社会中，无论其经济或政治组织如何，这种现象都是真实存在的。在每个社会中，珍贵的物品往往被那些拥有权力的人所占有，这种权力可能是其通过经济或政治手段，或仅仅通过武力获得的，因此权力也就变成了一种更加稀缺的资源。这种社会地位与价值财富之间的关系，不仅在钻石和曼哈顿上东区的公寓上体现得很明显，而且在有着截然不同的文化偏好和资源的各个地方也能观察到，比如从澳大利亚内陆到亚马孙丛林。

民主社会能够并愿意向公众开放卢浮宫、大峡谷、凡尔赛宫和皇家阿南达普尔森林[4]，是因为这些东西虽然稀有，但许多人可以同时欣赏，而且不会对其他人的观赏体验造成多大损害。但一套特定的公寓只有一个家庭可以占用，而一枚特定的钻石戒指在任何特定时间只能由一个人佩戴。

2017年，达·芬奇的画作《救世主》以4.5亿美元的价格售出，从而标定了艺术作品有史以来的最高价格。这次销售充满了神秘色彩和争议，包括这幅画是否为达·芬奇的真迹。大约有30幅类似的画作来自达·芬奇的工作室，这位非凡的文艺复兴时期的全才显然也具备商业头脑。这次交易中的卖家——俄罗斯寡头德米特里·雷博洛夫列夫声称，瑞士艺术品经销商伊夫·布维耶实施了大规模的欺诈，自己是其中的受害者。名义上的买家是沙特阿拉伯巴德尔王子，他代表阿布扎比酋长国购买此画，但外界普遍认为真正的买家是沙特阿拉伯王储穆罕默德·本·萨勒曼。这幅画目前已经下落不明。[5] 毕竟，富人总是与众不同。

纽约曼哈顿上东区最具价值的房产由现任（埃里克·亚当斯）和前任（迈克尔·布隆伯格）纽约市长以及墨西哥亿万富翁卡洛斯·斯利姆占据，纽约第五大道上63街至65街之间的繁华地段曾是艾尔弗雷德·斯隆、劳伦斯·洛克菲勒、鲁珀特·默多克、查尔斯·施瓦布和肯·格里芬寓所的所在地。[6]

世界上最贵的钻石可能要数库利南钻石了，它们是由1905年在南非发现的一块原石切割而成的，其中一颗现在为英国皇室所有，一颗在泰国国王手中。较近的"世纪钻石"估值达1亿美元，专营钻石业务的戴比尔斯集团拒绝透露购买者的身份。

卡尔顿府联排距离白金汉宫仅一步之遥，是伦敦最负盛名的地方之一，曾是英国前首相格莱斯顿和帕默斯顿勋爵的住所所在地，如今这里住着肯·格里芬（美国对冲基金界的一位亿万富翁）、欣杜贾兄弟（印度商人）和沙特阿拉伯王室成员，此外还有英国皇家学会、赛马俱乐部（Turf Club）和BAE系统公司（英国国防承包商）总部。这从一个侧面反映了现代世界权力的多样性。

在这许多谜团当中，有些事实是无可争议的。已故的达·芬奇不会再创作任何一幅画作，他最著名的作品《蒙娜丽莎》由法国政府收藏，不会很快甚至永远不会出现在市场上。这种不可再生的稀缺性是《蒙娜丽莎》价值的关键，《救世主》的价值与之同理。正是艺术品这种独特性与超级富豪虚荣心结合，决定了《救世主》令人咂舌的价格。毕竟，你可以用20美元买到一张不错的《蒙娜丽莎》印刷品；可以花不到500美元，让一个艺术家为你画一幅高仿品，除非通过专业鉴定，否则它看起来与原版《蒙娜丽莎》一般无二。这些复制品的价格反映了画作的生产成本，因为其供应量几乎没有限制。然而，你的朋友们不会对你壁炉上方挂着的《蒙娜丽莎》赞叹不已，因为他们知道那不是稀缺的真品。经济学家弗雷德·赫希将已故大师画作之类的物品描述为"地位性商品"，它们价值攀升甚至只是因为其他人根本无法再拥有它们这一事实。[7] 将价值视为供需互动、生产机会成本与消费效用关系的产物，这种分析方法是现代经济学的基础。

一些现代哲学家，特别是伊丽莎白·安德森和迈克尔·桑德尔，认为资本主义已经过度扩张，进而针对经济学中的价值展开批判。桑德尔深入探讨了一种普遍的直觉，即如果从纯粹交易的角度来看待许多社会关系，这些关系就会受到损害。这也是本书的一个主题。我们不赞成卖淫行为，并对器官买卖或代孕持怀疑态度，但这些观点并不能反驳或在实际意义上挑战"价值是效用和成本共同作用的产物"这一观点。

市场

购买意愿是需求或欲望与支付能力综合的产物。一个贫穷的人可能对面包有强烈的需求，但没有钱支付；相反，不管穆罕默德·本·萨勒曼对艺术多么热爱，他之所以能支付4.5亿美元购买《救世主》（如果是真的），仅仅是因为他是世界上最富有的人之一。他之所以能成为世界上最富有的人之一，是因为他是1932年缔造沙特阿拉伯王国的伊本·沙特的后代；是因为以加州标准石油公司（现在的雪佛龙）为首的一批美国公司在那里发现并开发了世界上最丰富的石油资源；是因为中东地区的政治紧张局势使得石油生产国家，在谢赫·亚马尼的协调下，能够从跨国石油公司及其客户那里攫取更多的产出价值；也是因为亚马尼以狡猾而狠辣的手腕掌控了沙特阿拉伯王室复杂的政治格局，从而确立了自己的主导地位。商业根植于社会、政治和文化环境，我们不能在没有理解这些元素相互关系的情况下妄断商业结果，也没有充分理由主张市场配置应该基于在道德层面成立的资源分配进行。

在市场经济中，价格是价值和成本的信息载体。当我们是幼儿时，想要一切，但随着个人的成长，我们直接或间接地接受了预算的概念——我们不能拥有一切，还接受了价格的概念——如果我们想要这个，就不能买那个。竞争性价格机制的独特优点在于，它旨在实现经济学家所描述的激励相容性：最佳行动方案是说实话，也就是在考虑价格的基础上，诚实地告诉自己想要什么和有多大支付能力。价格机制的这种激励相容性在众多买家和卖家参与市场的情况下最为有效。消费者会问自己："这件商品或这项服务对我来说其价值是否超过了价格？"如果是的话，就买它。生产者会问自己："向市场提供这件商品或这项服务的成本是否低于市场价格？"如果是的话，就制造（或提供）它。

如果潜在的买家或卖家很少，激励相容性就会变得更加复杂。在少数买家面对众多卖家的时候，特别是那些买过房子、二手车或逛遍市场的人，他们会货比三家，并趾高气扬地讨价还价。尽管如此，只要存在互利交换空间，交易就会发生。而且，达成的价格将为买家和卖家以及其他市场交易者，在未来的交易中提供有用的参考信息。

医药与市场的困境

在医药行业，价格很难被视为反映价值的有效指标。开药的医生很清楚，大部分患者通常不直接支付医疗费用，账单往往由保险公司或医疗系统来支付。这一事实本身就将药品与典型的消费品区分开来，但除此之外，还有很多深层的问题。以制药公司诺和诺德开发的司美格鲁肽为例，这是一种治疗肥胖症的药物，许多富裕人士都患有这种慢性疾病，一旦停止服用这种药，病情就会复发。所以，诺和诺德可以长期收获很高的利润。具有讽刺意味的是，抗生素在商业上的吸引力较小，因为它的疗效太好，对于一些疾病，通常仅需为期一周的疗程就能根治，所以即使明知传统抗生素的效力在不断下降，制药公司也没有足够动力去研发此类新药。

"孤儿药"用于治疗罕见的疾病；在北方国家罕见的丙型肝炎是一种病毒感染，这种疾病如果不进行治疗，会持续存在并导致严重的肝损伤。目前，最有效的治疗药物是吉利德科学公司生产的索磷布韦，每粒药的标准价格为 1 000 美元，一个为期 12 周的疗程的费用高达 8.4 万美元。公众对这一惊人的费用表示愤怒是很容易理解的，但它能够挽救生命。这就是英国国家卫生与临床优化研究所（NICE）决定参考通过治疗延长的寿命——质量调整生命年（QALY）——来评估药品性价比，批准将该药物纳入国民健康服务体系，允许患者享受公费医疗的原因。虽然索磷布韦是一个极端案例，但大部分产品的生产成本是在投产初期设定的，而单位成本会随着量产而不断下降，这是市场运行的普遍规律。例如，如果你正在阅读本书的电子版，你会发现其价格已经很低了，你使用的软件和应用程序也是如此。谷歌和脸书将建立平台的成本转嫁给了广告商，从而能够向用户免费提供服务。

对于像索磷布韦这样的产品，合适的价格是多少呢？这种产品只针对少数人群，但会改变他们的生活质量乃至挽救生命；它代表了历时多年研究的成果，并且必须像为数百万人开具的普通药物一样，经过严格的测试。这个问题没有简单或明显的答案，还不是一个简单的应该由谁——个人、保险公司还是国家——买单的问题。

价格机制是获取价值和成本信息的必要手段，但正如质量调整生命年的评估标准表明的，并非一切有价值的东西都有价格；同样，并非一切有价格的东西都有价值。实际上，很多有价值的东西并未纳入市场经济的范畴。人们做出许多糟糕的购买决策，往往是因为他们不知道市场上还有更好的产品，或者不知道产品本身存在什么危害，例如高盛的"木狼"和"算盘"两种证券，以及普渡制药公司的阿片类药物。再者，并非一切破坏价值的行为都会由施害者承担成本，例如企业和个人可能会破坏环境，但并未为他们造成的损害付出代价。管理学教授科林·梅耶大声疾呼，那些本应解决社会问题的公司，往往是造成那些问题的罪魁祸首。[8]

价格和市场是关于价值的不可或缺的信息来源，但不应被神化，我们同样有必要关心并影响政治决策，以维护良性的文化氛围和社会价值观。需要生产的不仅仅是物质商品，生活也不只是消费。但现实是，生产占据了我们一半的清醒时间，消费构成了我们生活的一大部分。因此，市场机制是须臾不容忽视的。

4 斯坦利·马修斯换乘火车

> 金钱不是激励因素。金钱不会让我兴奋，我不会因为向往富裕生活而把球踢得更好。我只要脚下有球就很开心了，我的动力来自我热爱的比赛。即便不是职业足球运动员，我也愿意踢球，不为别的。
>
> ——利昂内尔·梅西[1]

成本和效用是阿尔弗雷德·马歇尔剪刀的两刃，经济活动的使命是增加价值，即创造超过成本的效用。经济租金是指产出效用（以人们愿意支付的价格衡量）与成本（以人们愿意为同一要素或要素组合用于其他用途时支付的价格衡量）之间的差额。

梅西和马修斯

2017年，利昂内尔·梅西与巴萨签订了一份新合同，该合同承诺在4年内每周向梅西支付超过65万欧元的报酬。[2] 2021年该合同到期后，因巴萨财力不济，于是梅西转投由卡塔尔支持的巴黎圣日耳曼足球俱乐部，薪资类似甚至更高。[3] 在这次合作结束后，梅西拒绝了沙特阿拉伯发出的价值5亿美元的邀约，转而选择加入迈阿密国际队，这是美国职业足球大联盟的一支球队，立志在美国推广这项全球最受欢迎的运动之一。

梅西被广泛认为是世界上最优秀的足球运动员之一，但他几乎没有其他明显的职业技能。如果他不再踢球，他的收入可能会很普通，就像被许多人视为英格兰最伟大的足球运动员的斯坦利·马修斯爵士一样。马修斯的自传描述了一种与梅西截然不同的生活方式。他最难忘的比赛之一是1948年一场庆祝战后国际足球赛事恢复的比赛，当时英格兰队在汉普顿公园球场迎战苏格兰队，现场有13.5万名观众（英格兰队赢了）。英格兰足球总会在一封信中附上了14英镑（按现价约500英镑），作为马修斯的比赛报酬，还有他往返布莱克浦和格拉斯哥的火车票（三等座）的报销款。但他在卡莱尔火车站候车时，买一杯茶花的6便士（按现价约合1英镑）费用被拒绝报销，理由是，这不属于可报销的费用。[4]

梅西的薪酬与马修斯收入之间的差距反映了经济租金。经济租金是一项活动的回报与开展该活动所需资源的机会成本之间的差额，后者相当于这些资源用于最佳替代用途时的回报。这一术语让许多人感到困惑，因为租金的普通含义是，为享用某物（如房屋）的使用权而必须向其所有权人支付的费用。这一说法可以追溯到经济活动主要围绕农业开展的时代。人们普遍认为，是英国经济学家大卫·李嘉图将租金变成了一个经济学的概念。实际上，亚当·斯密的同时代人、苏格兰乡绅兼学者詹姆斯·安德森早于他50年就提出了这一概念。[5]在这场经济理论优先性的竞赛中，苏格兰赢了英格兰。

对于亚当·斯密来说，价格超出生产成本是由垄断造成的："垄断者必须保持市场供不应求，使有效需求永远无法得到完全满足，进而使其商品售价远高于自然价格。"[6]但安德森解释说，即使不存在垄断，仅仅由于能力上的差异，价格也会超过成本。以他的例子来说，就是不同地块土地肥沃程度的差异。一些土地的耕作成本几乎得不到抵偿，甚至有些土地根本不适合耕作，那些收益勉强覆盖成本的土地被称为处于"耕作边际"。

尽管斯密承认更肥沃或地理位置更优越的土地会带来更高的租金，但他从未完全接纳安德森的租金理论。斯密收到了安德森论文的副本，并表达了回应的意图，但没有证据表明他真的付诸了行动，看来两人相识但相互并不熟悉。

每个国家都有各种各样的土壤，其肥沃程度大不相同。因此，相比耕作较贫瘠田地的农民，耕作较肥沃田地的农民能够以低得多的价格将玉米推向市场。但是，如果这些肥沃田地上生长的玉米不足以满足市场需求，那么市场上的价格将自然提高到足以补偿其他人耕作较贫瘠田地的费用的水平。然而，耕作富饶田地的农民将能够以与耕作较贫瘠田地的农民相同的价格在市场上销售玉米；因此，前者将获得远超其所种植玉米的内在价值的收入。因此，许多人将渴望占有肥沃田地，并愿意为获得独家耕作权而支付一定的溢价；这个溢价的多少将根据土壤肥力的高低而定。正是这个溢价构成了我们现在所说的租金，通过这种方式，耕作不同肥力田地的费用可以被调节至完全相等。

——詹姆斯·安德森，1777 年[7]

所有活动中都存在导致经济租金产生的能力差异。全球几乎每个城市中心的街头，都有男孩在踢足球，许多人梦想成为职业足球运动员。但是，很少有人拥有足够的天赋以吸引俱乐部的注意，用安德森和李嘉图的话说，大多数人处于"耕作边际之外"，不值得教练员关注。那些勉强进入职业赛场的球员——在相对普通的队伍中表现平庸的球员——所能期望的收入仅略高于他们作为普通工人的收入，甚至可能更低。像梅西这样的顶级球员，以其名气和收入为许多永远无法进入高薪职业球员行列的人树

立了虚幻的榜样，就像只有少数成功的舞台和荧幕明星积累了巨额的财富和显赫的名声，而许多跑龙套的演员终其一生都挣扎在贫困线上一样。俱乐部和粉丝仅愿意为支持梅西这样的天才支付更高的价格，观众和影视公司也会为了受益于莱昂纳多·迪卡普里奥和泰勒·斯威夫特等明星的号召力做同样的事情。

梅西和马修斯的非凡才能意味着，他们作为职业足球运动员所创造的价值要远远高于从事其他职业。梅西在他的薪水中看到了这种差异，马修斯却没有，这说明只有在竞争激烈的市场中，独特的能力才能转化为经济租金。在马修斯所处的时代，足球运动尚未吸引大量的观众和商家，因此不会出现今天的顶尖球员争夺大战，这就解释了为什么马修斯的薪酬如此之低，而梅西的收入却如此之高。对超级明星的竞争，同样解释了为什么他们所获报酬是那些才华略逊一筹，或者只是名气较低的演员的许多倍。

仅在竞争市场中，组织因为能够从事竞争对手无力经营或不擅长的业务，所以从独特能力中获得租金。1955年，称雄美国市场的公司依靠的是规模，仅仅是因为它们在收入、员工数量、资产、利润或股票市值等方面都属于巨无霸；今天支撑企业在排名中脱颖而出的要素已经发生了巨大变化，这表明现代成功的企业减少了对规模的依赖，而更多得益于自身凭借独特能力产生经济租金，以及持续占有和创造这些租金的能力。

租金、阶级和权力

为什么梅西赚那么多，而马修斯却赚那么少？马修斯乘三等座是一个重要细节，我们可以想象，英格兰足球总会的官员并不会乘三等座前往格拉斯哥，这种差异反映了马修斯所处的社会环境。在20世纪60年代初退出足坛时，他的最高周薪是20英镑，这大致相当于体力劳动者的平均收入。[8]

在英国，1961年球员罢工的威胁导致了工资上限被废除。[9]但足球运动员的抗争只是一个直接原因，那个年代酝酿的种种社会变革逐步打破了许多传统的阶级壁垒。当我小时候第一次被带去观看板球国际锦标赛时，我注意到计分卡将业余板球手（"绅士"）列为"某某先生"，而职业球员（"选手"）则不带尊称，直接以姓氏开头，如"蒂特姆斯，F. J."。当蒂特姆斯在1950年代表米德尔塞克斯队对阵萨里队并首次亮相时，一则醒目的公告还专门纠正了计分卡："将'蒂特姆斯，F. J. 先生'改为'蒂特姆斯，F. J.'"，因为蒂特姆斯已签约，成为领取薪资的职业选手。[10]板球比赛中绅士（业余选手）与职业选手的区分在1962年被废除了。1965年，斯坦利·马修斯被授予爵士称号是一个象征性事件，他是第一位获此殊荣的足球运动员。

如果说1960年以前的足球运动是资本主义剥削的一个例子，那么劳工依靠团结从而奋起抗争就能彻底终结这样的格局吗？问题并非如此简单。如果说马修斯被剥削了，这一点很难反驳，那他也主要是出于对足球的热爱而甘愿接受剥削。1948年，英国足球场的标准门票价格是1先令3便士（此时1英镑等于20先令，1先令等于12便士），相当于卡莱尔火车站候车室里两杯半茶的价格，[11]现在最便宜的英超联赛门票价格为30英镑。2021年1月，我查询了6月份英格兰队对阵苏格兰队国际比赛的门票价格：最低价格是200英镑。[12]

我有一张1948年汉普顿公园球场那场比赛入场队列的照片，一排男人（没有女性）几乎都戴着布帽，穿着廉价的深色西装，急切地想要加入站立在看台上为苏格兰队加油的13.5万名观众当中，这些观众许多人受雇于那时的机车厂和造船厂，后来这些工厂都关闭了。如今，全座式汉普顿体育场仅能容纳5万人。随着票价的升高，观众的社会构成发生了变化，足球俱乐部的组织方式也发生了变化，运动员的收入同样水涨船高。掌控足球俱乐部一直是一种富豪们满足虚荣心的项目，但这种掌控产生了良性的效果。在马修斯的时代，足球俱乐部的股份通常由当地商人持有，他们经营俱乐部更多是为了丰富当地社区的生活，而非为了个人利益。随着电视时代的到来，英格兰足球走向了世界。现在出国旅行的英国人经常被印度的出租车司机或新加坡的酒吧服务员问："你支持哪支球队？"

电视转播权的竞标快速提高了足球产业的收入。随着赛事的全球化，富豪的虚荣心也在全球范围内快速膨胀。一位俄罗斯寡头、一位泰国大亨和阿布扎比酋长国的谢赫·曼苏尔分别购买了切尔西足球俱乐部、莱斯特城足球俱乐部和曼彻斯特联足球俱乐部（简称"曼联"）的控股权。巴黎圣日耳曼足球俱乐部之所以能够招募梅西，是因为该俱乐部由卡塔尔埃米尔资助，他本人就受益于该国天然气田带来的经济租金。这样的人富可敌国，金钱对他们来说无足轻重，他们乐于借助与一家著名的英格兰足球俱乐部挂钩提升公众关注度和声望。许多人愿意为自己的热情投资，莱斯特城足球俱乐部的前主席维猜·斯里瓦塔那布拉帕就是一个典范。他在2018年乘坐直升机离开俱乐部体育场后不幸坠机身亡。在追悼仪式上，球迷和球员们都流下了眼泪。[13]他在资金和实际行动上的支持使得莱斯特城足球俱乐部在2016年赢得了英超联赛冠军，而当时博彩公司给出的夺冠赔率高达1∶1 000。

但并非所有俱乐部的董事都如此慷慨。罗伯特·麦克斯韦既贪婪又虚荣，可能是第一个意识到可以利用全球对英超足球的兴趣榨取潜在利润的人。他通过购买学术期刊的版权积累了大量财富——当时和现在一样，这些期刊一直由缺乏商业经验的学者免费撰稿和审评，而他瞄准了大学图书馆普遍收藏的重要期刊，把价格提高到惊人的地步。麦克斯韦显然认识到强大的特许经营权产生经济租金的潜力，尝到个中甜头之后，他又于1984年企图将黑手伸向曼联，但在竞购中落败。

我们曾见过麦克·阿什利坐在他的地中海游艇上漫游，还在骏马酒吧做出愚蠢的承诺，他是纽卡斯尔联足球俱乐部不受欢迎的老板。2021年，阿什利将他的股份以3亿英镑的价格卖给了沙特阿拉伯的一个财团。这是一个两全其美的结局，阿什利庆祝自己在财务上取得了成功，而纽卡斯尔联足球俱乐部的支持者则为俱乐部所有权的变更而欢呼痛饮。[14]

在麦克斯韦收购曼联失败之后，同样对经济租金嗅觉灵敏的媒体大亨鲁珀特·默多克出价竞购该俱乐部，但遭到了英国垄断和兼并委员会的否决。2005年，将复杂的金融工程带入体育界的美国企业家马尔科姆·格雷泽获得了曼联的控制权。在几乎没有为曼联做出任何贡献的情况下，他和他的家族（马尔科姆于2014年去世）获取了曼联团队创造的价值，该俱乐部的大多数支持者在他们撤离时会喜极而泣。[15] 2023年，英国第二富豪吉姆·拉特克利夫控制的英力士公司购买了曼联25%的股份，并获得了该俱乐部的管理权。

组织中的经济租金

所有生产活动都旨在通过优化资源配置来增加价值，正是这种方式为成功的组织创造经济租金赢得了空间。如果梅西仍在罗萨里奥的街道上踢球，巴萨的比赛从未被转播，其商品也未带有巴萨标志，那么巴萨经济租金将永远无从产出。同理，成功企业的产出价值，必然超过其员工在其他公司工作、客户使用其他产品，以及投资者将资金投向其他地方时的价值。既然不同的公司具有不同的能力，不同的土地具有不同的肥力，不同的运动员具有不同的天赋，那么具备卓越能力的公司将赚取经济租金，拥有肥沃土地的地主和具备高超足球技艺的球员也一样。

土地是被动的，但地主可以通过耕耘增加其肥力，通过加固围栏使其免于外来的侵害，从而增加土地的价值。正如在阿根廷街头踢球的男孩们都想成为利昂内尔·梅西，许多足球俱乐部都希望成为巴萨或曼联，投身硅谷创业的团队都希望成为下一个微软或谷歌。但不幸的是，这些男孩、俱乐部和初创团队大多未能成功，因为他们无法复制构成杰出足球运动员和超级俱乐部特有能力的组合，或者无法复制有助于微软和谷歌成功的灵感、完美时机和运气的组合。尽管围绕成功者的成长经历和取得成功的"秘诀"的报道和评述已有许多，但世间根本不存在人人可以通过复制取得成功的标准模式。

现实中，大部分的农地耕作，产量仅仅能覆盖成本；一些怀揣梦想的足球运动员，凭借努力仅能被选入"农舍"，即巴萨青训营，但从未获得进入专业球队的资格；多数忙忙碌碌的企业，常年仅能负担员工的工资和日常开销，在其客户和供应商眼中属于可有可无的存在。当然，其中包括数百万家微型企业，它们维持生计的唯一优势仅在于它们提供服务的区位优势。

有许多公司都渴望成为苹果、亚马逊、沃尔玛或高盛那样的企业。但它们未能成功，因为它们无法复制苹果、亚马逊、沃尔玛或高盛所具有的特质组合。一些组织之所以能够创造经济租金，是因为它们拥有独特的能力，或者独特的能力组合。一个成功的组织，其能力具有可占有性与可持续性——这种能力能够持续地为组织及其利益相关者带来益处。那些能赚取大量经济租金的实现了差异化的企业，正是本书所关注的重点。

租金分配与市场范围

在圈地运动席卷苏格兰之前，幸运的农民在东洛锡安肥沃的公共土地上耕作着，收入水平显著高于那些在克莱德河畔贫瘠土地上耕作的同行。圈地使地主能够将优质土地带来的超额回报据为己有，这是安德森和李嘉图在18世纪末观察到的现象。

运河和铁路的发展促使两个地区的粮食价格趋于平衡：西部的工人因享受到了更便宜的粮食而受益，东部的地主也能受益，因为他们的农产品需求增加了。这些收益的获取是以东部的工人（较小的）损失为代价的，他们面临着食品价格的上涨，而工资却未能得到相应提高；西部的地主也遭受到一些损失，因为他们的作物不再供不应求。但综合来看，由于东部肥沃的土地扩大了产能，苏格兰农业在整体上取得了更高的效益。

这一过程体现了全球化的一个基本原理，即市场流通促进比较优势发挥，进而促使收入实现再分配。市场的范围越大，具有独特能力的一方获得的租金就越多。当梅赛德斯－奔驰打开中国市场时，梅赛德斯－奔驰获得了更高的租金；而随着豪华轿车在中国日趋受到青睐，中国人力车（如自行车）制造商获得的租金则不断减少，甚至部分从业者面临失业。但是，整体上看，中国是受益的。

正如安德森首先提出的，要评论经济租金的数量和分配，我们必须首先理解产生租金的机制。当被问到"如果出于非凡的爱国心和对鼓励制造业的强烈愿望，克莱兹代尔的绅士们决定降低租金，这会导致谷物价格下降吗"，安德森回答说："绝对不会……明眼的读者自然能够理解其中的道理。"[16] 他可能已经预见，银行家将资金投入新兴的行业，未必能够伤及传统的行业。如今，人们仍需思考那样的问题。[17]

经济租金的好坏

经济租金总是被贴上贬义的标签。令我惊讶的是，权威的《牛津英语词典》把我引导到了由伟大的论战家萧伯纳主编的《费边社会主义论文集》。其中一篇西德尼·韦伯的论文写道："法国的地主显然属于暴君之列：他们肯定人为地（通过抽取经济租金）剥夺了工人的劳动技能；但这种现象由来已久且持续不变，以至于看起来不像是人为的，因此也没有人从这一角度对他们表达怨恨。"[18]

当我在谷歌查询经济租金的现代定义时，有人在《投资百科》[19]上提供了以下"要点"：

- 经济租金是一个人所赚取的超乎其经济或社会需求的收入。
- 市场效率低下或信息不对称通常是造成经济租金的原因。
- 经济租金一般被认为是不劳而获的收入。

梅西赚取的收入无疑远远超过了他的经济或社会所需，这或许是因为缺少其他同等优秀的球员构成了市场效率低下的条件，但是苏格拉底、莎士比亚和牛顿的独特才华为全人类带来了巨大福祉，结果他们却毕生未能得到超额的经济回报。如果有人认为梅西的报酬属于"不劳而获"，那么他就应该观看一遍梅西的"21世纪最佳进球"，然后再思考一下自己为何选择谷歌作为搜索引擎，以及为何在优兔上观看那个视频。

如今，金融家和企业高管作为代理人大肆攫取寄生性租金，这的确构成了一个突出的经济治理问题，但在现代经济中产生的大部分经济租金，源于独特的能力（如梅西）或者独特的能力组合（如谷歌）。经济学基础原理所描述的通常是一个完全竞争的世界，它假定在这个世界里，所有足球运动员都有同样天赋，所有公司都具备相同的生产条件，任何创新都会被竞争对手立即复制。幸运的是，我们生活的世界并非如此，也不是由《财富》杂志1955年那份榜单上的公司所主导的世界。

第四部分

个人主义时代

20 世纪 60 年代是大型制造公司的巅峰时期，许多人认为这些公司将长期主导甚至控制全球经济。然而，可能是出于对大规模集体化的反感，这个时代也见证了个人主义政治理念以及社会和经济自由主义的兴起，并预示着其深远的影响开始发力。就公司治理核心理念而言，20 世纪上半叶，镀金时代的强盗大亨们的行事风格被以通用汽车为代表的大型公司的职业管理模式所取代；而到了 20 世纪后半叶，财务指标变成了商业叙事的主线，创造"股东价值"变成了公司的唯一目的。

1 财富买不到爱情

> 性爱开始于
> 一九六三年
> （对我来说，已经有些晚）——
> 恰在《查泰莱夫人的情人》禁令解除
> 与披头士首张专辑发行之间。
>
> ——菲利普·拉金，1967年[1]

20世纪60年代是社会和政治动荡的时代，披头士乐队颠覆了流行音乐的格调，裙子变短了，避孕药开始普及，约翰·肯尼迪当选为美国总统。肯尼迪遭遇暗杀后，副总统林登·约翰逊，一位职业政治家，通过国会发布了《民权法案》和"伟大社会"计划。

此时，公司已渗透到社会生活的各个角落，以至于成为人们街谈巷议的话题和文学作品讽刺挖苦的对象。威廉·怀特在《组织人》中的记述和斯隆·威尔逊在《穿灰色法兰绒套装的男人》中虚构的情节，均通过对公司组织的反思引起了巨大的社会反响。有评论人士对公司不断增长的社会、政治和经济权力表示担忧；在1961年卸任总统的告别演说中，艾森豪威尔针对所谓"军工复合体"的危险发出了警告；1967年，约翰·加尔布雷思在《新工业国》一书中指出，公司在控制发展环境方面已超越了传统的"抗衡力量"。[2]

学术界开始从微观层面展开对公司治理和战略的研究。关于公司治理（伯利和米恩斯，1932）、公司理论（科斯，1937）、组织理论（德鲁克，1962）、商业历史和公司战略（钱德勒，1962），以及商业战略（安索夫，1965）的经典文献纷纷登场，着重剖析大型制造企业主导的商业景观。这些文献无一例外地把通用汽车当作深入研究的典型案例。加尔布雷斯把通用汽车的治理模式归结为"技术专家体制"的典型，拉尔夫·纳德尔则把通用汽车视作缺失社会责任的典型。在20世纪60年代，学生在图书馆里翻阅商科文献，除了通用汽车这家位于底特律的公司，几乎找不到其他企业。

不过，学生的注意力可能被校外的喧嚣分散。1965年，第一批美军登陆越南，随之而来的战争加剧了美国社会的两极分化，年轻人当中，有的应征入伍，有的则走上街头示威，抗议征兵和战争。1968年，许多国家的学生纷纷走上街头，举行大规模的游行示威，最终导致美国和法国的总统先后下台。

鲁迪·杜奇克领导了德国学生的示威运动，这些学生组成的以个体解放和反对权威为宗旨的组织后来被称为"议会外的在野党"。1966年，保守的基督教民主联盟和左翼的社会民主党共同组成的"大联合政府"加速了该国左翼政治力量的分裂。[3] 后来，"巴德尔－迈因霍夫集团"参与了政治恐怖主义活动。1968年，巴黎爆发了全球规模最大的示威运动之一，这场被称为"五月风暴"的抗议活动虽然暴力事件频发，但并未造成大规模的伤亡。工会成员与由丹尼尔·邦迪领导的学生们联合起来（邦迪是一位德国人，抗议活动并未因其被驱逐出法国而得到平息），举行罢工、游行，并占领工厂和学校，从而导致法国政府一度瘫痪，大部分经济活动陷入停顿。

当在巴黎大街上向警察抛掷石块时，人们不再像艾森豪威尔和加尔布雷斯那样用温婉的语言来表达对大企业的批评，转而通过"六八学潮"来号召推翻"资本主义"。欧洲的安东尼奥·葛兰西和赫伯特·马尔库塞,以及美国的诺姆·乔姆斯基等激进派学者,用饱蘸激情的笔锋和呐喊为这场革命运动注入了知识和灵感。[4]

这场运动对欧美地区的政治理念和经济治理造成了巨大的影响。杜奇克提出了"改制的长征"这一口号(这一口号显然受到中国红军长征的启迪,毛泽东领导的二万五千里长征成为中国共产党夺取政权的前奏),鼓舞爱国的年轻毕业生"渗透"到各个职业领域,通过长期的努力来改造国家的政治经济制度。半个世纪之后,一些保守评论家如罗伯特·金贝尔和查尔斯·默里认为,这一"长征"如同中国的长征一样,在某种程度上取得了成功。

石头和棍棒之外,犀利、尖锐的言辞也成了战斗的武器。耶鲁大学教授查尔斯·赖希在其广为人知的著作《绿化美国》中声称,20世纪60年代的反主流文化是一股"不可阻挡的力量,将摧毁传统的官僚化组织结构";[5]蕾切尔·卡森的《寂静的春天》一书谴责了化工公司对土壤的破坏,被认为是现代环保运动的奠基之作;保罗·埃利希在《人口炸弹》中发出警告,"在20世纪70年代,将有数亿人饿死"。[6]埃利希由此开启了他一贯的世界末日预言,并且每10年修订一次,因为每一次的末日预言都未应验。纳德尔对通用汽车的批判将该公司抛进了大众舆论的旋涡,当时有消息披露,这家汽车公司不仅对他进行骚扰和恐吓,而且还雇用妓女,企图引诱他落入圈套。

意想不到的结果

知识界对商业日益增长的敌意引起了强烈而持久的反响。米尔顿·弗里德曼逆流而上,成了捍卫自由市场的旗手。他在《纽约时报》上发表了题为《企业的社会责任就是增加利润》的专论，旗帜鲜明地维护企业自主决策，从而成了反对派的众矢之的。他的措辞非常强硬，声称："承认有责任提供就业、消除歧视、避免污染的商人……实际上是在宣扬纯粹的、不折不扣的社会主义……他们无意中充当了知识界在过去几十年中破坏自由社会基础的傀儡。"[7]

1971年，针对过去10年商业所遭受的批评，企业律师刘易斯·鲍威尔为美国商会撰写了一份简报，其中的回应要比弗里德曼的更为缓和，而且更有见地。鲍威尔强调了教育的重要性，提议商会应鼓励在大学中建立一批关心商业问题的学术团体。[8]不久之后，他被理查德·尼克松总统提名，出任联邦最高法院的法官，从此以公正中立的司法理念和著名的判例建立了良好的声誉。[9]1972年，通用电气的弗雷德·博奇和美国铝业公司的约翰·哈珀发起了商业圆桌会议。这是一个由美国众多大公司CEO组成的团体，如今在华盛顿约有50名员工，形成了一股强大的游说势力。50年后，美国商会发出警告，指出如果要求公司必须切实兑现"诚实和正直是我们一切行为的核心"之类的声明，那将是一件危险的事情。

如今看来，"改制的长征"是右翼和左翼都可以利用的策略。鲍威尔的简报颇具影响力，而且事实证明，他的方法是切实有效的。符合商业利益的学术研究不仅得到了公司的直接资助，同时也赢得了富豪设立的慈善基金会的慷慨资助，如传统基金会（成立于1973年）和卡托研究所（成立于1977年）等保守派智库，已在华盛顿成为政治思想的策源地。

鲁迪·杜奇克敦促激进学生将他们的激情和思想带入工作场所，而刘易斯·鲍威尔则鼓励原本轻视知识甚至有时带有反智倾向的商业界与知识界合作。起源于半个世纪之前的这些思想理念的持续交锋，逐步铸就了21世纪的意识形态和政治制度。

尽管鲍威尔一贯保守，但他坚持的司法理念遏制了美国司法系统在政治立场上的两极分化。在"德克斯诉美国证券交易委员会一案"中，他主导的多数意见坚定地维护了常识性的立场：揭露犯罪的公共利益高于通过容忍内幕交易来暂时维持市场稳定的裨益。在"加州大学董事会诉巴基案"中，他主导的裁决支持高校将种族出身作为录取的考量指标之一，从而确立了平权行动的合法性。不过，鲍威尔同时也展示了偏向自由市场和大企业的一面。他在"波士顿第一国民银行诉贝洛蒂案"中发表多数派意见，为2010年"联合公民诉联邦选举委员会案"的裁决铺平了道路，该裁决赋予了公司广泛的政治捐赠权；他还通过对"西尔维尼亚联合松下电器诉天顶电子公司案"的裁决，推动了反垄断执法力度的减弱。

新自由主义的转向

当伦敦西部的国王路、卡纳比街上的人们热火朝天地庆祝"摇摆的60年代"（青年推动的个性解放运动）时，伦敦东部的针线街上正在进行同样重大的变革。英格兰银行决定鼓励欧洲美元市场的发展，美国和欧洲的银行于是脱离美联储系统的监管，大举开展美元交易，这开启了一个金融市场快速扩张、国际化、放松管制以及重新管制的进程，这一进程一直持续到2008年的全球金融危机。

1944年的布雷顿森林会议决定建立国际货币基金组织和世界银行，并设定了一个基于固定汇率的世界金融体系。然而，由于越南战争给美国政治和经济带来的双重压力，美元在20世纪60年代中期及随后的10年里加速贬值，从而加剧了北方国家的通货膨胀。1971年，尼克松总统宣布放弃金本位制，主要货币的汇率开始实行浮动汇率制度。1973年，以色列与阿拉伯国家之间的赎罪日战争引发了石油危机，随之而来的严峻的通货膨胀迫使各国调整财政政策，而沙特阿拉伯等海湾国家深受其益。

关于朝圣山学社的政治影响有很多论述，该学社由弗里德里希·哈耶克于1947年创立。哈耶克是一位才华横溢、性格复杂且极具争议性的经济学家，在招致左翼抨击的同时，赢得了右翼的强烈推崇。有一则广为流传的逸事，当时的英国首相玛格丽特·撒切尔用手轻轻地拍了一下哈耶克的《自由宪章》一书，赞称"这就是我们的信仰"。不过，这个学社本质上是一个右翼知识分子一起聚餐和辩论的俱乐部，就推动20世纪70年代以来政治和商业氛围的变革而言，其实际影响力要远逊于前述的机构和运动。

我参加过朝圣山学社的一次会议，主题是讨论进化在商业和经济方面的作用。会议聚集了来自多个学科、不同政治立场的人士，地点选在加拉帕戈斯群岛，这既恰当，又有些不切实际。不幸的是，多位年长的与会者接连发生意外给活动蒙上了一层阴影，保守派思想家肯尼斯·米诺格在返回厄瓜多尔的途中不幸去世，更是让活动以悲剧收场。

石油危机之后的政治格局对金融和经济发展产生了重大影响。在英国，爱德华·希思领导的摇摆不定的保守党政府于1974年被工党政府取代。新政府强调工会权利和社会福利的左翼纲领，却因石油危机引发的经济衰退和通货膨胀而濒于崩溃，在1976年不得不向国际货币基金组织寻求援助。1978—1979年，全国各地此起彼伏的罢工浪潮导致工业生产的瘫痪和大众生活的混乱，此时期被称为"愤怒的冬天"。1979年5月，玛

格丽特·撒切尔领导的右翼保守党赢得了选举胜利；1980年，美国总统吉米·卡特被罗纳德·里根击败。两位领导人虽处于不同政体，却在20世纪80年代同步推行新自由主义的治国理政方针，坚持重返以自由市场为导向政策，保护并支持工商业的发展。

英国和美国的经济政策都在急剧右转，而法国却反其道而行之。1981年，锲而不舍的弗朗索瓦·密特朗终于如愿当选法国总统。甫一上任，他便解散了国民议会，使社会党在选举中赢得了新议会的多数席位。密特朗针对私营企业（包括几家银行）推出了一系列国有化措施，并大范围扩展社会福利计划。不到两年，随着通胀加剧和法郎持续贬值，密特朗不得不结束其左翼理想主义政策，宣布"回归紧缩"，削减公共支出，重归自由主义政策。

密特朗的政策转向，预示着北方国家社会主义的最后一声叹息（尽管在2018年法国参议员让－吕克·梅朗雄和英国工党领袖杰里米·科尔宾这两位政治家提出的计划，与他们40年前作为满怀希望的30岁年轻人所支持的左倾政治主张有着明显的相似之处）。1976年，瑞典的社会民主党在连续执政40余年后落败；1989年至1991年，苏联分崩离析。回想1960年，当时通用汽车称霸全球，肯尼迪在竞选演说中大肆渲染美苏间的"导弹差距"，鼓吹苏联强大的军力源于其计划经济的优越性，而半个多世纪后的今天，世界已经发生了翻天覆地的变化。接下来会发生什么呢？新自由主义的转变会为商业注入哪些新思想呢？

2 或许它可以：现代企业理论

> 如果经济学家想研究马，他们不会去看马。他们会坐在书房里对自己说："如果我是一匹马，我会怎么做？"[1]
>
> ——罗纳德·科斯，引自埃利·德文斯

20世纪20年代，在英国剑桥学术界的激烈争议中，克拉珀姆指出亚当·斯密从未造访过卡伦工厂（或者其他任何工业场所）。克拉珀姆以"虚空的经济盒子"暗讽他的同事们仅就生产活动喋喋不休地坐而论道，却不屑参与商业实践。[2] 克拉珀姆和德文斯对这种现象的批评至今仍具有深刻的现实意义。政商两栖名流戴维·塞恩斯伯里指出，经济学作为一门学科仍然存在将企业严重概念化的弊端。[3]

伊戈尔·安索夫是一位多才多艺的从俄罗斯移民至美国的人士，他的职业生涯是这样的：从作为知名智库的兰德公司跳转到从事航空航天事业的洛克希德公司，最后加入了位于匹兹堡的卡内基–梅隆大学工业管理研究生院（现为泰珀商学院）。对照哈佛大学商学院以案例研究为基础的方法，安索夫决心为商学院开发出一套更加科学的课程体系。他和哈佛大学的肯尼斯·安德鲁斯齐名，被公认为战略管理学科的创始人，对促进商学院MBA（工商管理硕士）项目的蓬勃发展起到了关键作用。

安索夫认为，微观经济学对工商管理学科贡献甚少，因此必须另行开辟有关企业战略的研究方法。[4] 他观察到："对企业的研究一直是经济学家的职能，但不幸的是，微观经济学中的企业理论充斥着他们富有想象力的逻辑推导，这对现实世界中的企业决策过程几乎没有什么启示价值。"[5]

安索夫的批评具有普遍的学术价值和现实针对性。1982年，也就是乔·贝恩从加州大学伯克利分校退休后不久，美国经济学会选举他为"杰出会员"，并尊称他为"无可争议的现代工业组织经济学之父"。[6]贝恩在其代表作《论工业组织》中框定了他的分析范围：

我关注的是企业运营所处的环境背景，以及企业在这些环境中作为生产者、销售者和采购者的行为。相比之下，我并不采用更适合管理科学领域的内部研究路径——比如探究企业如何以及应该如何安排其内部的运作，并尝试提出指导意见……我所分析的对象主要是竞争业态，而不是单个企业或整体经济中的企业集合。[7]

哈佛大学经济学系的F. M.谢勒发展了贝恩提出的分析框架，从而奠定了该系在工业组织分析领域的领先学术地位。谢勒的《产业市场结构与经济绩效》（1970年）继贝恩的《论工业组织》之后，成为一代研究生书架上的佳作。在谢勒提出的"结构-行为-绩效"框架（简称"S-C-P框架"）中，行业结构决定了行为，而行为又决定了绩效。安索夫关注的是在微观层面企业战略对经营绩效的影响，而谢勒更加关心行业活动对公众利益的影响，这一点可以通过谢勒对绩效的衡量标准来说明，其中包括"生产效率、配置效率、社会进步、充分就业以及公平性"。[8]

20世纪70年代，如同从哈佛大学的主校区到商学院要跨越一条查尔斯河，迈克尔·波特试图弥合经济学与企业战略之间的鸿沟。他著名的"五力模型"实际上是将经济学的S-C-P框架翻译成商业语言。[9]"五力模型"假定，公司策略取决于5种力量间的博弈，它们包括竞争对手、供应商、顾客、新进入者和替代产品，这些力量通过市场竞争和讨价还价来调节彼此的关系。然而，"S-C-P框架"与"五力模型"这两种分析方法的局限性是显而易见的，它们都没有解释为什么不同的公司面对相同的5种竞争力量时会有不同的表现。因此，它们忽略了企业战略的一个核心问题，即如何超越竞争者。而且，由于它们没有突出差异化对企业绩效的作用，所以企业经济租金的来源就只剩垄断（或者较低程度的市场支配力）了。

另外，这两种分析方法忽视了反垄断和政策规制的存在，因此容易对重大的商业决策产生误导作用。我的一位朋友兼同事在20世纪80年代从事计算机行业的咨询工作，他从市场定义的角度论证了大型计算机市场与其他类型计算机市场之间的区隔正在迅速消失。这令他的客户感到万分欣喜，因为这一论点对该客户应对在欧洲和美国面临的反垄断诉讼提供了莫大帮助。该客户就是IBM，而这一分析与IBM的业务有何关联，是负责应对监管机构干预的企业事务部和总法律顾问未曾想到的。直到今天，经济学继续为如何营造商业环境提供公共政策建议，但对企业的战略决策却影响甚微。根据我的经验，大多数商界人士认为经济学的任务是预测增长率、通货膨胀率和利率，他们渴望看到这样的预测，但又明智地对此保持怀疑态度。

经济学与商业

丹尼斯·亨德森爵士是一位专业律师，1987年至1995年担任帝国化学工业公司的董事长。他还应邀担任商业经济学家协会的名誉会长。在该协会举办的一次会议上，他对经济学家未能对商业做出足够贡献表示失望，批评他们未能成功预测20世纪70年代和80年代的重大经济事件。

这一批评相当中肯。

该协会安排了两位成员进行回应，包括阿兰·巴德爵士和我本人。巴德爵士曾在公共部门和私营部门担任多个职务，包括财政部首席经济顾问。他解释说，经济系统复杂多变，是非线性的，虽然经济学家可以识别总体的格局，但进行具体而精准的宏观经济预测是不可能的。我接着发言，建议加强对公司和市场的微观经济分析，这对商界人士来说要比宏观经济预测更有用。到了晚上会议结束时，亨德森表示大失所望，几乎愤怒地拔光了残存的几根头发。他高声呐喊"我需要知道！"，反复强调对可靠预测的需求。

这是我在观察帝国化学工业公司后续发展情况时回想起的一件事，后文将对该公司进行详细描述。但当有人问我类似"10年后英镑兑美元汇率会是多少"这样的问题时，我更是常常回忆起这件事。我的回答是这样的："如果你告诉我你为什么问这个问题，我会帮你构思一个更合理的问法，然后才可能有办法回答。"我坚信这是唯一合适的回答，但这种回答通常不受欢迎。常见的情况是，有些提问的人是带着情绪来的，像亨德森爵士那样，只是为了寻求某种慰藉或发泄的通道。另有一些人只是为了得到一个明确的数字来填写格式化的问卷，而不关心答案背后的逻辑。

求知

求知是人类普遍的渴望，而人人都希望对不可知的未来预先掌握某种确定性。对先知的崇拜不是从特尔斐神谕开始的，也不会以追捧超级预言家结束。[10]我很庆幸能够在学术研究过程中接触到亨德森之类的商界精英，他们讲述的问题和提出的挑战帮助我更加深刻地理解了经济模型的用途和局限性。

在迈克尔·詹森和威廉·梅克林等人提出的模型中,"理性"的个体始终追求自身利益的最大化。这些模型描述了"小世界"——所有的机会和约束条件都可以被一一列出并预先量化,继而运用为科学和工程领域开发的数学工具进行预测,并推导出解决方案。理性人假设一直是主流经济学思想的前提条件,其中的主体本身要么熟悉这些底层模型,要么表现得似乎熟悉,据此做出他们的"理性"决策。

这些模型有助于我们从不同角度思考企业的组织管理问题,但它们并不是对现实世界的真实写照,更无法与揭示客观世界的物理科学中的模型相提并论。弗里德里希·哈耶克在1974年诺贝尔奖颁奖典礼上发表了题为《知识的僭妄》的演讲,[11]对这些问题的看法可谓切中肯綮:

实际上,我认为数学方法的一大优点在于,它允许我们运用代数方程来描述某个模式的一般特征,即使我们对决定其具体形态的数据一无所知……这给我们造成了一种错觉——我们可以使用这种方法来确定和预测那些量的数值,进而徒劳地想找出数值常量。

他继续说道:

当然,同我们在物理科学中有望取得的精确预测相比,这种仅仅凭借模式预测的东西要稍逊一筹,因此未必令人满意。但是我要就一种危险提出警告:有些人认为,要想让某个主张被接受为科学,就有必要加倍努力使其符合所谓的"科学标准",这种做法简直同江湖骗术无异,甚至更糟。如果相信我们自己具备这样的知识和力量,可以完全根据我们的意愿来塑造社会进程,这很可能导致更大的伤害,因为我们事实上并不具备这样的知识和力量。[12]

真正的商业人士活跃在"大世界"里，那里的问题没有明确的定义，也没有客观正确的标准答案。而且，在那里即使回头复盘，也往往难以捕捉到"正确"的答案。在"大世界"里，有效的决策不可能是最优的决策，因为决策者没有也永远无法获得全部的信息。决策者必须面对高度的不确定性，他们通常不仅不知道决策将带来什么结果，甚至不知道第二天可能发生怎样的事情。[13]

虽然我们必须放弃"知识的僭妄"，但个人（包括商人）和机构需要在不确定面前采取行动。正当的反应不是强求对不确定问题的确定性答案——高喊"我需要知道！"，而是首先明确界定问题，然后围绕与决策直接关联的问题收集和整理信息。

淡水与咸水经济学

安索夫发现，经济学家长期以来对公司作为一种制度安排几乎无话可说，尽管这一现象显然在实证研究中有重要意义。不出所料，对安索夫这一批评意见的强烈回应，恰恰来自靠近底特律的地区（五大湖地区）的经济学界。经济学家罗伯特·霍尔区分了"淡水"和"咸水"经济学。他观察到，相比加州（霍尔在斯坦福大学任教）和新英格兰的经济学家，五大湖附近院校（如芝加哥大学、罗切斯特大学和明尼苏达大学）的经济学家往往采取更为保守的立场。[14]当然，米尔顿·弗里德曼更是来自淡水地区的杰出代表。

罗纳德·科斯在1937年发表的《公司的性质》一文至今依然具有开创性。（后来他解释说，这篇文章源于5年前他只有21岁时提出的想法，并且是在他获得了一笔旅行奖学金从而得以访问底特律之后完成的。）[15]最初，科斯的文章几乎未引起注意，直到他移居芝加哥之后才开始产生影响。1960年，弗里德曼的连襟、知名经济学家亚伦·戴雷科特在家中举办了一场著名的晚宴，赴宴之后的科斯随即决定搬到这座常年多风的城市（芝加哥），并在那里度过了余生。

全国性的报纸有一种特殊的习惯，就是为依然在世但年事已高的杰出人物提前备好讣告。我为科斯撰写的讣告在《金融时报》封存了近20年，直到这位老寿星以102岁高龄于2013年去世时才刊出。[16]

在科斯的分析中，公司的边界取决于两种资源协调方法（市场安排和内部管理）的相对成本和效率。有时市场和价格机制更有效，有时企业内部的行政指令和层级管理结构更为适宜。市场化的契约是指公司的控制者（暂且不谈这些控制者是谁这一重要问题）根据自身的明确需求去寻找最优价格，就像采购部门为采购红色胶带之类的办公用品而寻求投标报价一样。而在层级化的契约下，控制者雇用人员并告诉他们该做什么，比如传统的老板雇用一位秘书来协助他完成今明两天的某项工作。在市场交易过程中，搜寻、谈判、签约和监督所产生的成本往往是高昂的，科斯称之为交易费用。况且，下属不一定像上级所希望的那样勤奋工作，或忠实地执行控制者的指令。

中途要挟问题

在市场与管理之间做出选择还会受到是否需要投资特定商业关系的影响，加州大学伯克利分校的奥利弗·威廉姆森教授在这一问题上的研究造诣颇深。[17] 1900年，一家阿拉斯加的罐头厂招工，一群旧金山渔民应招驶往阿拉斯加为其捕捞鲑鱼，工酬是每人50美元。当他们抵达阿拉斯加时，由于船只在短暂的捕鱼季节里十分紧俏，罐头厂商再招募其他下海捕捞的船只已不太可能，渔民于是要求将工酬提高到 100 美元，罐头厂商勉强表示同意。待鱼货上岸后，渔民返回了旧金山，罐头厂商却只愿支付 50 美元的工酬。[18] 由此引发的"多梅尼科诉阿拉斯加罐头厂案"至今仍被律师引用。（渔民最终败诉。）

企业需要进行投资来应对多种琐碎的商业或社会关系。从广义上讲，"投资"一词不仅包括资本开支，还包括时间投入和机会成本。渔民们驾船前往阿拉斯加，罐头厂放弃了招募其他船员的机会，也许后者更容易合作。由于双方协议达成前后的谈判地位发生了变化，这就为协议的某一方进行中途要挟留出了空间。法院驳回了多梅尼科等渔民的诉讼请求，理由是他们在明目张胆地中途要挟。

然而，不是阿拉斯加充满艰辛的咸水渔业吸引了淡水经济学家的注意，而是五大湖周边的汽车厂。1926 年，通用汽车无奈收购了费舍尔车身制造公司。有关这笔商业交易的事实存在不同的说法，因此受到经济学家的高度关注。其中的一个版本称，这家公司与通用汽车签订了为期 10 年的合同，专门为通用汽车生产汽车的金属车身，价格按照成本加成法计算。费舍尔制造车体需要投入专用模具和配套设备，以将金属冲压成适当的形状。一旦工厂建成，工厂设备的唯一用途就是为通用汽车制造零件，而通用汽车则同样依赖费舍尔提供关键组件。和阿拉斯加的捕鱼案类似，一旦必要的投资就位，谈判地位就发生了逆转。费舍尔故意把工厂建在离通用汽车装配基地很远的地方，而且生产效率低下。为了控制运营成本，通用汽车最终不得不出高价收购了这家公司。

科斯在芝加哥的两位同事，阿尔门·阿尔钦和哈罗德·德姆塞茨（1972 年）指出，如果合同条款订立得足够详尽，事先考虑到各种可能发生的情形，中途要挟问题是可以避免的。在他们看来，假如控制者的预期未能实现，市场安排和内部管理之间的唯一区别在于，控制者在前者情况下会诉诸法院请求违约赔偿，在后者情况下则会交由人事部门处理（可能会以辞退相威胁）。[19]照此推论，既然各方都清楚不可避免的结果，那么司法程序或员工辞退就统统没有必要了。

如同经济模型中常见的情况，这一论点的价值不在于其荒谬的结论，而在于促使我们理解这个结论为什么是荒谬的。世界充满了高度不确定性，信息是不完全的，没有一份合同可以涵盖所有可能发生的情况。我们不仅不知道将会发生什么，我们对某些事情可能发生的范围和程度通常都知之甚少。意外事件促使当事人做出适应性的反应，合同双方只有通过在彼此适应的过程中磨合，才能将合作关系稳固下来。

如果合作双方实力相差悬殊，垂直整合便是一项可取的策略：可以是客户收购上游的供应商，反之亦然。如此一来，就可消除机会主义动机，将问题转化为企业内部的管理问题。如果制造某个部件需要专业的工具和知识，那么就有必要把相关功能整合到公司内部。因此，通用汽车在1926年收购费舍尔车身制造公司是一项明智的举措。道理就是这样，而且会一直影响企业的高层决策。

契约关系说

在芝加哥大学，科斯与法学院趋于保守的教师有所互动。该院教授理查德·波斯纳引领了一场被称为"法律与经济学"的运动。他的职业生涯显示了其卓越的学识和充沛的精力，他一边担任美国联邦第七巡回上诉法院的法官，一边从事教学和写作。他的学术工作、著作和判决贯穿了一个核心价值理念：站在对经济效率的贡献角度来看待和运用法律。[20]

这一价值理念得到了众多学者和律师的推广，美国的许多大学开始将"法律与经济学"纳入研究和教学议程。由化学工程师兼保守商人约翰·奥林创立的奥林基金会，按照鲍威尔提出的学企合作倡议，为"法律与经济学"的发展提供了大量资金支持。弗吉尼亚州的乔治梅森大学尤其重视这一交叉学科，还专门成立了法律与经济学研究中心。尽管靠近波托马克河的入海口，但该大学更偏重于"淡水"思想。

1976年詹森和梅克林发表的关于公司理论的文章，对"法律与经济学"运动起到了开拓性的作用。[21]在他们的分析框架中，公司只是一件人为设计的工具，以便于个体（股东、其他投资者、员工、客户和供应商）之间协议的执行。设立公司实体的目的在于降低谈判成本，减少个人之间达成正式协议的数量。参与者是自利的个体，他们之间的一切关系都是交易性的。保守思想家埃德蒙·伯克将民间组织（中间单元）视为维护"公众情感第一原则"的"小团体"，而詹森和梅克林及他们的跟随者则否认了其重要性，进而描述了一个几乎没有集体行动或集体知识发展空间的世界。

詹森和梅克林将公司视为个体间的契约关系，这与长期流行的公司法定人格学说形成了鲜明反差。后者认为，公司不是"法律拟制物"，而拥有独立于其利益相关者的法律人格，即"法人资格"。作为一个独立的实体，公司拥有资产，而不是股东拥有，董事和员工对其负有义务。公司拥有包括言论自由甚至宗教自由在内的权利，它可能从事犯罪活动，并有权获得法律和政治代表权。

相反，沿着詹森和梅克林开创的"法律与经济学"传统进行写作的弗兰克·伊斯特布鲁克和丹尼尔·费希尔则声称："公司不是真实的，它不过是管理者、工人和资本贡献者之间一系列复杂契约关系的集合，因此，没有这些关系，公司便不存在。"[22]二位学者在合著的《公司法的经济结构》中进一步阐述了这一观点。

关于公司性质的界定，契约关系说的出现要晚于法定人格说。20 世纪后半叶，契约关系学说开始在"法律与经济学"领域乃至财务会计领域占据主导地位。这种理念转变的时机耐人寻味，因为客观现实和学术话语正在稳步朝着相反的方向发展。主导经济的是由专业经理控制的大公司，而个体工商户早已退居边缘。在这些大公司中，基于装配线的制造流程正逐渐让位于由知识型工作者组成的灵活团队，这些团队彼此协作，共同扩展集体智慧。

因此，我们遇到了这样一个悖论，左派和右派常常在双方都发生误判时达成一致。詹森和梅克林在 20 世纪 70 年代美国中西部提出的论点，与马克思和恩格斯在 1848 年《共产党宣言》中对西欧资本主义公司所信奉观点的分析大体一致，同时又与安·兰德自由主义的观点相符。正是在兰德所代表的自由主义思潮的鼓舞之下，埃迪·兰伯特搞垮了百年老店西尔斯－罗巴克公司。在接下来的章节中，我们将再次提及这位如今在豪华游艇上享受人生的资本大鳄。

公司机制的设计问题

公司不仅要面对未来高度的不确定性问题，而且即使当前的信息公司也不可能完全掌握，况且在企业内部也存在信息分布不均的现象。其实不必沮丧，实现公司目标所需的知识和解决问题的能力就蕴藏在员工、客户和供应商那里。如何设计合同，以确保多方利益相关者将他们的知识和能力贡献出来，最大限度地服务于公司目标呢？这就引出了委托代理问题。因此，公司内部和公司之间的关系均可被视为合同设计问题。

得益于"法律与经济学"运动，这种契约主义观点推动了法律与经济学在公司理论上的融合。中途要挟问题和委托代理问题在半个世纪里一直吸引着经济学家的关注，多位在理论建设领域做出突出贡献的诺贝尔经济学奖得主脱颖而出，其中包括：研究市场与管理理论的科斯（1991年）和奥利弗·威廉姆森（2009年），研究机制设计理论的詹姆斯·米尔利斯（1996年）和埃里克·马斯金（2007年）。奥利弗·哈特和本特·霍姆斯特伦在2016年因契约理论研究共同获得了诺贝尔经济学奖，这再次证明了对这些问题的研究热度有增无减。哈特利用这些问题发展了所有权理论，这将在后中讨论。

谢勒的《产业市场结构与经济绩效》（1970年）在研究生书架上的位置陆续被新的有关现代产业组织的经典教材所取代，其一是由玛格丽特·迈耶、保罗·米尔格罗姆和约翰·罗伯茨1992年撰写的《组织前景、影响成本和所有权变更》，其二是让·梯若尔（2014年诺贝尔经济学奖得主）的《产业组织理论》。对这些后续的作者来说，委托代理问题构建了组织结构的基础框架。因此，迈耶、米尔格罗姆和罗伯茨写道："虽然将权力委托给有能力做出良好决策的人是良好组织设计的重要部分，但除非这些决策者与组织的目标保持一致，否则这种做法几乎没有用处。我们已经提到激励是一种使个人努力和组织目标保持一致的方式……激励和授权是互补的：每一个都使另一个更有价值。"[23]可见，他们解决委托代理问题的方法是创造激励机制，以诱导拥有专门知识的下属将组织的目标视为自己的奋斗目标。但组织的目标是什么，又是由谁来确定的呢？

3 所有权的神话

> 如果你们忘记了土地的果实是大家共有的,土地本身是不属于任何人的,那你们就要遭殃了!
>
> ——让-雅克·卢梭,《论人类不平等的起源和基础》,1761年[1]

弗里德曼的回答非常明确:组织的目标是利润最大化。尽管弗里德曼凭借经济学家而非律师或哲学家的身份赢得了声誉并获得了诺贝尔经济学奖,但他在《纽约时报》上发表的《企业的社会责任就是增加利润》一文几乎与经济效率无关。其本质在于以下断言:"公司高管是企业所有者的雇员,对雇主负有直接责任,那份责任就是要按照雇主的意愿去经营企业。"[2]他接下来总结道:"关键点在于,作为一名公司的管理者,其是股东的代理人,所以服务于股东利益是其首要责任。"[3]

这一论点是社会性的或法律性的,而非经济性的,由此引发了一连串的问题。股东是公司的所有者吗?无论对这个问题的回答是什么,管理者在经营企业时,是否需要考虑股东之外的利益?从大西部铁路公司时代起,随着企业活动规模的扩大和股权的分散,雇用职业经理人进行日常运营管理已成大势。这种委托代理模式给契约关系带来了一个根本问题:股东(委托人)如何促使经理人(代理人)按照他们的意愿经营企业呢?

不同的文化和不同的法律体系可能会对这些问题有不同的看法,事实确实如此。

公司法定人格学说与契约关系理论之间的矛盾，体现为对公司与其成员之间的权利和义务关系的不同解读，这是普通法管辖区的一大特点。普通法体系源自中世纪的英格兰法，并广泛适用于英国以前的殖民地或自治领，当然也包括美国。它奉行不断演进的遵循先例原则，法院的判决需要遵循以往确定的判例。另外，法院实行当庭辩论制度，正如一些电视剧中常见的双方律师唇枪舌剑的场景。

而其他大多数国家，包括主要的欧盟国家以及中国和日本，在很大程度上属于大陆法管辖区。其法律体系采用成文法典，法官的角色是调查案情，并将详细而具体的法律规则应用于特定的案件。

公司股东是否属于公司所有者

1943 年，英国政府竭力动员资源投入对德作战，随即将飞机制造商肖特兄弟公司纳入国家控制体系。这家公司由两位航空爱好者创立，后来在伦敦证券交易所挂牌上市。在国有化时期，该公司股东根据股份当时的市场价值获得了政府补偿。

在该公司被收归国有之前，奥斯瓦尔德·肖特一直是公司的大股东。战争结束后，他起诉财政部，要求财政部批准更多的补偿。肖特的法律团队提出的主要起诉理由是，政府不仅收购了肖特的股份，还收购了整个公司。该团队断言，正确的做法应该是对公司的资产进行估值，并将这笔资金按比例分配给股东。

此案一路上诉至当时英国的最高民事法院——上议院，法官驳回了股东基于公司的索赔请求，其核准下级法院裁定的理由是："从法律角度看，股东不是企业任何部分的所有者。"[4]他们已经在股份上获得了合理的价格，一切便到此为止。2003年，在莱尔德集团的案件中，上议院再次斟酌了这个问题。在该案中，莱尔德集团试图为公司内累积的现金余额确立法律地位，上议院的法官们重申了他们早期的表述，并补充说："公司拥有其财产的受益权，而并非为其成员以信托形式所持有。"[5]

父母可以以信托形式为子女持有财产：父母是法律上的所有者，但财产是为子女的利益而持有的。换言之，子女是这份财产的公平受益者，父母只能出于对子女有利的目的支配这份财产。

相比之下，在英国法律中，因为股东的利益而持有公司的财产，公司财产是由公司这一独立的法律实体所拥有的。股东的任何利益必须来自股息和股份的增值，而不是来自公司名下的财产本身。不唯如此，还有更复杂的层面。如今大多数股份通常是由银行或证券经纪人为服务个人或机构而代持的，这类代持的机构可能是养老基金或大学吸收的捐赠基金，它们可能本身就在代表个人或慈善机构行事。如此一来，委托代理关系的链条就更长了。

在莱尔德集团一案中，苗礼治勋爵引用了早期的一项裁决，将股份描述为"一个人在公司中的权益，该权益由权利和义务组成，这些权利和义务由《公司法》与公司的备忘录和章程所确定。"[6]早期的一项裁决已明确，这些权利通常包括"接收股息的权利、投票权、在清算中接收剩余资产份额的权利"。[7]

但随后，苗礼治勋爵又让这个问题变得模糊起来。他引用并赞同新版《高尔现代公司法原理》中提出的法律原则："公司同时是一个具有自身权利和义务的法人,并且是其股东所拥有的实体(res)。"[8]我们难免怀疑,他使用拉丁文术语 res 来指代实体,是刻意隐晦其精确的意涵,同时保持适当的学术外观。我们同意苗礼治勋爵的说法:"股份的法律性质不易描述。"[9]

其他司法管辖区

如果我们看看德国,弗里德曼的论点从一开始就站不住脚。《基本法》——德意志联邦共和国的宪法——第14条规定:"财产和继承权应得到保障,其内容和限制应由法律确定。财产附带义务,其使用也应服务于公共利益。"[10]

《基本法》涉及股东对其股份的义务、公司对其资产的义务,以及股东与公司相关的义务。在每种情况下,德国要求任何财产权的行使都必须考虑公共利益。《基本法》针对的是一些公司和富人在纳粹时期的合谋行为。当然,在现代社会中,财产所有权既包含权利,也承载义务,只有最狂热的自由主义者或诺奇克的追随者才会提出反对意见。

那么美国呢?总体而言,美国法院和法学家普遍接受了股东是公司所有者的理念,尽管关于这一理念的含义在法庭上和学术期刊中存在激烈的争议。

自1843年以来,英国法律遵循所谓"福斯诉哈博特尔规则"。维多利亚公园公司是专门为开发曼彻斯特维多利亚公园地区的房地产而成立的一家企业,理查德·福斯和爱德华·特顿是该公司的两名小股东,二人向法庭提起诉讼,指控以哈博特尔为代表的5位董事伙同律师、建筑师等一干人挪用公司资产。二人诉讼请求被法庭驳回,理由是他们不具备诉讼资格：既然欺诈行为是针对公司的，那就应由公司而非股东提起诉讼。虽然这是一个古老的案例，但到如今法律原则仍然十分稳固。2020年最高法院重申了由此案例发展而来的"反射性损失"学说：除非在特殊情况下，否则股东不得就公司蒙受的可诉损失提起诉讼，即使这显然会降低其股份价值。[11]

假如该案发生在美国特拉华州，福斯和特顿可能有更大的胜诉机会。"在那里，没有比董事在公司的行为中处于受托人地位的规则更确定的法律了。虽然他们并非严格意义上的受托人，但为方便起见，他们常常被视为受托人。"[12]在1985年颇具争议的"施密斯诉凡·高尔克姆案"中，公司董事因同意以一些股东认为的偏低价格进行杠杆收购而使公司受损，特拉华州法院判处董事个人承担2 350万美元的赔偿责任。然而随后，特拉华州立法机构迅速颁布了新的法律条款，免除了公司董事因违反谨慎义务而承担的个人责任，以维持该州作为公司注册天堂的吸引力。

美国各州都有自己的公司法规和法院，与一家公司相关的法律主要是其注册地所在州的法律。为增加税源，各州相互竞争，都希望成为公司注册的首选之地。特拉华州虽然仅拥有美国0.3%的人口，但令人信服地赢得了这场竞争，美国2/3的入榜《财富》世界500强的公司在此地注册。如果你认为谷歌的总部位于加州的山景城，苹果公司位于加州的库比蒂诺，沃尔玛位于阿肯色州的本顿维尔，那就请你重新考虑一下。实际上这几家公司以及另外30万家公司都注册在特拉华州威尔明顿市的北橙街1209号。因此，与这些公司相关的诉讼需要依据特拉华州的法律进行。这里没有陪审团制度，案件全部由专业法官审理。鉴于特拉华州作为企业集中注册地的特殊地位，该州的法律制度基本上决定了美国各公司的权利

和责任。[13]

公司在哪里注册，实际上是由公司管理层决定的。于 2018 年英年早逝的美国法学家林恩·斯托特曾指出，英国法律对股东的保护比美国法律更充分，不过这并非关键所在。[14] 特拉华州法律的独特魅力在于，它对公司高管特别有利。（不过对埃隆·马斯克来说，可能还不够友好；2024 年，特拉华州一家法院裁定他 560 亿美元的薪酬过高。）在特拉华州，法官针对"商业判断"规则给予了特别宽泛的解释空间，法院不会挑战管理层的决策，除非其明显存在恶意。正如斯托特所指出的，特拉华州许多流行的司法实践在英国法律法规和社会观念中是不可接受的。

斯托特列举了在特拉华州许多有利于高管而损害股东权利的做法。例如，公司在发行股票时附带"毒丸条款"，以阻止恶意收购和"激进"投资；"错期董事会制"规定董事会成员要在不同时间通过选举交替更换，以阻止收购者对企业实施有效控制。"代理参与"制度允许具备一定资格的股东提出自己的决议，包括在股东会议上提名董事，这在英国是理所当然的，而特拉华州没有支持这种做法的法律规定。美国证券交易委员会作为一家联邦机构已经在代理参与制度方面取得了一些进展，但该制度仍然面临强烈的抵制。

在现代日常用语中，"激进分子"一词是指某种社会或政治事业的极其积极的倡导者。在企业界，这个词常用来指代持有公司股份并试图影响公司重大决策的金融投资者，他们常常倡导企业并购或资产处置。亿万富翁卡尔·伊坎在企业界作为一名激进分子活跃了 40 多年，后来因接管并毁掉了环球航空公司而落得声名狼藉。近年来，与商业相关的社会激进主义不断高涨。2021 年，新成立的投资基金"引擎一号"推举激进的环保主义者安迪·卡斯纳进入埃克森－美孚的董事会。这类激进分子往往在企

业内部和社会事务中都非常活跃，例如伊坎就曾试图在动物福利问题上插手干预麦当劳的供应链政策。

联邦立法和监管已经削弱了管理层旨在使股东"靠边站"的策略。在21世纪之初安然公司和其他企业丑闻曝光之后，国会通过了以民主党参议员保罗·萨班斯和共和党众议员迈克尔·奥克斯利的姓氏命名的《萨班斯－奥克斯利法案》；2008年全球金融危机后，《多德－弗兰克法案》又获通过（虽然参议员克里斯·多德和众议员巴尼·弗兰克均为民主党人，但有3名共和党人支持该法案，这使该法案刚好得以通过）。美国证券交易委员会在对上市公司的监管中通常支持股东权利，但如果没有对公司全面控制的联邦立法，正如激进的参议员伊丽莎白·沃伦所指出的那样，美国公司里管理层至上的现象仍将难以消除。如果存在诸多障碍限制股东行使所有权，那么股东是否属于公司的所有者就不再重要了。但所有权究竟是什么呢？

所有权意味着什么

经济学家桑福德·格罗斯曼和奥利弗·哈特针对这个问题提出了一个被广泛引用的观点。他们认识到，面对高度不确定性，合同不可能做到算无遗策，也不可能使所有条款都完整明确。为了解释如何运用"契约关系"处理由此产生的问题，他们将资产中的所有者定义为拥有该资产中所有未明确授予他人权利的个人或实体。照此观点，当合同出现未尽事宜时，所有者拥有做出如何处理的决定权。管理者可以指使下属从事某项工作，但唯独所有者才掌握物质资产的剩余控制权。对哈特而言，这种剩余控制权就是所有权的本质。产权理论对随后的公司经济分析产生了重大影响，哈特因此在 2016 年获得了诺贝尔经济学奖。[15]

哈特以租赁汽车为例进行了说明：你租了一辆汽车，为期 6 个月，假如你希望在车内安装一个光盘播放器（这是 1995 年的情况），但租赁合同中没有有关此类改装的条款，[16] 你就必须征求车主的同意，因为该汽车的剩余控制权仍然掌握在其手中。

我们可以沿着哈特给出的思路进一步推想：你可能在度假期间从赫兹租车公司那里租用汽车，为期一周，合同清楚地表明，所有权不同于占有权。在那一周内，你可以把租来的车停在你的车库里，可以开到你喜欢的地方（合同中可能规定了一些宽泛的限制），也可以将你的厨房水槽甚至全部家当放在后备箱里。假如你开车撞了一个行人，要承担民事和刑事责任的是你，而不是赫兹公司。这种情况下，很少有人会争辩说那辆车是赫兹公司的，而不是你的。

租车期限超过 6 个月的情况也很常见，这种模式通常涉及融资协议，可以采取贷款、分期付款，或者租购结合等方式。这些安排有一个共同点，即提供融资的机构往往在法律上持有汽车的所有权。这种所有权可以根据协议约定的条件被转移给承租人，一种情况是承租人付款达到了一定金额，另一种情况是在租赁到期时承租人付清了租金之外的车款余额。在英国，驾驶员及车辆牌照管理局负责将车辆"保管人"登记在册，换言之，车辆只有在保管人登记之后才能被合法驾驶。保管人需对交通和停车违规行为负责；如果车辆被用于犯罪活动，警方会首先联系保管人。在美国，许多司法管辖区区分汽车的注册所有者和法律所有者，尽管保管人或注册所有者通常也把租用的汽车称作"我的车"。

所有权和占有权问题在房地产领域最为突出。首先，现代公司的大部分运营资产都以房地产的形式存在，但占有房地产的公司并不一定具备完整的所有权。其次，购买一幢大楼与购买大楼中的一套公寓，这两种情况下的使用权是不同的。在房地产领域，即使在使用英语且基于英国法律的普通法管辖区内，也存在不同的法律架构。例如，英国的租赁保有制、美国的共管公寓产权制和澳大利亚的分层产权制等，都附有不同的权利和义务。甚至苏格兰和英格兰相关法律机制之间也会存在显著的差异。所有权有许多维度，即使置于复杂合同之下的实物资产，其含义似乎也是模糊的。

房地产的占用和租赁涉及一系列的成文法规和判例法，相关的会计准则也在不断演变。面对由此产生的种种商业问题，律师和会计师需要花费大量的时间和精力，帮助雇主或客户找到务实的解决方案。在这些问题上，相比冲在一线的专业人士，经济学家显然是后知后觉的。

所有权的标志

A. M. 奥诺雷是英国一位知名的律师、法学家，他在20世纪60年代对所有权的概念做出了有益的阐释。他承认所有权既不是一个单一的概念，也不是一个简单的概念，其含义在不同国家和不同时期确有不同，但同时也存在一定的一致性和连贯性：

在英国、法国、俄罗斯、中国，拥有一把伞的人都处于类似的地位。在这些国家里，伞的主人都可以使用它，阻止别人使用它，把它借出、出售，或通过遗嘱将它留给继承人。但在任何地方，他都不能用它来戳断邻居的肋骨或打翻人家的花瓶。[17]

不过，我与我的伞之间的关系很简单，而亚马逊与其物流仓库之间的关系则更为复杂，其与股东之间的关系也同样如此。奥诺雷提出了一种极具启发性的分析框架来评估这种复杂性。所有权，就像友谊一样，有许多特征。如果与一个人的关系具有足够多的友谊特征，那么与这个人就是朋友关系。同样地，如果一种关系具有足够多的所有权属性，那么这种关系就是一种所有权关系。

奥诺雷列出了11个"所有权的标志"：(1) 占有权；(2) 使用权；(3) 管理权；(4) 孳息权——利用财产赚取收入的权利；(5) 处置权——消费和损毁财产的权利；(6) 保障权——在没有充分补偿的情况下，免于被迫放弃财产的权利；(7) 转让权——可以将财产的任何部分或全部转让给他人的权利；(8) 永久权——权利主张不受任何时间限制；(9) 避免有害使用的义务——不得自行利用财产伤害社会其他成员，也要防止他人这样做；(10) 执行责任——财产可以被剥夺，用以执行债务偿付；(11) 免责权，所有权过期或被放弃之后，财产归他人所有并由他人承担相关责任，原所有者无须再承担财产对他人造成伤害引发的责任。最后一种还指向所有者拥有的最终剩余控制权，意味着他继续持有未明确让渡给他人的全部财产权利。这项标准是格罗斯曼和哈特在试图解决中途要挟问题时关注的内容，但正如前述租车、房屋租赁、共管公寓以及资产信托等例子所示，现代经济的复杂性远远超出了其理论框架所能覆盖的范围。

根据奥诺雷的方法，当我说"我拥有这把伞"时，意味着我宣称我可以打开它，收起它，卖掉它，出租它，把它赠送给别人，或者扔掉它。如果有小偷或政府机构未经我本人同意占有我的伞，我可以向警察或欧洲人权法院申诉。与此同时，我必须对这把伞被不当使用承担责任，并承认我的债权人有权对其进行留置。

现在我们来看亚马逊的所有权关系。鉴于股东拥有亚马逊的股份，有关所有权的所有标准似乎都能得到满足，但股东是否拥有亚马逊本身的所有权并不明确，因为他们的股份没有赋予他们占有权和使用权。如果股东去亚马逊的仓库、亚马逊在西雅图的总部，或者位于特拉华州威尔明顿市的注册办事处，很可能会被拒之门外。股东使用亚马逊服务的权利与普通顾客别无二致，同时也不对亚马逊的任何有害行为负责，更不能拿亚马逊资产负债表上成堆的现金来偿付自己欠下的债务。股东没有权利获得亚马逊资产出售的收益，这一点他们可能并不太关心，因为正如我们将看到的，这家从事电子商务的公司实际上并没有什么可出售的资产。亚马逊股东确实有权在公司解散时获得剩余资产的一部分，但如果亚马逊被清算，其万亿美元的估值将消失殆尽，故而这种估值只有在假设业务将继续繁荣多年的情况下才有意义。亚马逊的股东没有管理权，尽管他们确实有权任命那些有管理权的人。由于特拉华州法律的限制性条款，这一权利在很大程度上是理论性的。股东有权获得董事会宣布发放的一部分股息，不过，在亚马逊几十年的经营历史中，其迄今尚未有过股息发放。

根据奥诺雷提出的 11 项有关所有权的标准来检测，亚马逊与其股东之间的关系只满足了其中两项，而这两项还是相当次要的；3 项仅能部分满足；6 项根本不满足。

除此之外，由于集体诉讼的日益普及，股东（或前股东）可以联合起来起诉公司，所以局面变得更加复杂。1993 年 4 月 2 日被金融界称作"万宝路星期五"，菲利普－莫里斯公司在这一天宣布其万宝路品牌的香烟每包降价 40 美分，以对抗其他竞争品牌对其市场份额的侵蚀，继而导致股价应声大跌。一些股东联合起来，按照胜诉分成的方式委托律师对公司发起了诉讼，以期挽回由于股价下跌自己所遭受的损失。这些损失是那些股东声称所"拥有"公司的行为导致的，但诉讼请求以被法官驳回而收场。[18]

本书前文描述的"阿肯色州教师诉讼案"是针对高盛公司的，这些教师和其他股东"拥有"这家公司，尽管在诉讼中几位高管也被点名。2019年 3 月，网约车公司来福车公司在纳斯达克（专注于服务科技公司的美国股票交易所）上市，股东次月就针对该公司提起了集体诉讼。

这种诉讼显然与股东拥有公司的理论相抵牾。如果我的伞没能充分为我挡风遮雨，我能起诉我的伞吗？我能从伞的所有者——我自己——那里获得赔偿吗？这似乎就是菲利普-莫里斯案的逻辑。股东对自己公司提起的任何诉讼，基本上都基于股东拥有公司资产的假定。由于诉讼伴随着律师费等极高的交易成本，所以结果必然导致股东与公司双输的局面。[19]

如果一位火星人在造访地球途中阅读了奥诺雷的文章，然后前往参观亚马逊的物流设施——无论是被允许进入还是被拒之门外，如果他被允许观察公司的决策程序……他可能会得出这样的结论：如果有人拥有亚马逊，那必然属于其高级管理层。当然，杰夫·贝佐斯是亚马逊最大的（尽管属于少数派）股东，但这位火星人如果应用奥诺雷的标准进行鉴别，他会发现苹果公司的"所有者"是蒂姆·库克，而不是劳伦·乔布斯（苹果公司创始人史蒂夫·乔布斯的遗孀）。

那么，究竟谁拥有亚马逊或苹果公司呢？答案是没有人拥有它们，就像没有人"拥有"密西西比河、相对论、皇家经济学会或我们呼吸的空气一样。用苗礼治勋爵的专业术语来说，一个事物或一个实体可以存在，而不为任何人所拥有。现代经济中存在许多不同类型的权利主张、合同和义务，能够完全契合"所有权"标准的情形是相当罕见的。因此，现代公司中的种种关系很难用"我与我的伞"的关系进行类比，否则我们的思路会陷入混乱。正如查尔斯·汉迪所说："当我们观察现代公司时，所有权的神话妨碍了我们的思维。"[20]

4 公司必须追求利润最大化吗

> 我们关注的不是经济学,而是法律。两者之间有着根本的区别。
>
> ——戈夫勋爵,1987 年[1]

确定股东是否为公司的所有者,对于决定公司是否如弗里德曼所言,有责任追求利润最大化,既不必要也不充分。董事和高管的首要职责是遵守公司所在国家的法律,而有关公司的法律在不同国家之间乃至美国不同州之间都存在差异。而且,在每一个法律框架内,他们还必须理解和尊重不同业务所在地的特定文化习俗和社会期望。

英国

在英国,2006 年《公司法》第 172 条规定,公司董事必须按其认为的最有可能促进公司成功的方式真诚行事,以实现全体股东的利益最大化,在此过程中须顾及(包括但不限于)以下方面:

(1)任何决策可能带来的长期后果;

(2)公司员工的利益;

(3)促进公司与供应商、客户及其他各方业务关系的必要性;

(4)公司运营对社区和环境的影响;

（5）公司以高标准的商业行为维护良好声誉的可取性；

（6）以公平对待公司所有股东的方式行事的必要性。

这种模棱两可的表述可谓妥协艺术的杰作。说到底，董事的义务就是努力促进公司成功，股东获得应得利益被视为公司成功的结果，而非目的。如果法案的本意仅仅是要求董事为公司股东的利益行事，那么"公司成功"这一短语完全可以省略，而且该条款在语气和实质内容上将大不相同。然而，这一短语并非冗赘表述，而是立法者经过数年深思熟虑提出的。

第172条要求，实现公司成功这一目标必须兼顾各类利益相关者，包括员工、客户和供应商。这是理所当然的，很难想象任何企业，可以在忽视甚至损害这些群体利益的情况下实现成功。从长远来看，成功的企业还需要以有利于员工、客户、供应商的方式维护整体商业生态（尽管可能对某些员工、客户和供应商有所不利）。假设公司解雇全部员工，将资产卖给竞争对手，然后将所得款项分配给股东；或者想象一个垄断供应商，比如电力或水务公司，大幅提高价格，并以某种方式诱使政治家和监管机构压制由此引起的强烈抗议，这些行动可能对股东有利，但与法案为董事设定的促进"公司成功"的义务背道而驰。

第172条将股东从其他利益相关者群体中单立出来，但没有明确赋予他们优先权。它允许管理层采取有利于股东但对员工不利的行为，但同时也似乎允许他们采取有利于员工而不利于股东的行为。目前尚不清楚它是否允许董事以牺牲股东的利益为代价来优待员工，因为对于由股东选举产生并被期待直接服务于股东利益的董事来说，明确做此表示无疑是不明智的。

第172条是公司的利益相关者模式与"股东优先"模式之间的一种折中方案，前者对管理层施加了明确的义务，要求兼顾和平衡所有利益相关者群体的利益，而后者则要求优先考虑股东的利益。这种表述为两个阵营都提供了某种安慰，但没有给任何一方带来显著优势。股东阵营可以发现，股东价值最大化与承认利益相关者群体的利益并无矛盾之处，而利益相关者阵营则认为，管理层有义务关照包括他们在内的所有人的利益。然而，根据我的经验，英国的大多数公司高管都认为，《公司法》要求股东优先，尽管他们可能从未阅读过这部法律。

德国法律不存在这样的模糊性，《德国商法典》规定：

4.1.1 管理委员会以创造可持续价值为目标，以服务于公司最佳利益为宗旨，全权负责公司管理，这意味着它要全面兼顾股东、员工及其他利益相关者的需求；

4.1.2 管理委员会制定公司战略，与监事会达成一致，并确保其得到实施。[2]

这是一个不折不扣的利益相关者立场。（由于德国是一个大陆法系管辖区，所以《德国商法典》具有法律约束力。英国上市公司遵守的"综合准则"是由财务报告委员会发布的，并由英国金融行为监管局负责监督执行。其法律效力仅限于监管要求的"遵守或解释"，这一表述在其他一些司法管辖区也有适用。）

美国

"道奇诉福特案"是美国的一则经典案例，对该案的判决在 2019 年迎来了其 100 周年纪念日。[3] 亨利·福特创业之初信用记录不佳，为了设法在新兴的汽车行业站稳脚跟，他不得不在 1903 年与道奇兄弟达成一项协议——道奇兄弟为福特汽车公司 A 型车提供零部件，并获得福特汽车公司 10% 的股权，而福特本人仍保留多数股权。A 型车取得成功后，福特于1908年隆重推出了标志性的T型车。次年，福特公开宣布了自己的宏伟愿景：

> 我将为广大民众制造一辆汽车。它要足够大，能容纳整个家庭乘坐，但又足够小，便于个人驾驶和维护。它将由最好的材料制成，由最优秀的员工按照最简洁的现代工程设计方案进行制造。而且，它的价格将非常低廉，任何一个收入不错的人都买得起——并且能与家人一起在上帝赐予的广阔空间里随意享受旅行的乐趣。[4]

福特公司实施的流水线生产方式大大提升了产量和效率，随着价格的下降，T型车的销量逐年递增。到1915年，T型车已遥遥领先，成为美国最畅销的汽车。取得这一成功之后，基于丰厚的盈利，福特公司定期向股东支付特别股息。道奇兄弟利用这些股息收益扩大了自己的汽车生产规模，转头与福特展开市场竞争。脾气暴躁的福特就此终止了与道奇兄弟的合作，并停止支付特别股息。福特制订了一项宏伟的计划，准备在胭脂河旁建造一个庞大的工业综合体。

道奇兄弟提起了诉讼。福特的证词使法庭难以支持他的立场。法庭提出，福特"对股东的态度是高高在上的，他觉着：自己已经向股东分配了大量收益，对于他愿意给予的东西，股东应该心满意足了"。判决书中还写道："他的证词还给人留下这样的印象，他认为福特汽车公司赚了太多钱，利润过高，而且尽管仍有可能赚取高额利润，但应该通过降低产品价格与公众分享这些利润。"[5]

一位现代评论员打趣说："很想知道福特先生的律师在他出庭之前给了他什么建议，他的证词如此有利于原告，这无疑是在帮助对方起诉福特呀。"[6] 当然，就凭福特的个性，他也不太可能真正在意律师的建议。初审法庭的裁决充满敌意，几乎到了荒谬的地步，法庭甚至发布了一道禁令，禁止福特公司在胭脂河地区进行投资。密歇根州最高法院推翻了初审法庭的大部分判决，但还是命令福特支付特别股息，宣称：

> 一个商业公司的组织和经营活动主要是为股东创造利润，董事的权力应当用于实现这一目的。董事的自由裁量权应当用于选择实现这一目的的手段，但不应逾越至改变目的本身，因此董事无权为了其他目的而降低利润或拒绝向股东分配利润。

尽管密歇根州最高法院的这一裁决在其他州不具有法律约束力，但在接下来的一个世纪里，它对美国法学界产生了深远的影响。

福特于1919年以2 500万美元收购了道奇兄弟所持有的股份。[7]道奇兄弟在第一次世界大战后暴发的西班牙流感大流行中双双丧生，无缘后悔他们一时的胜诉。假如他们还活着，他们肯定会的。福特投资建设新工厂并扩大市场份额的战略，为所有股东都带来了丰厚的回报，受益者当然主要是福特以及其家族和基金会。当福特公司在1956年再次成为一家上市公司时，其估值达到了32亿美元。假如道奇兄弟坚守其10%的股份，其就能坐收3.2亿美元的财富。（1919—1956年，道琼斯工业股票平均价格指数增长了3倍，美国消费价格指数上涨了60%。[8]）

时间快进到2010年，坐标东移至特拉华州，那里发生了与该案例有点儿类似的案例——纽马克诉亿贝案。[9]克雷格·纽马克创建的克雷格列表公司主营一个分类广告网站，他与技术负责人吉姆·巴克马斯特共同拥有公司的大部分股份。这两位创始人对金钱兴趣不大，其网站上的大多数信息列表一直是免费的，业务开支仅靠极少的付费招聘广告收入来支撑，而且做这类广告的公司的招聘对象局限于使用该网站购买沙发和安排约会的千禧一代。

经营互联网拍卖平台的亿贝公司对这家成功的初创企业产生了兴趣，希望出资将其并购到旗下。诺顿是克雷格列表公司的一位早期支持者，纽马克相当随意地送给了他一些股权，使其成为公司的股东。亿贝从诺顿身上找到了一个突破口，以1 500万美元买断了他的股权。纽马克和巴克马斯特从亿贝那里各自获得了800万美元，作为同意此番股权转让的回报。在这一点上，这两位创始人一反常态，表现出了对金钱的兴趣。这笔交易从一开始就给两家公司的合作蒙上了阴影，随着双方关系的持续恶化，一连串的诉讼和反诉讼最终在特拉华州的衡平法院纷纷上演。

2015年，当时的特拉华州最高法院首席大法官、备受尊敬的利奥·斯特林在一篇长文中断言，特拉华州的法律坚持股东至上原则。他反对林恩·斯托特等法律学者的观点——应允许商业决策采用利益相关者的视角。斯特林主要依据衡平法院对纽马克诉亿贝案（以及早期法院对露华浓案的裁定：董事会一旦做出出售公司的决定，就必须接受最高报价）中关于公司"毒丸条款"的裁决。[10]不过，斯特林的个人观点表达了对利益相关者视角的同情，他希望法律有不同的规定。

如果克雷格列表公司的创始人摆出一副缓和的姿态，表示他们的决策是从长计议的，旨在提升公司的业务价值，结果可能会是另一番景象。亨利·福特与道奇兄弟的纠纷也同样如此。特拉华州的法院裁定：

克雷格列表公司的董事受到信义之责和标准的约束，有义务采取行动以提升公司的价值，为其股东谋取利益……对于在特拉华州注册的一家营利性公司而言，明确、清楚且公开宣示不为股东利益服务而追求公司价值最大化，在我院看来，这样是不合适的，因此是无效的。[11]

显然，任何希望生存下去的商业组织都必须以营利为目的。股东与员工、董事、客户和当地社区，同属公司的利益相关者，但兼具公司投资者的身份，所以有权期待并获得利润回报。亿贝出资购买了克雷格列表公司的股权，就意味着具备了从该公司获取投资回报的权利。克雷格列表公司在网站上提供广告位，要么实行免费，要么不积极推广，这是一种糟糕的商业行为，而且其不为亿贝提供从投资中获利的途径也是不恰当的。然而从逻辑上讲，这并不意味着克雷格列表公司负有利润最大化的义务。特拉华州的法院看似暗示了这一点，但并未明言。正如人们常说的，我们呼吸是为了生存，但这并不意味着我们生存是为了呼吸。

美国公司法主要是州法，但在2014年，注册于俄克拉何马州的好必来公司的案子被提交到了美国联邦最高法院。[12]联邦法院介入，是因为该案件涉及联邦法律的合宪性问题。好必来公司经营着遍及全美的工艺品连锁商店，于1972年由笃信福音派基督教的大卫·格林创立，而格林家族拥有该公司的全部股份。好必来公司声称，《平价医疗法案》规定雇主有义务提供包括堕胎和避孕相关服务在内的医疗保险，这侵犯了宪法保护的宗教信仰自由权。

但是，公司是否享有宗教信仰自由权？早在4年前，同一法院在"公民联合会"案件中就已判定，《美国宪法第一修正案》赋予的言论自由权也适用于公司，但将这一判决结果延伸至宗教信仰自由领域则是向前跨了更大的一步。这一步得到了以保守派大法官塞缪尔·阿利托为首的多数法官的支持，而大法官露丝·巴德·金斯伯格提出了强烈的反对意见。

公司人格

公司人格的概念有着广泛的应用领域。在1965年之前，英国的公司与个人适用同一所得税标准。1950年，《欧洲人权公约》制定时，参与公约起草的欧洲国家代表及相关机构经过一番争论之后，将该公约适用范围扩展到"法人",即公司。在随后的一些案件中,欧洲人权法院确认了公司的言论自由权,并裁定对住所的尊重权也适用于企业的营业场所。[13]

公司究竟被视为集体还是个体?两种不同的观点反映了公司人格与契约关系之间的冲突,这是本书经常讨论的问题。我坚定地支持公司人格说,这不仅在法理上是恰当的,而且源于事实。我很难想象,任何对企业经营成败的实际经历有所了解的人会有不同的看法。公司作为一种组织形态,有其独特的文化和集体智慧,正是通过这些差异化的特征,它们才对我们的经济和社会持续做出贡献。

普通法中"主导意识"这一概念引入了另一组复杂因素。要断定犯罪行为,通常需要确定犯罪意图,但公司能有意图吗?如果答案是肯定的,那就必须证明它有产生意图并发布指令的"主导意识"。英国在2018—2020年发生的一系列颇具争议的案件中,巴克莱银行的高管们被判无罪,因为受调查的行为是由银行实施的;而银行也被判无罪,理由是该组织过于庞大和分散,不具备统一指挥的"主导意识"。

承认公司人格的现实存在,并不意味着公司的权利和义务应当等同于个体自然人的权利和义务,尽管前述的最高法院和欧洲人权法院的裁决如此认定。个体的言论自由是民主制度充满活力的基本元素,但有偿的公司游说则对这种民主制度构成了威胁,企业的"宗教自由"更是一个荒谬的概念。

德国法律在这方面十分明确,并且采用了利益相关者的视角。美国关于公司义务的法律则非常模糊,学术界在此问题上一直争论不休,但总体倾向于股东至上原则。英国的立场则像在许多事务中表现的一样,处于中间地带。不过,法律在商业问题上的明确性并不像初看起来那样重要。[14]

三大法域的相关法律都有各自的合理性，经过长期的司法实践，均能有效地对那些诚实的商业决策起到保护作用。管理者在实践中拥有相当大的自主权，用以平衡不同利益相关者的诉求。他们如何解决企业问题，与其说取决于精确规定的法律义务，毋宁说更多地取决于企业所处的商业环境和面对的社会期望。毕竟，作为社会组织，企业必须以高度的适应性在特定的社会里生存和运作。

5 偷工减料综合征

> 地球不是我们从祖先那里继承来的，而是我们向子孙借用的。
> ——民间谚语

1989年，英国在水务行业发起了一场私有化运动，10家国有的地方水务局摇身一变，成为在伦敦证券交易所上市的公司。我记得在那不久之后曾与其中一家公司的前总工程师进行了一次对话，他当时已被任命为公司CEO。他解释说，公司里几乎每个员工的工作都逃不开两种模式：要么是预防故障发生，要么是等待故障发生后进行处理。可实际上，大多数人都整日无所事事。如果解雇大部分员工，水仍然会照常流动，在相当长的一段时间里不会有任何问题。他指出，公司所需的只是一个收账部门，如果那样，收入就会像水一样持续流入，利润必将暴涨。

虽然没有科学的方法来计算应该配备多少人员才"合适"，但他的看法是，这个行业在以前的国有体制里雇用了太多人员，通过上市转化成公共所有制也只是换汤不换药。管理层的首要目标是明哲保身，避免受到指责。特别是在劳资关系上，管理层没有勇气和动力进行大刀阔斧的改革。供水行业属于公共事业，进行任何改革都可能是自讨苦吃，即使顾客需求能够得到保障。

但如今，政府对供水设定了价格上限，所以任何成本的降低都可以立即增加股东的分红和高管的奖金。这位CEO预测，在新的监管制度下，为了追求利润目标，他的公司及同行必然要压低成本，减少人力开支。但他接着提出了一个新的担忧：利润至上的改革很可能会顾此失彼，为某些重大事故埋下隐患，从而引起多方的过激反应。这一担忧没有在供水行业出现，却最终在铁路行业应验了。2000年，私有化之后的轨道交通公司疏于轨道维护，铁轨金属疲劳导致火车在哈特菲尔德脱轨，这起震惊全国的事故造成了4人死亡和70多人受伤。[1]

在接下来的一年多时间里，由于铁路限速规定的出台，全国铁路运输出现了大规模中断。两年后，铁路轨道被重新收归国有。（和我谈话的那位CEO如今早已退休，但他的公司如今经常因漏水和污水排放问题遭到批评。）

匈牙利经济学家雅诺什·科尔奈针对共产主义国家的经济管理模式提出了"软预算约束"的概念：国有企业虽然有预算约束，但如果支出超过了预算，其仍然可以依靠政府补贴或救助，因此不必做出艰难的选择。[2] 软预算约束不是社会主义经济体的专属特征，2008年全球金融危机爆发后，许多资本主义国家同样出面救助陷入困境的银行和保险公司。

水务行业是一个极端例子，但几乎每个行业的每家公司都或多或少存在这种现象。在市场开拓、客户服务、资产维护、故障预防及解决之间，怎样分配资源才能维持业务的长期发展呢？对于该问题，没有客观的正确答案，公司唯有依靠判断和经验来决定。新的管理层为了尽快展示业绩，总想在一些看似无关紧要的地方减少一点儿支出，结果往往因小失大。我将这种现象称为偷工减料综合征。

在与这位水务公司高管谈话后不久，我住进了一家曾经以优雅著称的酒店，但很快注意到那里地毯有点儿破损，墙面油漆有点儿脱落，早餐和迷你吧的价格高得离谱。在网上搜索后，我证实了自己的怀疑，该酒店集团已被一家私募股权公司收购。收购企业，快速提升其盈利水平，然后将其包装上市，是这家私募股权公司的拿手好戏。1989年上市的10家水务公司中，有7家（包括那位CEO所在的公司）已接受私募股权财团的收购，退出了股市。

收益管理

2010年，由露西·普雷布尔编写的话剧《安然事件》意外火爆起来。该剧以杰夫·斯基林召集的香槟聚会开场，他是安然公司兴衰的策划者。1992年1月，安然公司收到了美国证券交易委员会的一封信，这封信允许其使用"市值会计法"来报告长期天然气供应合同的收益。[3]这令斯基林一时间喜出望外，所以安排一次盛大的聚会来热烈庆祝。

普雷布尔的话剧在英国舆论界获得了一致好评，并取得了商业上的成功，在伦敦西区连续上演了一年。然而，该剧在百老汇上演时却遭到了《纽约时报》的恶评——"英国人和美国人的品位并不总是一致，尤其当主题涉及美国时"。该剧在美国仅演出了15场便被叫停了。[4]

所有企业都会在一个会计年度内报告其收益，而在证券交易所上市的企业则必须更频繁地出具财务报告。[5]年度报告的起源可以追溯到农业活动作为主要经济活动的时代。人们在春天播种，春天也是羊羔出生的季节；在秋天收获庄稼，接下来循环往复。年景有好也有坏，而年度周期是由地球绕太阳公转决定的。

银行则不同，其周期性是由借贷双方的资金需求决定的。银行始终以低息借款，高息放贷，一则业内流行的笑话称："借3贷6，3点钟去打高尔夫。"银行能够低息吸收存款，因为存款人相信其偿付能力；银行收取高息，是因为它能够把许多散户的资金集中起来，形成信贷规模。另外，借贷双方都可能违约。一方面，存款人可能会集中取款，从而造成挤兑风潮；另一方面，银行虽然在贷款还清之前一直收取利息，但也面临贷款对象破产而血本无归的风险。因此，银行作为借贷双方的中介机构，有理由通过收取利息差价来补偿其服务和所承担的风险。正常情况下，银行是一个凭借信用坐收渔利的行业，所以包括"世纪经理"杰克·韦尔奇在内的许多人都看中了可以轻松赚取利润的金融服务业。特别是对于那些拥有良好信用评级的企业而言，"借3贷6"是一项颇具吸引力的业务。韦尔奇自传的读者可能感到惊讶，高尔夫在他的职业生涯和个人生活中竟然扮演着如此重要的角色。那不仅是他个人的爱好，更重要的是，那是他与金融界大佬交际的手段。

商业周期要长于季节周期，也更为多变。对于收支周期难以确定的行业来说，年度会计报告可能具有误导性。许多企业的合同交易期限远远超过一年，因此有必要决定如何将成本和收入分配到多个会计期间。

传统的会计惯例相对保守：收入和成本按实际发生额当期计入，合同利润在合同有效期内分摊计算。然而，如果采用时兴的市值会计法，公司在签署合同时便可将全部的预期利润计入账目。根据贝萨尼·麦克莱恩和彼得·埃尔金德的报道，安然公司的领导者斯基林对此会计方式极力推崇，他说："企业应该在着手创造利润的那一刻就确认利润。否则，商人不过是剪促销券的人，跟在其他人后面捡一些人家过去创造的创新成果带来的收益。"[6]他显然高估了自己的能力和远见，自作聪明地编造出有利于自己的财务理论。

会计师安德鲁·法斯托接受斯基林的聘用，并逐步晋升为安然公司的财务总监。法斯托是多个"特殊目的实体"的幕后推手（在普雷布尔创作的话剧中由戴着爬行动物头套的演员饰演），这些特殊目的实体是关联公司，其账目无须与主体企业的账目合并，因此管理层可以通过虚拟交易来操纵主体企业的损益。如此一来，所有权的"标志"被人为地虚化了，或者掩藏在长达数十页的会计准则中。

安然公司所报告的收益增长和股价，在一时的辉煌之后很快如泡沫般破裂，最终安然公司以美国历史上最大规模的公司破产案告终，斯基林和法斯托被定罪入狱，而公司的审计机构安达信也因此倒闭。然而，一些声誉尚佳的公司也开始以特殊目的实体进行交易，并采用市值会计法来编制财务报告，目的是以持续的收益增长在金融市场上展示其良好的管理和稳健的运营。在安然公司倒闭后，更多采用这种方法编制财务报告的公司浮出水面，包括通用电气和政府支持的住房抵押贷款保险公司房利美。由此可见，在 2008 年全球金融危机爆发之前，银行以市值会计法虚报利润的做法就已经相当普遍了。

6　世界上最愚蠢的想法

> 股东价值是结果，而不是战略……你的主要利益相关方是你的员工、客户和产品。
>
> ——杰克·韦尔奇，通用电气CEO（1981—2001年）[1]

> 如果市场总是有效率，我就会变成一个街头乞丐，端着只破碗讨饭。
>
> ——沃伦·巴菲特，2013年[2]

企业如何克服偷工减料综合征并加强收益管理？答案在于要求管理者放弃利润最大化的目标，转而追求长效的股东价值最大化，即从公司可持续发展的角度出发，使股东从股息和长期的股票升值中获得回报。

股东价值时代

1998年，雄心勃勃的桑迪·威尔领导的旅行者保险公司与历史悠久的花旗银行合并，花旗集团由此成立。在短暂的一段时间里，花旗银行的CEO约翰·里德和威尔共同担任新集团的联席CEO。一位美国记者记录了他们之间的如下对话：

"我的构想是打造一家全球性的消费类公司，它能真正帮助中产阶级，为他们提供过去从未体验过的优质服务，这是我的愿景，也是我的梦想。"里德慷慨激昂地说道。"我的目标是增加股东价值，"威尔插话道，同时两眼频频瞥向旁边显示花旗集团股价变化的电脑屏幕。[3]

里德作为上一代银行家的代表，很快就被排挤出了高级管理层。威尔从电脑上学到了什么？显然学得还不够。到 2008 年，大部分"股东价值"已经化为泡影，有着 200 年历史的花旗银行最终不得不仰赖美国政府救助才存活下来。

股东价值最大化不起作用

1981 年，接任通用电气 CEO 后不久，杰克·韦尔奇于纽约皮埃尔酒店的一次演讲被普遍认为开启了股东价值时代。事实上，韦尔奇并没有使用"股东价值"这个词。阿尔弗洛德·拉帕波特于 1986 年出版的《创造股东价值》一书至今仍是有关这一理念的经典著作，他可能是"股东价值"这一概念的创造者。[4] 马拉康合伙公司和思腾思特公司等咨询机构以极大的热情推广了这一理念，拉帕波特还创立了自己的阿尔卡公司。在接下来的 20 年里，"股东价值"这个词广泛流行起来。然而，2009 年，退休多年的韦尔奇却称其为"世界上最愚蠢的想法"，[5]但几天后，他以缓和的口吻部分收回了这一冒失的言论。[6]

很难想象，任何一位沃尔玛的员工，无论是收银员还是 CEO 道格·麦克米伦，会对股东价值最大化这一任务充满热情。也难以想象，像比尔·盖茨和杰夫·贝佐斯这样的企业创始人，希望在他们的墓碑上刻上"他实现了股东价值最大化"这样的碑文，甚至他们的悼词撰写人也不一定能确定他们确实做到了股东价值最大化，但淡水经济学家却为他们朝这一方向迈进提供了理论支持。

有效市场的救赎

有效市场假说是现代金融理论的基石。迈克尔·詹森于 1978 年发表的一篇文章对这一假说引致的批评进行了综述，他指出："没有任何其他经济学命题比有效市场假说有更坚实的实证支持。"（尽管他接着指出，该假说似乎开始出现裂痕）。[7]要将这一假说应用于证券市场，这里的"有效"必须基于一个特定的前提：当所有与证券价值相关的信息都反映在价格中，且几乎没有可以盈利的交易机会时，证券市场才被认为是有效的。人们经常将市场效率与更宽泛的经济效率概念混为一谈，但实际上，证券市场有效并不保证参与证券交易的企业是有效率的。

弗里德曼主张利润最大化是企业的唯一责任，而股东价值运动则为这一学说增添了一抹新的光彩。后者的表述方式虽然更富有内涵，但二者的目标却是高度一致的：企业的责任不再是追求当期的利润最大化，而是着眼于使为股东创造的长期回报的现值最大化。要实现这样的目标需要非凡的预见力，而有效市场假说为管理者提供了理论支持。因为关于公司的一切已知信息都反映在股价中,所以股东价值最大化可以通过公司股票的当期价值最大化来体现。因此,桑迪·威尔可以依靠其电脑屏幕上不断变化的股价信息来管理公司,并从"群众的智慧"中获益。然而,事实证明,显示股价行情的屏幕远不能替代老练而睿智的银行家。

如果所有可用的知识已经反映在股市价格中了,那么就没有必要专门对证券市场展开研究。因此,将有效市场假说应用于实际的证券市场,难免会闹出削足适履的笑话。[8]

这则饶有讽刺意味的笑话实际反映了一种矛盾:街上有一张5美元的钞票,一位路过的芝加哥经济学家没有把它捡起来,理由是如果它真的在那里,早就有人捡走了。这是一个值得深入分析的笑话。这位经济学家的假设在大多数情况下是正确的,在街上遇到5美元钞票的概率是极低的,但他未能排除经验概率中的偶然性,而正是某些偶尔出现的机会构成了金融市场中利润的来源。更深入地说,许多商业成功同样来自偶然机遇。2013年,尤金·法玛与罗伯特·席勒共同获得了诺贝尔经济学奖,前者因论证了有效市场假说,而后者则因积累了反驳其真实性的证据。二者的研究看似矛盾,实则不然,因为有效市场假说是一个具有启发性的概念,但它并不属于永远准确无误的真理。

沃伦·巴菲特对此做出了精辟的总结:"学者们正确地观察到市场经常是有效的,而那些学者却错误地推断出它是完全有效的。这两种命题之间存在天壤之别。"[9]

这种富有哲理的论断一语道破了滥用经济模型的弊端。有效市场假说包含一个重要的事实:公开信息会影响股票价格。思维缜密的投资者不仅关注公司的当期利润,还会考量其长远的盈利前景。对于需要大量前期投入的制药或科技公司来说，其早期的股票价格仅能反映投资者对其未来盈利的预期。然而，面对高度不确定性，这些公司的管理层只能对未来的收益做出预测，而潜在投资者也只能对管理层的预测是否合理做出推测。那些认为股市的分析师能够比公司的管理层知道得更多，或者应该知道更多的想法，都是抽象理论战胜常识的表现。[10]

高管薪酬计划

股东价值的推行，给控制权与所有权分离所产生的委托代理问题带来了新的变化。如何激励企业高管追求股东价值最大化？詹森和梅克林在1976年发表的文章里集中讨论了这一问题，强调通过设计适当的高管激励机制来协调股东和管理层的利益诉求。他们的分析极具影响力，尤其因为分析结论更有利于公司的高管群体。

为了激励管理者追求股东价值最大化，可以将其薪酬与公司的股价挂钩，甚至以股票而非现金形式对其发放报酬，或者干脆将其薪酬与其任期内股价的增长幅度相关联。随后，这一思路被进一步合理化，即运用有效市场假说的魔力，确保管理者的所得准确地反映其当下和未来行为的影响。如此一来，"杰夫·斯基林们"不需要说服美国证券交易委员会认可他们成就的价值，"市场先生"会为他们做到这一点。（在《聪明的投资者》一书中，本杰明·格雷厄姆指出，市场先生并不是一个全知全能的观察者，而是一个喜怒无常的顽主。格雷厄姆也许更睿智、更富有，但获得诺贝尔经济学奖的却是法玛。）

由于股票价格涨跌不定，以上的安排或许会引起管理者的担忧。解决方案就是通过股票期权制，赋予管理者在未来某个时期以事先约定的价格购买公司股票的权利，而不是义务。如此一来，管理者可以从股票价格的上涨中获益，而不会因股价下跌而利益受损。而且，部分但绝非全部巧合的是，从 1980 年到 2000 年的 20 年间，许多股票价格一路飙升，道琼斯工业股票平均价格指数上涨了 10 倍。

在接下来的几十年里，股票期权的爆炸性增长与高管薪酬的爆炸性增长息息相关。颇具讽刺意味的是，旨在调和股东和管理层利益的措施反而变成二者利益冲突的焦点。管理者借助薪酬顾问这一新兴职业的谋划，巧妙地利用激励计划或者通过相互串通，获取了更高的报酬。

对于新上任的 CEO，当他面对办公桌上的电脑屏幕，看着公司忽高忽低的股价，受命实现股东价值最大化时，他能得到什么建议呢？他通常会有 5 年左右的任期来影响股价表现，投资者关系负责人会告诉他，股市最关心的是财务报告显示的收益；如能建立起持续"达成预期收益目标"的记录，他会被誉为企业英雄，未来的岁月将可以乘坐私人飞机，优雅地往来于曼哈顿顶层公寓、佛罗里达海滨别墅和蒙大拿州牧场之间，过上奢华的生活。

赢家的诅咒

佳士得拍卖行的拍卖规则，是一种在不使用公开市场价格的情况下解决激励调和问题的尝试。以《救世主》交易为例，买卖双方均无须透露自己心目中的价格底线，这幅画最终将被交到出价最高的竞拍者手上。拍卖行作为代理人，将根据这一成交价收取一定比例的佣金，因此有动力帮助作为委托人的卖家争取更高的价格。

因此，如果达成交易，成交价要低于或等于买家的心理估值，然而，几乎所有的买家在得手之后又感到追悔莫及，也许连斥资 4.5 亿美元购得《救世主》的沙特阿拉伯王储穆罕默德·本·萨勒曼都不例外（如果真的是他购买的）。因为拍卖的赢家是出价最高的人，所以拍卖品的价值往往被高估。这幅真伪难辨的画作，行内估值约1亿美元，所有出价远超这个数目的竞拍者或许都确信这是一幅达·芬奇的真迹，而那些持怀疑态度的人选择不参与竞拍。

有人因信息不全或过度乐观而做出了错误的购买决策，这种现象被称作"赢家的诅咒"。它不仅发生在那些在拍卖会上于错误时刻举牌的人身上，在日常生活当中也比比皆是。例如，有人在商店里满心欢喜地购买了一件看起来相当时尚的衣服，而回到家中却在镜前发现它并不美观；还有人受到促销活动的刺激，购买了许多看似物超所值的杂物，但过后却一直将它们束之高阁。这个术语最早用于描述石油公司竞拍海上区块勘探权时的尴尬场景[11]：石油公司发现，许多中标的项目几乎没有开采价值，原因是其地质专家误读了地质数据，并严重高估了潜在储量。

对于那些真实价值未知的物品，买方常常由于过于乐观而支付过高的价格。一些小公司的股票在公开市场上仅有少量投资者问津，因为其成败难以预测，但正是由于其股价未能准确反映其在长期内可能创造的价值，所以少量投资者会冒险持有其股票。他们往往因高估其股票价值而投资失败，但也偶尔获得预想不到的巨大收益。

目标明确吗

支持股东价值立场的一个论点是，尽管其存在局限性，但追求利润的目标是清晰而明确的，不仅易于实施，而且能对是否达成做出准确的判断。仔细推敲一下，这一论点是站不住脚的。"好好干，为公司（老板或股东）多多赚钱"，这种空洞的指令对新上任的企业管理者实际上没有任何指导意义。首先，并非所有的管理岗位都是以营利为导向的；其次，不同的企业，例如苹果、西门子和迪士尼，有着不同的发展历史、组织模式和未来愿景，因此各自对CEO一职的定位是大相径庭的。

驱动企业走向持续成功的关键在于在公司上下贯穿内在文化基因，而不是一味宣扬赚钱的逐利逻辑。迪士尼不会要求员工要努力为公司赚钱，而是要求他们确保游客玩得开心。每一位员工都觉得自己是这家伟大企业的一分子，他们在享受职业快乐和自豪的同时，为迪士尼创造了巨大的财富。这一切都如此顺理成章。

如果说股东价值最大化在事前无法给予管理者清晰的指导，那么在事后也无法提供明确的衡量标准。是艾尔弗雷德·斯隆还是史蒂夫·乔布斯实现了股东价值长期最大化？我完全不知道，他们自己也未必清楚。我所知道的是，他们创造了伟大的企业，并带来了巨大的股东价值。

如果你的眼光足够长远，你或许能为股东价值论点找到一定的合理性。约翰·洛克菲勒专注于创造股东价值，他找准了一个将在未来150年内大幅增长的行业，并始终为保持公司在该行业的主导地位做出卓有成效的努力。1865年，年仅31岁的苏格兰人托马斯·萨瑟兰创立了香港上海汇丰银行，他坚信欧洲与中国之间的贸易将迎来高速增长的新格局。事实证明，当年的鸦片和茶叶的交易，如今已转变为梅赛德斯-奔驰轿车与5G电信设备的交换，这家筚路蓝缕的银行也成就了市值高达1.28万亿港元的金融帝国。英国石油公司的创始人威廉·达西和壳牌公司的创始人马库斯·塞缪尔同样受益于洛克菲勒式的远见卓识。毋庸置疑，这3家公司已经成为英国历史上和当代最大的股东价值创造者。

一言以蔽之，成就伟大的企业是创造股东价值的通衢大道，这将取决于洞见未来的视野和调动集体智慧的能力。正如1893年至1922年通用电气的CEO查尔斯·科芬所做的那样，他将托马斯·爱迪生、伊莱休·汤姆森和埃德温·休斯敦的发明能力聚合到一起，不仅打造出一家长期领先的企业，而且使这家企业成了培养美国优秀管理人才的摇篮。创建 IBM 的托马斯·沃森父子，自创业之初便注重培育独特的管理风格和企业文化，最终实现了创建一家伟大企业的宏伟目标。令人惋惜的是，进入 21 世纪，反观这些历史悠久的标志性企业，其管理者的思维理念和工作作风已然今非昔比了。

第五部分

金融行业的游戏规则

在金融行业规模和从业者薪酬暴涨的同时，企业界对财务指标的重视相应空前高涨，这一现象并非巧合。金融行业曾出现过颇为有益的创新，例如，风险投资的兴起为初创企业开辟了重要的融资渠道。然而，金融行业最关心的是如何通过促成交易获取短期收益，而不管这些交易会产生怎样的结果。

相应地，企业高管们醉心于并购交易，对现有业务进行交易炒作。公司的激励计划促使他们采取能使企业快速增收节支的做法，而漠视此类行为对企业发展的长远影响。这些做法将摧毁许多由前辈依靠艰苦奋斗创立的优秀企业。

1 金融业的发展

> 你在交易大厅里刚刚经过装饰性的壁炉,就听到一阵可怕的吼叫声,那仿佛是暴徒的怒吼声……那是一群受过良好教育的年轻白人在债券市场上追逐快钱的疯狂叫嚷声。
>
> ——汤姆·沃尔夫,《虚荣的篝火》,1987 年[1]

在古代,财富表现为有形的实物资产。首领占据着部落里最好的住所;国王和王子住在豪华的宫殿里,身着华丽的服装,并把持着军械库;富裕的贵族因拥有土地、豪宅而趾高气扬。在工业革命初期,财富的积累仍以实物资产为主,例如理查德·阿克莱特的纺织厂、亚伯拉罕·达比的炼铁厂。最初的金融资产所代表的是对应实物资产的索取权,如银行金库里的黄金,或者海运船只及其运载的货物。

但随着金融业的发展,金融产品与实物资产之间的联系变得愈加疏离。股票仅限于对企业收入的索取权,而非企业资产的份额。货币曾经是实物资产——金银币——但现在却成了银行或政府的债务凭证。贷款可以在市场上交易;企业可以从金融机构借款,也可以通过发行债券向公众筹集资金,而且债券本身也可以在证券市场上交易。传统上,评级机构的任务是评估和报告企业的信誉,以帮助企业的供应商和客户做出理性的判断;现在评级机构的业务范畴拓展到了评估已发行债券的质量,为投资者提供决策依据。惠誉、穆迪和标准普尔 3 家公司主导着全球的信用评级市场。根据它设定的评估标准，澳大利亚、加拿大、德国和瑞士的政府以及强生公司获得了最高的"AAA"评级，英国和美国的政府虽然信用等级较低，但其发行的债券仍被归类为"投资级"，那些未达到投资级标准的证券被归为"垃圾证券"。

到19世纪末，英格兰地区的零售银行业务已然集中在巴克莱银行和劳埃德银行等少数几家金融机构手中，苏格兰地区的银行则保持相对独立。投资银行（当时称商人银行）与零售银行分工明确，前者为全球贸易、大型企业和政府提供巨额资金，而后者则专门服务于平民大众，在大型的人口集聚区都设有分支机构。20世纪上半叶，伦敦城的商业银行仍然属于绅士圈的活动领域。巴林家族和罗斯柴尔德家族的后代已经融入英国的上流社会，并被授予贵族爵位。商业银行家大多在公立学校接受教育，多数没有上过大学，但有在军队服役的经历。他们通常上午很晚才到办公室，慵懒地享受着配有上等葡萄酒的午餐，这一颇具讽刺意味的形象更似当时的股票经纪人。在他们眼中，聪明才智，尤其是数字天赋都上不得台面。他们的上班时间短，工作颇为轻松，照现在的标准，他们的诸多做法都被视为不正当甚至是非法的内幕交易。

在美国，由于跨州银行业务受到限制，银行业无法像英国零售银行那样进行机构整合。然而，摩根大通和国家城市银行等纽约的大型银行，还是通过壮大自身实力实现了国内外的业务扩张。1933年，为应对华尔街股市崩盘，美国通过了《格拉斯-斯蒂格尔法案》，该法案规定商业银行和投资银行必须分业经营，这导致摩根大通剥离了其投资银行业务，成立了摩根士丹利。在欧洲大陆，法国、德国和其他一些非英语国家的证券市场在当时（以及现在）远不及英美等英语国家发达，全能银行于是成为产业资金的重要来源。在这些国家，小型社区银行与诸如里昂信贷银行和德意志银行等的全国性金融机构并存，它们有着各自的业务领地和服务对象。

风险投资

在 19 世纪和 20 世纪的大部分时间里，初创企业需要筹集资金，从而平整土地，建造厂房和购置机器。当地的银行信贷经理会去充分了解企业的创始人，评估他（当时极少有女性创业者）的性格是否适合创业，并要求他以初创企业的资产和家庭住宅作为信贷担保。现在，这种模式对许多中小企业仍然适用，尤其是那些从事居间贸易的企业。

20 世纪后期，这种融资方式发生了变化。担保贷款不再适合那些几乎不需要固定资产但可能在几年内无法实现盈利的初创企业，这类企业的创始人重在寻求股权投资。银行不能提供股权投资资金，于是放弃了支持小型企业和本地创业者的传统角色。一些初创企业转而从"天使"即富裕的个人那里获取必要的资金支持，例如，迈克·马库拉为在车库里组装苹果电脑的史蒂夫·乔布斯和史蒂夫·沃兹尼亚克提供了 10 万美元的初始资金。与此同时，专业的风险投资公司开始出现，从而大大增强了天使投资的功能。

在很大程度上，硅谷的成功得益于红杉资本和凯鹏华盈等风险投资公司的积极作为。红杉资本是苹果和谷歌的首家外部投资者，凯鹏华盈则为亚马逊和网景公司注入了首笔风险资本。这些种子投资一方面解决了初创企业的燃眉之急，另一方面也为投资者带来了丰厚的回报。就风险投资公司的商业模式而言，许多对初创企业的投资最终难免失败，但类似上述企业，一旦少数投资案例取得成功，风险投资公司不仅能从中完全弥补其他项目造成的损失，更能获得巨额的投资收益。

网景公司的浏览器首次让普罗大众接触到互联网。该公司 1994 年进行的首次公开募股大获成功，并引发了随后的互联网泡沫。微软一年后推

出了网页浏览器，到 2003 年已占据了 95% 的市场份额。陷入困境的网景公司被美国在线收购，后者又与时代华纳进行了一场灾难性的合并。自 2008 年起，网景浏览器就再未进行过版本更新。尽管该产品最后以失败告终，但作为其首批风险投资方，凯鹏华盈却能够将 500 万美元的投资套现，获得了 4 亿美元的回报。

此类风险投资基金（以及后文所述的私募股权基金和对冲基金）通常采用"有限合伙"的组织方式。风险投资经理作为"普通合伙人"，无须出资便可获得一定比例的基金股份，享受等比例的收益分成，这种方式被称为"附带权益"。权责有限的"有限合伙人"通常是富裕的个人、养老基金和慈善机构（例如大学的捐赠基金）。附带权益享有税收优惠，而且显然可以带来极高的收益。在 2020 年爱彼迎首次公开募股时，红杉资本的附带权益价值约为 150 亿美元。[2] 不过，尽管预期的收益丰厚，但有限合伙人必须承担投资失败的风险。对普通合伙人而言，最糟糕的情况不过是投资交易未能产生任何收益。因此，此类投资方式中的投资人与基金管理者很难达成双赢的结局。

证券化

银行贷款和债券之间的界限一直模糊不清。多年来，银行一直将大额贷款银团化，并将其中的一部分打包出售给其他机构，而名义上可交易的债券在实践中往往并不能实现交易。英国和美国发行债券的情况比欧洲大陆更普遍，对后者而言，银行贷款融资仍占主导地位。[3] 欧盟委员会和欧洲央行等机构一直致力于推动欧洲的机构发行债券，但其动力主要来自金融机构对投资收益的渴望，而非商业发展的实际需求。

伴随着证券化于20世纪70年代在美国的兴起，以及在全球范围内的蓬勃发展，这些界限变得更加模糊。银行贷款组合以债券的形式进行营销和交易，而且贷款组合被进一步创设为多个级别的证券。按照求偿权的顺位制度，证券依次分为优先级、普通级和劣后级，主流评级机构对不同等级的证券化组合所提供的安全性做出评估。

设计这些金融产品的银行家，非常善于在评级机构用来评估债券信用风险的模型中发现漏洞，他们雇用经验丰富的金融工程师，通过多种手段使存在问题的证券化产品获得有利的信用评级。他们还非常善于将此类金融衍生品销售给容易上当的买家，正如高盛独创的金融衍生品"木狼"和"算盘"所呈现的那样。这类金融衍生品的买家虽然具备一定的金融投资知识，被监管机构认定为"合格交易对象"，但他们依然无法有效规避其中的风险。相形之下，向普通民众销售金融衍生品则面临诸多限制。此类金融衍生品门类繁多，除资产支持证券（ABS）和担保债务凭证（CDO）之外，还有信用违约互换（CDS），假如相关债券发生违约，CDS会被用来赔付。如果你持有相关债券，CDS将成为有效的保险；在不持有相关债券的情况下，购买CDS则成为一种赌博——"无实体做空"，就是对一种你并不拥有的资产下注。这些复杂的金融衍生品，是直接引发2008年全球金融危机的导火索。

德崇证券的迈克尔·米尔肯被誉为"垃圾债券"的发明者。当公司陷入困境时，其发行的债券就被划定为"垃圾债券"。不过，其信用评级虽然降低，但收益率仍能维持在高位。其实，"垃圾债券"在发行之初就具备高违约风险以及高收益率的特征。米尔肯认为，个人或机构可以借助大量"垃圾债券"融资，从而实现以少量资金收购大型企业的目的，而相关债务将以被收购企业的资产和收入作为担保。至此，"垃圾债券"进一步模糊了传统意义上债务和股权之间的区别。

1997年，罗宾·波茨律师向国际证券和衍生品协会提交了一份意见书，在意见书中他得出了一个对金融衍生品有益的结论：信用违约互换既不是赌博产品也不是保险产品，因此不受这两个行业监管制度的约束。由于伦敦有望成为此类债券交易的重要市场，2000年美国通过了《商品期货现代化法案》，该法案将此类金融衍生品排除在美国金融监管之外。由于身体状况欠佳，波茨先生早早退休，随后前往牛津大学研习历史；他于2009年辞世，"有幸"见证了他的提议促成的那场金融浩劫。

金融财团

20世纪60年代孕育了许多影响至今的重大变革，这一过程通常被描述为"放松管制"。以欧洲美元市场建立为开端，金融业开启了国际化进程，其所产生的广泛而深远的影响是完全超乎人们预料的。

伴随着金融全球化，英国和美国的政策更加倾向于市场自由化，零售银行被允许拥有更多的经营自主权。英国的证券交易监管制度的重大改革——广为人知的"金融大爆炸"——发生在1986年。美国并没有出现类似激进的情况，但在1975年5月1日，美国取消了证券交易的固定佣金制度，华尔街的股票交易商被允许自由设定股票交易佣金比例，而《格拉斯-斯蒂格尔法案》对零售银行和投资银行的分业经营规定被逐渐放宽，并最终在1999年被废除，这完全契合花旗集团前CEO兼董事会主席桑迪·威尔的疯狂野心。世界各地的银行纷纷寻求国际化经营的机会：美国和欧洲大陆的银行在伦敦开展主营业务，高盛和野村证券是首批在伦敦开设办事处的机构。依托庞大的存款基础及其隐性的国家担保，资本雄厚的零售银行开始收购投资银行，例如，德意志银行收购了历史悠久的摩根建富[4]，瑞士银行（现已并入瑞士联合银行）收购了银行业新贵华宝银行。投资银行中贪婪而精明的交易员，很快便从零售银行家手中夺取了企业集团业务的全面控制权，这预示着交易时代的到来。

面对一系列惨痛的教训，与半个世纪前相比，监管当局当下对金融服务的规制更加严格和细微了。

2 交易的艺术

> 理论上,整个美国都有可能变成由詹姆斯·林掌控的庞大企业集团。
> ——《周六晚邮报》头条新闻,1968 年[1]

> 我只是为了交易而交易,交易是一种艺术形式。
> ——唐纳德·特朗普,《特朗普自传:从商人到参选总统》
> (由托尼·施瓦茨代笔),1987 年[2]

> "但最后有什么好处呢?"
> 小彼得金说。
> "这个嘛,我说不上来,"他说,
> "但这是一切著名的胜利。"
> ——罗伯特·骚塞,《布伦海姆之战》,1796 年[3]

20 世纪 60 年代之前,企业的并购通常是横向的,即业务关联密切的公司之间相互合并,正如美国钢铁公司、帝国化学工业公司以及法本公司的做法。当然也存在一些垂直并购的案例,包括企业收购其供应商,例如通用汽车收购费舍尔车身制造公司;以及企业收购其分销商(这种情况并不常见),例如啤酒制造商收购一系列酒吧。但到了 20 世纪后期,兼并和收购成为企业用语中的核心词语,而其中的重点是收购,企业会寻找各种理由为其盲目的并购动议提供合理性辩护。

整体价值会大于各部分之和吗

特克斯·桑顿领导着一个由 10 位年富力强且具有数学天赋的哈佛大学商学院教员组成的团队。通过引入统计控制方法，他们在二战期间改进了美国太平洋军事后勤管理体系，为美军赢得太平洋战区胜利立下汗马功劳。二战结束后，桑顿写信给亨利·福特二世，当时后者在祖父去世后刚刚接任福特公司的 CEO。桑顿向福特二世自荐其团队的顾问服务，福特欣然应允，这些"天才"让福特公司的业务重获新生。其中，最为著名的是罗伯特·麦克纳马拉，他后来成为福特公司的领导者（曾在越南战争期间担任肯尼迪和约翰逊总统的国防部长，后又出任世界银行行长）。

桑顿本人为福特公司服务的时间并不长，在与霍华德·休斯共事一段时间后，他筹资买下了一家小型电气公司利顿工业，从此开始大举收购。20 世纪 60 年代，利顿工业成长为美国著名的企业集团之一，这类企业集团的扩张基于这样一个原则：超级明星经理人拥有的管理技能，几乎可以在任何业务中得到充分运用。其他类似的企业集团还包括詹姆斯·林的商业帝国 LTV（林－特姆科－沃特）公司以及亨利·辛格尔顿的特利丹集团。

此时，学术界也为这种现象摇旗呐喊。1965 年，芝加哥的律师亨利·曼尼提出了一个有助于在证券市场效率与商业运营效率之间构建紧密联系的概念——"公司控制权市场"。[4] 在一个活跃的证券市场中，收购要约很常见，"公司控制权市场"实际上是一个买卖双方交易公司运营权的市场。就像在交易苹果和梨的市场中，市场倾向于把它们卖给最想要的人。同理，"公司控制权市场"会把公司的管理权交给那些最能有效行使它的人。"公司控制权市场"这个措辞颇为精妙，似乎可以调和公司高管强烈的自尊心与残酷现实之间的冲突。

20 世纪 60 年代，最引人注目的企业集团是国际电话电报公司，其发家源于国际电信业的发展。1959 年，哈罗德·杰宁被任命为该公司 CEO，随后推动了一系列与主营业务毫无关联且令人眼花缭乱的收购，收购对象包括喜来登酒店、安飞士租车公司和哈特福德保险公司。国际电话电报公司在全球多个国家开展业务，涉足政治和商业的多个领域，并因牵连 1973 年推翻智利萨尔瓦多·阿连德政府的政变而声名狼藉。1979 年，杰宁被迫离开公司，他的继任者则转而开始推进一系列资产处置工作，以清理公司庞大而分散的业务。至此，企业集团化的风潮戛然而止。1970 年，就在《周六晚邮报》那条头条新闻发表仅仅两年后，伺机而动的董事会迫使詹姆斯·林离开了他所创立的公司，LTV 公司最终于 1986 年破产。利顿工业也进入了资产清理阶段，其大部分业务于 2001 年被诺斯罗普·格鲁曼公司收购。

部分比整体更有价值吗

并购曾经是一项促进交易双方共赢的商业活动。如果认为被约翰·洛克菲勒收购的那些小公司一定是心甘情愿的,那就太天真了,它们只是默许了那些难以拒绝的收购要约。国际电话电报公司及其竞争对手的收购,大多是经双方自愿同意的,而且往往代价高昂。在企业的所有权和管理权分离之后,收购方将游说的对象从被收购公司管理层转换到股东,这种方式在20世纪后期逐渐形成气候。

英国金融家查尔斯·克罗尔常被视为"收购"这一概念和用语的发明者。[5] 1953年,他竞购英国一家连锁鞋店西尔斯(与美国的西尔斯-罗巴克无关)。克罗尔意识到,西尔斯拥有的商业街上的店铺比这家经营不善的企业更有价值。他同时敏锐地洞察到,由于金融创新和生产的非物质化,有形资产形式的资本愈加脱离金融资产形式的资本(后者代表对未来收益的索取权)。在后面的章节中,我将进一步阐述这一见解对于理解现代企业演变的重要性。对于查尔斯·克罗尔而言,这成为其获得巨额财富的重要途径,他转手将大部分财富投入慈善事业。

作为一个局外人,尽管遭到公司董事会的反对和一些反犹太主义偏见的抨击,克罗尔还是赢得了西尔斯的控制权。在担任英格兰银行董事会成员以及英国广播公司理事的同时,伊万·斯特德福德爵士还担任Tube投资公司的董事长兼CEO。作为一个十足的业内人士,他对公司的商业雄心丝毫不减,最终将之打造成了一家大型的工程集团,随后又发起了欧洲第一起重大恶意收购。

斯特德福德爵士决定跳过慵懒的管理层,直接向英国铝业公司的股东发起收购要约。他从美国雷诺兹金属公司获得了外部支持,并聘请华宝银行担任投资顾问,这家新兴的投资银行由一名逃离了纳粹德国魔爪的犹太难民于1934年在伦敦创立。除此之外,斯特德福德爵士可能再难聘请到其他顾问,因为伦敦金融城的大佬们聚集在一起,一致支持英国铝业公司。Tube投资公司和华宝银行提出的方案在当时是前所未有的,但此次竞标的成功将此类交易方式推到聚光灯下，后来者纷纷效仿并试图更胜一筹。

甚至，英国最大、最受尊敬的帝国化学工业公司（简称"帝国化工"）也曾卷入此类控制权的争夺战。在英国铝业公司收购案结束后不久，帝国化工试图收购其长期竞争对手考陶尔兹公司，后者曾引领人造纤维的开发与生产，但后来陷入经营困境。但最终，该项收购要约却因被收购方内部的强烈反对而功亏一篑。就职于考陶尔兹公司的一位年轻且自信的化学家弗兰克·基尔顿率众夺取了公司的控制权，并开始重振公司。至此，争夺企业控制权的市场逐步成为现实。

1974 年，国际镍业公司接受摩根士丹利的建议，对美国电池制造商 ESB 公司发起了恶意收购。这次收购案的开创性在于，华尔街的"白鞋"投资银行摩根士丹利参与其中，并站在了收购发起方一边。而在另一方，高盛应邀协助 ESB 公司应对此次收购要约。高盛的合伙人在寻觅救驾的"白衣骑士"过程中找到了哈里·格雷，他曾是掌管已陷入困境的利顿工业的特克斯·桑顿的同事。此时，格雷刚成为联合飞机公司的 CEO，并应允发起对 ESB 公司的竞价收购。然而，国际镍业公司提高了其竞购报价，并最终成功收购了 ESB 公司（但 7 年后，国际镍业公司无奈出售了这家亏损的子公司）。此次竞购失利却使格雷下定决心拓展业务边界，他将公司更名为联合技术公司，并完成了对奥的斯电梯公司的恶意收购。此后一系列激进的并购举措使公司实力不断壮大，格雷 2020 年将公司再次更名为雷神技术（现简称 RTX），使之成为全球最大的防务承包商之一。

至此，商业世界的规则已被彻底颠覆。无论公司规模有多大，CEO 们都无法做到高枕无忧：一通清晨的电话——也许只有几分钟——就会带来恶意收购的噩耗。深谙收购策略的投资银行顾问，成了公司高管的相知密友。

交易新时代的到来

英国也曾经历过企业集团的繁荣时期。1964年，年轻的会计师吉姆·斯莱特与未来的保守党内阁大臣彼得·沃克联合创立了斯莱特－沃克证券公司，该公司积极收购那些默默无闻但极具潜力的企业资产。斯莱特－沃克让"资产剥离者"这一概念进入了商业常用话术体系，不过它通常带有贬义。但该公司在石油危机之后的1974年被迫倒闭。另外一些积极进取的英国企业集团则存续更长的时间，例如詹姆斯·汉森名下的汉森信托公司以及欧文·格林担任CEO的BTR工业公司。并非偶然的是，无论是诞生于美国还是英国，上述所有企业集团的名称，都与其风格强势的CEO息息相关。

杰宁和斯莱特的倒台，或许标志着对超级明星经理人崇拜时代的结束。然而，20世纪60年代企业集团接连不断的失败，又引发了新一轮的交易狂潮，任何公司及其所属部门随时都可能成为被并购的对象。这些交易活动显然受到金融创新的驱动，反过来又带动了新一轮的金融创新。

首批风险投资公司的成功推动了该行业的快速发展。金融家们聚焦的领域从小型的初创企业转向了大型的成熟企业，随之而来的金融创新便是私募股权投资。私募股权经理通常收购从大公司中分拆出来的成熟业务，或者通过借入大量资金在证券市场上收购股东持有的股份，将上市公司"私有化"。这些交易方式具备税收优势，因为借款利息与股息存在差异，在计算公司应税利润时可以扣除。苏世民创立的黑石集团是当今全球最大的私募股权投资公司之一，其经手的资产门类繁多，从美国气象频道到杜莎夫人蜡像馆，从巴特林度假营到女性"塑身"内衣品牌Spanx，不一而足。

"管理层收购"有助于现任的企业高管掌握更多股份，为自己争取到原本只有创始人或投资人才能享受的收益。一些人认为，这不失为一种解决委托代理问题的有效方法，但另一些人并不那么乐观。"垃圾债券"融资使这类交易成为可能。通常而言，管理层收购不需要私募股权合伙人，但现实中后者却经常参与其中。

食品和烟草集团雷诺兹-纳贝斯克公司的股权交易，构成了20世纪80年代一场标志性的管理层收购案。该公司是纽交所的上市公司，市值达到120亿美元，而它本身成立仅3年。与许多其他烟草公司类似，历史悠久的雷诺兹烟草公司决定压缩烟草在未来业务中的份额，于是决定与纳贝斯克食品公司合并，后者则是一家饼干制造商和一家食品包装公司合并的产物。

雷诺兹-纳贝斯克公司的CEO罗斯·约翰逊是慷慨的高管激励计划和一系列高福利的幸运受益者。其中最有名的福利包括号称"雷诺兹空军"的专属机队，该机队由10架公务机和36名飞行员组成，服务过的最著名的乘客之一是约翰逊的宠物狗"罗寇"。但在约翰逊看来，这些福利并不足以匹配其独特的管理才能，因此他提出对公司进行管理层收购，并期望以借款抵押的方式成为公司的最大股东。然而，当私募股权公司KKR介入其中并提出了更高的竞价时，约翰逊的收购计划只好作罢。与其他私募股权公司一样，KKR从机构投资者那里筹集资金，并利用"垃圾债券"进行杠杆操作。然而，无论是从商业还是从财务角度看，这笔交易都算不得成功。竞价中败北的约翰逊被迫离开公司，另谋他就。

在盛行10年的野蛮并购狂潮中，涌现了不少令人咋舌的交易，其中最甚者便是一位名叫罗伯特·坎波的加拿大房地产开发商，收购了以布鲁明戴尔百货为首的一众美国著名百货公司。对于这些被收购对象，甚至连德崇证券都避之不及。果不其然，坎波的公司很快因陷入财务危机而破产。

在最糟糕的情况下，私募股权投资往往沦为通过操纵短期收益而从企业榨取大量资金的手段。虽然解散专属机队可以在一开始大幅削减成本，但易主后的雷诺兹－纳贝斯克未能杜绝多处的隐性损耗。在最理想的情况下，私募股权投资可以成为向中小型和成长型企业提供成长资本和专业商业支持的途径，但在实践中，最糟糕的情况出现的频次更高。

对私募股权投资的这种描述的确令人费解。既然公司往往因背负巨额债务而走向破产，那么投资者难道不应该认识到其中巨大的破坏性，并提高贷款的要价吗？有限的证据表明，他们并没有：与同类债券相比，私募股权公司发行的"垃圾债券"往往表现更差。[6]

照样锣鼓喧天

20世纪90年代，随着"垃圾债券"市场的萎缩，以及许多交易失败的案例为众人所知，人们对此类交易不再趋之若鹜。但20世纪90年代后期，"非理性繁荣"（艾伦·格林斯潘的名言）蔓延至争夺企业控制权的市场；对"新经济"兴衰周期的预测又激起了新一轮市场热情，继而导致了一批企业史上规模最大，同时也是最糟糕的并购交易。

即便在2008年全球金融危机之后，并购交易也仍然锣鼓喧天。2016年，那位将交易视为"一种艺术形式"的商人当选美国总统。在竞选期间，特朗普就表示，他将提名卡尔·伊坎担任财政部长。事实上，他在上任后任命了曾在高盛任职的史蒂文·姆努钦担任这一职位，这显然是更加稳妥的安排。此前他也曾提出邀请杰克·韦尔奇，他在听到韦尔奇去世的消息时说："我们一起做了很棒的交易。"[7]但他并没有具体说明与韦尔奇达成的"很棒的交易"是什么。韦尔奇是股东价值时代的典范，而"非理性繁荣"和"很棒的交易"最终摧毁了20世纪一些最伟大的企业。

3 前景并不乐观

> 我们必须敢于成就伟业；我们必须明白，伟业是辛劳、牺牲和勇气的结晶。[1]
>
> ——西奥多·罗斯福在纽约州州长竞选活动开幕式上的演讲，1898年10月5日

特朗普大厦并不是纽约最高的建筑，却是特朗普商业帝国的标志性符号。对他而言，"交易是一种艺术形式"。对于前文描述的诸多并购交易，人们却难以抱有如此积极的态度。"只是为了交易而交易"，可能更贴切、更充分地体现了这类行为的动机。总的来看，这种交易几乎无法创造任何实际经济价值。

勇于追求卓越

特朗普由他人代笔的《特朗普自传：从商人到参选总统》取得了商业上的成功，连续3个月位居《纽约时报》畅销书排行榜榜首。这表明，无论是真实的还是自诩的交易技巧，都要比管理大型组织所需的政治智慧和管理能力更受推崇。收购案例有着天然的戏剧性，尤其是恶意收购，突出表现在发起要约、反收购以及决胜的关键阶段。这当中蕴藏着丰富的新闻价值，能让参与其中的商界领袖登上头版头条。布莱恩·伯勒和约翰·希

利亚尔撰写的《门口的野蛮人》，描述了雷诺兹－纳贝斯克的控制权争夺战，它读起来就像一部节奏紧凑的惊悚小说。然而，从来没有人这样评价过斯隆的《我在通用汽车的岁月》。

收购交易的新闻价值进一步凸显了公司 CEO 的个性化角色。高管们利用"交易的艺术"给自己贴上与企业创始人同辉的英雄标签。鉴于高管执掌着交易的决策权，形形色色的顾问对他们趋之若鹜，极尽曲意逢迎之能事。如今，并购交易的风潮背后充斥着管理层的自负，而为了赚取不菲的服务费，嗅觉灵敏的银行家、律师和顾问亦不失时机地蜂拥而至。并购交易原本是企业活动的一部分，而现如今，金融界人士反过来用日常的"企业活动"一词来描述并购交易，仿佛此类交易就是企业的首要经营目的。

与潜在客户建立和维护关系，是投资银行家的一项核心技能，其目的是把握机遇，确保尽早介入可能的交易。能够高效地发起并促成交易的"造雨者"，颇受投资银行、律师和会计师的追捧，并能得到相应的回报。

金融从业者以及相关法律和会计顾问通过促成交易赚取报酬，至于交易之后的企业能否取得成功，则不是他们关心的内容。他们提供的昂贵"建议"并不涉及交易项下的业务存在怎样的利弊，而仅仅专注于如何完成交易。KKR 收购雷诺兹－纳贝斯克的策划人布鲁斯·沃瑟斯坦，是华尔街并购顾问中的泰斗，他在 2009 年去世前已在华尔街叱咤风云 20 余载，并因鼓动客户不惜任何代价达成交易而得名"竞价大师布鲁斯"。他的那套"敢于成就伟业"的说辞颇具煽动性，堪称足以令企业高管自尊心膨胀的心灵鸡汤。虽然他的高额服务费是由企业支付的，但他瞄准的真正客户是野心勃勃的高管团队。

企业高管们感激交易大师为他们扩张商业帝国所提供的支持，尽管他们的继任者往往不那么乐观。交易史上最大的两起合并案（按价值计算）都发生在 2000 年，一起是美国互联网公司美国在线与时代华纳之间的合并，另一起是英国电话公司沃达丰与德国曼内斯曼的合并。曼内斯曼是一家历史悠久的工程公司，它因此次合并获得了移动电信领域的运营执照。然而事实证明，这两起合并都带来了巨大的商业灾难。

凝视着美国在线的史蒂夫·凯斯和时代华纳的杰拉尔德·莱文击掌庆祝，以及沃达丰的克里斯·根特和曼内斯曼的克劳斯·安舍在宣布交易成功时咧嘴大笑的照片，每一位有着并购梦想的 CEO 都会感到心潮澎湃。2008 年，杰夫·比克斯成为时代华纳的新 CEO，他将前 CEO 莱文主导的交易称为"企业史上最大的错误"。[2] 的确，时代华纳为这项后来被证明几乎一文不值的交易支付了 1 830 亿美元。2008 年，时代华纳剥离了原属美国在线严重缩水的业务资产。出于某种原因，该资产后来被威瑞森通信公司收购。而美国电话电报公司借整合内容与渠道之名收购了时代华纳，这笔交易最终于 2018 年完成，并创下了交易顾问收费的新纪录。[3]

2000 年 3 月，在收购曼内斯曼的交易结束后，沃达丰股价随即飙升至 5 英镑以上，成为伦敦证券交易所市值最高的公司。到 2021 年，该公司股票的价格跌至约 70 新便士，而当我在 2024 年撰写本书时为 69 新便士左右。"顾问们"从这两笔划时代的交易中赚取了数亿美元的费用。[4]

然而，这些颇有警示意义的故事并没有削弱企业并购交易的诱惑。2022 年，咨询公司麦肯锡揭示了 2021 年新冠疫情期间大型企业并购交易量逆势创下历史新高的原因："线上会议为企业高管们节约时间、提高效率提供了绝佳的途径，他们再也不用在赶往机场的路上浪费时间了。"[5] 如今，这些企业高管一边参加线上会议，一边赶往机场，实现并购交易的能力已被视为担任 CEO 一职必备的独门绝技。

与杰克·尼克劳斯共进午餐

说来惭愧,多年来,我一直将 2000 年苏格兰皇家银行收购国民威斯敏斯特银行视为以合并实现增值的经典案例。这使我倍感尴尬。在一段时间里,这笔合并交易的确带来了价值增加。当时,国民威斯敏斯特银行管理不善,官僚作风严重,已经逼近倒闭边缘,苏格兰皇家银行慷慨斥资 210 亿英镑出手收购,使之得以绝处逢生。合并之后的银行集团经历了一段快速增长期,然而好景不长,不久之后便为其狂妄自大付出了惨重代价。除了盲目放贷造成风险敞口失控,接下来对荷兰银行的收购更是招致灾难性的重创。苏格兰皇家银行与巴克莱银行彼此竞价收购荷兰银行,结果教科书式地诠释了"赢家的诅咒"。作为此次交易的赢家,苏格兰皇家银行不出意料地赢得了破产清算的"奖杯"。

记得 2007 年 7 月,我与时任苏格兰皇家银行行长弗雷德·古德温爵士(他在 2004 年获得的爵士封号于 2012 年被褫夺)共进午餐。令人难以置信的是,他自鸣得意地对即将完成的荷兰银行并购交易的好处侃侃而谈。那时,我很清楚银行业正走向危机,任何了解这个行业的人都应该能看到这种山雨欲来的征兆。贝尔斯登于次年 3 月陷入危机并接受美联储救助;雷曼兄弟于同年 9 月轰然倒闭,成为引爆全球金融危机的导火索。那顿午餐的一年后,苏格兰皇家银行向英国政府发出警示,称其自动柜员机将在数小时内停止提现。英格兰银行无奈出面救助,为其提供无限的信贷额度。随后,英国政府又为其注入了一大笔财政资金,从而获得了其多数股权。具有讽刺意味的是,其如今已更名为国民威斯敏斯特银行。

据报道,美林证券的安德烈·奥赛尔,仅凭担任苏格兰皇家银行收购荷兰银行的顾问就获得了 1 200 万英镑的巨额奖金。加总起来,苏格兰皇家银行共为这笔致命的交易支付了约1.5亿英镑的各项杂费。在后来的议会特别委员会听证会上，奥赛尔坦言："如果我们（当时）能够预知今天发生的一切，我们会建议他们停手。"[6]

那次午餐过程中，我一直小心翼翼地保持缄默，因为我知道古德温向来刚愎自用，对任何逆耳之言都嗤之以鼻，故而有了"弗雷德碎纸机"的绰号。况且，那时的我只是在享受一顿免费午餐，而不是前来赚取1 200万英镑的奖金的。那天在座的还有体育界的一些名流，古德温十分享受众星捧月的氛围，因此我们的谈话时常被不着边际的寒暄打断。相比信用违约互换，我怀疑高尔夫名将杰克·尼克劳斯对票面价值更感兴趣，但苏格兰皇家银行投资银行部经理约翰尼·卡梅伦未必赞同这种想法。荷兰银行持有近10亿美元的"木狼"和"算盘"证券，正如前文所描述的，这些金融衍生品最终几乎变得一文不值。"大约在这个时候，我对担保债务凭证有了更清晰的认识。"卡梅伦之后解释道。[7]据报道，古德温爵士更喜欢与奥塞尔和美林证券合作，而不是听从其前顾问瑞银集团约翰·克莱恩的建议。克莱恩曾指出："这里面有些东西我们根本无法估价。"古德温的回应是："别再这样斤斤计较了。"[8]

一场席卷全球的金融危机，将弗雷德·古德温由一位区域银行家跃身成为国际银行业巨头的梦想彻底粉碎，但他并不是这条不归路上的独行者。他对于苏格兰皇家银行的扩张野心，也得到了几家德国州立银行高管的效仿，这些公私合营的州立银行是德国工业企业融资的坚强后盾。好莱坞大片《大空头》中就有交易员嘲笑德国银行家天真的场景，2008年全球金融危机后，大多数亏损严重的德国州立银行都需要国家救助，规模最大、最雄心勃勃的总部位于杜塞尔多夫的西德意志银行，因在美国证券市场上严重亏损而遭遇倒闭的厄运。

并购的经济影响

在华宝银行打破伦敦金融城那沉闷的俱乐部格局之前，管理层面临的竞争压力极为有限；在克罗尔开始物色低价资产之前，太多资源未能得到高效利用。公司控制权市场的开放为金融业注入了野蛮的活力，同时也唤醒了股东，促使他们要求高管团队提高运营效率。但高管团队显然是最后的赢家：在并购交易中受益最多的仍是高管群体，而非股东。沃达丰收购曼内斯曼的交易中，曼内斯曼的离任公司高管收获了丰厚的"酬谢奖金"。有人指控曼内斯曼的董事会成员支付如此巨额的奖金涉嫌贿赂，随即将他们告上法庭，直到受益人同意将大部分奖金捐给慈善机构，诉讼才得以了结。[9] 在英国或美国，针对董事会成员的类似案件不太可能取得实质性的胜诉。

围绕美国在线与时代华纳的大型合并的失败案例，相关报道和评论往往被其惊人的交易规模所吸引，却忽视了针对小型企业并购的案例分析得出的普遍结论：并购活动总体会破坏企业价值。这并不一定源于类似苏格兰皇家银行遭遇的"赢家的诅咒"：虽然竞购者往往支付超高的价格，但多付的资金只是将财富从收购公司的股东转移给了收购对象的股东，当然还要扣除各种交易费用。真正重要的经济问题是：相比合并前的各家公司，合并后的公司能否在当前或未来创造更多的价值？

针对合并的效果做出系统评估并非易事。"事件研究"可以估测新闻报道对股价的影响（高盛时常委托所谓专业机构进行此类分析，只是为了表明投资者并不在意不当行为的曝光），这种分析方法只要被稍加微调，就可以衡量交易发起以及完成阶段的效果。然而，要将股市的即时反应作为衡量合并交易增值的主要指标，就需要有绝对且超乎理性的信心，需要坚信有效市场理论的普适性，认为短短几天的股市表现就能预示未来数年甚至数十年的收益。

另外一种更优的思路是，考察并购交易在较长时期内对新组建的企业在成本及产出方面有何影响。这需要构建一个反事实假设：假如合并交易没有发生，会是怎样的结果？在极端情况下，这样的分析似乎很容易。对于时代华纳而言，几乎没有比与美国在线的合并更糟糕的交易了。（想象一下杰拉尔德·莱文站在淋浴间撕毁2 000亿美元钞票的场景，这相当于当时美国流通货币的1/3。）[10]至于沃达丰与曼内斯曼的合并，两家公司的市值在2000年因新经济泡沫而被严重高估，它们即使没有这笔愚蠢的合并交易也会走向崩溃。

即便是成功的合并交易，反事实情境也并非一目了然。迪士尼收购史蒂夫·乔布斯创办的电脑动画先驱皮克斯公司，谷歌收购正在开发iOS（苹果移动操作系统）替代系统的安卓公司，这些交易对所有参与其中的公司来说都是有利的。然而，如果迪士尼和谷歌没有参与这些交易，迪士尼仍可能会发现数字化的必要性，谷歌可能也会自行开发移动操作系统。无论在市场上还是在企业内部，资源配置均存在多种商业可能性。内部解决方案会更好还是更坏，我们无从知晓。然而，我们很难避免得出一个普遍的结论：企业管理者应专注于打造一家卓越的企业，而不是依赖并购交易来壮大企业规模。

这跟做生意有什么关系

到过伦敦的游客都知道，哈罗德百货和塞尔福里奇百货是这座城市的标志性百货商场。戈登·塞尔福里奇是一名土生土长的美国人，他的职业生涯始于在芝加哥著名的马歇尔·菲尔德百货商店担任库管员。在商业领域崭露头角并与一位豪门继承人结婚后，他于1906年移居英国。伫立在繁忙的牛津大街上，凝望着西端老旧的大理石拱门，他看到了商机，于是决定斥资 40 万英镑在那里建造一座富丽堂皇的购物中心。按当前价格计算，这相当于 5 000 万英镑。

塞尔福里奇本人嗜赌成性，去世时身无分文。另一家英国百货集团刘易斯百货（不是约翰–路易斯连锁百货）出面收购了塞尔福里奇百货。刘易斯百货于 1991 年进入破产程序，塞尔福里奇百货随之被英国零售大亨菲利普·格林（就是在摩纳哥拥有豪华游艇的那位）收购，后来又被英裔加拿大商人盖伦·韦斯顿收购。2021 年韦斯顿去世后，公司的所有权再次易主，被一家由泰国百货集团和奥地利百货商场开发商组建的合资公司获得；2023 年，这家合资公司的奥地利股东陷入财务困境。时至我撰写本书的 2024 年，泰国郑氏家族独家控制着牛津大街的这家标志性的百货商场。

20 世纪 80 年代初，有两名商人争夺骑士桥大厦的控制权，这幢宏大而典雅的建筑由哈罗德百货商场占有。素有"小罗兰"之称的蒂尼·罗兰主要在非洲开展业务，他的商业活动曾被时任首相爱德华·希思在下议院谴责为"资本主义不可接受的一面"。罗兰在竞购战中败给了埃及富豪穆罕默德·阿尔·法耶兹，后者最为人熟知的身份是多迪的父亲，多迪与威尔士王妃戴安娜的爱情以悲剧收场，两人在巴黎那场车祸中双双丧生。法耶兹最终将这家商场卖给了卡塔尔国的主权财富基金，后者至今仍掌握着这家商店的控制权。

从塞尔福里奇百货到曼彻斯特联足球俱乐部，再到达·芬奇的《救世主》，诸如此类的标志性资产在国际市场上愈加抢手。我们应该纵容那种虚荣心，还是将其视为"资本主义不可接受的一面"？塞尔福里奇百货的顾客和店内敬业的员工，或许都没有注意到商场所有权走马灯式的易主。光顾哈罗德百货的顾客肯定看到过"戴安娜和多迪的神龛"（现已被移除），以及法耶兹强令在店内陈列的低俗的埃及艺术品，但店内的奢侈品几乎没有任何变化。

纳贝斯克公司于1912年推出的奥利奥饼干是美国的商业标志之一，全球年销售额如今已超过400亿美元。[11]奥利奥一直是纳贝斯克的核心产品，直到1985年雷诺兹-纳贝斯克公司成立。3年后，KKR收购了雷诺兹-纳贝斯克。2000年，公司的饼干业务部门被出售给另一家烟草公司菲利普-莫里斯，随即被并入该公司的食品子公司卡夫食品。2007年，菲利普-莫里斯公司（现已更名为奥驰亚集团）剥离了卡夫食品；2012年，卡夫食品又将制作奥利奥饼干的业务部门剥离出来，成立了一家新公司亿滋国际。

至此，奥利奥饼干的馅料发生了细微变化，顶部图案也经过了重新设计，但除此之外，美国最受欢迎的饼干在过去一个世纪里几乎没有什么变化，唯一的变化是品牌所有权发生了频繁更迭。布莱恩·伯勒和约翰·希利亚尔对KKR的交易活动进行了系统研究，在论及公司结构的变化时，他们最后发出了这样的诘问："这与做生意有什么关系？"这也成了本章收尾的恰当注脚。

4 圣象的陨落

> 人们常说我改变了波音公司的文化,这正是我的初心;波音在运营方式上更像是一家商业企业,而不是一家伟大的工程公司。波音原本就是一家伟大的工程公司,但人们投资这家公司,只是为了赚钱。
>
> ——哈里·斯通西弗,波音公司CEO,2004年[1]

1926年,英国卜内门公司、诺贝尔工业公司、联合碱业公司以及英国染料公司合并,组成了帝国化工。此次合并的策划者是阿尔弗雷德·蒙德,他是一名商人,曾担任国会议员长达20年,后来又短暂担任了内阁大臣一职。该公司雄伟的总部(现已改建为豪华公寓)俯瞰着泰晤士河,楼内陈列着各个时代伟大化学家的雕像。我记得在20世纪80年代进入那栋大楼时心中充满了敬畏之情,如同我参观仅几百码之遥的议会大厦时的心情。

帝国化工1987年的年度报告对其一贯的经营宗旨描述如下:

帝国化工立志成为世界领先的化学公司,通过创新且负责任地应用化学及相关科学服务于全球客户。通过实现我们的愿景,我们将提高股东、员工、客户以及我们所服务和经营所在社区的财富和福祉。[2]

随着技术的进步和消费需求的演进,帝国化工核心产品的应用领域也发生了深刻变化。在帝国化工成立初期，炸药和染料业务逐渐衰落，取而代之的是化肥和石化产品。二战后，药理学又为公司的发展开辟了新的领域。

得益于员工超群的业务素质以及管理层富有远见的战略决策，帝国化工的制药业务取得了巨大成功。当时，它是英国为数不多的几家以重视人才而闻名的大型企业之一，为优秀大学毕业生提供了理想的用武之地。此外，公司还有幸招到一位最重要的新员工。这位名叫詹姆斯·布莱克的年轻化学讲师发现了第一种有效抗高血压的药物——β受体阻滞剂。与此同时，公司董事会甘愿承受制药业务的持续亏损，因为其坚信这项业务最终会带来未来的销售额和利润增长。直到20年后布莱克的发现才实现商业化，公司董事会的这一信念才得到了证实。

然而，早期成功的企业很可能会变得臃肿而懒散，帝国化工便是一例。1982年，帝国化工董事会意识到变革已迫在眉睫，于是出人意料地任命前海军军官约翰·哈维-琼斯担任公司CEO。哈维-琼斯以"速度胜过方向"的理念展开了大刀阔斧的改革，给公司盛行的自满文化带来了巨大冲击。不幸的是，他执掌公司的岁月却成了该公司滑向衰败的起点，该公司从20世纪80年代的全国性大型企业，走向20世纪90年代的一家普通公司，再到接下来10年逐渐销声匿迹。

1991年，以汉森勋爵名字命名的企业集团收购了帝国化工3%的股份。政治家和投资机构的游说消除了帝国化工进一步被并购的威胁，而事实上，整体并购可能自始至终从未真正实施。经此一折，帝国化工一改故辙，怀着对投资银行的感激之情开始主动接近伦敦金融城。根据约翰·梅奥领导的华宝银行团队提出的改革计划，帝国化工以较高的市盈率剥离了制药业务（现为阿斯利康公司的捷利康板块）。至此，帝国化工以成熟的化学业务产生的现金流资助创新业务开发的策略宣告终结。1994年，其使命变更为"聚焦业务板块，集中发挥自身市场和技术领先优势以及具有世界竞争力的成本优势，努力实现股东价值最大化"。[3] 显而易见，一家以此为使命的企业是不会建立制药部门的，更不用说在承受多年亏损的情况下培育其发展了。

在成功推出β受体阻滞剂后不久，布莱克就离开了帝国化工，转而加入了另一家英国制药公司史克公司，并在那里研发出一种治疗胃溃疡的药物泰胃美。这一突破促使规模较小的葛兰素公司重新关注类似疗法的研究，随即开发出胃药善卫得，而且一度使之成为世界上最畅销的药物。布莱克直接和间接地为股东创造的价值，可能胜过英国其他任何人。

我曾就他离开帝国化工一事采访他，他告诉我：

"我曾经告诫我在帝国化工的同事们，如果他们想赚钱，有很多比从事药物研究更容易的方式。现在看来，我竟然错得离谱！无论是在商业还是在科学领域，经常会出现歪打正着的现象。当你专注于某事时，成功往往遥不可及；而当你尝试一些其他事情时，成功却悄然而至。我认为这就是'间接思考'的原理。"

在那次交流中，布莱克带给了我灵感，我将2010年出版的一本书就命名为《间接思考的艺术》。

1996年，年富力强的工党反对党领袖托尼·布莱尔谈到了"利益相关者社会"，我应邀在英国工业联合会举办的一次会议上发言，探讨布莱尔的思想对企业经营的启示。我以帝国化工更改企业宗旨作为例证，说明股东价值运动非但没有让商业朝更好的方向变化，而且可以说是一种倒行逆施。在某种程度上，该企业后来的命运与布莱尔的政治生涯相映成趣，特别是其股价的表现。帝国化工更改宗旨之后，股市最初做出了积极的反应。1997年春天，伴随着选民将布莱尔推上政治舞台，投资者将帝国化工的股价推至历史新高，而随后其股价则一路下跌。在出售捷利康板块之后，帝国化工只剩下增长缓慢的重化工业务，随即迎来了历史周期率的魔咒。新的管理和顾问团队制定的商业战略重返20世纪90年代流俗的轨道：出售沉闷的传统业务，腾出资金投身并购交易。与其他公司一样，帝国化工发现，高价收购新业务要比溢价处置旧业务更得心应手。面对负债累累、增长无望的窘境，其股价仅为10年前的几分之一。2007年，这家20世纪英国领先工业公司的剩余资产被荷兰公司阿克苏诺贝尔收购。同年，布莱尔悻然辞去了首相职务。

一片漆黑

本书前文描述了英国20世纪20年代和60年代国家主导的"产业理性化"运动，帝国化工便是20年代那场运动的产物。为推动后一阶段的产业整合，政府专门成立了一个新的实体机构，即产业重组公司，英国电气产业所谓强强联合堪称其得意之作。在英国全国电气行业的三大巨头中，英国通用电气公司规模最小，但在果敢而理性的阿诺德·温斯托克的领导下，其经营管理水平最高，堪称全行业的标杆企业，所以该公司将英国联合电气公司和英国电气公司并入麾下符合此番理性化运动的精神。在接下来的20年里，英国通用电气公司与帝国化工并驾齐驱，一直保持着英国最大两家工业企业的地位。

温斯托克素以强调严格的财务控制而闻名。尽管英国通用电气公司的运营效率有了大幅提升，但也因业务结构过分保守而遭到批评：偏重国防及电信等领域公共部门的客户，对信息技术的新领域却避之若浼。1996年，温斯托克在担任公司CEO 30多年后退休。其继任者是实业家乔治·辛普森，新任财务总监约翰·梅奥是一位投资银行家，曾为帝国化工提供咨询服务，后来加入了被剥离出去的捷利康板块。

在梅奥的影响下，英国通用电气公司着手实施出售传统业务、收购新业务的战略。1999年新经济泡沫期间，该公司将出售国防业务给英国宇航公司的所得款项，加上现金储备和大量额外借款，用于收购价格奇高的新业务。2001年，该公司因债台高筑而倒闭，梅奥和辛普森被迫退出，股票几乎一文不值。[4]该公司大部分资产被出售给瑞典的爱立信公司，其余部分则被重组为英国特伦特公司。奇怪的是，已然蜕变成一家小型贸易公司的特伦特，却背负着英国通用电气公司遗留的庞大养老基金问题。

英国通用电气公司与其同名的美国通用电气公司存在明显的差别。美国通用电气公司长期以来是将股东价值奉为圭臬的典范。虽然直到20世纪90年代"股东价值"一词才出现在美国通用电气公司的年度报告中，但其对股价的重视程度是显而易见的，其策略也是专注于公司已经拥有或能够迅速建立市场领导地位的业务。杰克·韦尔奇在执掌该公司后，很快就获得了"中子弹杰克"的绰号。就像中子弹旨在杀人却不毁坏财物一样，他领导下的公司在经营上极具攻击性。

美国通用电气公司非常注重盈利管理，其凭借季度业绩保持平稳增长，深得华尔街青睐。这一成绩得益于其金融服务业务的增长，该项业务很快成为其收入和利润的主要来源。该公司是少数几家提供信贷的大型制造公司之一。事实上，汽车巨头们一直为零售商提供信贷便利，同时为终端客户提供融资服务。这些经营稳健的制造企业有着一流的信用评级，这对于其通过开展金融交易获取盈利至关重要。20世纪80年代，美国通用电气公司拓展了这些附属性质的金融业务，推出更多类别的金融产品，其中有许多与该公司的传统主营业务毫无关系。

1980年至2000年，美国通用电气公司的股价从2美元飙升至50美元，涨幅惊人。随着韦尔奇于2001年退休,该公司业绩开始一蹶不振。金融服务板块的一路高歌掩盖了旗下航空航天、医疗保健和塑料等核心业务板块停滞不前的问题。2008年爆发的全球金融危机彻底打乱了该公司的阵脚。与其他金融机构一样,由于信贷市场濒临枯竭,该公司不得不向美联储系统求援。然而,一连串的收购和重组措施并未使局面得到改观,即使在金融业务被出售或关闭后,该公司仍然无法脱离长线保险业务资金不足的困境。与韦尔奇退休时相比,该公司股价下跌了80%。按照传统的核心业务板块划分,这家曾引领美国多个产业的巨型集团最终被分拆成3家独立的企业。

零售业巨头

一直以来,西尔斯-罗巴克被认为是美国商界的传奇。该公司的邮购目录业务始于19世纪末,为美国乡村地区的数百万人带来了仅在城市百货商店才能触及的多样商品和便捷服务。从此,那些只能在杂货铺买到种类有限且价格昂贵商品的人,也能够享受到曾经只有大城市居民才能拥有的丰富商品选择。1973年,为庆祝取得的商业成功,该公司在芝加哥建造了新的总部大厦,这在当时是世界上最高的建筑。

然而,骄兵必败。1962年,山姆·沃尔顿在阿肯色州开设了第一家沃尔玛商店。1972年,沃尔玛在纽约证券交易所上市,并在美国各地迅速扩张。面对来势凶猛的竞争,西尔斯-罗巴克公司认为,正确的应对方式不是直面迎击沃尔玛通过全球采购和信息技术创新取得的库存管理优势,而是转向金融服务领域开展多元化业务。1981年,西尔斯-罗巴克公司收购了一家股票经纪公司添惠公司和一家房地产经纪公司科威国际不动产公司,并计划大幅扩张其子公司好事达的保险业务。1985年,西尔斯－罗巴克公司推出了"发现"信用卡。与此同时，沃尔玛超越西尔斯－罗巴克，成为全球最大的零售商。

1993年，西尔斯－罗巴克被迫进行新的战略重组，剥离了多个金融业务板块；到20世纪末，该公司彻底放弃了所有金融业务。随后几年，西尔斯大厦被出售，[5]邮购目录业务被迫停止，仓储和配送业务也最终被关停。1994年，亚马逊成立，致力于打造21世纪的"万物商店"。

西尔斯－罗巴克业务持续缓慢下滑，但其在最后阶段却发生了一场闹剧。2005年，对冲基金经理埃迪·兰伯特（前文谈到了他的游艇）接管了已破产的凯马特大卖场，并将其与西尔斯－罗巴克合并。兰伯特坚信企业是由相互联结的交易合同组成的网络，并且不遗余力地将这一理论应用于商业实践。他首先将公司的实物和金融资产进行打包，据此设计出一系列令人眼花缭乱的交易模式，然后要求商店的各个业务单位相互竞争并彼此交易。与此同时，新的投资项目被极度压缩。然而，这些努力并未挽救销售额依然持续下降的颓势。2018年，西尔斯－罗巴克最终宣告破产。随后，兰伯特通过竞拍从联邦法官手中购回了这家破产公司的控制权。这家曾经经营着3 500家门店的连锁百货公司，如今仅剩下13家。

如果说西尔斯－罗巴克是20世纪美国零售业的标杆，那么在英国，这个称号则属于玛莎百货。1884年，迈克尔·马克斯在利兹大卖场经营着一个摊位，标语是"不用问价格，都是一便士"。在他儿子西蒙的努力下，这个个体商户逐步发展成为一家连锁企业，几乎在每条商业街都设有分店，并主导了日用服装的供应。在曼彻斯特文法学校就读期间，西蒙与伊瑟尔·西夫成为好友，两人后来都娶了对方的姐妹。马克斯家族和西夫家族在20世纪的大部分时间里掌控着这家公司的行政管理，并将自己视为公司文化的守护者。

在英国中产阶层消费者中，玛莎百货赢得了一种近乎推崇的喜爱，其声誉可与伊丽莎白女王、英国国家医疗服务体系和英国广播公司相媲美。该公司员工也非常忠诚；如果你能适应纪律严明的企业文化——虽然许多新员工并不适应——你可能会终身在该公司任职；同时，该公司高级管理人员几乎全部从内部选拔。玛莎百货与英国领先的保险公司保诚集团有着长期的合作关系，保诚集团是它的主要股东之一，并为它的房地产投资组合提供了大量资金。

1988年，年仅16岁的理查德·格林伯里成为玛莎百货CEO，并随后升任董事长。他的加入标志着两大家族对玛莎百货有效影响力的终结。尽管玛莎百货向食品领域的扩张取得了成功，但其在传统市场的主导地位反而制约了新业务的增长。格林伯里设定了一个雄心勃勃的目标，即到2020年实现年利润10亿英镑。为实现这一目标，商品价格被小幅提高，成本被进一步削减，供应商的利润空间受到挤压。20世纪90年代末期，该利润目标得以提前实现，公司股价升至6英镑。

随后，玛莎百货销售额便直线下滑。其年度报告首页上的"质量、服务、价值"的口号被悄悄地删除了，消费者也开始注意到商场门店的变化。所幸，新的管理团队带来了一些复苏的迹象。经过10年奋斗，玛莎百货利润再次达到10亿英镑，股价也重新回到了6英镑。但这只是昙花一现。正当商业街上的竞争进入白热化时，网上零售模式的蓬勃兴起对所有实体店发起了致命一击，苦苦支撑的玛莎百货实体店更显得举步维艰。到2020年，其股价已跌至1英镑。

波音公司

1967年，第一架波音737飞机由德国汉莎航空正式投入商业运营。它是历史上最成功的民用客机机型，销量超过10 000架。1969年，波音

747 巨型喷气式客机问世。同年，自 1945 年以来一直担任波音公司 CEO 的比尔·艾伦退休。

1944 年，英国和德国空军都列装了喷气式战斗机。1945 年艾伦接手波音公司时，喷气式飞机距离投入民用仍有近 10 年时间。第一架民用喷气式飞机是由英国德·哈维兰公司制造的"彗星"客机，但由于当时的工程师忽视了金属疲劳问题，在发生两次坠机事故后，市场领导地位转移到了美国。尽管艾伦是一名律师，但他宣称要和同事们一道"与航空事业同呼吸、共命运"，[6] 波音 737 客机以及 747 客机就是这种企业文化的产物。据说，当一位非执行董事要求对波音 747 客机项目进行财务评估时，他得到的答复是：该项评估早已就绪，只是没有人记得结果而已。[7]

商业的成功奠定了波音公司作为民航飞机制造商的全球领先地位，使其远远超越了其国内竞争对手洛克希德公司和麦克唐纳－道格拉斯公司（简称"麦道"）。直到 20 世纪 90 年代，全球范围内唯有欧洲空中客车集团能够与之抗衡。1997 年，波音公司收购了麦道。虽然在法律层面是波音吞并了麦道，但在文化层面，反而是麦道接管了波音，强调削减成本的麦道高管哈里·斯通西弗成了联合公司的 CEO。2001 年 5 月，波音公司的高管团队搭乘专机前往公司的新总部，但直到起飞，无人知晓此次行程的目的地是丹佛、达拉斯，还是芝加哥。最终，飞机落地芝加哥。正如当时的波音公司 CEO 菲尔·康迪特所言："如果总部靠近主要营业地（西雅图），高管团队难免会卷入日常的业务运营。"[8] 显然，这是大企业需要特别规避的风险。

为提高股价，波音公司发起了大举的股票回购行动。1982 年，美国放宽了监管规定，允许公司回购自身发行的股票，这种做法此前曾饱受质疑（在此前一年，英国出台了类似规定，允许股票回购）。这一变化并非偶然，恰好对应了管理层激励计划的改革，企业界流行采用股票期权模式来提升高管待遇，以激励其追求股东价值最大化。股票回购的直接作用是抬高股价，只要股票流通的数量减少，每股收益就会提高，这是简单的算术问题。相应地，如果管理层的薪酬与股价或每股收益挂钩，那么运用股票回购模式进行多头和空头操作，既能填满股东的腰包，又能使管理层深受其益。在2010年后的10年里，波音公司斥资430亿美元回购其发行的股票。[9]

2011年，波音公司意识到新一代空客机型配备了燃油效率更高的发动机，既而对其造成了竞争威胁。波音公司认为，与其设计一款新机型与之竞争，不如将已有40余年历史的737飞机进行改造，以适应新款的发动机。这一决定为公司节省了资金和时间，同时也受到了航空公司欢迎，因为习惯驾驶老款737飞机的飞行员无须过多的再培训。如此一来，波音公司也不必中断其股票回购计划。这一策略在一开始收到了积极效果，波音公司的股价稳步上涨，在2019年3月突破了400美元大关。

经过改造的机型便是波音737 MAX。当那些737 MAX飞机开始从天空坠落时，波音公司的股价也随之极速下跌。2020年9月，美国国会的一份报告认为："导致波音737 MAX坠机事故的原因不是孤立的，不能归咎于单一技术故障、操作失误或偶尔的管理不善，它们是一系列问题相互叠加、共同酿成的悲剧，这些问题包括波音工程师一系列错误的技术假设、公司管理层缺乏透明度以及美国联邦航空管理局的严重失察。"[10]

2004年，我在《金融时报》撰文称：我曾对学生们讲，任何企业的行业主导地位都必然是短暂的，随时可能发生变化，而波音公司是一个例外。必须承认，我现在改变了想法。波音公司经营理念的变化——从"完全致力于市场开拓和保持市场领导地位"转变为专注于股东价值——为空客公司奋力赶超让了路。[11]事实证明，的确如此：自2019年以来，空客的销量一路稳超波音，而且空客A320机型即将取代波音737机型，成为有史以来最畅销的民航客机。[12]

蓝色日趋暗淡

20世纪70年代至80年代，IBM是全球市值最高的公司。致力于打造全球领先的计算机企业的沃森父子，高度重视公司的"基本信念"——"尊重个体，提供最优质的客户服务和卓越的技术"。[13]那时很少有企业像IBM一样，能够形成将科层化管理模式与商业成功融为一体的独特企业文化。在IBM任职的员工都表现出鲜明个性，而且公司极少解雇员工。

20世纪90年代，在个人电脑革命浪潮的冲击下，素有"蓝色巨人"之称的IBM开始黯然失色，利润和市值很快被微软反超。令人唏嘘的是，IBM曾从这家羽翼未丰的软件公司采购操作系统。不过，一度生存堪忧的IBM将自己重塑为一家信息技术服务提供商，为曾经依赖其主机硬件的大客户提供技术服务，从而通过业务转型恢复了元气。[14]

2003年，IBM内部展开了一场令人尴尬的"价值观大讨论"，所有员工都应邀参与更新公司的基本信念，新的核心使命随之清晰起来：抬高股价，从而提升高管薪酬。为实现这一目标，公司必须大幅削减成本，于是将客户支持业务大举外包到巴西、印度等成本较低的地区。IBM确定了到2015年实现每股收益20美元的财务目标，但伴随着客户的流失，主营业务收入也在下降。2015年，其每股收益在达到15美元的峰值后随即下跌。尽管公司花费了近1 000亿美元回购股票，但股价仍然未见企稳回升的迹象。回想2012年的高光时刻，那时IBM股价曾超过200美元，但随后便一路持续下跌。作为首批执掌美国大型企业的女性之一，罗睿兰在任期内的作为乏善可陈，最终于2020年离任。

波音和IBM的市场地位早已今非昔比，它们在各自行业独占鳌头的时代一去不复返了。虽然民航客机和信息技术市场在过去和现在都充斥着诱人的增长机会，但它们却再难把握中兴的良机。鉴于两家公司在业务衰退期间仍能维持股票回购的规模，股东价值最大化的目标或有望实现。对此，我们永远无法知道确切答案。即便是经历巨星陨落的掌舵人菲尔·康迪特和罗睿兰，也从未或永远也不会知晓其中答案。

德意志银行

本书充斥着金融企业演变的沉闷故事，我有意隐去其中烦琐的部分，但在此有一个案例值得特别关注。一个世纪以来，德意志银行一直是德国乃至欧洲大陆首屈一指的金融机构。作为一家综合性银行，它曾向零售客户提供全方位的金融服务，并向企业客户提供投资银行服务以及贷款和股权融资服务。1989年，德意志银行CEO阿尔弗雷德·赫尔豪森被德国左翼恐怖组织"红军旅"暗杀，该组织将其个人和由其领导的机构视为金融资本主义的罪魁祸首。

在一系列枪击和爆炸事件发生后，安德烈亚斯·巴德尔、乌尔丽克·迈因霍夫等"红军旅"（现已知其曾获得东德无处不在的秘密警察"史塔西"的支持）领导人被捕入狱。1977年，"红军旅"组织绑架了德国雇主联合会主席汉斯·施莱尔，德国政府拒绝就释放"红军旅"领导人进行人质交换谈判。

1977年，4名巴勒斯坦恐怖分子——当时德国与巴勒斯坦双方恐怖分子之间有着密切合作——劫持了一架飞往索马里的汉莎航空班机；德国安全部队（在经历了1972年慕尼黑奥运会期间人质解救失败后）在飞机停靠摩加迪沙机场时采取了突袭营救行动，解放了被扣押的全部乘客。随后，施莱尔被绑架者杀害；被关押的"红军旅"领导人死在监狱中，他们很可能是自杀的。"红军旅"则继续恐怖主义活动，尤其是暗杀了赫尔豪森，但随着时间的流逝，其逐渐衰落，并在20世纪90年代彻底销声匿迹。

赫尔豪森遇害30年后，德意志银行仍是金融资本主义的缩影，但其运营方式却已改头换面。这家银行在美国扮演着对冲基金的角色，并在伦理标准和审慎经营方面存在诸多问题。多年来，德意志银行可能是唯一一家愿意向特朗普提供贷款的大型金融机构。甚至在特朗普连续违约，大多数银行因其拖欠款项而将其列入黑名单之后，德意志银行的不同部门仍愿为其提供资金支持。德意志银行在德国各地设有许多收储分支机构，致使无论是德国政府还是欧洲央行都不会轻易坐视其破产倒闭，金融市场同时也以此为由容忍其恣意行为。若非如此，该银行可能早已关门歇业。

从20世纪80年代开始，欧洲银行业便卷入金融化浪潮，区域性银行甘愿放弃在当地的收储、住房抵押贷款和小企业贷款业务，一心渴望成为金融国际化的弄潮儿。在早期一系列风险操作中，法国里昂信贷银行向好莱坞示好，最终竟无意间变成了米高梅电影制片厂的主人。德意志银行收购了伦敦保守的投资银行摩根建富，此后又收购了丑闻缠身的美国信孚银行。这些收购为各种投机性贷款和交易活动的迅速扩张敞开了方便之门。2002年，德意志银行CEO约瑟夫·阿克曼宣布，决心到2005年实现25%的股本回报率的目标，但正如我们熟悉的模式，该目标迄今也未能真正实现。

2007—2008年，全球金融危机爆发前夕，德意志银行收购了美国一家从事房地产抵押的信托投资公司MortgageIT，从而大举涉足次级抵押贷款市场；但与此同时，德意志银行证券交易经理格雷格·李普曼却在疯狂推行"大空头"交易（在改编自迈克尔·刘易斯同名小说的电影《大空头》中，李普曼就是瑞恩·高斯林饰演角色的原型），致使德意志银行后来因恶意做空次级抵押证券而支付了超过70亿美元的罚款和赔偿金。但在当时，投资银行部门的主导地位得到了高度认可，其负责人安舒·贾恩尽管不会德语，但仍被提拔为整个银行集团的CEO。

随后，德意志银行的丑闻接踵而至，包括操纵伦敦同业拆出利息率，为俄罗斯寡头洗钱，资助臭名昭著的性侵犯者杰弗里·爱泼斯坦，协助伊朗规避国际制裁，以及在疲软的欧元区经济体中大举套利。一向低调的英国金融行为监管局指出，该银行"无视市场诚信，只顾赚取利润"，[15]美国司法部则更直言不讳地指控其行为属于"系统性的欺诈和勾结"，[16]国际货币基金组织2016年称其为"全球银行体系内系统性风险最重要的净贡献者"。[17]在要求该行提供特朗普金融交易详情的问题上，美国国会长期争论不休，在2023年共和党掌控众议院后，这一动议便不了了之。

2018年，德意志银行监事会任命克里斯蒂安·泽温担任CEO，他最初是该行旗下零售分行的一名普通职员。上任后，泽温开始逐步缩减投资银行业务。当年阿克曼宣布25%的股本回报率目标时，德意志银行的股价曾升至70欧元，而至2023年已跌破10欧元。

5 财务诅咒

> 我宁愿看到金融位谦而产业位尊。
>
> ——温斯顿·丘吉尔，1925年[1]

无论是帝国化工，还是英国通用电气与美国通用电气，抑或是西尔斯－罗巴克与玛莎百货，虽然它们各自有着不同的特征和故事，但兴衰的历程都蕴含着一个相同的主题。每家公司在20世纪都有着非凡的成功史。然而，从1981年韦尔奇执掌美国通用电气到2005年兰伯特执掌西尔斯－罗巴克的20多年间，一种新的商业运营模式逐渐兴起。丹尼斯·亨德森爵士和西蒙·马克斯、艾尔弗雷德·斯隆和欧文·杨等管理者都将自己视为公众人物，坚持为广大支持者尽责。然而，新一代的继任者对自身作为企业领导者的角色形成了褊狭的认知，故而仅仅把目光锁定在季度报告和公司股价上。

一开始，这种更加重视财务指标的观念让股市为之一振。帝国化工的股价在1997年创下历史新高，英国通用电气的股价在2000年同样达到了顶峰。在韦尔奇担任美国通用电气CEO期间，其股价从最开始时略高于2美元飙升至近50美元。1981年，西尔斯－罗巴克宣布业务多元化并进军金融服务业，其股价在随后两年内翻了一番，并在此后近20年的时间里持续稳步上涨。在经历2002年至2003年的短暂挫折后，华尔街欢庆兰伯特执掌西尔斯－罗巴克，将其股价在2007年推升至顶峰。20世纪90

年代末期，格林伯里终于达成了其为玛莎百货设立的 10 亿英镑的利润目标，伦敦股票市场以 6 英镑的股价为其献上了一份大礼。

20 世纪 90 年代，股东价值理念的盛行助长了企业高管和资本运营者的贪婪和短视。如果你在此期间购买了这些知名企业的股票，那么你在英国通用电气和西尔斯-罗巴克公司的投资将血本无归，在其他类似公司的投资也会所剩无几。其中，最糟糕的赌注当是帝国化工，该公司的股票价格在 2007 年被收购时约为 10 年前的 1/3。美国通用电气和玛莎百货紧随其后，股价相比其峰值时期下跌了 80% 以上。在 1995 年，几乎所有的金融顾问都一致认为，以这些公司的股票建立一个投资组合，尽管收益不会惊人，但毕竟是安全而稳健的投资决策。如今看来，他们是大错特错的。

举凡行情分析师和投资银行家推崇的交易活动，往往会分散企业对主营业务的注意力，而这正是企业走向长期衰落的根源。以削减成本、提高价格的方式追求短期收益，终将削弱主营业务的竞争力。玛莎百货就是一个典型例子，其所谓收益管理策略，无外乎以透支未来收益为代价来提高当期利润。美国通用电气的金融服务业务亦不例外，它采用的会计处理方法将未来可能获得的收益提前计入当期利润，陡然增加了弄虚作假的风险。安然公司热衷于通过复杂的交易手段虚构利润，投资界一时为其欢呼雀跃，结果其不仅未能创造价值，而且落得自我毁灭的下场。再看美国通用电气，为何股价每次短暂回升之后便长期下跌？英国通用电气更加直接，股价彻底崩盘。无数案例证明，滴漏终将酿成管涌。

不过，有些企业依然能够抵御股东价值理念的诱惑，宝洁、高露洁-棕榄、可口可乐、联合利华和雀巢等领先的快消品公司尤为引人注目。它们的企业文化一直由营销人员主导，因此它们始终能够把响应客户需求置于首位。而这种响应市场需求的专注力，正是这些公司持续增进活力的关键。

2010年，私募股权公司3G资本收购了汉堡王，在美国资本市场上一举成名。一些金融家声称，"零基预算"是一种削减成本的有效举措，可以让快消品企业产生更高的价值。当然，在一段时间内这类做法可以创造一定的账面价值，直到财务问题浮出水面。立足酿酒和食品两大主营业务板块，3G资本通过一系列收购交易，将百威英博打造成为全球最大的啤酒制造商，旗下拥有时代、百威以及科罗娜等众多啤酒品牌。在沃伦·巴菲特的支持下，3G资本创建了卡夫亨氏集团，它竟然将通心粉奶酪和烘豆业务整合到一起，这是巴菲特投资生涯中为数不多的败笔。

事实证明，这是一起令人沮丧的合并。2017年，卡夫亨氏集团宣布竞购英荷联合利华，但很快因招致对方董事会、机构投资者和英国政府的反对而作罢。当时已明显可见，在新管理层的领导下，卡夫亨氏集团的销售额一路下滑，市场份额和利润双双跌落。如今，巴菲特对它的投资已缩水一半。相比卡夫亨氏集团，百威英博的崛起速度更慢，当然衰落速度也相对缓慢，但其运行轨迹却如出一辙。

哈利法克斯住房互助协会——我在其衰败中所扮演的角色

在结束本部分有关金融服务的探讨之时，我不得不谈谈我在一个标志性商业机构中所扮演的角色，我见证了其由弱到强，而后又盛极而衰的变化历程。哈利法克斯住房互助协会于1853年在约克郡的一个小镇成立。该协会是由当地兢兢业业的小商户组建而成的几家类似的机构之一，初衷在于小商户们相互帮助，也帮助社区其他成员购买住房。事实证明，在这些机构中，哈利法克斯是最成功的，其业务范围扩展到整个英国。伊诺克·希尔和雷蒙德·波特长期担任高管职位，在他们的领导下，该协会既促进了英国自建住房市场的发展，自身也从中受益。

1991年，当我加入董事会时，哈利法克斯住房互助协会是全球最大的抵押贷款机构。其总部当时仍设在约克郡的哈利法克斯小镇，员工大多数都是土生土长的本地人。与当时的玛莎百货一样，该协会有力地证明，强大的组织系统和文化能够帮助平凡的人做出非凡的成就。这与牛津大学形成了鲜明的对比。牛津大学之所以不同凡响，是因为它吸引了大批非凡的人才，但作为一个组织，它却因松散而低效的管理而闻名。我不禁想到，即使是哈利法克斯住房互助协会最基层的出纳员，也会使用代词"我们"来谈论所在的组织；而在牛津大学，即使是副校长也只会用"该大学"来指代其所在的组织，仿佛自己在其中几乎没有实际影响力——这也许是真的。

与其他住房协会一样，哈利法克斯住房互助协会保留了其合作社起源的互助结构。原则上，董事会成员由客户选举产生。与拥有股东和传统管理架构的企业一样，其董事会可以无限期自动延续。1986年的立法（《住房协会法》）放松了对住房协会的业务限制，并允许其进行商业化运营。这一变革反映了那个时代英国大举推行市场自由化和企业私有化的风潮。

股东价值学说存在一个副作用，即商界和政界普遍认为，股份制公司是大型企业唯一合适的组织形式，这种观念已渗透至整个经济领域。国有公用事业通过在证券交易所发行股票实现了私有化，英国电信以及水电行业的私有化至今仍被视为撒切尔时代的标志性举措。投资银行、律师事务所和房地产中介机构等传统上采用合伙经营模式的企业，都变成了上市公司或私人公司。在美国，1999年"高盛合伙"重组，成为高盛公司，这为阿肯色州退休教师联合会入股铺平了道路。某些金融服务领域和零售业领域的众多互助基金与合作社，要么进入资本市场实现转型，要么停留在产品或服务市场上接受兼并。当然，其中不容忽视的结果是，国有企业优先股持有者以及合伙人在转型过程中捞取了暴利。

然而，这类转型极少给企业带来积极的影响，前文所述的1986年的立法当然也是如此。1989年，艾比国家住房协会向其成员发行股票，成为伦敦证券交易所的上市公司，这迫使哈利法克斯住房互助协会重新考虑其竞争地位。因为一篇论文，我与哈利法克斯住房互助协会有了交集，我在文中反驳了投资银行家预测的结论，即类似的转型对业务发展至关重要。在一次由董事会成员、高管和顾问出席的会议上，一位发言者开口讲，"是什么让我确信转型迫切而又必要的呢……"，不等他把话说完，坐在我旁边的董事低声搭话道："……是丰厚的回报呗。"此时我知道了，像我一样对交易模式转型持怀疑态度的大有人在。

然而，该来的事情终将到来。1994年4月的一天，我清晨醒来后打开收音机，恰好听到劳埃德银行的提议：如果切尔滕纳姆＆格洛斯特住房协会的成员投票批准其收购要约，劳埃德银行将向协会成员拨付18亿英镑。那天早上，我就知道，住房互助协会独立互助运营的时代结束了。几乎没有任何一位协会成员有勇气拒绝附带如此丰厚回报的提议，董事会也拿不出合理的理由说服他们拒绝。1997年，我以超过200万张选票再次当选哈利法克斯住房互助协会的董事。（我相信，这比历次英国大选中任何候选人获得的票数都要多。这或许与我个人魅力无关，而是因为我最终赞成协会转型上市。最重要的是，董事会承诺向全体成员赠送总值200亿英镑的原始股。这可能是世界历史上最大手笔的赠予，抑或是最大金额的贿赂，对此大家只能见仁见智了。）

20世纪90年代，唯一没有转型的大型住房互助协会是全英房屋抵押贷款协会。在当时，它可能是各大互助协会中实力最弱的一个。1998年，该协会董事会以微弱的优势说服成员否决了上市提议（50.7%反对，49.3%赞成），[2]并实施了一项防止新客户参与分红的新措施。艾比国家

住房协会推行多元化战略，在拓展新业务领域过程中陷入严重亏损，于 2004 年被西班牙桑坦德银行收购。另外两家住房互助协会——布拉德福德 - 宾利和北岩，在 2008 年全球金融危机中倒闭并被国有化。2013 年，劳埃德银行关闭了切尔滕纳姆 & 格洛斯特住房协会的全部业务。

　　时至今日，很多人会认为转型是哈利法克斯住房互助协会的克星，这当中不乏道理。但我认为，其衰落的发端可以追溯到董事会决定建立资金部，该部门在负责管理现金流水的同时，被赋予运营利润中心的职能。对于这个新建的部门来说，若能在货币市场上投机成功，则是找到了一条提高财务收益的捷径。

　　对于这种急功近利的多元化经营模式，坚持只有凭借竞争优势才能持续获得利润的经济学家提出了一个简单的疑问，董事会里的一些商人，习惯了只有满足客户需求才能获取利润的世界，也同样感到困惑：既然货币市场的短期交易本质上是一场零和游戏，一方的收益就是另一方的损失，那么如果每家公司都声称从交易中赚得了利润，这些利润又从何而来呢？即便是经验丰富的银行家对这种看似天真的问题也会一头雾水，假如他们屑于回答，他们会说，他们的交易员眼光独到，有先见之明。可是，一旦你见过他们口中的交易员，你便知道那只是勉强的搪塞之言。这种可以依靠玩弄伎俩实现持续盈利的幻想，最终被 2008 年全球金融危机彻底击碎了，而它也是酿成此次危机的主要祸源。

　　对许多高管而言，最令他们兴奋且最有可能获利的多元化发展方向是进军企业贷款业务。2001 年——在我离开董事会之后——这种雄心促使哈利法克斯住房互助协会与苏格兰银行实现了合并。新组成的实体，苏格兰哈利法克斯银行（HBOS）保留了苏格兰银行古朴典雅的爱丁堡总部，协会虽然在名义上被苏格兰银行收购，但实际上却掌握了整个 HBOS 的决策权。(协会高管团队和一些董事会成员执意放弃独具特色的零售特许业务，转而大力发展商业银行业务。如果他们选择与某家具备专业能力的金融机构合并，我可能会支持。)

现实的问题是，哈利法克斯住房互助协会和苏格兰银行都不具备足够的技能来支持商业银行业务的扩张。HBOS公司业务部经理彼得·卡明斯，这位曾经的苏格兰银行员工，因其盲目放贷和参与股权投资而造成了大笔坏账，最终被英国金融服务管理局（FSA）罚款50万英镑。在随后的几年里，HBOS与苏格兰皇家银行（当时由弗雷德·古德温爵士领导）之间爆发了激烈的竞争，争相吸引遭到其他信贷机构拒绝的高风险商业贷款业务。2004年，HBOS风险监管部主管被解雇，据称是因为他提请管理层警惕银行激进的销售文化可能带来的风险，并要求调查雷丁分行的严重腐败问题。在此期间，销售人员诱导商业客户承担其无力偿还的贷款，然后再由银行出面推荐"扭亏为盈专家"为其提供虚假的服务。HBOS的信誉从此一落千丈，并与客户一道蒙受了重大损失。这场闹剧最终导致一名经理被判入狱11年，另外有5人获刑。[3] 不过，这一恶性事件并未就此了结，相关索赔问题在10多年之后仍未得到解决。

2008年，HBOS因坏账和货币市场交易不当而崩溃。英国政府为其提供了紧急流动性救助，其大部分股权被英国政府收归国有。英国首相戈登·布朗亲自出面，促成了劳埃德银行对HBOS的收购。劳埃德银行由于一直专注于零售银行业务，所以不仅得以在2008年全球金融危机中劫后余生，而且日益壮大起来。

◆

就HBOS破产一案，金融监管机构——审慎监管局（PRA）和金融行为监管局（FCA）——发布的一份报告认为，其董事会"缺乏具备足够银行业经验和知识，尤其是商业银行业务经验和知识的非执行董事"。[4] 这一论断不无道理，但我同时认为，聘用缺乏业内经验和知识的非执行董事也很重要，因为他们可以挑战那些业内人习以为常的思维模式。思想和观点的多样性是必要的，但这并不意味着要聘用主张业务多元化的人士。

劳埃德银行集团已从灾难性的收购中慢慢恢复了元气，英国政府在其中持有的股份也于 2017 年以微利出售，而哈利法克斯如今只是该集团的一个业务名称而已。哈利法克斯住房互助协会通过 150 多年的努力在抵押贷款和储蓄业务领域创造了辉煌的业绩，却在短短 10 年内沦落成了一家破产的银行。那些意外获得的股票，在 1997 年上市时每股价值为 7.32 英镑，在哈利法克斯住房互助协会与苏格兰银行合并后达到 8.34 英镑，而 2023 年仅是劳埃德银行每股价值的 3/5，[5] 相当于每股 25 新便士，相比 25 年前损失了 95% 以上。

"财务诅咒"是指将实现财务指标置于满足利益相关者需求之上，结果往往会损害所有利益相关者的长期利益，包括股东本身。事实证明，无论是季度收益管理还是并购活动，都不可能为竞争优势长期续航，而前文描述的所有公司过去都曾一度拥有的可持续竞争优势，才是企业成功的基石，也是股东价值的唯一长期源泉。

第六部分

21 世纪公司的协作与变革

21世纪初,"契约关系"与"股东价值"理念构成了众多商学院和咨询机构的主导思想,并成为公司董事会的中心话题和决策依据。与此同时,一些其他学派观察人士和企业家认识到,在21世纪取得成功的公司必然是合作型的共同体。至少在北方国家,制造企业大而全的时代已经结束,公司传统的科层制运营模式渐趋日暮穷途,而这种新型的组织架构有利于充分调动集体智慧,持续推进企业的技术进步及业务拓展。契约不再是企业维系商业关系的唯一纽带,股东价值唯有在众多利益相关者的良性互动中才有望实现。

1 组合与能力

> 也许，远程工作的模式正在消耗我们所积累的社会资本。
>
> ——萨蒂亚·纳德拉，微软 CEO，
> 《纽约时报》采访，2020 年 5 月 14 日[1]

> 我确实认为，对于像我们这样提倡创新、协作式学徒文化的企业来说，居家办公并非理想之选。这不是一种新常态，而是一种异常现象，我们会尽快纠正。
>
> ——苏德巍，高盛 CEO，
> 公司会议演讲，2021 年 2 月 24 日[2]

> 我知道，不只我一个人怀念我们一起工作时的活跃气氛，面对面会议中的活力、创造力和协作精神，以及我们共同营造的归属感……尽管我们许多人在隔离期间也取得了不俗的成绩，但在过去的一年里，我们事实上缺少了一样重要的东西：彼此的陪伴。
>
> ——蒂姆·库克，苹果 CEO，
> 致员工的一封信，2021 年 5 月 27 日[3]

2020 年，当我着手写本书时，新冠疫情期间的封锁措施使整个社会陷入了瘫痪状态。几乎一半的普通员工和更高比例的高管都被迫"居家办公"。[4] 18 世纪之前，大多数人口一直处于"居家办公"的状态，是工业革命将他们"请进"了资本家开办的工厂，聚集到一起操作机器，加工原材料。

19世纪和20世纪，商业活动对应着特定的工作场所和固定的组织。如果你询问某人在哪里工作，他会告诉你某个具体的地点或单位名称，例如在胭脂河工厂或福特公司工作，在伦敦金融城或巴克莱银行工作。他奔赴底特律的迪尔伯恩，是因为那里有福特的汽车装配线；他赶往银行的办公室，是因为那里是他处理账务和会见客户的地方。然而，疫情期间的封锁措施全盘改变了这些商业形态。微软、高盛和苹果的员工不再需要一间物理属性的办公室，他们可以把工作电脑以及其他设备带回家，在家办公，与同事和客户的沟通交流完全可以在线上进行。

他们也许并不需要每天都待在办公室，但正如苹果CEO库克所言，他们确实需要近距离接触彼此。他们需要相互学习，需要构建相互信任的关系，需要利用企业的集体知识和智慧。他们用于会面的办公室费用高昂，这主要是因为这些办公室位于西雅图、曼哈顿下城和库比蒂诺这样的地方。这些地方的商业地产备受青睐，聚集了大量形形色色的机构以及具有相似职业和社交需求的人群。显然，地理位置仍然很重要。

集群效应

当写下这些文字时，我正安坐在一把梅达制造的椅子上。梅达是意大利米兰北部的一座小城，位于通往科莫湖的路上。一踏入小城，便能看见路旁竖立的广告牌，指引你前往众多家具制造商（尤其是沙发制造商）的展厅和车间。如果你在纽约或伦敦的高档商店里购买一款高档沙发，那极有可能是在梅达制造的。

梅达的沙发产业集群是意大利北部家具产业的典型代表。从梅达继续向北行驶，就会到达专门从事丝绸领带设计和生产的科莫市。如果从梅达向南驶入托斯卡纳地区，将到达意大利定制类西装的主要产地普拉托市，这里最近成为中国移民的热门目的地。如今，你购买的贴有"意大利制造"标签的服装，可能从未经过意大利的工人之手。[5]普拉托市是近千年来全球重要的服装业中心，中国人不远万里来到这里，以期吸收当地有关制衣的集体智慧，并创造了新的经济奇迹。

一个世纪前，阿尔弗雷德·马歇尔曾描述过集群形态下合作与竞争的有效结合。他写道：

这里展现了巨大的优势，相同技能的人们聚集到一起，经营同类货色的厂房和鳞次栉比的店铺，相互之间毫无商业机密或独门绝技可言，行业奥秘如空气般弥漫，孩子们在不知不觉中学到了很多。优秀的作品由众人共同欣赏，机械制造、工艺流程以及商业组织模式方面的任何革新，都会立即成为街谈巷议的话题；如果有人实施了某个创意，其他人会纷纷结合自身条件加以模仿，这样这个创意便成了催生更多创意的源泉。[6]

在马歇尔所处的时代，产业集群的初始地往往是关键资源的所在地。他观察到：

斯塔福德郡生产多种陶器，所有材料都需要从很远的地方运来，但是这里拥有廉价的煤炭，还有优质的黏土，可以用来制作沉重的"匣钵"，也就是烧制陶器时放置陶器的盒子。贝德福德郡是草编工艺品的主要产地，那里盛产的麦秸二氧化硅含量恰到好处，具有很强的韧度，不易断裂；白金汉郡的山毛榉为威科姆镇制作椅子提供了重要的原材料；谢菲尔德市繁荣的刀具业主要归功于当地用于制造磨刀石的优质砂岩。[7]

硅谷的勃兴似乎带有一抹神秘色彩，其核心资源是智力而非物质材料，但产业集群的结果却极为相似。正如那句流行的俏皮话所说，"硅谷并不是硅谷的产物"。意思是硅谷并不盛产硅矿，而是围绕以硅作为核心原材料的半导体产业形成了知识密集型的庞大产业集群。在旧金山附近，著名的斯坦福大学和现已独立的斯坦福研究所吸引了大批优秀的教职员工和学生。拥有原创技术理念的人们聚集在一起，并不断吸引更多志同道合的有识之士加入，具有商业头脑的个人和机构愿意为他们提供源源不断的资金支持。崭露头角的初创企业能够随时赢得天使投资人的青睐，在资金和经验的双重加持下得以快速壮大，既而形成了产业链的良性循环。首先，温和的气候，绵延的山脉，海天一色的景观，使旧金山湾区成为令人向往的宜居之地。其次，完备的生活设施和丰富的文化生活，为无数怀揣梦想的人营造了安居乐业的环境和思想交流的网络，所以苹果、脸书、谷歌、特斯拉等众多科技公司都不约而同地齐聚在方圆20英里的范围内。如果要指出这种良性的生态有何弊端，那就是房价高得令人无法承受。归结起来，是斯坦福大学，而不是前例中的黏土或麦秸之类的特定物产，担当了硅谷产业集群的原发动力源，但两者对结果的作用却殊途而同归。

历史的韧性

高度集中的制造业会跟随全球化的脚步发生离散，但由竞争与合作产生的集体智慧，仍然会以某种形式继续维持当地产业集群的生命力，正如前文中斯塔福德郡和谢菲尔德市所呈现的那样。尽管许多带有韦奇伍德品牌标签的低价陶瓷的生产已从斯塔福德郡外包给亚洲的制造商，但该品牌位于英国特伦特河畔斯托克的工厂仍对游客开放，该工厂以其18世纪的创始人（也是早期废除奴隶制的活动家）约西亚·韦奇伍德的姓氏命名。时至今日，谢菲尔德市仍然以刀具制造闻名遐迩，这里有亚瑟·普莱斯和理查森等历史悠久的品牌，尽管以它们作为标识的餐刀，就像韦奇伍德陶瓷一样，已经交给外地的厂商生产。20世纪，英国威科姆镇的帕克-诺尔公司设计的家具在室内装饰艺术领域独领风骚。（帕克家族擅长制作草编椅，他们当时已认识到德国威利·诺尔的弹簧技术在增强舒适感方面的巨大潜力。）只可惜，贝德福德郡的草帽如今已经失去了市场需求。

历史的韧性不仅体现在制造业，而且同样贯穿于服务业。英国主导海洋的时代早已结束，但伦敦仍然是全球海上保险和船舶经纪的中心。20世纪20年代，电影制作人蜂拥到美国加州南部，这是因为那里具备优越的自然采光条件；随着灯光技术的进步，阳光不再是电影拍摄的必要条件，但好莱坞依然是全球电影产业的代名词。两个多世纪前，掮客们聚拢在曼哈顿的梧桐树下，扎堆在伦敦乔纳森咖啡馆里，谈天说地，议论小道消息，如今全球顶级的金融中心仍然位于曼哈顿下城和伦敦金融城。

土地依然是当今重要的生产要素，但其在现代经济中的作用与詹姆斯·安德森和大卫·李嘉图所描述的情形已截然不同。当下的土地价值取决于其能否招揽或接近富有商业潜质的集体智慧，正如硅谷和华尔街所展示的那样。英国剑桥大学或美国哈佛大学等知名学府，不仅为当地社区提供了智力支持，而且还促进了当地的地产升值。伦敦梅菲尔区和曼哈顿上东区，则能够将集体智慧和产业集群有机结合到一起。

马歇尔已经认识到，产业集群中的竞争与合作之间存在矛盾。"这里的社会关系与经济关系保持默契，"他写道，"雇主和雇员之间往往有着深厚的友谊，不过，一旦发生分歧或摩擦，任何一方都不希望通过压制对方来解决，他们在不耐烦的时候干脆选择分道扬镳。"[8]

职业关系的分分合合在硅谷早已司空见惯。诺贝尔物理学奖得主威廉·肖克利的公司内部出现的摩擦，引发了硅谷历史上影响深远的重大事件：以罗伯特·诺伊斯为首的"八叛徒"（核心技术团队）从公司辞职，合伙成立了仙童半导体公司。仅仅3年后，仙童内部也发生了类似的"不愉快事件"，导致诺伊斯与戈登·摩尔和安迪·格鲁夫一起撤离，共同创立了英特尔公司。这也告诉我们，一定要慎用叛徒，否则他真的会背叛你！

企业家精神

现代企业是一个共同体，而不是一幢办公楼或一座工厂，因为其核心资产不再是厂房和机器，而是积聚起来的业务能力。将这些能力充分应用于满足客户需求以及其他利益相关者的诉求，构成了现代企业取得成功的不二法则。

据传小布什曾对布莱尔说，"法国人的问题在于，他们没有一个专用词语来形容企业家"，这纯属无稽之谈。[9]实际上，entreprenear（企业家）一词的法语词源颇具启发性——它源自"entre"（居间）和"preneur"（承办人）两个法语词。"企业家"一词的原意是指协调者，即把各相关方聚集到一起的人。现代美语将企业家形容为眼光独到、勇担风险的英雄人物，虽然不无道理，但其淡化了宏观经济形态的变革与合作方式的进化所发挥的推动作用。杰夫·贝佐斯、比尔·盖茨和史蒂夫·乔布斯，这些传奇的现代企业家之所以能成功，无一不是因为顺应了集体智慧蓬勃发展的浪潮。即使没有他们，在线零售和个人电脑革命也会发生。这些在20世纪末喷薄而出的新技术和新业态，皆因其所必需的集体知识和集体智慧在当时已经达到了饱和点。谁有能力将之整合起来转化为商业价值，谁就能得到成功的垂青。在众多创新型企业当中，亚马逊、微软和苹果取得了成功，而其余大多数则出师未捷，根本原因在于组织和整合智力资源方面的能力差距。

利昂内尔·梅西之所以能在职业生涯中屡次打破进球纪录，个人的运动天赋只是一方面，最重要的原因是他有幸得到了多方人士的帮助和提携。大西部铁路是维多利亚时代英国最伟大的工程成就之一，它能顺利建成，首先是因为布里斯托尔的商人们聘请了年轻而才华横溢的工程师伊桑巴德·布鲁内尔，但鲜为人知却同样重要的是，他们招募了足智多谋的查尔斯·桑德斯，是他提出并推动了从勃朗特姐妹等家族众筹小额资金的想法。

托马斯·卡莱尔并没有教鹦鹉复述"供给与需求"（尽管人们常认为这是他做的事，但这实际上是欧文·费雪引用的一则没有指明出处的趣谈，详见前文），但他确实曾称经济学为"沮丧的科学"。约瑟夫·熊彼特可能是这门学科最个性的实践者，据说他立志成为世界上最伟大的经济学家、最伟大的骑士和最伟大的情人，虽然他坦言自己的骑术并不出色。[10]在担任了一段奥地利财政部长之后，为了躲避横行欧洲的纳粹霸权，他移居到美国，在哈佛大学担任教授。《资本主义、社会主义与民主》是熊彼特最著名的著作之一，这一气势磅礴的书名似乎也体现了他追求伟大的志向。[11]

卡莱尔主张恢复黑奴制度，或对西印度群岛的黑人采取类似的奴役政策。他很清楚，这一主张必定会遭到大多数经济学家的反对，故而在一本小册子里将经济学贬斥为"沮丧的科学"。[12]卡莱尔曾写过一句名言："世界的历史只不过是伟人的传记。"[13]而本书的中心论点是，商业史并不是商界精英的传记，尽管许多商业传记的作者，尤其是自传作者，可能会试图反驳我的观点。经济学家完全可以运用理性的分析回击卡莱尔的轻蔑，不料与卡莱尔同时代的小说家塞缪尔·巴特勒充当了急先锋，他用辛辣的笔触揶揄道："上帝是仁慈的，他让卡莱尔和卡莱尔夫人结为夫妇，这样只会让两个人而不是四个人承受痛苦。"[14]

熊彼特论述了企业家精神对经济发展的推动作用，并提出了"创造性破坏"这一脍炙人口的术语，用以突出打破静态经济循环的动力源。根据熊彼特的说法，"企业家的天职就是不断地（对资源）进行新的排列组合"。[15]

成功的企业家将个人或集体知识转化为产品创新或业务流程革新，企业家的能力组合是其中的关键要素。硅谷最著名、最成功的企业孵化器是Y组合器，其核心业务就在于促进新颖而富有成效的能力组合。

熊彼特所说的"创造性破坏的风暴"，正是指通过这种企业家精神的持续实践，推动经济进步的动态过程。

能力

伊迪丝·彭罗斯是美国约翰斯·霍普金斯大学的一位经济学家，她显然不像那位奥地利骑士那么张扬。由于欧文·拉铁摩尔在麦卡锡时代被诬陷为苏联间谍，彭罗斯和同为经济学家的丈夫挺身而出，一起为这位同事积极辩护。这一事件导致彭罗斯夫妇愤然离开美国，辗转海外多地后，彭罗斯最终在伦敦大学亚非学院谋得了一份教职。1959年，彭罗斯出版了以公司边界和增长限度为主题的代表作《企业成长理论》。[16]

彭罗斯认为，成功的企业不是由其拥有的资产或订立的合同决定的，而是由其积聚的能力及将之用于生产性服务的能力决定的："我们掌握的所有证据都表明，企业的增长与其内部某个群体的创新尝试有关。"[17]这似乎显而易见，但她强调"群体"，意在突出商业活动中团队合作的本质特性；她把"创新"认定为目的，意在确立聚焦于问题的管理导向。这种对企业基本社会属性的认识，使彭罗斯的思想独树一帜，与科斯、詹森和梅克林，以及威廉姆森和哈特等经济学家植根于个人主义的主流经济思想形成了鲜明反差。

奥运短跑健将哈罗德·亚伯拉罕与其传奇式教练萨姆·穆萨比尼之间的合作，正是体现了"一个拥有独特且互补技能的团队努力创造奇迹的尝试"，即跑得更快。布里斯托尔的商人们看到了仅需两个小时便可到达伦敦的商机，于是整合了一系列技术和组织能力来实现这一目标。苹果公司同样是"一群人尝试创新"的典型，这个团体最初只有乔布斯和沃兹尼亚克两个人（还有罗纳德·韦恩，不过他早早以 800 美元的价格卖掉了手中 10% 的股份，据说他现在还住在简陋的移动房子里）。然而，假如没有金融家迈克·马库拉的商业才能互补，没有电影导演雷德利·斯科特（他在 1984 年拍摄的苹果电脑广告被《广告时代》评为史上最佳广告）以及如今饱受争议的约翰·斯卡利的营销才能，[18]没有乔尼·艾维独具匠心的设计天赋和蒂姆·库克稳健的管理才能……，苹果公司绝不会成为今天举世闻名的高科技企业。苹果公司是一家真正意义上的企业：用伊斯特布鲁克和费希尔的话来说，它不是"法律上的虚体"，而是集结特定群体"持续尝试创新的实体"。团队成员之间经常产生分歧和摩擦，但他们大多都能设法在竞争与合作之间维持必要的平衡，而这正是企业成功的关键。

传统经济学家将企业活动描述为生产函数，并以此构建"市场和等级"以及"结构－行为－绩效"的框架，但他们忽略了能力建设理论所集中关注的问题。为什么同一行业的不同企业差距如此悬殊？为什么苹果公司能够成功而黑莓却失败了？为什么微软公司和苹果公司在成功与失败之间反复游荡？

传统经济学家假定同一行业中的所有企业面对共同的市场结构，这决定了企业的行为及其业绩表现。然而，为什么两家炼铁厂或汽车厂同行，在面临相同的"五种力量"（迈克尔·波特的分析框架）时却呈现出截然不同的结果呢？这是传统经济学家致命的盲区。所以，20 世纪

60 年代商业战略领域的开创者安索夫宣称，当时的经济理论无法对这一问题提供合理的解释。

到 20 世纪末，众多的炼铁厂和数家汽车厂不再是经济活动的焦点，商学院的学生们更感兴趣的是苹果与微软、谷歌与脸书、纽柯钢铁（1972 年首次公开募股上市，现为美国最大的钢铁生产商）与美国钢铁公司、西南航空与达美航空、特斯拉与通用汽车之间的竞争。作为同行业的竞争对手，每家公司的运营方式却截然不同。（有意思的是，每家现代科技公司的办公园区也各具特色。）这些公司的兴衰成败，根源显然在于它们展示了不同的能力及能力组合。

然而，彭罗斯的研究成果对后来的经济理论影响不大，查阅迈耶、米尔格罗姆、罗伯茨和梯若尔等人撰写的标准经济学教材，我们在索引中都找不到她的名字，但与彭罗斯的理论类似的观点确实对商学院产生了影响。众所周知，杰伊·巴尼和伯格·沃纳菲尔特提出的资源型战略理论，强调企业战略的任务在于将企业能力与外部环境相匹配，企业的边界主要是由企业的能力范围而非交易成本决定的，这就是苹果公司销售音乐而不是杂货，而亚马逊两者都售卖的原因。以研究创新而闻名的经济学家戴维·蒂斯更加突出动态能力的重要性，倡导企业为顺应时局变化而适时进行能力转换。[19] 换言之，只有通过集体智慧的持续演进，企业才有望应对不断变化的市场需求。

普拉哈拉德和加里·哈默尔提出的"核心能力"框架推广了基于资源的战略观，但他们未能明确建立核心能力与其他能力的区分标准，留下了太多主观臆断的空间，故而难以在战略制定过程中将思想付诸具体应用。核心能力几乎成了高级管理层制定战略的"橡皮泥"，而当他们声言"专注于核心能力"时，实际上往往预示着公司即将启动并购交易。

企业的关键资源在于其独特的能力或能力组合。例如，苹果公司设计团队所具备的独特能力，即使竞争对手认识到其中蕴含的巨大优势，也无法或很难复制。另外，组织机制是企业能力的集中体现。苹果智能手机俨然是一台功能齐全的袖珍电脑，但倘若苹果公司没有一套完备高效的激励和支持机制，技术人员就不可能设计出工艺精湛的新产品，连续开发出增强手机功能的应用程序，苹果公司的销售额或市值也不可能达到当今的规模。无论是在崇尚弗雷德里克·泰勒精神的等级制组织当中，还是在拘泥于层层委托代理关系的企业当中（主流经济类期刊为委托代理问题提供了多种解决方案），这种独特性都永远不可能存在。

2 阿诺德·温斯托克的来信

> 若想聘用并留住优秀人才,你必须以理念而非层级来管理企业。最佳的理念才是王道。
>
> ——史蒂夫·乔布斯,2010 年[1]

早期的商业组织,如英国的东印度公司和大西部铁路公司,都建立了严格的等级管理制度,甚至要求员工穿着与职位相称的制服。[2]20 世纪的大型制造工厂及其装配线同样体现了等级制的特点,如泰勒的炼钢厂和斯隆的通用汽车公司,从来不鼓励生产工人有独立的想法,一切行动必须听指挥。

如今,"官僚体制"几乎已成为一个贬义词。但一个世纪前,社会学家马克斯·韦伯推广了这一概念,其目的是将现代组织内部的理性权力结构与基于传统领导风格(如路易十四的中央集权或拿破仑的魅力型权威)的体制区别开来。

普鲁士国王腓特烈大帝基于严格的阶级成分建立了森严的等级制度,组建了一支由其亲自领导的军队,从而使普鲁士成为欧洲大陆上无可匹敌的军事强国。命令通过指挥链层层下达,任何异议均不被考虑,更不被容忍。在《政府的形式和统治者的职责》一文中,腓特烈大帝阐述了"开明专制主义"理念在国家治理中的作用。他的理论是,统治者的君权并非神授,而是由被统治者授意并为之谋福的工具。这在很大程度上体现了启蒙思想家霍布斯和卢梭的"社会契约"理论。其思想为普鲁士的国家官僚体制奠定了基础，成为当时高效运转的治理机器。

韦伯是一名普鲁士公务员的儿子，他目睹了普鲁士军队统一德国以及文官制度在治理国家上的效率，于是认为官僚体制是现代社会管理包括企业在内的大型组织的有效方法。他同时观察到了等级制度的进一步延伸："现代企业家的特点是，他将自己看作企业的头号官员，就像现代官僚国家的统治者（普鲁士腓特烈大帝）称自己为国家的'第一公仆'一样。在欧洲大陆的观念中，国家官僚活动与私人机构的管理有着本质的区别。"韦伯写道："相形之下，这与美国的观念完全不同。"[3]韦伯否认了这种公私区分的合理性，并列举了历史上多个发达的官僚体制实例予以印证，包括新王国时期的埃及、戴克里先时代的罗马、天主教会、中国的明清两朝、20世纪的欧洲国家以及大型的现代资本主义企业。[4]

这种等级制度的观念显然可以追溯到军事管理的渊源，而韦伯罗列的官僚体制特征，包括指挥结构、职责界定、非个人化、技术专长的价值等，至今仍颇具影响力。

官僚等级制度

等级制度的实施需要建立权威、责任和问责的管理链条。通常情况下，这三项要素或多或少可以互换，但对它们进行严格的区分依然是有必要的。权威是做出决策的权力，包括授权的权力；责任是指考量决策后果的义务；问责是指对决策（包括授权）过程及其后果进行监督和评估。教师对学生的学习成绩负责，但同时要接受来自校长或督导的质询。

1944年，美国战略情报局（中央情报局的前身）为被纳粹德国占领的欧洲国家的人们印发了一份《简明破坏实操手册》，指导他们如何在不冒风险的前提下采取实际行动，以抵制战争行为。[5]其中，有关如何干扰纳粹组织及其会议的具体建议包括：

- 坚持一切行动都要按照"组织程序"进行，绝不允许为加快决策而走捷径。
- 发表"演讲"。尽可能反复地讲，滔滔不绝地讲，用冗长的逸事和个人经历来阐明你的"观点"。
- 尽可能将所有大大小小的议题统统提交给（纳粹组织的）委员会，供其"进一步研究和考虑"；设法让委员会无限扩大，使之成员绝对不要少于5人。
- 尽可能频繁地提出不相关的议题。
- 就讨论过程、会议记录、决议的具体措辞挑起无休止的争论。
- 重提上次会议决定的事项，设法重新探讨该决定是否可取。
- 大力提倡"谨慎"。保持"理智"，并敦促与会者保持"理智"，提醒他们不要仓促行事，以免日后陷入尴尬或困境。

许多读者，特别是学者，能够意识到，这些手段即使在和平时代仍能行之有效。

———

对于许多人而言，权威极具诱惑力，而责任和问责意味着负担，因此他们热衷于攫取权力，同时尽力推卸责任，逃避问责。等级制度试图抑制人类的这些自然天性，这一过程会引发更多矛盾并酿成恶劣后果，使以此为支柱的官僚体制变得声名狼藉。

稀释或规避责任最常见的手段就是开会，或者巧立名目地组建委员会。如果多人参与一项决策，实际上等于没有人对此负责。采用一整套繁复的表格和勾选框开展例行的工作检查，是制造问责表象的常规手段，不仅脱离实际，而且浪费资源。这一切流于表面的忙碌和营造的紧张氛围，正是管理机构做出糟糕决策的主要原因。

阿诺德·温斯托克是他那一代英国最有成效的管理者之一。1968年，他领导英国通用电气公司收购了管理僵化的竞争对手英国电气公司。完成收购后，他发现"整个集团的行政管理、商业管理和其他管理开支普遍高得离谱"，于是在致公司高管的一封信中提出了一套新的管理方法：

基于我们公司的个人责任理念，你们完全没有必要耗时参加子公司董事会或常设委员会的会议。因此，所有常设委员会将按照这一指示统统解散；除每年一次的法定会议之外，子公司董事会无须另行召开会议。如果你们想与同事商议，请便；只要有利于业务发展，你们甚至可以重新设立任何委员会。但请记住，你们必须对影响你们运营单位的任何决定承担个人责任；同时也请记住，你们没有义务参加任何此类会议。顺便说一句，在个人责任问题上，任何聘请管理顾问的提议都必须事先获得总部批准。[6]

这封信应该放在所有企业高管的办公桌上，尤其是大学、医院和政府机构管理人员的办公桌上。当然，为了交换信息和达成一致行动，正式和非正式的会议都是不可或缺的，但要明确区分是具有实质意义的会议，还是形式主义的例会。

军纪不再

到20世纪末，即使是军队管理，也不可能再像腓特烈大帝统治下的普鲁士那样采取如此等级森严的作风——也许，从来就不可能。1854年的克里米亚战争期间，卡迪根勋爵在巴拉克拉瓦战役中，竟然指挥仅配备军刀的英国轻骑兵旅向严阵以待的俄军炮兵连发起盲目冲锋，这便是纯粹等级制破坏力的典型案例。诗人丁尼生曾感叹道："他们（士兵）无权反对，他们无权质问。"无独有偶，这一感叹后来变成了弗雷德里克·泰勒的信条，只是其表达方式没有那么诗情画意。而当时在克里米亚作战的法国指挥官布斯凯则持不同看法，他说："这很壮烈，但这不是战争。"[7]

世界上最强大的军事力量（美军）在越南和阿富汗铩羽而归，虽然在伊拉克战争中成功推翻了萨达姆政权，但根本无力恢复当地的经济和社会秩序。所以，对任何组织而言，解决问题的能力要远远胜过其规模优势。很难想象还有比那些糟糕的结局更令人信服的佐证。

面对来自亚洲同行的挑战，通用汽车作为世界上最大的制造企业之一，在全球汽车市场上屡屡失利。丰田公司推出了著名的"安全灯绳系统"，允许工人在发现制造缺陷或问题时及时停止生产线。该系统重新树立了工人的个体主动性，通过赋予工人成就感而激发工人高昂的工作热情。同时，消费者也感知到了产品质量的提升。如今，大部分只需遵循上级指示的任务，都可以由机器人和计算机来出色地完成。

1974年，美国匹兹堡大学公共管理学教授弗雷德里克·塞耶出版了《等级制度的终结》（An End to Hierarchy）一书。塞耶桀骜不驯的处世风格，即便在公共管理领域，也限制了其思想的传播和应用。然而，近些年其观点在企业管理界赢得了广泛青睐。2010年，哈佛大学商学院管理实践教授比尔·乔治写道："等级制度模式已经行不通了。传统的师徒模式已被充满知识工作者的学习型组织所取代，这类组织充满知识型员工，他们排斥'自上而下'的领导方式。"[8]然而，有些自相矛盾的是，乔治总结出的解决方案是建立一种新的领导风格，它仍然没有摆脱"领导"二字。（商业畅销书频繁提及"领导力"一词，因为这些书的读者都已经成为或渴望成为领导者。）

然而，等级制度的消亡一说很容易被夸大。在协调复杂的组织行为或制造空客飞机等复杂产品方面，正式的组织结构是必需的。其实，每个组织与生产流程都需要一定的等级制度，因为人们必须明确地知晓决策内容和决策时间。永道国际会计师事务所的管理顾问在为牛津大学撰写治理结构报告的过程中发现，"在许多情况下，这所大学缺乏制定决策的具体流程，决策只是冷不丁出现了，某项被讨论的内容在什么时候变成了决策通常是很难说清的"。[9]这也是我自己的经历，而这无疑是造成混乱和挫败感的根源。无论组织性质如何，决策过程及其结果均应达到一定清晰度。

核准式等级制度

名义上，英国国王拥有比肩腓特烈大帝的权力，其是英国武装部队的总司令，可以宣战或媾和；可以任命首相、坎特伯雷大主教，以及在牛津大学钦定历史学教授；可以否决法案，赦免罪犯，解散议会，授予或取消贵族荣誉爵位；可以任命或罢免澳大利亚总督，后者在本国境内拥有类似的权力；其也是苏格兰、加拿大、加勒比海岛国圣卢西亚和其他几个英联邦王国的国王。

但人人皆知，英王实际上并不行使这些权力。（好吧，并不是人人皆知——多年前，在亚利桑那州的一家小餐馆里，我与当地人有过一次激烈的争论，他们对我恭顺伊丽莎白女王的世袭权力感到震惊。）英王只是负责御准相关团体——包括议会、教会和学术机构，以及英格兰、苏格兰、威尔士、澳大利亚、加拿大和圣卢西亚等的民选政府——已经做出的决定。在圣卢西亚一块崎岖不平的草地上，我欣然看到了一块警示牌，上书："奉女王之令，禁止放牧牲畜"。

2019年，鲍里斯·约翰逊领导的保守党政府建议英国女王行使休闲议会的权力，以防止民选议员阻挠政府的脱欧计划。然而，最高法院很快推翻了休会的决定，使议会得以恢复既定议程。最高法院并未质疑女王颁布休会令的权力，但裁定政府关于休会的建议不符合法定程序，因此是违法的。女王是等级体系里最高权力的象征，不仅议会休会的决定，而且所有的新法案都需要经其批准才能够颁行，但这并不等于该决定是正确的，或者女王表示赞成，而只能证明，该决定经过了适当的考虑和协商。

英国君主及其地位名义上是独尊的，但其实际作用堪比乐团指挥或者球队教练。虽然乐团都有指挥，球队都有教练，但在很大程度上，乐团成员、球队球员并不是按照指挥、教练的指示亦步亦趋地行事。小提琴手照着乐谱演奏，球员则更多凭借自己的天赋和经验跑动、传球或射门。即使乐团指挥丢下指挥棒，球队教练进入梦乡，音乐会和足球赛仍能继续。作为领导者，伟大的指挥家、教练必须摆正自己的位置，成为团队灵感和想象力的源泉。如果他们真正明白自己的责任，就永远不会去扮演"大老板"或"万事通"的角色。

英国厄威克－奥尔管理咨询公司的创始合伙人林德尔·厄威克，在部队服役的经历为其管理思想打上了深刻的烙印，他一直期待人们称呼他为厄威克上校。但是，在组织内部的沟通和决策问题上，他曾写道：

"正规的程序，官方的渠道"是必要的，但其作用应该是确保组织成员能够以更快捷、更友好的沟通方式达成一致，并就商定的结果保存记录。如果一个组织中的官员没有领会并做到这一点，动辄拿正规程序和官方渠道说事，那就足以证明这个组织没有建立良好的个人关系网络，因此其机构设置是失败的。[10]

在厄威克看来，即便是军队的机构设置，本质上也是一种核准式等级制度。

调和型组织架构

比尔·乔治认为，许多现代公司都俨然成了"学习型组织，其中大量的知识工作者排斥'自上而下'的领导方式"。他显然是正确的，但如果就此推断这样的新型组织可以在消除等级制度的情况下正常运作，那则是错误的。本书前文引用的乔布斯的名言值得反复思量。乔布斯素有性情暴躁和严苛对待下属的坏名声，但作为一个完美主义者，他的领导作风与"万事通"截然不同。他斥责下属，往往不是因为他们没有严格按照他的指示行事，而是因为产品不够完美。他暴躁的脾气反而促成了其富有感染力的领导风格（如果你真的是一个天才领导者，这种领导风格会更有效，因为人们会尊重你的观点，而不会因你的脾气而心生畏惧）。

然而，很少有人能像乔布斯或马斯克那样才华横溢。安迪·格鲁夫是另一位能力非凡的管理者，他联合他人创立了英特尔，并最终成为公司CEO。他于1983年出版的《高产出管理》（*High Output Management*，中文版名为《格鲁夫给经理人的第一课》）一书，在硅谷博得了盛誉，实至名归。他在书中指出，在信息技术企业里，"基于职位的权力与基于知识的权力，二者之间正在快速走向分化，因为企业依托的知识基础发生了巨变"。[11] 他清楚地认识到，英特尔及其同类企业的竞争优势取决于不断革新的集体知识。

无论是谷歌，还是大学的哲学系，所有组织都同时需要管理权威和专业知识。如果像博尔顿和瓦特的合伙企业那样，组织规模较小，产品单一，或者像一家汽车工厂那样，有少数几位专业人员可以胜任内部顾问的角色，能够解决生产过程中的技术难题，那么权威与专业之间的潜在冲突便更容易处理。然而，在知识密集型的大学和医院等组织中，管理者和专业人员之间的关系却一直高度紧张，因为这里的高级知识分子大都恃才傲物，不肯循规蹈矩，这正是此类组织在管理方面往往如此糟糕的症结所在。能够做大做强的硅谷初创企业，必然是那些善于处理权威和知识之间互动关系的少数企业，现代军队亦是同理。

玛格丽特·布莱尔和林恩·斯托特将现代企业制度描述为一种调和型的组织架构：

> 本质上，现代企业是由复杂的契约凝聚到一起，为共同利益而工作的人的集合。参与者……将关键投入（时间、技能或资本）和产出的控制权让渡给某种等级制度。他们达成共同契约，同意将职责和资源的分配权交给内部等级制度，目的在于减少资源浪费，杜绝寻租行为。事实上，他们并不是就类似传统"契约"中的具体条款或结果达成一致，而是同意参与内部目标设定和争议解决的过程。[12]

我想，许多读者会对上段的论述表示赞同，但并没有意识到其激进性，更忽视了其与主流法律和经济思想的论调存在巨大的鸿沟，后者主张订立契约是为了解决一系列的委托代理问题。这种激进性更多地体现在如何描述企业的性质上，而不是企业具体如何运作上。核准型与调和型等级制度是大多数成功企业的实际经验，但部分媒体报道更倾向于将这种成功归功于全知全能的明星CEO。然而，这种夸张的描述所产生的恶劣影响力不容低估，它们正在逐步侵蚀企业的管理实践以及商业活动在大众心目中的合法性。

在调和型组织架构下，企业的职责划分与资源分配方案最终由高管团队和董事会决定。如果股东不接受已付诸实施的方案，他们有权集体决定更换董事或解雇高管，但这项权利并不容易或并不经常得到行使，尤其是在特拉华州的公司法环境下。所以，心怀不满的股东更倾向于出售手中的股份，如同员工有权辞职，客户和供应商有权将业务转向别处。阿尔伯特·赫希曼指出，员工退出和发声是一个组织步入败落的标志。当然，与提出意见、呼吁管理改革的发声相比，相关者因不满而退出是一种最决断的问责方式，显然对现代公司的打击更直接、更严重。

成功的企业管理团队能够在大多数利益相关者的利益之间求得平衡，让投资者对股息（或现在更常见的股价）、员工对工作、客户和供应商对获利水平都感到满意。如此一来，企业便开启了良性循环——员工流动率降低，客户和供应商忠诚度提升，股价稳步上涨，最终企业实现持续发展。

在市场经济中，退出是一种比发声更直接有效的问责机制，这是利益相关者以实际行动对企业高管的决策质量做出的直接评价。同时，退出与发声通常并行不悖。对于那些感觉自己的想法或诉求受到忽视的人来说，退出是一种最直接的解决办法。对组织中的大多数人来说，铿锵有力的发声并不意味着刻意提高嗓门，他们仅需以自己的肺腑之言道出对组织管理事务的意见和建议，从而表明自己的存在价值。表达此种参与感大可不必采取正式的协商程序，比如要求召开全员大会，或者在董事会中争取工人代表的席位。劳资双方在协商过程中往往会遇到两种令人尴尬的现象：一方面，积极参与者缺乏广泛的代表性，因为大多数员工要么不肯出面，要么缄口不言；另一方面，带头的参与者特别固执己见。

作为企业律师的布莱尔和斯托特，二人撰写的文章虽然以商业组织为主题，而且没有偏向任何特定的利益相关者群体，但无法具体适用于任何商业企业。他们所描述的调和型组织架构针对的几乎都是专业性极强的公共机构，如高级知识分子集中的大学和医院、活跃的体育俱乐部或慈善机构。几乎所有的集体或社区活动都与调和型组织架构理念相关，无论是私营的还是公共的。一些学校、教会和军队在组织特定的活动时，仍然坚持严格的等级制，但这些属于例外，而不是组织架构的常态。其实，对于任何依靠集体智慧来保持凝聚力和提高效率的组织来说，调和型组织架构都是必要的，因为这种组织形式建立在信任和尊重的基础上，而不是一味强调义务和契约。

我曾经参加过一次"公开咨议会"，其主旨是就拟议的电信法规变更征求公众意见。据我所知，大约100名与会者中，几乎所有人都在电信公司工作或为电信公司提供咨询服务，抑或跃跃欲试地希望跻身其中。我只发现了两名真正的公众人士。其中一人对电信公司义愤填膺，频繁表达自己的不满。另一位是一名退休老人，他稳坐在温暖的房间里，端着一杯茶，表达了对电信行业的感激之情，因为这个行业让他能够给孙子孙女打电话，他的发言得到了衷心的感谢。

3 麦克尼尔重返巴拉

> 律师会为他们的客户准备长达 60 页的合同（因为他们知道商人都不可信），而对于自己律所的管理，他们仅用一张字迹潦草的便条，甚至无须任何人签字，因为他们知道可以信任身边的合伙人。
>
> ——伊恩·麦克尼尔，1973—1974 年[1]

来自苏格兰西北部巴拉岛的伊恩·麦克尼尔是家族的第 46 任掌门人，他同时也是一位美国的法律学者，在美国西北大学法学院担任亨利·威格莫尔教席教授近 20 年。20 世纪 60 年代，他提出了关系契约的概念。[2]作为"法律与社会"运动（与"法律与经济"运动形成鲜明对照）的开创者之一，斯图尔特·麦考利与之所见略同。[3]两位学者都强调，几乎所有的契约都是在持续的社会和商业关系背景下达成的，这些关系构成了契约的实质。

对于那些认为公司由相互关联的契约组成的公司法学者来说，公司管理就是合同设计和规范的问题；而对于将公司视为理性个体集合的经济学家来说，管理则是委托代理问题的集合。

对于麦克尼尔教授这样一位沉浸在法律和经济世界里的学者来说，生活就是一份又一份的契约，因为他要遇到一拨儿又一拨儿的委托人及其代理人。每天，他都要完成聘用协议规定的工作任务，然后与伦敦交通局达成协议，乘车回家。他会留意车票上小字印刷的服务条款，上面标明伦敦交通局将根据要求提供服务,尽管为他服务的乘务员对这些条款也似懂非懂。在回到还剩 98 年租期的公寓后(他已经对租约的详细条款烂熟于心),他一边打开电脑,一边"贿赂"小狗为他叼来拖鞋。他原本打算使用微软 Teams(团队)软件与同事连线处理部分未完成的工作,但在花了两个半小时阅读该应用软件的使用条款(根据《个人电脑》杂志的估计)后,他决定将此事留到第二天早上。[4] 在仔细查看了外卖软件 Deliveroo 的服务条款之后并准备下单时,他已经不再感到饥饿。到了睡觉时间,他需要好好地恢复精神,以便第二天处理各类合同事宜。

当然,无论是在个人生活还是在商务活动中,现实世界里的人都不会也不可能以这种迂腐的方式行事。商家经商之道首先在于自身的经验积累和声誉,其次是与客户的关系以及双方继续合作的共同愿望。商业交易植根于其所在的社会背景,而具体的社会背景又决定了企业的管理模式和行为方式。

麦克尼尔教授供职的美国西北大学坐落在淡水充盈的密歇根湖畔,校园环境优美,拥有专属的沙滩,而其家族则与风光旖旎的巴拉岛渊源深厚。巴拉岛是苏格兰外赫布里底群岛中的一处小岛,人口仅有 1 000。这里有古老的城堡和金色的沙滩,铺设在沙滩上的一条飞机跑道只有在大西洋潮水退去时才可使用。巴拉岛被称为"从未经历过宗教改革的岛屿";岛上的居民主要信奉天主教,而其北部的诸岛居民皆信奉严肃的新教。

19 世纪,巴拉岛的大部分居民移居北美。挥霍无度的巴拉岛第 41 任领主被迫出售大部分财产以偿还债务,岛屿的所有权转给了约翰·戈登,他是苏格兰本土的一位地主,依靠投资加勒比地区的奴隶种植园而发家。第 41 任领主麦克尼尔于 1838 年去世,领主的席位传给了他居住在加拿大的一位表亲。一个世纪后，那位麦克尼尔教授的父亲，即第45任领主，赎回了该岛的大部分土地和家族城堡。麦克尼尔教授退休后定居苏格兰，随后将岛上的土地捐赠给了苏格兰政府，由政府负责改善当地社区的生存环境，并进行文物保护。此外，他还将城堡租了出去，每年租金仅为1英镑和一瓶威士忌。[5]麦克尼尔教授对所有权和义务本质的深刻理解，充分反映在他的行为和学术著作中。

读者可能正在阅读本书的纸质版或电子版，或者正在收听本书的音频版，无论采取何种方式，你都需要与不同的出版商打交道，订立条款不同但同样冗长的协议。但其实你并不真正在意这些协议的内容，因为这种协议不太可能有实际意义。只有当关系破裂时，协议的法律效力才开始显现，甚至即便如此，也不一定会触发法律争端。如果你不喜欢本书，你很可能把它丢在一边；你也许会给我发一封措辞犀利的电子邮件，但你的律师会告诉你，很抱歉，你和我并不存在契约关系。但如果读者喜欢本书并购买我的其他书，那我们之间便进入了关系型交流。我希望我们能够在信任、尊重的基础上发展这种关系——互利，而不仅在财务方面。

信任与尊重

无论是工人班组装配发动机，还是董事会制定新的业务规划，抑或企业向众人筹集资金，任何形式的合作都需要建立在信任的基础上。换言之，一项集体行动若要取得成功，就必须以相互信任为前提，每一位参与者都需要做到言而有信，言出必行。天性使然，信任源于人际关系，人类会不假思索地信任自己的家庭成员，并希望结交朋友，以形成默契的互助团体。以此为基础，约瑟夫·亨里奇指出，当社会习俗开始鼓励人们在亲属群体之外寻找婚姻伴侣时，信任关系便随之得到了拓展。[6]再进一步推演，陌生人之间能否达成互信关系？我们姑且将这种泛化的信任视为一种可以辩驳的假定，但不可否认，在一个社会大生产的组织体系里，必须有某种纽带和机制将这一假定转化为可靠的现实。

民意调查旨在衡量不同国家人与人之间的普遍信任程度，提出诸如"您是否认为大多数人值得信任"或"您是否同意在与陌生人打交道时应当万分小心"之类的问题。[7]结果发现，积极的普遍信任关系与人均国民收入密切相关。在这方面，表现最佳的全部是北方国家中社会高度同质化的富裕小国，包括丹麦、卢森堡、挪威和瑞士（还有新西兰，虽然位于南太平洋，但文化上属于北方国家）。同时，这些国家的腐败程度也是全球最低的。[8]加拿大、德国和英国等制度完善的大国，在普遍信任和政府清廉方面也表现出色。美国虽然在排名中落后于这些北方国家，但仍远远领先于大多数南方国家。

普遍信任与经济繁荣之间的这种突出的关联性，在实证方面有一个显著的例外。中国仍被列为中等收入国家，人均国民收入低于全球平均水平，但民众比英国或美国的受访者更倾向于表示"大多数人是可以信任的"。这一背离直觉的发现已成为进一步调查研究的主题。[9]或许最为直接的解释是，相对于信奉路德教义、崇尚社会民主主义的瑞典，在深受儒家思想浸染的威权制中国，调查中提示的这些问题有着完全不同的含义。

诚实是一种性格特征，而不是一项工具

动机自私、目标狭隘和行为工具化会严重阻碍协作活动的推进，包括养育子女、传道授业以及科学研究。例如，有些父母很自私，有些教师对

教育目的的理解很狭隘，有些科学家用片面的数据证明自己的实验结果。对于这些糟糕的父母、不合格的教师和糟糕的科学家，我们庆幸自己不属于那些家庭，敢于抵制那类课程，拒绝加入那些研究团队。

好的父母是无私的，应该毕生为子女提供关爱与支持，而不会将子女当作日后养老的工具。评价优秀教师的价值尺度不是其个人收获的名利，而是其学生取得的成就。我们景仰伟大的科学家，不仅是赞美他们取得的成就，还钦佩他们取得成就的方式。我们赞扬伽利略不畏教会强权，敢于坚守其通过观察发现的科学真理；我们感念巴里·马歇尔为了研究胃溃疡的病源，毅然喝下了含有细菌的培养液。[10]

在养育子女、传道授业和科学研究等社会活动中，人际关系是必不可少的因素，其价值不仅体现在结果上，更贯穿于关系本身。大多数人在社会交往中都能觉察到工具性的伪善，例如二手车推销员故作友好的搭讪，政客在拉票时针砭时弊的慷慨陈词，因此会心生厌恶。同样是提高员工福利，一面是出于公司高管的真心实意，另一面则是因为公司财务部门通过精心计算，认定降低员工流失率的净现值要高于员工福利的增加值，这两种动机有着根本的区别，员工通常也对此心知肚明。

迈克尔·詹森对这个问题做出了清楚的描述：

在社会交往当中，一个处处都斤斤计较利弊得失的人，注定是不值得信任的（从而加剧了人际关系的脆弱性）；如果除了少数例外情况，没有人愿意与他相处，这个人必然是不正直的（从而降低了生活的能动性）。因此，这样的人到头来是损人不利己的。[11]

两个世纪前，沃特利大主教曾更简洁地表达了这一观点："诚实也许是最好的工具，但徒然假汝之名者并不是一个真正诚实的人。"[12]

宗教与资本主义的兴起

一个社会的诚信与其主流宗教传统密切相关。在犹太－基督教传统主导的社会里，普遍信任度明显高于佛教、印度教或伊斯兰教主导的国家。新教似乎对发展工商业情有独钟。一个多世纪以前，社会学家马克斯·韦伯将新教伦理与西欧社会的资本主义兴起联系起来，即使如今宗教活动的影响在逐步减弱，他得出的结论仍然是成立的。如果你想在21世纪生活在一个经济繁荣的社会里，那么出生在犹太－基督教的文化环境中是明智的，而且最好是保持传统新教文化的那一部分，而不是天主教主导文化的那部分。

许多宗教教义都宣扬有德之人死后会得到善果，以此来加强道德教化。中世纪的天主教会削弱了这一教义，宣扬富人只要为建设圣彼得大教堂提供足够慷慨的捐赠，便可以获得上帝的宽恕。推销员兼牧师约翰·台彻尔成功地将这一理论传播开来，由此激怒了马丁·路德，从而为新教改革奠定了基础。代赎的做法（即相信慷慨捐赠财富可以减轻获取财富时所犯的罪孽）至今依然存在，只是花样有所翻新，例如普渡制药的萨克勒家族的慈善行为。

预定论认为，一个人诚实和勤奋工作表明他已经是上帝的选民，而诚实和勤奋不是用以赚钱购买赎罪券的手段。虽然我从小受到苏格兰教会的影响，那里有着浓厚的加尔文主义传统，但教会牧师或主日学校的老师并没有向我们讲授预定论的基本教义，那是我在大学学习经济史时通过阅读韦伯的著作得知的。宗教与商业成功之间的联系并不是简单的因果关系，而是宗教教义和主流文化共同演进的结果。

"耶和华所赐的福使人富足，并不加上忧虑。"[13] 这是现代电视中一些福音传道者所推崇的基督教义,这种现象在美国南部和尼日利亚十分常见。许多这样的福音传道者,如奥拉尔·罗伯茨和乔尔·奥斯汀,都能用自己的亲身经历证明其真实性。但成功神学(福音派宣扬财富是上帝祝福的教义)并非韦伯心中所想的那样。《圣经》还说:"美名胜过大财。"[14] 这两段经文其实并不矛盾,但后者是我们苏格兰的主日学校所推崇的。

因此,到了20世纪,"新教伦理"已成为一种文化规范,而非宗教教条。但它对西欧的工业革命产生了深刻的影响,使苏格兰从欧洲边缘的一片荒芜贫穷之地转变为世界上最繁荣的地区之一。无独有偶,在欧洲大陆,德国和荷兰等国家均有新教和天主教居民的聚集区,但工业化成果则明显地钟情于新教地区。

经济上成功的少数族裔

清教属于新教中主张改革的一支,为逃避英国王权和宗教专制的迫害,其先驱者筹集资金远赴北美建立了殖民地,随后陆续到达的早期欧洲定居者绝大多数都是新教徒。胡格诺派教徒主要是来自法国的脱离天主教的新教难民,他们所到之处都显露出强大的经济活力。对新教徒的迫害使法国的新教群体所剩无几,但这个少数群体却产生了包括法国首富伯纳德·阿诺特在内的一大批富商巨贾。

在经济上取得卓越成就的少数群体(通常是流亡群体)当中,伦敦(以及荷兰和南非)的胡格诺派教徒堪称典范。一旦到达某个国家定居下来,他们便在商业和金融业领域取得重要乃至主导的地位。英格兰银行(由苏格兰人威廉·帕特森创立)的首任行长约翰·霍布隆就来自胡格诺派家族，他的哥哥也是该银行的董事，弟弟后来又接替了他的行长一职。但是，少数群体在经济上的成功，往往会加剧当地人嫉妒、怨恨以及更糟糕的情绪，纳粹德国针对犹太人的种族灭绝就是极端的例子。其他在经济上成功的少数群体包括：东南亚多地的华人，散居在多个国家的黎巴嫩基督徒，土耳其的亚美尼亚人，现代美国的韩国人，以及斐济和东非国家的印度人。20世纪70年代，东非国家驱逐印度移民商业群体，并限制他们携带财产出境，他们漂泊到英国，定居后白手起家，不久又重现了经济上的成功。

贵格会、犹太人以及其他少数移民群体，如胡格诺派教徒虽然长期被排斥在英国既定的阶级体系之外，却在工业革命的浪潮中发挥了举足轻重的作用，尤其是在金融领域。在钢铁业奠定英国工业革命基础的亚伯拉罕·达比一世，与劳埃德银行创始人相关联的塞缪尔·劳埃德和威廉·劳埃德，等等，都是贵格会教徒。巴克莱银行也是由贵格会教徒创立的。贵格会教徒对巧克力行业的贡献尤为显著，吉百利、弗莱氏和朗特里等国际驰名品牌都属于贵格会教徒的杰作。（吉百利和弗莱氏现为美国食品集团亿滋国际的一部分，朗特里已被雀巢收购。）他们之所以大力发展巧克力产业，动机可能是推广可可，将它作为酒精饮料的替代品，因为抵制酒精一直是他们的信念和习俗。桂格燕麦公司虽不是由贵格会教徒创立的，但其创始人采用贵格会教友的形象作为商标，说明大众认同贵格会一贯坚守质量和诚信的文化传统，这也算是文化借势的早期案例。

新教教义崇尚个人主义，但同时提倡尊重他人（主要是那些与自己肤色和传统相似的人）的美德。竞争对手只有相互尊重，合作与竞争才能共存。我们可以再次用体育的例子来类比说明。当我们谈论一名优秀的运动员时，"优秀"这个词实际上被赋予了双重含义，既指向天赋，也包含道德。优秀的田径运动员为了赢得比赛会奋力奔跑，而不会去绊倒竞争对手，即使他认为这样做的话自己完全有可能蒙混过关。阿拉斯代尔·麦金太尔对亚里士多德的美德伦理学做出了权威的阐释，他特意将天赋和道德这两种含义融合到一起，汇入"善"的概念范畴。我们平时夸赞一名运动员"优秀"，意思是说他既展示了高超的运动天赋，又能遵守比赛规则，这就是美德伦理学所定义的"善"。[15] 人际关系往往兼具竞争与合作，而依照美德伦理处处与人为善，则是一个人自我成就感的重要来源。

在商机面前，商人通常能够找到互利共赢的方法，但多梅尼科案是一个例外（详见前文）。渔民和雇主的纠纷酿成的一场轰动的法庭诉讼，很大程度上源于众多当事人之间的文化差异。渔民包括刚刚移居美国不久的华工和阿拉斯加的原住民，他们几乎不会讲英语，而阿拉斯加罐头厂的经理也根本不懂如何沟通和管理。

通常而言，大型的工程建设项目更容易产生合同纠纷，因为双方很难建立关系型的合作模式。在这种情况下，承包商往往会通过压低报价拿到合同，以期日后从合同"变更"中获利：项目一旦开工，承包商便掌握了二度讨价还价的主动权，拖延工期是其惯用的要挟手段。为了遏制承包商玩弄这样的伎俩，同时防止裙带关系可能导致的腐败，公共部门要求所有的采购，无论规模大小，都必须经过公开的竞争性招标。不过，这种方式也存在缺陷，对透明度和明确性的要求本身也会产生巨大的交易成本。围绕高速公路的维护项目，伯明翰市议会与艾美建筑公司达成的一份合同竟然超过5 000页，其中仅有关规范性的定义就占据了200页的篇幅。

关系型契约与法律

我在1993年出版的《企业成功的基础》一书中特别提到了玛莎百货，将其视为构建独特商业关系架构的典范。像威廉·贝尔德工业公司和诺丁汉制造公司这样的供应商与玛莎百货保持着独家的紧密型合作关系，产品设计和生产的每一个细节都是由制造商和零售商共同讨论商定的。

1991 年，担任玛莎百货 CEO 的理查德·格林伯里曾这样描述公司的经营方式：

> 自成立以来，玛莎百货与所有的商品和服务供应商保持着特殊的伙伴关系，这是我们公司一贯秉承的基本原则。此外，这也是我们与供应商持续开展业务的核心理念，季复一季，年复一年。在可预见的未来，生产与销售合作的连续性是所有讨论和谈判的基础。事实上，大家都清楚，任何企业一旦成为玛莎百货的主要供应商，就永远是玛莎百货的供应商。即便在供应商表现确实不佳的情况下，供销双方也会安排高层会谈，共同商讨应对之策（而不是单方面断然中止合作）。

不幸的是，玛莎百货遭遇了财务诅咒。我们在前文看到，格林伯里立志实现 10 亿英镑的利润目标，但首战告捷不久便宣告失败。随着公司利润的下滑，他在董事会的激烈冲突中于 1999 年中止了任期。作为公司的"终身员工"，格林伯里任职期间，玛莎百货始终与供应商维持着紧密合作的关系，但在他离职几周后，供应商就纷纷接到减少或终止订货的通知。现如今，玛莎百货需要跑遍世界各地寻找货源，但其高管却仍然大言不惭地夸口说，其 90% 以上的商品都是在英国制造的。然而，英国的读者只要查看一下其所售卖内衣的标签，就能发现，产地大部分属于亚洲国家。

如前所述，只有当关系破裂时，法律的作用才开始显现。在玛莎百货的案例中，供销双方的关系确实走到了尽头，法律也便开始发挥作用。威廉·贝尔德工业公司是一家私营企业，30 年来一直是玛莎百货大部分服装的四大供应商之一，如今因玛莎百货不再订货而将其告上法庭。[16]

前文引用的格林伯里关于玛莎百货与其供应商长期关系的描述，摘自他向法庭提供的证言。但在驳回威廉·贝尔德工业公司的诉求时，曼斯大法官强调，不能利用法庭的权威将这种关系解释成正式的合同：

> 显然，威廉·贝尔德工业公司认为，而且确实如此，它与玛莎百货建立了长期而紧密的非正式商业"伙伴关系"，而且在实际操作中，它可以依赖这种关系以及玛莎百货管理层的普遍善意和良好意愿。但公司管理层、经营状况和意愿都可能发生变化，经营者必须清楚，如果没有具体的合同保护，其业务可能会因此受到不利影响。我认为，法律不能试图束缚商业关系，即使是——或许尤其是——像本案中这样的长期而紧密的商业关系。[17]

曼斯大法官和上诉法庭的其他法官一致认为，在当事人明确拒绝订立商业合同的情况下，法庭几乎不可能强行为其拟定明确的商业合同条款。

如果双方签订了合同，情况会怎样呢？尽管有超过5 000页的法律条款，伯明翰市议会和艾美建筑公司之间的合同也无法涵盖所有可能的意外情况。艾美建筑公司坚持对合同进行字面化的解读，并将争议诉诸法庭。杰克逊大法官在做出判决时表示："任何这种性质的关系型契约都可能非常冗长，且包含许多蹩脚（不恰当和奇怪）之处。双方都应该根据合同所期望达成的长期目的而采用合理的应对方法。他们不应该揪住某些蹩脚之处，借以通过扰乱项目进程来为自己争取最大利益。"[18]

虽然杰克逊和曼斯两位大法官的处理方式与判决结果截然不同，但其中贯穿了一个共同的主题，即英国法院至少不甚认同"商业即契约"的观点。伯明翰市议会和玛莎百货的案例都涉及与供应商的垂直关系，大法官们认为经营者应该在富有成效的互惠关系中解决问题，避免动辄诉诸法律。威廉·贝尔德工业公司不能利用诉讼法律来逼迫玛莎百货与之延续业务伙伴关系；合同订立双方在一份复杂的合同存续期间难免会出现意外情况，鉴于其中的巨大不确定性，艾美建筑公司与伯明翰市议会应当做出合理的安排。由科斯开创并由威廉姆森和哈特等学者发扬光大的公司理论和法律经济学理论，强调合同设计和产权的核心作用，这显然是与英国司法传统相悖的。

黑煤和褐煤

2016年，奥利弗·哈特以契约设计理论荣获诺贝尔经济学奖。在获奖演说中，他以在煤矿附近建设发电厂为例阐述了自己的思想。在一个全球关心气候变化的时代，这例子确实有些不合时宜，但值得肯定的是，他解释说："举一个现实世界的例子有助于说明这个模型。试想在煤矿旁边建造一座发电厂，目的是便于燃煤发电。"[19]那么发电厂需要吞并燃料供应商吗？哈特认为这是一个复杂的问题，因为发电厂和煤矿企业之间难免存在信息不对称。他指出，订立契约是可行的解决方案，其中要特别明确所有分歧或争端的解决机制，即交由诚实公正的第三方进行裁决。在这一点上，另外两位诺奖得主埃里克·马斯金和让·梯若尔，在1999年的一篇论文中做出了更加详尽的论述。[20]

哈特所说的"现实世界"，并不是指任何特定的发电厂。北方国家最大的燃煤发电厂是美国佐治亚电力公司运营的谢勒电厂，它使用的煤炭是在2 000多英里之外的怀俄明州开采的，由伯灵顿北方铁路公司（伯克希尔-哈撒韦公司的子公司）的专用班列负责运输。怀俄明州拥有丰富的煤矿资源，煤矿交易市场十分活跃，竞争也异常激烈。相对于市场价值而言，黑煤（无烟煤）并不笨重，因此运输成本低廉。同理，澳大利亚生产的黑煤也被运往中国甚至欧洲。

波兰和德国东部边境两侧有大量褐煤矿藏，澳大利亚也有褐煤矿藏，但褐煤的密度要低得多，所以相对于其热含量而言，运输成本要高得多。历史上，澳大利亚东南部的大部分电力都来自维多利亚州的拉特罗布山谷。当年，我搭乘飞机前往此处，那里的空中弥漫着火力发电厂产生的大量蒸汽云，这使我们在几英里外便可认出目的地。

在拉特罗布山谷，巨型推土机将褐煤铲入熔炉，从而为涡轮机提供发电动能。澳大利亚天然气和照明公司成立于1837年，是悉尼证券交易所最早的上市公司之一，拥有Loy Yang露天褐煤矿和两座相邻的发电厂之一Loy Yang A。另外一座发电厂是Loy Yang B，自30多年前维多利亚州推行电力行业私有化起，这座发电厂的所有权就与煤矿分开了。它曾被数度易手，先是归美国爱迪生使命能源公司，后又从日本三井物产转至法国能源公司Engie集团，现在则归属于中国的周大福集团。对于这座发电厂而言，法律关系和所有权结构并不重要，关键是合作方之间能否建立行之有效的商业安排。

也许无须多言，我在拉特罗布山谷遇到的所有人，都没有听说过马斯金和梯若尔的合同理论和机制设计架构，更不用说考虑实施了。[21]哈特也承认这一事实，但他将之归咎于商人缺乏经济理性，而我则更倾向于这样的解释：商人在更广泛的社会背景下开展业务活动，他们依靠经验积累所形成的理性，不会被那些理论家炮制的概念所左右。

许多法律规范支持并保护商人追求经济效率，商人的本领在于建立行之有效的资源配置架构，从而在合法的范围内依靠务实经营取得成功。此外，实施这些架构的机制是商业伙伴反复尝试与磨合的产物，并且他们需要随时适应商业运作所面临的社会和政治背景。我们发现，在美国硅谷、意大利沙发镇梅达、日本围绕丰田等工业巨头形成的经连会，以及澳大利亚拉特罗布山谷的发电厂，都存在类似的竞争与合作相互交织的现象，但在它们所处的具体环境中，无论是美国加州和意大利北部，还是日本和澳大利亚，均有着各不相同的文化特征。

4 空心化企业

> 是创造羔羊的神创造了你,还是外部特许经营者?
> ——罗宾·约翰逊,2022年[1]

与众多创业家一样,亨利·福特对垂直型的业务架构有着非常清晰的认识。从将原材料运送至胭脂河的福特工厂,到整车下线,他希望将整条产业链统统掌控在自己手上。为了确保轮胎制造所需橡胶的稳定货源,福特斥巨资在巴西开辟了一片规模庞大的橡胶种植园区,尽管该园区最后以象征性的价格转让给了巴西政府,但其所在地至今仍被称作福特之地。[2] 威廉·莫里斯创办的莫里斯汽车工厂耸立在牛津,他同样坚持掌控一切的原则。我曾开玩笑说,莫里斯汽车公司唯一没有生产的汽车部件就仅剩车主手册了,一位商业历史学家朋友马上提醒我去查一下。结果发现,这家公司不仅自行印制车主手册,而且为此专门成立了一家全资的出版公司,即纳菲尔德出版社。

自创还是并购

相反,在通用汽车公司,斯隆则相信更加分散的管理模式。1926年,通用汽车公司决定收购为其制造车体的费舍尔车身公司。起码从探讨这笔交易的论文数量来看,这一事件可谓被载入了史册。彼得·克莱因回忆道：

1997年，在国际新制度经济学学会（由克莱因与罗纳德·科斯共同创立）的成立大会上，大家开始讨论这一新兴学科的最佳实证策略。哈罗德·德姆塞茨站起来说："请不要再发表关于费舍尔车身制造公司和通用汽车公司的论文了！"……站在演讲台上的科斯回答道（我根据记忆转述）："对不起，哈罗德，这正是我下一篇论文的主题！"[3]

在2000年的一期《法律与经济学杂志》上，至少有5篇论文（包括科斯的论文）讨论了费舍尔车身制造公司的商业案例。

科斯在2000年发表的一篇论文中解释说，他在1937年的文章中曾对是否明确提及费舍尔车身制造公司的案例有所犹豫，因为他了解到，为费舍尔车身制造公司制造底盘部件的A.O.史密斯公司一直是一家独立的企业。这家公司的总部位于威斯康星州的密尔沃基市，距离通用汽车公司几百英里；费舍尔车身制造公司把工厂建在底特律，目的是靠近通用汽车公司。这两个案例性质相似，但一个建立在契约关系基础上，另一个建立在层级合作关系基础上，而通用汽车公司高管针对他们的动机给出的解释是自相矛盾的。

尽管亨利·福特热衷于垂直整合，但他还是从底特律的布里格斯汽车公司购买了T型车的车身，这家公司还为克莱斯勒等其他制造商提供车身部件。当福特在英国达格纳姆开设工厂时，布里格斯汽车公司也随之跟进。福特收购了位于美国纽约州布法罗市的凯姆工厂，用以生产车轴套管。为抵制当地工人罢工，他一怒之下，干脆将生产设备和高管团队迁往底特律，然后关闭了凯姆工厂。（威廉·克努森就在此次搬迁的队伍里，正如前文所述，他先是福特的得力助手，后来又成为斯隆的左膀右臂。）

牛津的威廉·莫里斯也面临类似的问题。他非常欣赏美国巴德公司生产的车身，于是说服巴德公司将技术带到英国，在他的考利工厂对面与他合资兴建了压制钢公司。然而，双方合作并不顺利，经过激烈的法律诉讼，莫里斯被迫出售合资公司的股份。巴德公司随后也撤资，压制钢公司从 1935 年起开始独立运营，直到 1965 年被英国汽车公司收购，后者是由莫里斯汽车公司与其主要的英国竞争对手奥斯汀公司合并而成的。（威廉·莫里斯被册封为纳菲尔德勋爵，于 1963 年去世。他生前原本提议在牛津大学捐建一所工程学院，但一位副校长说服了他，使他认为工程学与社会科学几乎是一回事，于是纳菲尔德学院就变成了我在攻读研究生期间学习社会科学的地方。）

为什么通用汽车公司会收购费舍尔车身制造公司，而没收购 A.O. 史密斯公司？也许费舍尔兄弟渴望在世界上最大、最成功的公司之一中谋得高管之位，而史密斯家族则珍视自己的独立性。谋划并购交易的幕后推手也在暗中谈论"社会问题"，但他们所关心的社会问题，并不是他们的交易活动对员工和社区会产生怎样的影响，而是谁将在合并后的企业里拿到最高的职位。

过去几十年来，像福特和莫里斯那样竭力掌控全产业链的做法已不再流行，一个重要原因是主流企业纷纷摒弃重资产的经营模式，转型为轻资产的现代"空心化企业"。相应地，如何推进业务发展，"自创还是并购"？这一现实的战略决策问题随之被提上了紧要的议事日程。"空心化企业"一词，似乎是由诺曼·乔纳斯于 1986 年首创的。[4] 他在《商业周刊》发表的一篇长文中运用这一概念来形容现代企业的运营特征，描述它们如何将越来越多的业务外包给独立的专业供应商。事实证明了他敏锐的洞察力，在接下来的岁月里，这一经营模式蔚然成风。另外，"自创还是并购"逐步上升为一些核心的政治问题：将业务外包给南方国家，北方国家的经济是否会受到损害？其社会结构是否会遭到削弱？哪些传统上属于公共部门的业务应该由政府自行承担，哪些业务应该承包给私营企业？

类似于卡伦工厂或福特胭脂河工厂的生产线仍然存在，但这些生产线如今分布在墨西哥和亚洲多国，而非美国和欧洲各国。

1911年，美国三角衬衫公司在纽约的一场火灾夺走了146名员工的生命；一个世纪后，位于孟加拉国首都达卡的塔兹琳时装厂惊现相似的一幕：火灾现场没有消防出口，大门紧锁，导致112名员工丧生。厂主德尔瓦尔·侯赛因被控杀人罪，法庭于2015年开始审理，至今尚未结案。[5] 孟加拉国是成衣出口大国，拥有7 000多家塔兹琳时装厂之类的制衣企业，员工主要是年轻女性，农村人多地少的窘境迫使她们背井离乡，依靠在城里打工赚取稍高一点儿的收入。孟加拉国尚处于工业化的起步阶段，这在其生产性质和工人待遇方面得到了集中体现。历史（的诗篇）不会重复，但会押韵。[6]

孟加拉国的经济水平和政治制度也同样如此。孟加拉国宪法将自身定性为社会主义共和政体，而实际上，整个国家政权一直由强大的军队和政治精英统治，他们不仅依法向新兴的工业企业征税，而且直接伸手索取贿赂。美国、中国和孟加拉国分别处于不同的工业化发展阶段，从这一角度来理解商业模式和行为表现的差异，有助于我们建立更加清晰的认识，而不至于被所谓资本主义或社会主义制度等说辞所蒙蔽。

全球化

凭借20世纪90年代出版的一系列图书和发表的一系列文章，《纽约时报》记者托马斯·弗里德曼俨然成了全球化的预言家。针对方兴未艾的全球品牌和国际供应链，弗里德曼总结出了一句脍炙人口的名言："世界是平的。"

对于很多人来说，最大的运动鞋零售商耐克是典型的"空心化企业"。美国密歇根大学罗斯商学院的资深管理学教授杰拉尔德·戴维斯甚至认为，美国经济正经历一场"耐克化"的运动。[7]耐克公司本身不生产任何东西，所有带有"耐克"标志的服装和鞋子都是在亚洲的工厂生产的，包括孟加拉国的工厂。（塔兹琳时装厂不是耐克的供应商，但为沃尔玛等其他美国公司供应产品。）甚至，耐克标志的设计也是外包的（外包费用为35美元）。

弗里德曼曾就国际关系问题提出著名的"金拱门理论"：任何两个拥有麦当劳餐厅的国家之间都不会发生战争。[8]1988年，在今塞尔维亚的首都贝尔格莱德（当时是南斯拉夫的首都），南斯拉夫境内的第一家麦当劳正式开业。据称，在随后爆发的塞尔维亚－克罗地亚战争前夕，塞尔维亚的足球迷们曾冲对方高喊："我们有麦当劳，你们的呢？"[9]克罗地亚第一家麦当劳分店于1996年开业，当时正值1995年结束波黑地区冲突的《波黑和平协议》签署后不久。[10]弗里德曼继续完善他的论点：戴尔理论宣称，集成供应链的存在可以避免武装冲突。然而，2022年初，俄罗斯与乌克兰的冲突，最终有力地驳斥了他的金拱门理论。

戴维斯并不认为"耐克化"是一个褒义词。在制造业外包问题上，人们主要有两股质疑的声音。其中一部分源于对制造业非理性的迷恋，但除此之外，人们担心将大量的生产活动从英国和美国转移到亚洲，会导致本地大型制造工厂的消亡，进而造成社区一片萧条的景象。这一点并非杞人忧天，许多国家已经尝到了大举外包的苦果。

另一股质疑的声音集中于给承接外包业务（亦称"接包"）的国家带来的负面影响。[11]孟加拉国等发展中国家的工厂，工资水平和工作条件远低于北方国家劳动者可接受的水平,"激进分子们"以此为由,不断向从这些国家采购产品的公司施压,要求它们提高甄选供应商资质的门槛。但不出所料,这种倡导社会责任的施压措施收效甚微。根据世界银行设定的日入 2.15 美元的贫困线,孟加拉国多数人口生活在贫困线以下。[12]

因此,你购买的一件 T 恤衫,零售价可能超过那里的车衣工一周的工资收入。然而,你的购买行为并不是造成孟加拉国经济落后的原因,事实上,这为其摆脱困境带来了最有希望的曙光。相反,如果你因为消费者和生产者之间悬殊的生存状态而感到尴尬,从而拒绝购买,那么你就是在损害而不是帮助孟加拉国的经济。

服装业出口额占孟加拉国全部出口额的 80% 以上,其中大部分产品来自当地的小型企业,这些企业的员工仅能依靠简单的技能赚取微薄的收入。[13]你和你光顾的商店可能正在向德尔瓦尔·侯赛因之流德不配位的中间商输送富贵,而问题是,尽管他们对供应商的压榨达到了登峰造极的地步,但试图将所谓普世价值观合盘强加给他们是不切实际的。西方公司如能帮助供应商及其员工加强能力建设,并按照略高于当地期望的标准开展业务合作,即使远低于发达国家的标准,那便也是惠泽当地的最佳方式了。当然,在部分贫穷国家,腐败猖獗,童工泛滥,面对如此情形,坚持社会责任原则的一些西方公司无疑会陷入进退两难的困境。

苹果公司一直与中国台湾的两家公司(台积电和鸿海科技集团)保持密切的业务合作,它一边将芯片和处理器业务外包给台积电,一边将手机、平板电脑等的代工业务委托给鸿海科技集团旗下的富士康。[14]二战之后,东亚地区的经济发展速度堪称经济史上的奇迹。自 1980 年有数据记录以来,截至 2022 年,中国台湾的 GDP 平均每年增长 7.2%;自 1972 年以来,截至 2023 年,韩国的 GDP 每年增长 10.8%。[15]虽然有人对中国大陆的统计数据持怀疑态度，但其增长率同样惊人。

用经济学的术语来说，这些经济体的经验充分展示了收敛的潜力。它们过去曾因制度失调和内外部的政治纷争而逡巡不前，如今则能够采用现代化国家的生产技术和商业方法，实现资源的高效利用。换言之，这些成功的亚洲经济体已经吸收了全球的集体智慧，并使之得到了更充分的利用，从而成就了自身兼具承包方和外包方的双重角色。前述的鸿海科技集团在中国大陆代工苹果产品，韩国三星则将低附加值的生产活动转移到越南等低收入国家。全球化因未能实现广普的利益均沾而遭到诸多质疑，但它确实在世界范围内促成了一种超乎亚当·斯密想象的劳动分工。亚洲贫困人口的急剧下降表明，全球化带来的益处远不止普里马克（爱尔兰的服装连锁）和沃尔玛售卖的廉价衣物。继韩国和中国台湾之后，中国大陆和印度已经驶入了经济快速增长的轨道，中产阶层日益壮大，处于绝对贫困状态的人数已大为减少。

新冠疫情引发了人们对全球供应链韧性的质疑，地缘政治持续恶化，俄乌冲突、加沙冲突和台海危机等进一步加剧了这些担忧。不少企业采取了急功近利的做法，为了在短期内节约成本而偷工减料，结果削弱了自身的抗风险能力。

特许经营和平台经济

特许经营有着悠久的历史。欧洲面向海外的帝国主义扩张，多数项目实际上就是政府以特许经营授权的方式交由私营企业实施的，其中包括著名的荷兰的东印度公司，英国的弗吉尼亚公司和东印度公司。比利时国王利奥波德二世，竟然恬不知耻地以个人名义吞并了非洲的刚果［今刚果（金）］。但进入20世纪，特许经营的规模变得更加庞大，操作方式变得更为温和，因此其在性质上被赋予了新的意蕴。

雷·克洛克曾是一家搅拌机厂商的推销员，这种搅拌机专供餐厅制作奶昔。1940年，莫里斯·麦当劳和理查德·麦当劳兄弟二人联手，在加州的圣贝纳迪诺开设了一家汉堡包餐厅，随即成了克洛克的客户。他们开发了一种叫作Speedee的快捷服务系统，特点是菜单简单，品种有限，流程重复。（对此，弗雷德里克·泰勒和威廉·克努森一定会赞赏有加。）兄弟俩希望将这种经营模式推销给其他的餐厅，于是动员克洛克离开那家陷入困境的厂商，前来担任他们的代理。

后续的故事已经广为人知了。全部接管麦当劳之后，克洛克实施的特许经营模式体现为一整套严格的标准化流程，为客户提供标准化的产品。今天，您可以在100多个国家和地区的数万家门店里，在熟悉的环境中享用几乎完全相同的巨无霸。该模式之所以能够得到大规模的推广，是因为即使没有经验的个人也能够通过加盟的方式，以少量的投资创建自己的企业，而且成功的概率很高。

这一经营模式很快得到了许多服务行业的积极效仿，从快餐连锁店到印刷店，从药店到酒店，不一而足。品牌统一化有助于开展营销活动，而且众多加盟商联合采购行动，可以大大提高对供应商的议价能力。如今，特许经营模式甚至延伸到全球化的会计师事务所，各国的分支机构都采用统一的名号和标准在全球开展业务。麦当劳和毕马威都需要定期巡查和督导各个加盟商的工作，以切实维护其品牌和声誉。

数字时代催生了一批新型的企业，尤其是脸书、推特和优兔等网络平台。客户即供应商，是它们突出的特点。亿贝和谷歌的运营模式也大体如此。美国在线与时代华纳的合并造成了灾难性的后果，原因是它们误以为平台需要自行拥有内容；威廉·莫里斯也犯过同样的错误，他竟然认为需要自己印刷车主手册。相比之下，美国在线与时代华纳的合并，给相关个人和企业带来的后果更加惨烈。

这些活生生的案例反复证明，若要收获大部分经济租金，企业仅需要控制核心竞争优势的关键枢纽，而不必追求大而全的运营模式。斯隆深谙此道，而福特则百思莫解。仅为实现《卡萨布兰卡》电影或《生日快乐》音乐的播放，时代华纳根本无须将美国在线并入自己旗下，大批的其他公司都会争相抢购这些产品在其平台上的播放权。结果，美国在线很快就被众多其他社交媒体平台所超越。时代华纳的竞争优势明显而持久，而美国在线的竞争优势则薄弱而短暂。

华纳音乐曾声称拥有歌曲《生日快乐》的版权。这首世界上最受欢迎的歌曲，被认为是 19 世纪末期由幼儿园教师米尔德丽德和帕蒂·希尔联合创作的。2015 年，华纳音乐最终放弃了版权主张，并同意支付 1 500 万美元，与多家提起集体诉讼的版税支付者达成和解。现在，你可以与家人一起歌唱《生日快乐》，而不必担心庆祝活动被华纳音乐的律师打断。（步履维艰的美国在线－时代华纳将华纳音乐出售给由加拿大商人埃德加·布朗夫曼领导的财团，后者又将其转售给朗·布拉瓦特尼克领导的投资集团。布拉瓦特尼克是一位乌克兰裔的富豪，拥有英美双重国籍，长期居住在伦敦。）

"零工经济"进一步瓦解了传统的供应链。宜家的"TaskRabbit"和亚马逊的"Mechanical Turk"属于新兴的自由职业众包平台，能够将众多寻找零星工作的个人与需要服务的消费者联系起来。盖洛普的一项调查涵盖了家政护理和平面设计等多种服务类别，发现超过 1/3 的美国在职人员至少有一部分收入来自这些零星工作。[16]

爱彼迎和优步兼具网络平台和特许经营的双重特点。作为平台，它们将房东与房客、乘客与司机联系起来；作为特许经营实体，它们必须设法监控住宿的质量和司机的可靠性。2019 年，优步报告称其司机人数已达 500 万，尽管自疫情以来这一数字有所下降；爱彼迎则声称拥有 400 万个房东和 700 多万条房源信息。[17]（世界上最大的雇主是沃尔玛，拥有逾 200 万人效力。）

这些空心化企业具有一个共同特点，即企业活动被精简为在生产链中拥有独特能力并享有竞争优势的单一环节。商业历史学家理查德·朗格卢瓦认为，这是企业格局发生变迁的一个关键因素，因为随着市场机制日臻完善，企业在面对自身不具备比较优势的业务环节时，能够借助发达的商业网络，轻松地与其他合作伙伴实现优势互补。[18]如果说装配线是 20 世纪制造业营商模式的决定性创新，那么空心化企业则有望成为 21 世纪数字营商模式的决定性创新。

第七部分

21世纪
资本论

"资本"一词具有多重含义。对于企业而言，资本首先是生产要素，主要由企业用于生产的厂房、机械、办公室和仓库构成；其次是价值尺度，代表企业实际拥有的全部有形和无形资产的净值。另外，"资本"也经常被用于指代个人或国家的财富。这种含混的用法源于工业革命初期，那时的经济和社会组织方式非常简单，资本的类型及其计量方法也大同小异。随着时代的变迁，"资本"一词的内涵和外延在不断演进。

进入20世纪，"资本"被赋予了新的内涵，例如人力资本、社会资本和自然资本。在现代社会，尽管"资本"一词已广泛渗透到经济生活的各个领域，但在理解其性质问题上，我们有必要保持更加谨慎的态度。如果"资本"的定义含混不清，那么我们应该把什么人定义为21世纪的"资本家"呢？或许，我们应该彻底摒弃"资本家"这一带有深刻历史烙印的概念。

1 作为服务的资本

> 我们购买一辆汽车，我们购买的不再是字面意义上的实物，而是一份 3~5 年的租约，凭此可以参与国家认证的私营交通系统、高速公路系统、交通安全系统、工业零部件更换系统、昂贵的保险系统……
>
> ——杰克·伯纳姆，《超越现代雕塑》，1968 年[1]

空心化企业由多种能力组合而成，其独特优势可能体现为某几种单独的能力，也可能体现为对多种能力的整合能力。苹果公司以其产品设计和开发团队的突出能力著称：其产品技术虽然先进，但并非独一无二，然而，将技术的先进性与使用的便利性融入无与伦比的优雅且易用的设备中，这种独特的能力赋予了苹果公司卓尔不群的竞争优势。每一种独特的能力或能力组合都需要配套其他的互补能力，这些互补能力是必要的，但不一定是独有的，例如会计和营销能力，因为这些服务性功能可以在存在多个供应商的相对竞争的市场中买到。

在现代企业中，物化资本与劳动力都可以通过采购获得，如设备与水电、会计与营销等。我们固然可以将苹果公司的产品描述为资本和劳动力结合的产物，正如可以将其产品视为硅材料和玻璃结合的产物一样，但这样的描述无助于我们理解苹果公司的独特性，也无法解释为何人们会排队争相购买其产品。如果认为只要获取相当数量的资本和劳动力，就能像苹果公司一样生产出 iPhone 手机与 MacBook 电脑，那就太愚蠢了——正如人们不能在获取相当数量的硅和玻璃之后，就期待自己能够制造出 iPhone 手机和 MacBook 电脑。要知道，外包装上的配料表并不是配方。托马斯·思韦茨耗时费力亲手制造的烤面包机虽然工艺十分粗糙，但结果足以证明，采用机械的方式分析生产活动是极其荒谬的。资本与劳动力，硅与玻璃，所有这些生产要素仅仅属于必要的物质条件，而停留在物理层面的描述与分析显然是远远不够的。

18 世纪后期的工业革命时代，英国的钢铁大王与纺织巨头建造的工厂都大同小异；用工方式也相差无几，无非是从乡间招募劳动力，然后给予他们一般无二的初级培训。这种生产和组织模式所需的集体智慧基本上属于公共知识，没有难以逾越的门槛可言。所以，美国商人弗朗西斯·洛厄尔在考察了曼彻斯特周围的工厂之后，回国便在马萨诸塞州成功复制了一座大型的纺织厂。然而，时至今日，如果某位曼彻斯特的商人前来参观苹果公司在库比蒂诺的工业园区，那么他可能难以打造出英国版的苹果公司。他可能会搬到硅谷，认真体验当地"空气中弥漫的商业奥秘"。这里的奥秘就是作为公共财产的集体智慧，也是该地区的独特优势所在。不过，此举只是跨出了成功商业之旅的第一步，开发独有的集体智慧才是现代企业长盛不衰的根本。

没有资本的资本主义

在我撰写本书时，亚马逊的市值已超过 2 万亿美元，其资产负债表上的资产总额却只有 4 640 亿美元[2]（这一数字的准确性值得仔细求证）。亚马逊的业务需要大型仓库、运输车辆以及大量库存商品作为支撑，但实际上，它很少掌握这类实物资产的所有权——库房主要是从房地产公司那里租用的，大部分机械设施是从金融机构租赁的，就连库存的商品大多也是供应商预交的。在亚马逊的财务报告中，其库存商品总价值为340亿美元，应收账款为380亿美元（通常计入买家的信用卡账单，属于买家和银行均尚未付讫的金额），而对供应商的应付款项则达到670亿美元。[3]简言之，亚马逊一般是先售出商品，隔一段时间再将货款付给供应商。

相对市值而言，亚马逊自有的4 640亿美元资产占比很小，但这仍是一个十分庞大的数字。然而，这个数字中的大部分是基于会计准则，通过人为估算得出的结果，因为会计准则要求对租赁的资产进行"使用权"估值，然后一并计入资产负债表。当然，企业也有支付资产使用费的义务，该项费用可以在资产负债表的其他负债中找到。同时，"商誉"也经过估值计入公司的资产。即便如此，在亚马逊的资产负债表上，"商誉"也无法体现它常规的含义，它与员工或客户对公司的情感无关，而主要来自它收购全食连锁超市所支付的金额。

对于不熟悉财务报表的人来说，这种分析可能难以理解。这里的关键在于，亚马逊完全不同于卡伦炼铁厂、伦敦至布里斯托尔的铁路线或亨利·福特的胭脂河工厂，它几乎没有任何重型资产。当亨利·福特在工厂门口挂上"福特汽车公司"的招牌时，他向世人宣告的意思是，这家工厂是福特汽车公司的经理兼大股东亨利·福特的财产。这曾是资本主义的核心内涵。

但现代商业却抽离了这一内涵，经济学家乔纳森·哈斯克尔和斯蒂安·韦斯特莱克将之描述为"没有资本的资本主义"。[4]1999年，美国客户关系管理软件提供商Salesforce率先提出了"软件即服务"（SaaS）的概念，因为其意识到人们需要的不是拥有软件本身，而是获得使用软件开展业务的权益。如今，"软件即服务"已发展成为一个欣欣向荣的重要行业。

在经济学中，厂房、设备和工具等资本密集型的资产被称为资本品，亦称作企业的固定资本。以租赁的方式获取此类固定资本的"服务"，这种概念和做法并不新鲜，住房租赁业务古已有之。虽然住房市场的租赁业务呈现下降的趋势，但租赁合同在其他商业领域却变得愈加普及。长期以来一直是影印代名词的施乐公司，率先推出了托管打印服务。如此一来，用户无须购买复印机和耗材，仅需按实际打印资料的份数付费。公司为员工租赁汽车，员工仅需在使用过程中加油和定期保养，而无须知道或关心其他事务。从提供商品到提供服务的转变，有力地提升了合作双方的成本收益效能。

现如今，租赁服务模式覆盖了消费市场和生产领域的各个环节。你可以租用一部手机，并签订一份将手机与通话、短信、数据服务捆绑在一起，俗称"套餐"的包租合约；你可以在亚马逊平台购买为期一年的 Prime 会员，在会员有效期内享受送货上门服务；你也可以按月订购健身房或美容院的服务。近年来，包租模式已成为一种商业时尚，甚至呈现出大肆泛滥的态势。

资本的所有者

你看到的亚马逊仓库很可能属于普洛斯公司，这是全球最大的房地产投资信托基金之一，总部位于美国旧金山，并在纽约证交所上市。它虽然是亚马逊的主要房东，但市值却与之相形见绌。易奎尼克斯是一家美国电信公司，负责为亚马逊的业务运营提供数据中心和计算服务。这种将重资产类项目外包的模式，与苹果公司外包产品制造业务如出一辙。可见，现代企业对专业化和分工的追求，已超乎亚当·斯密的想象。

作为全球最大的数据中心运营商之一，易奎尼克斯为大型企业提供服务器空间及运算服务。借助星罗棋布的移动信号塔，人们几乎无论身在何处都能使用智能手机通话,这些信号塔由专业的公司负责架设和运营,其中包括美国电塔公司以及欧洲康奈克斯公司。通常,你乘坐的飞机很可能不属于机身图标上显示的航空公司,其所有权可能归属于几家大型的飞机租赁公司,其中最大的是爱尔开普飞机租赁公司,此外,也有一些由多个投资人合股的公司从事飞机租赁业务。航空公司通常会与劳斯莱斯等航空发动机制造商签订长期合同,以获取整机或部件的供应和维修服务。制造商又会将发动机的所有权转让给美国通用运输公司等专业的租赁企业,后者还拥有庞大的轨道车队(包括2023年2月在俄亥俄州东巴勒斯坦镇脱轨的那辆火车,该事故导致空气中弥漫大量的有毒化学物质,清理工作预计需要耗费10亿美元)。

如果从中国运出一批零部件,你需要委托运输代理向集装箱租赁公司租用海运集装箱(如特里同国际公司,它是全球最大的联运集装箱租赁企业),并向国际海运公司(如中国台湾的长荣集团)订租货船舱位。2021年3月23日,长荣集团旗下的巨型货轮"长赐号"(其船体长度超对冲基金经理埃迪·兰伯特游艇10倍)在苏伊士运河航道搁浅,一度导致运河双向堵塞断航。次年,长荣集团的另一艘巨轮"长程轮"在美国巴尔的摩的切萨皮克湾搁浅。这两起事件一度将长荣集团推上了国际舆论的风口,但在2021年事件中,实际向埃及政府支付巨额赔偿的是作为船东的日本正荣汽船公司,因为长荣集团只是"长赐号"的租船人。该案例证明,提供运营服务的资本运作是一项极其复杂的工程,其中涵盖多个环节及参与方。

苹果公司的市值高达数万亿美元,其运营的神经中枢位于美国加州库比蒂诺的总部园区。这座壮观的园区由建筑大师诺曼·福斯特设计,造价约50亿美元,[5] 也是苹果公司最主要的有形资产。苹果公司的纽约旗舰店位于曼哈顿中央车站(该车站承载着对美国铁路大亨科尼利尔斯·范德比尔特的纪念，正如库比蒂诺总部园区诉说着对史蒂夫·乔布斯的纪念），但这家旗舰店的房产以及整个中央车站大楼的所有权都归属于纽约大都会运输署。苹果公司的欧洲旗舰店位于伦敦摄政街，其房产由英国国王和挪威主权财富基金共同持有。[6]与亚马逊一样，苹果公司希望消费者在购物时支付全款（尽管信用卡公司更希望消费者分期支付），但对于何时支付供应商的货款，这些公司却没有同样的紧迫感。因此，它们并没有营运资金方面的压力。苹果公司拥有超过 3 000 亿美元的资产，而且其中 2/3 是现金和有价证券。[7]

丰厚的利润为苹果公司积攒了大量的流动资金，其甚至都不知道该花在何处。公司非但不需要在股票市场上募集资金，还回购自己发行的股票。2022 年，苹果公司花费 900 亿美元回购股票，而同年美洲所有上市公司筹集的资金总额仅为 260 亿美元。[8]

越来越多的大型上市公司放弃派发股息，转而选择股票回购，因为后者可以为股东带来更多的税收实惠。同时，每股收益也会顺势提升，这也是管理层业绩的关键指标之一。2022 年，标准普尔 500 指数成分股公司在股票回购上花费了 9 230 亿美元，而仅支付了 5 650 亿美元的股息。[9]虽然此类情况在英国没有那么极端，但股票回购操作仍是重要的市场交易类型：2022 年，富时 100 指数成分股公司在股票回购上花费了 560 亿英镑，支付了 770 亿英镑的股息。[10]

现代企业通常会采购各类常规性的服务，包括保洁、安保和餐饮服务等。企业外包服务行业头部公司均来自欧洲，也许是因为欧洲的企业多以服务外包的形式来规避欧洲法律为正式雇员提供的保护。但正如亚当·斯密所观察到的，专业化可以提高效率。作为企业外包服务行业的翘楚，英

国金巴斯餐饮集团、英国杰富仕安保公司以及丹麦欧艾斯保全公司各自在全球范围内雇用了约 50 万名员工。[11]

上述企业专注于餐饮、安保以及设施管理等相对低价值的业务，同时也有大量其他企业提供更复杂的专业服务。IBM 曾因在大型计算机业务中的主导地位而闻名，如今已转型为全球最大的咨询公司之一，[12]提供的服务不仅有"软件即服务"，还包括管理咨询等多项智力服务。亚马逊网络服务（AWS）为全球数千家企业提供云计算设备以及应用程序接口（API），这不仅是互联网各类应用的技术基础，而且是亚马逊公司的主要利润来源，它们的贡献率远超消费者所熟知的电商零售业务。

杰夫·贝佐斯依靠自有资金和家人的支持创立了亚马逊公司，启动资金总共不到 50 万美元。接下来，硅谷风险投资公司凯鹏华盈为其注入了 800 万美元的股权投资；1997 年成功上市时，亚马逊在股票市场上筹集了约 5 000 万美元的资金。[13]史蒂夫·乔布斯和史蒂夫·沃兹尼亚克创办苹果公司时，一开始仅获得了少量风险投资，并且需要接受迈克·马库拉及其硅谷伙伴的"家长式监督"。苹果公司在 1980 年上市时，从新股东那里筹集到 1 亿美元的资金。

自上市以来，亚马逊和苹果公司均再未对外融资，并且未来也不大可能。相对于当前市值，早期股东的投资仅占不到 0.01% 的份额。在达到上市规模标准之前，现代企业通常都已实现了充裕的现金流。上市的目的不再是筹集资金，而是向早期投资者和员工证明其所持有股份的价值，并利用市场化机制帮助部分投资者套现。

股东的定位

过去，人们购买股票的动机是获得股息。"戈登增长模型"表明，股票的价值由预期股息流的净现值决定。成功的企业会通过支付股息与股东分享部分利润，并通过提供稳步增长的股息流来证明其成功的永续性。

然而现实中，谷歌、苹果或脸书公司股票的股息收益率却微不足道，而亚马逊、伯克希尔－哈撒韦和特斯拉从未支付过股息。购买这类公司股票，唯一动因是期望其股价上涨。对于长期持有者，这种期望完全合理，并且他们有望在嘈杂的股票市场中成为最终的赢家。股票回购所带来的收益进一步巩固和推高了"科技股"的市值，然而，金融资产与实物资产之间的联系从未变得如此脆弱。

若期望获得股息收益，你可能更愿意购买重资产公司的股票。普洛斯公司基本上将其较大比例的净收入作为股息派发给股东。大多数重资产的服务供应商都采用房地产投资信托基金的运营模式，将股东视为公司实物资产的"部分所有者"，以降低营收的应税比例。这当中也有例外，爱尔兰的爱尔开普飞机租赁公司并不派发股息，而是每年将留存利润用于购买更多架飞机。

在市场投机泡沫中，交易的主要动机不再是通过获得资产的所有权实现持续的收益，而是希望能以更高的价格将资产抛给别人，历史上著名的案例包括荷兰郁金香狂热、英国南海泡沫以及铁路投机狂潮。过去的30年间，我们见证了20世纪90年代新兴市场的债务危机、1997年至2000年的"新经济"繁荣以及2003年至2008年的信贷市场扩张。这些疯狂投机行为的背后，往往存在实体经济发展的基础，包括铁路的出现、亚洲经济的腾飞以及互联网的普及。然而，人们对这些事件的反应都证实了广为流传的一句格言：人们往往会高估变革的短期影响，而低估其长期效应。

2008年，世界金融体系濒临崩溃，这本应促使人们更加重视财富与有形资产之间、资产所有权与生产资料控制权之间的关系，并提高相关信息的透明度，但事实并非如此。为度过危机，各国政府及央行纷纷为那些濒临破产的金融机构提供紧急纾困资金，却很少推动实质性的变革。

实际上，全球金融危机带来的一个严重后果是，金融衍生品与实体经济中有形资产及生产活动之间曾经的紧密关系已荡然无存。2009年，化名中本聪的神秘人物推出了首款加密货币——比特币，这种数字货币由区块链技术（或分布式账本）进行加密，无须中心化的监管机构进行交易审查及担保。除了为犯罪活动和规避监管提供便利，人们大多对这项创新技术的实用性持怀疑态度，包括笔者在内的许多观察者，都将区块链视为一种"无中生有，无事生非"的现象。

然而，比特币的拥趸们依旧乐此不疲地相互交易。如同所有投机泡沫一样，那些早期"入圈"的交易者在这股新热潮中的确获得了巨大的收益，这使得怀疑论者倍感困惑。在高额利润的驱动下，各类加密货币相继问世，与之相关的金融产品亦纷纷登场，包括首次代币发行（ICO）以及非同质化代币（NFT）。与此同时，在金融世界的另一个隐秘角落里，特殊目的收购公司（SPAC）开始流行，并且颇受明星追捧，其中包括好莱坞演员莱昂纳多·迪卡普里奥以及网球名将小威廉姆斯。这类公司首先以空壳的形式募资，然后通过并购来充实主营业务。起码在表面上，这种做法与实体企业的关系更为紧密，只是其业务模式锁定于并购交易。其中最离奇的是收购特朗普创办的处于亏损状态的"真实社交"（Truth Social）平台。由此可见，金融业与实业、证券交易与实物资产之间的距离从未如此遥远。

2 资本与财富

> 假如卡尔实际创造了资本,而不仅仅是对它坐而论道,那该有多好呀。
>
> ——马克思写给恩格斯的一封信中其母亲亨丽埃特·普莱斯堡所言,1868 年[1]

如今,"资本"一词已成为广泛流行的日常及专业用语,并且具有多种含义。首先,资本是一种生产要素,如企业开展生产活动所必需的车间、办公室、机器设备以及原材料。其次,"资本"也被视为个人或机构财富的衡量标准,如企业的固定资产或大学的捐赠基金规模。这种一词多义的现象源于生产性资本等同于个体财富的历史观,财富、生产性资本和管理控制权之间的密切联系是工业革命时期大多数企业的特征,然而,这种三方联系已濒于土崩瓦解。

如今,有必要将作为生产要素的资本与作为个体财富衡量标准的资本区分开来。这两者都与现代企业的控制权没有密切联系,因为企业的经营决策权主要掌握在职业经理人手中。这些职业经理人的权威以及决策权并不是来自他们对物质生产资料的所有权,也不是来自他们的个人财富,而是源于他们在组织中扮演的角色,而他们的管理才干反过来又成为他们积累个人财富的资本。如此一来,因果关系被颠倒了:曾经,财富的积累先于对经济活动的控制,而如今却倒过来,对金融和企业活动的控制变成了实现财富积累的途径。杰夫·贝佐斯和埃隆·马斯克等企业创始人的财富主要由其持有的股票价值决定，而杰克·韦尔奇和杰米·戴蒙（曾分别在通用电气和摩根大通担任 CEO 长达 20 年）等所谓"工薪族"则依靠丰厚的薪酬待遇积累了可观的财富。韦尔奇于 2021 年去世，遗产约为 7.5 亿美元；2023 年 10 月，戴蒙宣布了一项股份出售计划，仅在所持有的摩根大通股份中拿出不到 10%，便兑现了 1.41 亿美元的收益，这些股份几乎都是通过期权和业绩奖金获得的。

资本与财富的分野

在广为流传的《21 世纪资本论》[2]一书中，托马斯·皮凯蒂承认"资本"一词有着多种不同的用法，但他又说道："为了简化起见，本书将'资本'和'财富'两个词视为同义，并根据不同的语境交替使用。"[3] 皮凯蒂之所以将资本和财富混为一谈，关键原因似乎在于他认为难以分清人造财富（建筑物、机械、基础设施等）与天然禀赋（土地、自然资源）之间的差别。

的确，虽然在生产过程中有必要区分人造财富与天然禀赋，但这并不是理解现代商业组织的核心问题。同时，这种严格的区分可能会使人们对土地在现代生产中的作用产生误解。伦敦市中心一间办公室的价值，既反映建筑物（人造财富）的建造成本，也反映其所占土地（天然禀赋）的价值。更加难以区分的是，作为伦敦上流社区的梅菲尔区及针线街的土地要比东洛锡安的田地更有价值，这是人类活动的结果，而不是天然禀赋直接带来的差异。土地及其位置都属于生产要素，其价值主要取决于所在的位置，而非土壤的肥沃程度。

尽管资本和财富在历史上存在等同性，而如今这两个术语已不再是同义词，不能交替混用，否则会引发人们对现实的误解。今天，我们受益于修建高速公路和桥梁（以及汽车装配厂）的投资，这些投资可以使亚当·斯密驱车前往他的出生地苏格兰柯科迪或卡伦工厂。我们应当感谢修建铁路并实现曼哈顿路网规划的投资，还有在我们脚下铺设电缆、管道和地铁线路的投资。如果没有这些能源、通信和交通基础设施，我们的现代生活将受到严重限制，现代商业也将无法正常运作。值得深思的是，这些基础设施中只有很少一部分属于个人财富，政府有时通过特许经营或发行债券等方式参与其中。

政府债务和银行存款属于个人和机构财富的重要组成部分，但却不是生产要素。亚马逊和苹果等公司的股票价值不同于卡伦工厂或胭脂河工厂固定资产的价值，因其并不对应任何有形生产要素的成本或价值，所以仅能代表股民对这些公司未来收入的索取权。在各类报刊编制的"富豪榜"上，名列前茅的富豪所拥有的财富几乎全部由金融资产组成，其中仅有极少数财富属于厂房和机械等生产要素，或用于个人享乐的房屋、游艇以及收藏品。如前所述，亚马逊和苹果公司的固定资产价值远低于其股市价值，其开展业务所必需的仓库、数据中心和在中国的装配线，诸如此类的固定资产与这两家公司及其管理层没有任何直接产权关系。

在皮凯蒂提出的著名不等式 $r>g$ 中，资本收益率 r 与作为财富的资本相关，而经济增长率 g 与作为生产要素的资本相关。因此，两者无法进行合理比较，更不用说期望两者之间的关系会随着时间推移而呈现出一定的稳定性。在彻底澄清基本概念之前，很难在两者之间建立具有说服力的关系。

皮凯蒂总结道："总的来说，假设所有物品都可以在某些市场上交易，我将'国民财富'或者'国民资本'定义为在某个时点某个国家的居民与政府所拥有的全部物品的市场价值之和。"[4]理论上，世界名画《蒙娜丽莎》和曼哈顿中央公园（分别归法国政府和美国纽约市政府所有），均可以在某个市场上交易，理由是有许多潜在的买家渴望收藏大师级画作，而中央公园则是世界上价值最高的商业地产之一。然而，由于这些资产属于公共财富，在现实中不可能进入市场，因此在经济或社会关系中，很难看出计算其市场价值的现实意义。相应地，无论按照何种合理定义，学校包括大学似乎都是国民资本和国民财富的重要组成部分，因为它们既是生产要素，也是集体资产，但人们却无法估算它们的市场价值。

衡量作为生产要素的资本价值

不同于作为财富的资本，衡量作为生产要素的资本的价值，通常需要计算创造这类资本所花费的资金总额。政府统计部门通常采用"永续盘存法"估算国民资本的总存量。具体而言，就是统计人员记录每年各个类别的新增投资额，并将其加总至上年报告的国民资本各项存量估计值。（受统计年限的制约，相关统计数据无法追溯到更早的时间。例如，英国对国民资本的统计数据未追溯至 18 世纪，因此，对诺尔湖排水工程的投资无法囊括到统计数据中，尽管该项工程极大地改善了亚当·斯密的生活质量，并为其面包师和酿酒师提供了物资运输的便利。同理，其他国家早期如 17 世纪修建凡尔赛宫的投入也不在统计之列。）

除此之外，资产折旧也是必须考虑的因素，其包括物理损耗（即设备在使用过程中的磨损）以及资产的报废（例如，打字机被舍弃，不是因为设备的磨损，而是因技术革新被淘汰）。在实践中，由于不可避免地缺乏对所有资产的详细年度调查，折旧准备金计提是一种非常粗略但行之有效的核算方法。

永续盘存法与历史成本会计法大体相似，两者均是公司财务报告的基础。然而，出于多种目的，人们更感兴趣的是资本项目的当期收益，而不是其历史成本。近200年前，修建通往布里斯托尔的英国大西部铁路耗资650万英镑，但即使我们估算此间的折旧，并利用建筑成本指数将该耗资额更新为现值，也很难想象该金额对现实问题或决策具有多大的意义。[5]

在现代企业会计实践中，基于国际财务报告准则（IFRS）和美国公认会计原则（GAAP），人们倾向于舍弃历史成本会计法，转而采用"公允价值"这一会计计量方式。但是，"公允价值"这一概念会引发更多的质疑，而且无法提供一蹴而就的解决方案。例如，在现实情况下，"公允"是什么意思？欧洲的准则倾向于将资本市场中的资产价值作为公允价值，而美国会计师则更为保守，他们更倾向于调低资产价值，而不是在价值重估中上调资产价值。

估算作为生产要素的资本的价值

图1展示了在前文基础上计算出的西方四大国的实物资本存量构成。[6]

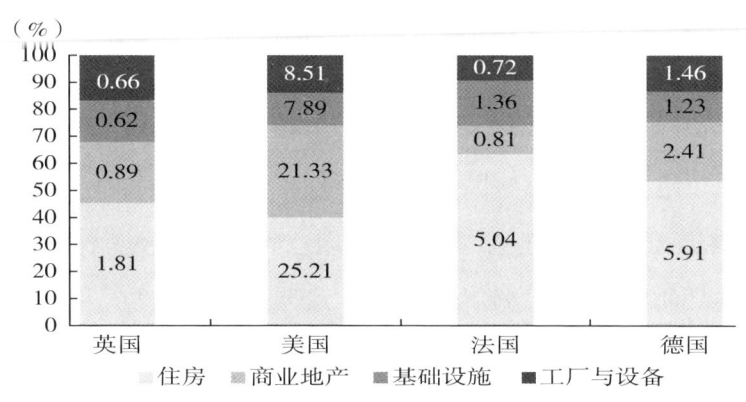

国家	住房	商业地产	基础设施	工厂与设备
英国	1.81	0.89	0.62	0.66
美国	25.21	21.33	7.89	8.51
法国	5.04	0.81	1.36	0.72
德国	5.91	2.41	1.23	1.46

图1　2020年西方四大国实物资本存量（单位：万亿本国货币）

无论在哪个国家，住房都是国民资本的核心组成部分。平均而言，主要经济体中实物资本价值的一半都体现在住房部分。卡伦工厂的厂主为从乡间招募来的劳工建造住房，这种做法直到20世纪都相当普遍，福特和通用汽车公司都为工人提供住房。

英国国家统计局对资本存量的定义如下："资本存量是指使用寿命超过一年的非金融性生产类资产（例如建筑物和机械），这些资产有助于生产商品和提供服务，但并未在生产过程中完全消耗或转化。资本存量为生产过程注入流动性资本。"[7]

20世纪之前，富人（主要是拥有土地的贵族）将其拥有或购买的土地卖给进行投机性住房开发的地产商。这样开发出来的房产通常被用于对外租赁，地产商因此保留了对地产的最终控制权。这种现象在伦敦市中心仍然可见，英国王室和格罗夫纳家族的地产公司仍然拥有该市许多珍贵房产的永久产权。在新兴城市中，为普通工薪阶层建造的简陋住宅也是为了出租开发的。

这一切在20世纪发生了改变。始于哈利法克斯等地的金融创新，使中等收入者能够购买自己的住房。在英美法三国，近2/3的住宅为自住房产；在公寓租赁仍然很受欢迎的德国，自住房产的比例为一半。[8]一般而言，自住房产的价值更高，按价值计算的国民资本，自住房产存量占比实际要高于按住房数量计算的比例。简而言之，19世纪的住房归资本家所有，而21世纪的住房则归工薪阶层所有。

资本存量的其他要素

道路和地下管道等许多基础设施都归国有。在过去，这些设施是由市政当局联合追求利润和热心公益的商人共同出资修建的，而到了20世纪，其中的大部分被政府接管。20世纪后期，政府主导的特许经营模式，甚至直接"出售"的做法，在供水、供电等基础公共服务领域已变得相当普遍。

商业地产主要包括商店、办公室、仓库等类别，以及被统称为"其他类"的保龄球馆、酒吧和诊所等设施。国民资本的最后一个要素是企业运营所需的厂房和机器。如今，拥有商业地产和机器设备的主要是专业资本服务商，通常为房地产投资信托基金、大型机构投资者或其他金融机构子公司。

2001年，"基地"组织的恐怖分子利用劫持的飞机袭击了纽约双子塔，摧毁了他们眼中现代资本主义的标志性建筑，并致使3 000人丧生。这些被毁的建筑归纽约港务局所有；仅在袭击发生的9周前，家族房地产公司希尔维斯坦地产为获得这些建筑99年的使用权支付了32亿美元。经过近6年的谈判和政治角力，承保这些建筑和被劫持飞机的保险公司达成一致，为大厦的重建提供了资金。

"拥有"伦敦的下水道意味着什么呢？根据英国水务监管局颁发的运营许可证，泰晤士水务公司负责伦敦地下管道的运营和维护，同时享有相关法规及合同明确赋予的某些权利。该公司的股权由一个由多家机构投资者组成的财团拥有，其中最大的机构投资者是安大略省市政雇员退休计划和（英国）大学退休金计划。事实上，该公司的资金主要来自其他机构投资者提供的贷款。在我撰写本文时，该公司正濒临破产。

该公司之所以陷入财务危机，并不是因为向伦敦提供饮用水和污水处理服务无利可图，而是因为其融资模式存在重大缺陷，而蹩脚的财政规则又扮演了姑息放纵的角色。当然，即便泰晤士水务公司倒闭，白金汉宫（或我的公寓）的供水也不会中断，否则政府必然出面，承担起提供这些基本服务的责任。

如果对照奥诺雷罗列的 11 项所有权标志，似乎只有两项（管理权和孳息权）适用于泰晤士水务公司所经营的自来水管道和下水道。最终控制权仍掌握在英国政府及其机构手中，它们随时可以制定相关的法规来改变现有的运营和监管模式。这个例子说明，在如此复杂的现代经济关系中，传统的"所有权"概念在很多情况下已经不合时宜了。

遭受恐怖袭击影响的公司（主要是金融类公司）分散到其他营业场所，迅速恢复了运营。我注意到了哈佛大学商学院的一则案例，其中摩根士丹利的一位高管回顾了他的公司应对此次事件的过程。[9]我料想，案例起码会提到该公司的保安主管里克·瑞思考勒，他不顾纽约港务局要求员工留在原地的建议，自行下令员工撤离大厦。在 3 700 名员工当中，只有 13 人丧生，其中，包括他本人。[10]在跟随人群疏散后，瑞思考勒又再次返回南塔，以确保没有人留在残破的建筑内，不幸遇难。如今，他长眠于自己的出生地康沃尔村。然而，案例对此只字未提，倒是大肆夸赞公司及时采取了应急预案，在第一架飞机撞上北塔后不到一小时就恢复了营业。这就是现代金融家的价值天平。

挺进西部！

英国大西部铁路公司负责修建伦敦通往布里斯托尔的铁路线，包括车站和站房以及斯温顿养护中心，面向英国中产阶层募集初始资金。这在当时是有史以来资本投入最大的基础设施项目，于 1841 年竣工，耗资 650 万英镑，占当年英国 GDP 的 1.3%，大约相当于今天的 300 亿英镑。随后，新的公开募股筹集了更多资金，用于将铁路线延伸至威尔士和康沃尔。

1921年，英国政府强行将所有铁路公司重组为4家公司，大西部铁路就是其中之一；1948年，大西部铁路被收归国有，1995年又经过复杂的重组实现了私有化。在撰写本书时，大西部铁路的经营权被英国政府特许授权给一家公交公司，即第一集团，英国政府与第一集团就此签署了一份长达800页的特许经营协议。铁路上运行的列车归属于天使列车和伯特布鲁克两家专业机车车辆租赁公司。铁路轨道由国有企业英国路网公司负责维护，其前身是在伦敦证券交易所上市的私营企业铁轨公司，该公司在破产之后重组为英国路网公司。如果大西部铁路的特许经营权不再续签——这是注定会发生的，因为英国政府已经宣布了国内铁路运营架构的另一次重组——那么根据协议，第一集团拥有的少量铁路资产将被转让给一家新的运营商。

天使列车和伯特布鲁克又是怎样的公司呢？天使列车公司最大的两个股东是德国安联保险和加拿大艾伯塔投资管理公司，两家公司各自持有天使列车30%的股份。艾伯塔投资管理公司由加拿大艾伯塔省政府于2008年成立，代表本省的各类养老基金投资于本省丰富的石油储备。伯特布鲁克公司55%的股份由澳大利亚金融服务公司AMP（其前身为澳大利亚互助公积金协会）持有，该公司目前主要负责管理"超级基金"（即澳大利亚个人和集体养老基金）。

论及英国铁路的私有化，使我联想到一幅有关共产主义的宣传画，画上的资本家肥头大耳，嘴里叼着一根粗大的雪茄，以高房租和低工资压榨工人，讽刺的是英国铁路大亨乔治·哈德森和美国镀金时代十大财阀之一利兰·斯坦福的继任者乔治·普曼。我眼前能想到的最贴近这个描述的商界人物是李嘉诚。他从一家生产塑料花的小公司做起，将它逐步发展成为实力雄厚的和记黄埔集团，摘取了香港首富的桂冠。英国另一家主要的铁路机车车辆租赁公司埃弗肖特铁路集团也是和记黄埔的子公司。我采访的英国铁路员工虽然为数不多，但他们竟然没有人听说过李嘉诚的名字。这些铁路员工表达了对铁路运营方第一集团的管理层以及英国交通部的多个主管机构的不满。李嘉诚身材瘦削，生活习惯相对朴素，其全球慈善捐款规模仅次于比尔·盖茨。

所有权的分离

爱尔开普飞机租赁公司以及房地产投资信托基金普洛斯公司均在美国证券交易所上市，其实际股东为美国富达投资集团等大型资产管理公司，而这些公司并非实际受益人，股份大多是由那些期望获得长期稳定回报的基金持有，例如前文提到的投资机车车辆租赁公司的安联保险公司以及艾伯塔投资管理公司。

作为直接或间接的投资方，普洛斯公司、爱尔开普飞机租赁公司、澳大利亚金融服务公司AMP以及艾伯塔投资管理公司，既没有意愿也没有能力参与亚马逊、英国航空公司或大西部铁路公司的运营管理。

1932年，针对职业经理人的兴起，美国经济学家伯利和米恩斯首次提出了"所有权与控制权分离"的概念，这些经理人很少拥有公司的股票，仍然属于工薪阶层。20年后，伯利指出："多数情况下，大型公司不会对外融资，而是自行创造资本。"[11]在当时，公司的投资主要依靠自身留存的收益，而不是在资本市场进行融资。然而，本部分所描述的资本服务市场的蓬勃发展，从根本上改变了商业的性质，同时也扭转了我们理解商业的角度。

现如今，各类资本服务已成为企业发展壮大的生命线，但这并不意味着资本的提供者将控制，更谈不上拥有依赖这些服务的企业。正如美国著名经济史学家迪尔德丽·麦克洛斯基所指出的那样，尽管水和电对我们的个人生活及商业活动至关重要，因为蒸汽动力和电力的出现对现代经济生活的影响要远胜于资本获取方式的变革，但我们并不热衷于谈论所谓"水主义"或"电主义"。[12]

如果现代企业的管理者不希望屈从于现有资本供应商的要求，他们完全可以通过其他渠道获取资本服务。事实上，对他们而言，做出这一选择往往比更换水电供应商更容易。也许这些观点看起来很新颖，甚至令人不安，但这恰恰表明由卡伦工厂和胭脂河工厂发展而来的陈旧观念继续影响着我们的商业思维。

如今，大多数商业地产要么归属于普洛斯公司等房地产投资信托基金，要么直接归保险公司和养老基金等机构所有。近年来出现了一个新的趋势，尤其是在英国，商业地产日趋成为外资热门的收购对象。收购方属于离岸实体，其背后的资本大多来自东欧、亚洲等地的富豪，交易方式相当隐秘，目的是将伦敦作为其财富的避风港。英国中央和地方政府的办公场所，大部分的所有权已被剥离，英国标志性的财政部大楼如今为一个投资财团所"拥有"。这笔交易再次引起人们对于所有权问题的热议，但结论非常简单明了：这绝不等于地产所有者可以影响甚至控制楼内政府官员的行为。

许多读者可能从未听说过爱尔开普、易奎尼克斯、美国通用运输或普洛斯公司，亚马逊的员工甚至老板都不知道其仓库的所有者是谁，因为这仅是公司复杂运营架构中的一环，与他们的工作毫不相关，他们只要知道每天在为亚马逊这个拥有集体智慧的公司工作就足够了。

爱尔开普飞机租赁公司拥有的机队价值700亿美元，其中约2/3的资产是以举债的形式从各大银行筹集来的，其余大部分则是由资产管理公司的经理人为养老基金等机构代持的股权。如果说现代经济体的政治和经济权力在理论上仍然属于商业资产的所有者，那么这些权力则掌握在资产管理者手中，实际的资产所有者已退居二线。鉴于爱尔开普飞机租赁公司的所有权结构，假如革命的力量要冲击资本主义的堡垒，该公司在都柏林的总部显然不是这股力量的围攻目标。

一个世纪前，觉醒的无产阶级可能会奔赴福特的胭脂河工厂游行示威，或者在更近的年代，乘坐地铁前往纽约第五大道的通用汽车大厦集结，这幢标志性建筑是通用汽车公司于20世纪60年代建成的，当时正值该公司产业霸权开始衰落之际。示威的人群可以砸碎凯迪拉克展厅的落地玻璃窗，然后上楼闯入CEO办公室。然而，他们会发现，通用汽车公司早已搬离了这幢大厦。在特朗普于世纪之交短暂地持有之后，这幢大厦现在归一个财团所有，其中包括一只房地产投资信托基金、张欣（一位中国女性房地产大亨）和神秘的巴西萨夫拉银行家族。假如今天的革命者前往库比蒂诺、西雅图或特拉华州威尔明顿市，向苹果或亚马逊的总部示威，他们将会发现，现代企业的所有制结构和生产方式已变得难以捉摸。

3 现在的资本家是谁

> 大资本家阶级，现在他们在所有文明国家里已经几乎是一切生活资料以及生产这些生活资料所必需的原料和工具（机器、工厂）的独占者。
>
> ——恩格斯，《共产主义原理》，1847年

卡德尔家族和加贝特家族共同创立了卡伦工厂，并为工厂建设与运营提供资金。他们直接参与工厂的战略制定和各项行政决策，并监督日常运营。包括卡内基、洛克菲勒和范德比尔特在内，镀金时代的"强盗大亨"们继续发扬这一"光荣传统"，他们控制的企业规模更为庞大，资本更加密集，这意味着他们必须对外大举融资，而证券市场和银行业的发展恰好为此创造了条件。

然而，这些资本主义的英雄也好，恶棍也罢，他们曾经发挥的功能如今已分散给了众多个人和团体，如今有许多人都自诩为"资本家"。

企业创始人

如果我们试图寻找现代版的卡内基、洛克菲勒或范德比尔特，可能会想到贝佐斯、盖茨或马斯克。与他们的前辈不同，他们创立的公司不再拥有各类有形的生产性资产，例如炼钢厂、油井和输油管道；这些21世纪的商业领袖拥有大量的金融资产，通过手中的股票来实现对企业的控制。

尽管贝佐斯、盖茨等人位居现代富豪榜前列，并成为公众关注的焦点人物，但像大多数大公司一样，这些人所开创企业的日常决策权实际掌握在西装革履（即便不再系领带）的职业经理人手中，他们的职业生涯体现了一步步攀登公司管理金字塔的过程。在本书前文讨论的财富榜单中，前十大公司中没有一家是由创始人实际经营的。

大型企业的高管

2021 年，贝佐斯卸任亚马逊 CEO 职务，安迪·贾西成为新掌门人，后者于 1997 年加入公司，彼时亚马逊成立不久。贾西创立的网络服务业务，如今已成为亚马逊的主要利润来源。盖茨将微软的管理权移交给了同样早期加入公司的史蒂夫·鲍尔默，但这次交接并不顺利，萨提亚·纳德拉后来取代鲍尔默成为微软 CEO。纳德拉在 1992 年加入微软时还是一名应届毕业生，而那时的微软已然是一家成熟的企业。无论是在特斯拉，还是在太空探索技术公司（SpaceX）和 X（前身为马斯克特立独行收购的推特），马斯克始终是一名精力充沛的管理者，尽管越来越多的追随者希望他少些亢奋。

对于大型组织而言，成功的职业经理人所具备的技能与企业创始人的灵感显然有着截然不同的作用，前者为组织构建了管理架构及规章，正如纳德拉对微软以及斯隆对通用汽车所起到的作用。斯隆始终保持着低调的公众形象，而杰克·韦尔奇可能是第一位引起公众广泛关注的职业经理人。尽管如此，那些将管理视为一种职业、将 CEO 职位视为一份工作的职业经理人，显然无法像马斯克那般拥有整日翘首期盼其推文的庞大粉丝团。沃尔玛的 CEO 道格·麦克米伦管理着世界上雇员最多的企业，但无论是在沃尔玛购物的消费者，还是大多数内部员工，都对其知之甚少。欧莱雅集团的业务由 CEO 尼古拉斯·希罗尼穆斯操持，而集团主要股东弗朗索瓦丝·贝当古则热衷于弹奏钢琴曲。（为确认这些信息，我也是颇费了一番周折。）

食利者

弗朗索瓦丝·贝当古以及沃尔玛商业帝国的继承人艾丽丝·沃尔顿，俨然属于现代版的食利者。这一群体曾以《傲慢与偏见》中的达西先生及英国著名作家艾米莉·勃朗特为典型，他们的收入主要来自继承财富所产生的利息和股息，他们完全不屑于从事正常的管理工作。如今，除非将该群体定义扩展到包括比尔·盖茨和杰夫·贝佐斯等在内的"退休人员"，否则这一群体的规模已经大幅萎缩。

银行

20 世纪初，美国钢铁公司作为当时全球最具价值的公司，是由约翰·摩根筹建的。摩根不仅是全球首屈一指的金融家，其个人形象也符合大众对全球顶尖金融家的想象。如今，他创立的银行由杰米·戴蒙领导。戴蒙曾是交易巨头桑迪·韦尔的副手，由于担心戴蒙觊觎自己的宝座，韦尔借故将其辞退。戴蒙随即加盟了一家规模较小的地区性银行，在该银行被摩根大通收购之后，戴蒙又快速晋升为整个银行集团的 CEO。

风险投资和私募股权

相较于传统的银行家，其他金融玩家更加注重专业化的角色。例如，凯鹏华盈的约翰·多尔和红杉资本的迈克尔·莫里茨，他们创立的合伙制风险投资公司，专门为初创企业提供前期资金，以弥补初创企业在业务扩张阶段产生的亏损。初创企业一旦成功上市，或者被其他成熟的企业并购，他们便可以从中获取丰厚的回报。

更成熟的企业可能会赢得私募股权基金巨头的青睐，例如黑石集团的苏世民和KKR集团（一家私募股权投资公司）的亨利·克拉维斯。私募股权基金入股或收购此类企业，目的是用3~5年的时间提高其盈利水平，然后将其出售获利。

资本服务的专业提供商

包括普洛斯、爱尔开普、长荣集团以及特里同国际在内的大型租赁公司，致力于为现代企业提供机械设备融资租赁等生产活动所需的资本服务。在资金来源方面，除吸收传统的银行贷款之外，它们还直接或间接地吸收小型机构的投资基金。

国际经济组织的领导人

国际经济组织的现任领导人包括克里斯蒂娜·拉加德（欧洲央行行长）、克里斯塔利娜·格奥尔基耶娃（国际货币基金组织总裁，曾任职于世界银行）、恩戈齐·奥孔乔-伊韦阿拉（世界贸易组织总干事）和彭安杰（世界银行行长）等。值得注意的是，这些国际经济组织的领导人当中女性居多，这表明女性在政治舞台上要比在商业领域（尤其是金融领域）晋升得更快，职位更高。唯一的例外是世界银行行长，按照惯例，这一职位由美国任命。

有影响力人物

有影响力人物包括美国科氏工业集团 CEO 查尔斯·科赫、文艺复兴科技基金前联席 CEO 罗伯特·默瑟以及金融巨鳄乔治·索罗斯等。这些富豪试图将自己的财富转化为政治影响力，例如，科赫资助右翼智库和相关学术研究；在通过对冲基金业务积累了大笔财富后，默瑟因卷入"剑桥数据分析公司窃取大量脸书用户数据"的丑闻而引起公众声讨，剑桥数据分析公司还在英国脱欧进程中扮演了幕后推手的角色；索罗斯则借助其创立的开放社会基金会在后社会主义的东欧推进自由民主议程，并通过资助美国的中左翼组织传播反保守主义的政治理念（如推行全民医保、取缔边境执法等）。

传媒大亨

阿尔弗雷德·哈姆斯沃思（英国《每日邮报》的创办人）以及美国报业巨头威廉·伦道夫·赫斯特（奥逊·威尔斯自编自导自演的电影《公民凯恩》中凯恩的原型）开创了通俗新闻的先河，并试图利用自身的媒体地位对政治施加影响。时至今日，类似的例子还有默多克控股的新闻出版集团，旗下拥有《福克斯新闻》、《华尔街日报》和《泰晤士报》等逾百家媒体平台；以及杰夫·贝佐斯拥有的《华盛顿邮报》。

交易商

现代金融业的主要业务涉及开发和买卖现有资产的债权产品，而不是为资助新业务或新生产性资本提供资金。尽管高盛集团和文艺复兴科技基金被称作"投资银行",二级市场交易却是它们的主要收入来源。一般来说,这种交易活动不太可能创造多少公共价值。高盛集团开发的"算盘"和"木狼"证券交易就是典型的例子,其直接目的就是欺骗天真的投资者。文艺复兴科技基金是数学家詹姆斯·西蒙斯和计算机科学家罗伯特·默瑟创立的算法交易型基金,另一家大型对冲基金城堡投资的创始人肯·格里芬拥有富丽堂皇的卡尔顿府联排。

资产管理公司

大型的资产管理公司包括贝莱德集团、富达投资集团以及先锋领航集团等。其中,贝莱德集团是此类企业中规模最大的,管理着近10万亿美元的资产,[1]其中包括通过被动型基金对全球几乎所有上市公司的投资。这些基金试图通过跟踪众所周知的股票指数(如标准普尔500指数)复刻市场表现。这类资产管理公司的业务还涉及主动管理,包括购买和出售个股,同时还向未上市的初创企业提供资金。

机构投资者

此类机构包括挪威主权财富基金(石油基金)、美国加州公务员退休基金。挪威主权财富基金由挪威央行投资管理公司负责运营管理,所管理资产超过1万亿美元,是世界上最大的单一投资者。加州公务员退休基金拥有160万名会员,是美国最大的养老金计划。这些大型资产持有者可能会自行管理部分或全部资产,但规模较小的资产持有者会将资产管理工作委托给贝莱德集团等资产管理公司。

我们都是资本家吗

爱尔开普飞机租赁公司和普洛斯公司拥有庞大的设备资产，但在现代经济活动中却扮演着不起眼的中间商角色。这两家公司都在纽约证券交易所上市，贝莱德集团、美国道富银行以及先锋领航集团是普洛斯公司股票的最主要持有者。通过复刻股票市场指数构成并持有相应比例的股票份额，这些资产管理公司成为被动型基金的最主要提供者。然而，这些资本服务提供商的大部分资金并非来自股权，而是来自其他金融机构（包括传统银行、保险公司和养老基金）的贷款。

这一长串投资链条包含了股票、存款、养老基金以及共同基金等各种金融工具，但我们最终总能找到其背后具体的出资人和受益人。挪威央行投资管理公司的受益人是挪威的公民；加州公务员退休基金代表加州的教师、消防员和警察进行投资；摩根大通和法国巴黎银行依靠吸收存款汇集现金流，然后将资金出借给资本服务提供商。在这些存款人当中，极少有人知道，他们所乘坐的飞机是以他们的存款作为资金租赁的，或者说，他们为亚马逊租赁仓库提供了资金，而这些仓库是将中国生产的电子产品运送到他们家门口的重要物流环节。

那么，我们都是资本家吗？当我们这一代人在翻看已故父母藏在阁楼的文件时，可能会发现他们在1984年英国电信私有化时通过少量投资获得的持股证书，这些陈旧的证书印证了20世纪80年代英国人关于"股东民主化"的幻想。很少有人直接持有股票，在美国以外的地区更是如此，但很多人是股权的受益者。在当下，财富的分布比以往任何时候都更为广泛，这并不意味着财富分配变得更加平等了，而只是说明拥有一定财富的人群比过去扩大了。

多种因素促成了财富的更广泛分布。其中之一便是房地产市场的发展：在二战后的几十年里，自有住房成为大多数发达国家房地产市场的主要发展方向。随后，低利率和对房屋建设的限制导致房价相对于大多数其他经济指标持续上涨，从而推高了普通家庭的财富值。

另一个因素是退休制度的建立。20世纪初，英国男性出生时的平均预期寿命为44岁，女性为47岁（而平安度过5岁生日的人们，男女平均预期寿命分别可以达到58岁和60岁）。[2]尽管如此，大多数人的寿命都无法达到现在或当时的退休年龄。即便少数人顺利达到了退休年龄，预期剩余寿命也极短。时至今日，大多数65岁之人能够轻松活到85岁，并且在其积累的社会和个人养老金的支持下，可以享受无忧无虑的退休生活。

与此同时，收入的增加使那些曾经勉强糊口的人积攒了一定的储蓄。从共同基金到手机银行，各种金融创新也改变了零售金融的形态。过去，大多数工人的工资都是按周发放，家庭开销也只能按周精打细算；如今，智能手机可以帮助人们即时访问各种金融系统，使用各种金融工具。

在当下的英国，即便是最贫穷的家庭也拥有一定的财富。例如，如果将所有家庭的财富以十分位排列，排位倒数第二的家庭平均拥有7万英镑的财富，其中约20%是金融资产或养老金；倒数第三的家庭则拥有18万英镑的财富，其中约35%是金融资产。[3]这还没有考虑年龄因素：如果一切顺利，家庭资产会一直增长至退休。在所有的退休人员所在家庭中，平均家庭资产超过50万英镑，而25%以上的退休人员所在家庭拥有超过100万英镑的资产。[4]财富的分配并不均等，甚至不一定公平，但其分布的确比过去更加分散了。如果有人想要见一见现代的资本家，他或许应该在自己的家中照一照镜子。

4　寻找资本

> 员工才是公司最重要的资产。
>
> ——玛丽·博拉，通用汽车 CEO，2018 年[1]

> 你怎么能买卖天空或者大地的温暖？这个想法对我们来说太不可思议了。
>
> 清新的空气和粼粼的水波不归我们所有，你又怎么能从我们这里买到呢？
>
> ——西雅图酋长，1854 年

[关于西雅图酋长雄辩口才的传说，坊间已流传一个多世纪了（尽管他不会说英语）。此处引用的文字源自泰德·佩里为纪录片《家园》编写的剧本（该纪录片由美南浸信会广播电视委员会于 1972 年制作）。佩里编写的"演讲词"后来经过美国前副总统阿尔·戈尔引用，逐渐得到了广泛传播（1992 年）。][2]

"资本主义"一词盛行已久，并由此形成了规范的概念和认识分化的阵营。为了跟踪经济社会的最新发展趋势，人们发明了新的术语来描述"资本"的形态。这些新的术语既能使所有政治派别继续使用所习惯的话术，也能使经济学家继续使用所熟悉的分析模型。因此，我们遇到了无形资本、人力资本、社会资本、自然资本，甚至控制资本主义等术语。[3] 简言之，任何可以计入价值的东西，都被视为资本的某种形态。不知马克思会称赞这种发展创新，还是会疑惑这些新词究竟有何含义。

无形资产

苹果和亚马逊等公司的市值远远超过其有形资产，一个常见的解释是，二者之差就是企业拥有的"无形资产"规模。然而，如果不能清晰地指出何为无形资产，这样的解释就显得毫无意义。通常而言，无形资产主要来源于研发投入和品牌价值。

"研发"一词让人联想到实验室里身着白大褂儿的科学家偶然的惊人发现，这样的场景在制药和电子等行业尤为常见。这类工作无疑很重要：经济史学家布拉德·德龙将实验室研究列为过去两个世纪经济增长的三大关键因素之一。[4]然而，即使在上述行业中，商业实践的创新更多是渐进式的，体现为通过反复试错对产品和流程进行不断改进的漫长过程。苹果和亚马逊被普遍认为属于高技术公司，能够不间断地推陈出新，但其真正独特的能力在于将众所周知且普遍可用的想法进行组合或重组，而不是进行开创性的突破。在21世纪的公司里，若想在研发部门和业务部门之间，或者在研发投入和管理成本之间划出清晰的界限，那几乎是不可能的。

若要向政府申请其为研发支出提供的税收优惠，企业需要专业的咨询服务。在过去，通用汽车生产线的资本投入与随后几年下线的汽车之间存在直接且可量化的联系，但现如今，其研发支出与未来回报之间的联系却是间接的、不确定的。那么，亚马逊和苹果的市值中有多少应归因于其过去的研发支出呢？除了"全部"之外，似乎很难有精确的答案。

人力资本

企业高管常将"我们的员工是我们最大的财富"挂在嘴边，这句话已经成为现代管理领域的陈词滥调，他们实际关心的是，公司内部所形成的集体智慧如何转化成商业价值。这类商业价值来源于企业内部个人和团队解决问题、设计并交付新产品、赢得供应商支持以及获取客户信任的能力。集体智慧是大多数成功企业竞争优势的基础，体现在员工身上。

"我们的员工是我们最大的财富"这句话，对19世纪西印度群岛和南北战争之前美国南部邦联的奴隶主来说却是真实的，也许正是由于那段不堪的历史，直到进入20世纪，"人力资本"一词才被大家所接受并使用。而直到不久之前，企业管理者才能毫不尴尬地说出"我们的员工是我们最大的财富"。"我们的员工"并不是"我们的财产"，他们拥有充分的自由，"财产"和"财富"两个概念之间有着本质的区别。

亚当·斯密在描述"人力资本"相关概念时并未直接使用这一术语：该术语是由美国芝加哥学派代表人物加里·贝克尔于20世纪60年代提出并推广的。斯密认为，奴隶制既失德又低效，是强烈控制欲的产物，这种特质在现代商业组织中某些英雄式的霸道总裁身上有时也会显现。然而，自同为芝加哥学派代表人物的罗伯特·福格尔和经济学家斯坦利·恩格尔曼在他们的《苦难的时代》（1974年）一书中对此提出疑问以来，有关奴隶制既失德又低效的论断一直备受争议。

一方面，人力资本与实物资本之间存在诸多相似之处。人力资本的开发需要在学校教育、学徒制和在职培训等方面进行投资，如果管理得当，由此产生的知识和技能可以带来长期的回报，但同时也需要对它们进行持续更新。奥诺雷关于"所有权标志"的论述，同样适用于品牌、研发和人力资本。

另一方面，人力资本与其他资本类型之间存在许多不同之处。其中最根本的是，人力资本可以作为一种服务被租用，却不可以被买卖。（即使在奴隶制合法时期，双方买卖的也是劳动服务，而不是奴隶解决问题的能力。强迫性的劳动关系会大大降低这种交易的经济价值。）教育的受益者不仅限于受教育者本人，其最重要的功能是让受教育者成为文明社会和民主政体的一部分，因此可以为国家带来经济、社会以及文化等各个方面的长期收益。新教改革在推崇教育时并未考虑到经济利益，结果却取得了革命性的经济成效。

人力资本领域最负盛名的经济学家便是芝加哥学派的代表人物加里·贝克尔，他"将微观经济分析扩展至广泛的人类行为及其互动，包括非市场行为"，并因此于1992年获得了诺贝尔经济学奖。[5]虽然将理性选择的分析框架应用于家庭生活、犯罪与惩罚等非经济领域在很多时候显得颇为牵强，[6]但这当中的一些发现却展现了深刻的见解。另外，对教育和培训的经济价值进行定量研究，具有独特的社会意义。

需要申请助学贷款的大学生，最好仔细研究一下高等教育投入的回报方式。有研究发现，高等教育的实际作用仅限于证明一名大学生具备入学所需的能力，而其并非大学生获取职业技能的途径。这一点很有启发性，我在牛津大学确实遇到过不止一位这样的大学生，他们只是端坐在课堂里听讲，却不懂得如何在大学里度过紧张而愉快的时光，为自己的职业发展打下基础。毕竟，无论正规的教育以何种机制塑造人力资本，学生能否最终成才，仍然取决于自身的悟性和努力。

正规的教育更多地为学生打下事业起步的基础，而用人机构内部的职业培训及发展机制将进一步塑造其岗位所需的人力资本。后者强调学以致用，通常采取师徒模式来传授具体的知识和技能，可以按照职业认证资格的要求举办正式培训（如水管工或见习律师培训），也可以让员工在参与具体的工作过程中，通过观摩和实操提升个人技能。然而，在特定岗位上用于解决具体问题的知识和技能具有高度的专业性，但也因此带来了仅适用于特定企业的局限性。例如，老麦克唐纳的农场生产牛肉，麦当劳餐厅提供巨无霸汉堡，麦肯锡的主要工作成果常以演示文稿体现，加入这些企业的员工要分别学习畜牧业的技能、麦当劳的餐饮操作手册，或者演示文稿的编辑技能。在这个过程中，员工共享并促进集体智慧的发展，而集体智慧则决定了企业的运营能力。与此同时，在过去，通用汽车装配线上的工序主要由标准化劳动力操作，他们按照领班的指令完成工作，并不时受到管理层激励，而现如今，越来越多的此类工作被智能化的机器人所接管。

社会资本

哈佛大学政治学家罗伯特·帕特南对"社会资本"的概念进行了研究和拓展，并展现出了深刻的洞见。他将社会资本归纳为"拥有包括网络、规范和信任在内的社会生活特征，有助于参与者为追求共同的目标而更有效地通力合作"。[7] 显然，这一定义不仅与企业内在的集体智慧相一致，而且适用于更广大的社会。正如英国前首相撒切尔夫人所言，社会是由个体公民组成的；而就基层组织而言，社会既包括由保守思想家埃德蒙·伯克提出的"小团体"，也包括我们日常工作和居住的社区。

融入社会基层组织，热爱我们所属的社会小团体，是公众情感的第一原则（也可以说是萌芽）。这是我们在热爱国家和人类的远大征程上迈出的第一步。

——埃德蒙·伯克，1790 年[8]

帕特南对意大利各地方政府的行政水平进行了对比研究，通过鉴别它们之间的巨大差异突出了网络、规范和信任的重要性。意大利的发展经验有力地证明了产业集群的强大生产力，而不同地区社会资本的差异直接影响它们的经济表现。例如，梅达市（前文提到的意大利沙发制造中心）在制造业取得了巨大成功，而黑手党盘踞的西西里岛则一直难以摆脱落后的窘境。当然，这些因素自亚当·斯密以来就一直受到经济学家的关注；19 世纪 30 年代，法国历史学家托克维尔认为，以"结社精神"为纽带形成的公民社会，可以使个体与国家避免两极对立，而这正是美国优先主义的根源。

在托克维尔之后的一个多世纪里，由欧洲移民创建的美国，相比其祖先的故乡，被普遍认为走上了更加个人主义的道路。正是从美国的社会现实出发，一种基于个体与国家之间两极分化的政治哲学和经济理论，在 20 世纪后期成了全球的主流思想。

帕特南的批判是对这一理论和社会实践演变的强烈回应。他认为，美国在志愿型组织当中的参与度日趋衰减，而这也使其提出的社会资本概念成为相关辩论的中心问题。同时，其提出的"独自打保龄"一词引发公众对其论述的进一步关注。不过，在帕特南的一本书中，他认为，"社会资本"出现了复兴的迹象。[9]

帕特南的著作意义重大，他的思想与本书的主题一致。然而，"社会资本"的特征很难与人们熟知的"资本"一词联系起来。"社会资本"无法被拥有（也不存在"社会资本家"），无法与其他类型的资本相互兑换，也不能被买卖。社会资本不会因为被使用而贬值，反而会因此而增值。此外，社会资本很难被量化。正如本书前文所描述的，最可能量化社会资本的方式是衡量普遍的信任程度，即观察人们如何回答"您是否认为大多数人值得信任"这个问题。

自然资本

经济合作与发展组织（OECD）对自然资本给出了定义："自然资本是指为经济生产提供资源投入和环境服务的自然资产。"其报告进一步解释道："自然资本一般包括自然资源储备、土地和生态系统3个主要类别。自然资本对经济活动以及人类和其他生物提供多种'功能'，因此对长期的可持续发展至关重要。"[10]

尽管这种表述不够贴切，但明确自然环境对经济生产和社会福祉的贡献，这一点是值得称赞的。然而，试图对自然资本这一特殊的资本要素进行量化，却显得近乎荒谬。根据英国国家统计局公布的数据，英国的实物资本总计2.7万亿英镑，而自然资本总计1.8万亿英镑。[11] 在"自然资本"当中，最大的部分是英国迷人的乡村，统计部门根据乡村为休闲和旅游提供的机遇设定了量化价值。

以成本收益法来计量休闲活动的价值，乍一看起来合理，但经不起推敲。我经常在伦敦市中心的摄政公园散步，那里风景秀丽，视野开阔，并对公众免费开放。然而，依照前述标准，只因为我是步行抵达公园而没有花费任何成本，所以我的休闲活动没有任何价值。如果我打车前往公园入口，我所支付的出租车费将被计入国家的自然资本。如果我开车前往美丽的珀斯郡老家，国家统计局会把此行的汽油费和徒步靴费用计算在内，以确定此番休闲活动的价值。如果油价上涨，此间沿途山丘和湖泊的价值也会上涨；当我觉得此行的成本上升到我无法承担的程度时，其价值也会达到顶点。2023年，诺森伯兰郡一棵标志性的树木被人非法砍伐，定损金额高达622 191英镑，而有着2 000年历史的哈德良长城遭到毁坏，定损金额仅为1 144英镑。[12]

这并不是本书为标新立异提出的观点，我们有必要回顾已故芝加哥学派学者弗兰克·奈特的论述：

凯尔文勋爵的一句话经常被人们引用："无法量化的知识是贫乏的，是无法令人满意的。"然而，在心理学和社会学领域，这句话容易产生误导作用，因此是有害的。这就等于说，此类学科并不是物理意义上的"科学"，若强行套用自然科学的计量范式，只会丧失它们的学科本质。坚持量化经济学，意味着必须使用物理量统计，并不惜丢弃经济学本身的意义和功能，使之变得更加模糊不清（即使是"小麦"，只有从经济角度衡量时，才大致是同质的）。类似的主张甚至渗透到更多其他社会科学领域，按照凯尔文勋爵的格言，在实践中，这在很大程度上意味着"如果没有条件量化，那就创造条件量化"。[13]

许多人为了使他们认为的重要事物（教育、信任、环境）引起高度重视，急不可耐地为之贴上"资本"的标签，这说明马克思主义的论断持续影响着他们的思维模式，尽管他们拒绝承认与马克思主义学说有任何关联。"资本"一词在现代生活中不可或缺，但我们应该谨防无端滥用。

第八部分

最好的时代，
最坏的时代

"这不是结束,甚至不是结束的开始,仅仅有可能是开始的结束。"[1]与其像所有公司那样空谈"客户至上",我更渴望对商业有一种更好的描述。重新追溯半个世纪前《鲍威尔备忘录》开启的"改制的长征"是一项艰巨的任务,但这些"长征"——右翼追随米尔顿·弗里德曼的脚步,左翼则秉承鲁迪·杜奇克的精神——所取得的成功表明,变革是可能的。正如凯恩斯的一句名言:"经济学家和政治哲学家的思想,无论正确与否,其影响力之大都超乎常人想象。实际上,世界几乎完全受其支配。"[2]本书正是怀抱这一期望而写成的。

1 模糊是一种特性，而不是缺陷

> 从怀疑之城出发，我不得不穿越模糊之谷。
> ——亚当·斯密（实际上是财经记者兼广播员乔治·古德曼以"亚当·斯密"为笔名创作），1975年[1]

那是最美好的时代，那是最糟糕的时代；那是睿智的年月，那是蒙昧的年月；那是信心百倍的时期，那是疑虑重重的时期；那是阳光普照的季节，那是黑暗笼罩的季节；那是充满希望的春天，那是让人绝望的冬天；我们面前无所不有，我们面前一无所有；我们大家都在直升天堂，我们大家都在直下地狱。[2]

这是英国文学中最有力的开篇之一，狄更斯以此开启了《双城记》。

狄更斯所描述的故事发生在18世纪下半叶。这期间发生的重大事件催生了多股力量，最终定义并成就了现代世界的民主与繁荣。那是法国大革命和美国革命的时代，那也是工业革命的时代。"美国体制之父"托马斯·潘恩在那时写下了《人的权利》一书；亚当·斯密出版了《国富论》；时年23岁的英国诗人威廉·华兹华斯则洋溢着高亢的激情，他说："生命的黎明是乐园，青春才是真正的天堂。"[3]

19世纪的思想家记录并分析了随之生成的商业环境，其中最具影响力的便是卡尔·马克思。然而，对此最深刻的洞察却来自完全不同的领域：达尔文对进化论的阐述。包括亚当·斯密及其在苏格兰启蒙运动中的同伴在内，早期的思想家已经为"没有设计师的设计，没有协调员的协调"这一理念埋下了伏笔。事实上，苏格兰启蒙运动的主要思想家之一亚当·弗格森（狄德罗主编的《百科全书》关于一家别针工厂的介绍，为弗格森提供了思想的启迪）曾写道："国家的建构跌跌撞撞，它固然是出于人们的行动，但并不是按照任何人的设计而执行的。"亚当·斯密著名抑或臭名的"看不见的手"一说，则常被视为与弗格森的思想异曲同工。[4] "通过选择实现适应"作为进化的基本机制，是孕育集体智慧的过程，也是成功的企业根据客户需求开发适宜产品和业务流程的路径。有序的多元主义允许自由尝试，但同时能够快速终止失败的尝试，这与经济发展的进程密不可分。

狄更斯先生，我希望你能明确你的观点，这到底是最好的时代，还是最坏的时代？二者显然不可能都成立呀

有序的多元主义

天主教强调严格的等级制度，教皇被赋予"全知者"的权威，而新教改革则主张以分权来取代天主教的集权。在新教加尔文宗的长老会里，教区的牧师由德智双馨的长老推举。由于教会鼓励信徒自己阅读《圣经》，普及读写能力（限于男性）变成了一项先决条件。由此提升的教育水平让年轻人有能力为思想和科学进步做出贡献，使之在从事商业活动和管理公共事务时发挥出巨大潜能。其他一些新教教派，如贵格会，同样排斥宗教的教条主义。宗教改革赋予人们思想自由与试错的机会，为多元主义开辟了更广阔的发展空间，使未来的伽利略们不再惧怕宗教裁判所的迫害，科学革命和启蒙运动随之席卷而来。

正是那个时代喷薄而出的集体知识和集体智慧铸就了工业革命的辉煌，而在此背后，科学革命借助有序多元主义的春风，全面加速了经济与社会的发展进程；多元主义鼓励人们放开手脚，大胆尝试新思想、新方法以及新产品，而竞争性的商业环境，又进一步刺激企业更新业务流程，推出更贴近市场需求的新产品和服务项目。总而言之，一个允许言论自由和充满研究活力的社会，将享有取之不尽的新知识。另外，以有序多元主义为特征的经济体，在欢迎各类新生事物的同时，也能维护高效的优胜劣汰机制。通过这些方式，人类便可驾驭剧烈的不确定性，并从中激发出前进的动力。

秉持有序多元主义的精神推动经济发展，类似于自然选择的进化过程。达尔文认识到，进化可能建立起超出任何人想象的复杂系统，这为了解当代企业的特性提供了深刻的见解。然而，经济发展的历史告诉我们，经济领域的突变和选择都经过了人们许多的深思熟虑。基因变异是随机的，但经营者推出新产品和引入新业务流程，则是理性选择的结果（虽然不一定正确）。在运行良好的商业或经济系统中，失败的突变会被叫停，系统不会任其自然消亡。基因、文化和商业领域的多重进化机制，对现代社会的发展具有决定性作用。

这种有序的多元主义是市场经济的瑰宝。有序和多元主义两者缺一不可。固化的组织架构和机制必然阻碍试错的行为，因此，国家主导下的经济模式很难避免两端落空的结局。英国国家档案馆公开了过去30年的国家档案，我仍然很珍惜在那里找到的一份与我相关的文件，那是税务局对我在20世纪70年代协助撰写的一份税收报告做出的内部评估，其中写道："一切实用的东西都不新颖，一切新颖的东西都不实用。"没有什么比这句话更能生动地体现某种官僚心态了，以至于我怀疑这种表述并非被首次使用。我们是多么幸运，没有任何权威向瓦特、爱迪生、盖茨或乔布斯传达这种信息。

当集权化的组织终于决定采取某种变革措施时，它们往往会大规模实施，因此会大幅增加试错成本。而且，政府机构往往不肯承认失败，而倾向于掩盖失败，甚至把失败定性为成功。大型企业组织也是如此，这就是颠覆性创新通常来自外部的原因。

兴旺发达

本书秉承亚里士多德的美德伦理精神，认为幸福（希腊语为 eudaimonia，如今通常被译为"兴旺发达"）是人类一切行为的终极目标。幸福是美好生活的结果，不仅体现为对世俗财富的占有，而且取决于人际关系，包括来自他人的尊重、友谊和关爱。根据古代雅典城邦的价值理念，幸福源于对社区生活的贡献。幸福包含多种要素，所以要获得幸福，就需要在所有这些要素之间维持平衡，避免极端。[5]按照亚里士多德的思想及其现代追随者的解读，这种平衡的艺术通常被称为"中庸之道"。

我认为，以同样的方式看待商业组织不仅是恰当的，而且是必要的。企业经营的目标应该是让企业的众多利益相关方实现兴旺发达，这些相关方包括员工、投资者、供应商、客户、企业所在的社区以及企业本身。企业若想兴旺发达，就必须时刻准备为增进所处社会的福祉添砖加瓦。对商业组织和个体而言，"中庸之道"是一则放之四海而皆准的处世哲学。在一家兴旺发达的企业里，董事和高管的核心职能在于建立和维护一个调和型的组织架构，以满足所有利益相关方的需求，为他们提供表达意见的机会，并使企业免受利益相关方退出带来的不利影响。

需要明确的是，亚里士多德并不认同这种关于商业的观点。他写道："在治理完善的国家里，公民不应过工匠或商人的生活，因为此种生活卑贱且背离美德。"[6]然而，在亚里士多德生活的世界里，即便当时较为复杂的物品也可以由单个熟练工匠制造出来，因此，他无法想象现代的劳动分工和与之相关的供应链何其纷繁庞杂，工业化或企业组织的发展变迁已经超出了他的思维边界。当然，相比技术或法律形式的革新，人性几乎没有发生改变，所以亚里士多德或许很容易预见，某些现代商业精英的道德和行为方式会如此卑劣。

模糊和含糊

狄更斯的妙笔精准地描绘了法国大革命的复杂性与含糊性，以及英国和美国对此做出的反应。狄更斯与华兹华斯都曾表达围绕重大事件的不确定性所带来的亢奋与不安，正如华兹华斯的诗句：

谦卑者与崇高者，

皆得所愿助胸怀，

随手可取意随形，

应召施才展妙工。[7]

然而，几乎所有人都会嘲笑前文漫画中那位谨小慎微的编辑，认为他既不能接受含糊的表达方式，也无法理解不确定性所蕴含的深义与机缘。

我在从事经济学研究工作多年之后，才理解了连锁悖论的奥秘。古希腊哲学家曾问：要从一堆沙子中取出多少粒，才能使沙堆消失？[8] 2 000多年过去了，这个问题依然没有答案，而且也不会有答案。因为任何研究或论证都无法确定一堆沙子至少要包含987 216颗沙粒。若以这种精确的方式定义一堆沙子，我们就需要使用一个完全不同的量词，例如"撂"，来描述（之前）只包含987 215颗沙粒的沙堆，而连锁悖论又使我们陷入无法定义"撂"的僵局。美国国家经济研究局自认为具备定义"衰退"的权威，并设立了专门的委员会以确定美国经济是否处于衰退状态。[9]一些经济学家宣称，"衰退"是指GDP连续两个季度出现负增长。在我撰写本书期间，财经媒体充斥着关于美国经济是否正在或即将步入衰退的猜测。

然而，这个问题的答案并不是商界人士或决策者想要知道的——或者说应该想要知道的。他们关心的问题并不具体，但与他们的决策更相关。他们关心"这里到底发生了什么"。这个问题听起来非常肤浅，但我们生活在一个充满不确定性的世界里，每一种情形、每一项决策都是独一无二的。在这样的环境中，我们需要接连不断地提出"这里到底发生了什么"这个问题。

如今，关于模糊性的哲学文献卷帙浩繁。模糊性是指：叙事描述中一些术语是有用的，但这些术语无法被精确定义。在当今数字化的语言体系里，含糊性和模糊性是特性，而不是缺陷，因为它们反映了现实世界中不可避免的复杂性,并不是人们缺乏描述现实的能力。只有思维刻板僵化的人,才会指责狄更斯缺乏表达能力——他仍然是19世纪描写英国社会现实最优秀的作家。

模糊逻辑是现代数字世界的构建者熟悉的概念。数字化是以二进制为基础的——开关要么打开,要么闭合,但当真值介于0和1之间时,例如,计算机需要判断"这是否是一堆东西"时,滚筒烘干机上的传感器需要判断"洗好的毛巾是否已经烘干了"时,就需要"模糊逻辑"的介入。每个人都想要一条"干"毛巾,同时,每个人,包括采用模糊逻辑研发电子烘干机的设计师都知道,太干的毛巾使用起来可能让人不舒服。

在撰写本书的过程中,我不断发现,许多论断逐渐陷入了非此即彼的二元论迷宫,即使现实中两边并不存在泾渭分明的区别。正如堆与非堆、干与湿之间没有明确的区隔一样,市场与等级制度之间、公共部门与私营部门之间、营利性组织与非营利性组织之间,也没有清晰明确的分界线,甚至——而且至关重要的是——资本与劳动力之间也同样如此。所有权的概念通常很复杂,"所有权的标志"可能分散在多个主体手中,因此具体的"所有者"是谁很难确定。

二元论是律师和经济学家爱不释手的理论工具,出于不同但相关的原因,法律和数学都要求精确性。美国经济学家斯图尔特·麦考利将下述隐喻归功于关系契约概念的创造者之一、经济学家伊恩·麦克尼尔:

> 传统的合同法假定合同就像电灯:电灯要么开着,要么关着;当事人要么达成协议,要么没有。然而,在长期持续的关系中,实际情况往往更像变阻器。随着越来越多的电力被输送到灯泡,我们得到的光越来越耀眼。我们很难确切地说明电灯是在什么时候被打开的,此时开灯和关灯便成为无谓的表述。[10]

1　模糊是一种特性,而不是缺陷　　325

我们所生活的世界里，诸多事物往往无法体现非黑即白、非此即彼那样的精确性。诺贝尔经济学奖得主保罗·罗默是新古典内生增长理论的代表人物，并曾担任世界银行的首席经济学家。在他看来，经济学家在分析论述过程中动辄使用数字符号，这实则是一种"数学滥用"，是在以貌似严谨的表象误导世人。他进一步指出，这种做法"在自然语言与形式语言的陈述之间，以及在理论和实证的陈述之间，留下了过多的模糊空间"。[11]

二元论的分类方法还会引发另一个问题。经济学家习惯运用证券市场中的"市场效率"以及商品和服务市场中的"可竞争性"等概念，却没有充分认识到，"近似有效"或"富有竞争性"的含义可能与"完全有效"或"完全可竞争"截然不同。

尽管市场、等级制度、公共、私营、资本、劳动力和所有权等概念难以准确定义，但对于经济分析而言，它们仍然很实用——事实上，甚至是不可或缺的。如果像前文漫画中狄更斯面对的那位编辑，强行将我们观察到的事物归入某一类别，那么我们对该事物的理解就会发生偏误。显然，狄更斯所采取的方法是妥帖的，可以恰如其分地描述丰富而模糊的现实情形。在1859年，也就是法国大革命爆发70年后，狄更斯在那段著名的开篇结尾处坦言，他的小说描绘了一个两极分化、动荡不安和变幻莫测的时代，与当时的时代非常相似。他写道："简而言之，那个时代和当今这个时代是如此相似，因而一些吵嚷不休的权威也坚持认为，不管它是好是坏，都只能用'最……'来评价它。"[12]时至今日，我们仍然可以这么说。

2 后资本主义

> 如果资本主义建立在科学作为一种生产力的基础之上,那么新生产方式的本质特征正在促使资本主义本身沦落为冗余。
> ——约翰·贝尔纳,《马克思与科学》,1952年[1]

马克思于1883年辞世。马克思所推崇的学说,经由其追随者和批判者一个多世纪的反复淬炼与扬弃,仍然是当前理论界广泛探讨的话题。传统上,只要着眼于个人财富、资本所有权以及企业管理权三方联系,便可轻易捕捉到企业经营及其财富分配的理念和机制。然而,现实却已经时过境迁了。联系依然存在,但集中体现在个人财富与企业管理权之间;而随着资本以服务的形式出现,资本所有权与企业管理权之间的联系已然愈加稀疏了。

作为工业革命的标志性工作场所,炼铁厂和纺织厂已被炼钢厂、汽车装配线和肉类包装厂所补充和取代。到了21世纪,这类重型的工厂褪去了往日的荣光,将经济的制高点让位于苹果和谷歌、摩根大通和威瑞森电信、辉瑞制药和普华永道。这些公司的员工不再是《济贫法》报告(1834年由纳索·西尼尔和埃德温·查德威克完成)中的劳苦大众,也不是《共产党宣言》中的流氓无产阶级,他们的办公场所是窗明几净的办公室,而不是昏暗脏乱的血汗工厂。在18世纪工业革命之前,大多数人都居家做工,而到了21世纪,许多人又希望退出办公室,回家办公。

现代企业提供的产品或服务包括智能手机、网络搜索服务、银行账户服务、通信服务、药品和会计服务，这些都可以装进消费者的口袋或存于脑海，原材料成本在价格构成当中的占比微乎其微。消费者所支付费用，更多是为这些公司融入产品设计中的集体智慧买单，而不是为将原材料转化为成品的过程。产品价值的非物质化与生产资料的非物质化紧密相关。21世纪的公司几乎不需要太多的物质资本，它们虽然大多并不拥有所使用的资本，却能摆脱投资方的控制。它们购买资本服务，就如同购买水、电，以及工人、会计师、高管、承运商和供应商的服务一样，既简便快捷，又能自主可控。

在工业革命之后的商业环境中，生产过程是实物资本与劳动力相结合的产物，收入分配的格局是这两种生产要素的提供者，即资本家和劳动者之间阶级斗争的结果。在20世纪的大部分时间里，这种描述仍然适用于部分商业领域。但在21世纪的企业里，劳动力（通常为多工种的组合）成了关键的生产要素，产出依靠软件工程师、设计师、会计、营销人员、催收员和交易员的专业技能的投入。因此，劳资关系也随之发生了根本性的改变。

工厂曾经是阶级斗争的前线，工人们在工会的领导下要求提高工资，改善工作条件。马克思在撰写《资本论》时，英国有40%的劳动力从事制造业，而今天这一数字已不到10%。在英国和美国，工会主义现象主要集中于公共部门（德国和北欧国家的情况却不同，工会已经接受了政府的吸纳，承担起政治调和与机构管理的职责）。19世纪末叶兴起的大规模工人运动要数1888年伦敦的火柴厂女工罢工和1894年美国的普尔曼铁路大罢工，工人们要求富有的雇主提高薪资待遇，改善工作条件。20世纪末叶有代表性的工人运动，则是1981年美国的空管大罢工和1984年至1985年的英国矿工大罢工。如果将这两起罢工事件视为资本与劳工之间的斗争，那充其量是一种肤浅描述。首先，雇主都是政府机构；其次，被解雇的管理者和失败的矿工都是自命不凡的工会领袖玩弄政治游戏的牺牲品，他们发起的破坏性挑战几乎是任何民选政府都必然要出面抵制的，更不消说发生在里根和撒切尔夫人所领导的保守派执政期间。

直到20世纪末，政党仍以其所代表的资本或劳工的经济利益来定义。由于资本家人数较少，他们只有与同样害怕集体主义或社会动乱的保守派利益集团（宗教团体、军队、传统主义者和自由主义者）结盟，才能在民主体制内占据上风。随着现代商业走出了劳资二元论的窠臼，加之苏联解体结束了国际共产主义意识形态的渗透，这些政党的历史初衷也开始逐渐瓦解。在北方国家，这为民粹主义、身份认同和文化战争铺平了道路，从而重塑了21世纪的政治风貌。

现代企业的成功取决于其综合能力，而非生产效能，而核心在于员工的多样化能力。既然员工本身就是生产资料，那这还是资本主义吗？还是说社会主义终于到来了？对于商科学生来说，这或许是一个不错的论文选题，可惜与商业实践无甚关联。在分析商业组织或经济制度方面，这些拘泥于意识形态的术语已不再具有太多阐释价值。

如果没有在组织理论、心理学、人类学和其他社会科学领域形成深刻的见解，我们就不可能构建出新的企业理论。一味强调契约关系中的委托代理模型，会诱使人们忽略组织理论、商业历史和企业战略所提出的诸多问题。而将企业视为能力的集合，却可以启发我们建立一个不同的视角，以理解商业组织和经营者在不同地域和不同时期展现出的丰富多样性。

本书的核心思想，包括集体智慧、不确定性、有序多元主义、关系契约和调和型组织架构等，汲取了大量现有的研究成果和热门议题。尽管其中的很多内容超出了商业组织的范畴，但与本书论点的相关性交汇于这样一种信念：在现代世界里，成功的商业关系根植于更广泛的社区和团队当中，因此既不是工具性的，也不是交易性的，而是社会性的；纯粹交易型视角下的理念既缺乏正确性，又缺乏吸引力。本书的目的不仅在于揭示企业运营的本质，而且重在启发企业秉持良善的操守，与众多相关方形成互利共赢的格局。在随后的著作当中，我将努力阐释这一理念对商业政策以及公共政策的影响。

离别的痛苦与重逢的喜悦相比，不值一提。

——狄更斯[2]

致　谢

　　写作本书的念头，可以追溯到将近40年前我入职伦敦商学院的时候。我希望将研究兴趣从财政政策拓展到商业和金融领域，以深入理解其中蕴含的经济问题。本书和随后出版的另一本书都是自那时开启的思想之旅日积月累的成果。写作过程不仅将我带入学术殿堂，还促使我反复游走于公司董事会、金融机构以及白厅的政府部门。恕我无法一一列举那些我在研学之路上遇到的人，他们的智慧以及间或的愚钝，源源不断地丰富了我的学识。在这里，我想特别感谢保罗·科利尔、默文·金、科林·梅耶和戴维·塞恩斯伯里给予我的启发；感谢我的助手乔·查林顿20年来的悉心照料，他让我的生活井然有序；感谢对本书早期版本提出意见的读者——詹姆斯·安德森、保罗·戴维斯、莱斯利·汉娜、乔纳森·哈斯克尔、比尔·珍妮薇、约翰·麦克拉伦、索拉布·穆克吉、亚当·里德利、保罗·西布赖特和安德鲁·迪尔诺特，他们的宝贵意见提醒我纠正了书中某些纰缪的表述和观点；当然，若书中存在瑕疵遗漏之处，那皆系我个人的责任。

最重要的是，这段思想之旅使我深刻认识到，前方还有很多未知有待探究。商业研究仍处于早期发展阶段，实难紧跟商业本身变化的脚步。如果本书能鼓励一些年轻读者投身于该领域的深入研究，我便不虚此行。

本书起初还只是我眼中的一丝微光，其中不乏马修·福特的构想。马修自2017年起一直担任我的研究助理，他对本书的撰写和出版做出了卓越的贡献。在本书创作过程中，我们获得了康纳·卡拉汉、多丽丝·尼科利奇和姚滢的大力支持，以及Salvia基金会的精神鼓舞和慷慨资助。非常感谢英国Profile Books出版社的安德鲁·富兰克林，自从我提出撰写本书的想法，他就一直是本书最热忱的支持者。对于英国作家撰写的商业书籍可能受美国读者欢迎这一观点，耶鲁大学出版社的塞思·迪奇克表示了由衷支持。当然，我还要万分感谢我的妻子米卡·奥尔德姆，她在本书创作过程中承担了很多工作，并为全书进行了细致入微的文稿编辑。

注 释

引言　企业在社会中的角色

[1] 《马可福音》（国王詹姆士版）2:22 原文为："也没有人会把新酒装在旧皮袋里，如果这样，酒就会把皮袋胀破，酒和皮袋都损坏了；新酒总该装在新皮袋里。""新国王詹姆士版"更贴合原意且符合常识。当时保存酒水的方法是将其灌入动物皮制的囊器中，而伴随着发酵过程，酒囊也逐渐被胀破。

[2] Chandler, A. D., *Strategy and Structure: Chapters in the History of the American Industrial Enterprise* (Boston, MA: MIT Press, 1962).

[3] Berle, A., and Means, G., *The Modern Corporation and Private Property* (New Brunswick, NJ: Transaction, 1932).

[4] Drucker, P., *Concept of the Corporation* (New York: John Day, 1946).

第一部分　背景

1　爱产品，恨企业

[1] 'Wall Street and the Financial Crisis: The Role of Investment Banks', Hearing before the Permanent Subcommittee on Investigations of the Committee on Homeland Security and Governmental Affairs, vol. 4, 111th Congress (27 April 2010).

[2] CNBC, 'CNBC Exclusive: CNBC Transcript: Goldman Sachs Chairman & CEO David Solomon Speaks with CNBC's Jim Cramer on *Mad Money* Today' (18 July

2022).

［3］ Goldman Sachs, 'Code of Business Conduct and Ethics' (23 February 2023); *Arkansas Teacher Retirement System et al. v. Goldman Sachs Group, Inc.*, no. 16–250 (2d. Cir. 2018), pp. 6–8.

［4］ 关于此类"事件研究"的财务分析，详见本书后文。

［5］ Brief for the Chamber of Commerce of the United States of America as Amici Curiae Supporting Defendants-Appellants, *Arkansas Teacher Retirement System et al. v. Goldman Sachs Group, Inc.* (2018), p. 6.

［6］ *ECA v. J. P. Morgan Chase*, No. 07-1786 (2d. Cir. 2009), pp. 7, 30–31.

［7］ *Johannes T. Martin v. Living Essentials, LLC*, No. 15 C 01647 (Northern District, Eastern Illinois 2016), Memorandum Opinion and Order, p. 1.

［8］ Kannon Shanmugam, quoted in Dewey, K., and Hemingway, M., 'Building a Top-Flight Supreme Court Practice with Kannon Shanmugam', *Lawdragon* (25 January 2024).

［9］ Taibbi, M., 'The Great American Bubble Machine', *Rolling Stone* (5 April 2010).

［10］ Goldman Sachs, 'Goldman Sachs' Commitment to Board Diversity' (4 February 2020).

［11］ Brief for the Chamber of Commerce of the United States of America as Amici Curiae Supporting Defendants-Appellants, *Arkansas Teacher Retirement System et al. v. Goldman Sachs Group, Inc.* (2018), p. 8.

［12］ 一项动议要求把"将客户利益置于首位"设定为退休储蓄顾问的义务，由于商会带头反对，特朗普政府被迫放弃了这一计划。

［13］ Muilenburg, D., 'Statement from Boeing CEO Dennis Muilenburg: We Own Safety – 737 MAX Software, Production and Process Update' (5 April 2019).

［14］ Majority Staff of the Committee on Transportation and Infrastructure, 'Final Committee Report: The Design, Development & Certification of the Boeing 737 MAX' (September 2020), p. 13.

［15］ U.S. Department of Justice, Office of Public Affairs, 'Boeing Charged with 737 Conspiracy and Agrees to Pay over $2.5 Billion' (7 January 2021).

［16］ U.S. Securities and Exchange Commission, 'Boeing to Pay $200 Million to Settle SEC Charges that It Misled Investors about the 737 Max' (22 September 2022).

［17］ 大众汽车一案仍处于德国法庭审理之中，富国银行的高管凯莉·托尔斯泰特对造假行为供认不讳，检察官要求将其判刑收监，但法院仅判处其6个月居家监禁和3年缓刑。

[18] *Jeffrey Ross Blue v. Michael James Wallace Ashley*〔2017〕EWHC 1928 (Comm), para 142.

[19] LaFrance, A., 'The Largest Autocracy on Earth', *The Atlantic* (27 September 2021).

[20] Pew Research Center, 'Modest Declines in Positive Views of "Socialism" and "Capitalism" in U.S.' (19 September 2022).

[21] Orwell, G., 'Politics and the English Language', *Horizon*, vol. 13, no. 76 (1946), pp. 257–8.

[22] Lowrey, A., 'Why the Phrase "Late Capitalism" Is Suddenly Everywhere', *The Atlantic* (1 May 2017).

[23] 在阿拉斯代尔·斯帕克1996年发表的《与美国搏斗》一文中，我第一次见到"爱产品，恨企业"这一表述。该文评述了全球大多数人对"美国消费主义模式"的矛盾态度，但该文并未显示"爱产品，恨企业"这一表述是斯帕克的发明，而说它是人们约定俗成的一种说法。

[24] Edelman, 'Edelman Trust Barometer 2020' (2020), p. 28; Gallup, 'Confidence in Institutions' (2020): 2020 figures for 'Great deal/Quite a lot'. （总体上，相比大型企业，人们更加信任新闻媒体；在各类新闻媒体中，新闻电视台的可信度较低；在不同的企业类型中，大型科技公司的可信度较高。）

[25] Department for Business, Energy & Industrial Strategy, 'Business Population Estimates for the UK and Regions 2022: Statistical Release' (6 October 2022), Tab 4. （英国国家统计局的数据涵盖所有已注册增值税的企业实体，但不包括雇员很少或没有雇员的个体户。）U.S. Small Business Administration Office of Advocacy, '2022 Small Business Profile' (2022), p. 2.

2 制药的历史：治疗的例证

[1] Thomas, Z., and Swift, T., 'Who Is Martin Shkreli – "the Most Hated Man in America"?', *BBC News* (4 August 2017).

[2] Redman, M., 'Cocaine: What Is the Crack? A Brief History of the Use of Cocaine as an Anesthetic', *Anesthesiology and Pain Medicine*, vol. 1, no. 2 (2011), pp. 95–7; Reinarz, J., and Wynter, R., 'The Spirit of Medicine: The Use of Alcohol in Nineteenth-Century Medical Practice', in Schmid, S., and Schmidt-Haberkamp, B. (eds.), *Drink in the Eighteenth and Nineteenth Centuries* (Abingdon: Pickering & Chatto, 2014), pp. 127–40.

[3] Haynes, A., 'The History of Snake Oil', *Pharmaceutical Journal*, vol. 294, no. 7850 (21 February 2015).

[4] U.S. Food and Drug Administration, 'Milestones in US Food and Drug Law'; Cassidy, J., 'Muckraking and Medicine: Samuel Hopkins Adams', *American Quarterly*, vol. 16, no. 1 (1964), pp. 85–99.

[5] Connelly, D., 'A History of Aspirin', *Clinical Pharmacist*, vol. 6, no. 7 (2014).

[6] Otten, H., 'Domagk and the Development of the Sulphonamides', *Journal of Antimicrobial Chemotherapy*, vol. 17, no. 6 (June 1986), pp. 689–90.

[7] Ballentine, C., 'Sulfanilamide Disaster', *FDA Consumer Magazine* (June 1981).

[8] Anthony, R. S., and Kim, J. H., 'Thalidomide: The Tragedy of Birth Defects and the Effective Treatment of Disease', *Toxicological Sciences: An Official Journal of the Society of Toxicology*, vol. 122, no. 1 (2007), pp. 1–6.

[9] Laurence, J., 'Government's £80m for Victims of Thalidomide – But Still No Apology', *The Independent* (21 December 2012).

[10] Phillips, S., 'How a Courageous Physician-Scientist Saved the U.S. from a Birth-Defects Catastrophe', *UChicagoMedicine* (March 2020).

[11] American Chemical Society International Historic Chemical Landmarks, 'Discovery and Development of Penicillin'.

[12] Merck & Co., 'Merck's 1899 Manual', Project Gutenberg.

[13] Merck KGaA, 'Company History'.

[14] Kannabus, A., 'History of TB Drugs'.

[15] Bernard, D., 'How a Miracle Drug Changed the Fight Against Infection During World War II', *Washington Post* (11 July 2020); Lydon, C., 'A Tough Infighter', *The New York Times* (20 August 1976).

[16] Bastian, H., 'Down and Almost Out in Scotland: George Orwell, Tuberculosis and Getting Streptomycin in 1948', *Journal of the Royal Society of Medicine*, vol. 99, no. 2 (2006), pp. 95–8, <doi: 10.1258/jrsm.99.2.95>.

[17] Collins, J. C., and Porras, J. I., *Built to Last: Successful Habits of Visionary Companies* (New York: HarperBusiness, 1997), p. 48.

[18] Johnson & Johnson, 'Our Credo'.

[19] Solomon, M., 'Poison Pill', *Medium* (14 July 2022).

[20] U.S. Department of Defense, 'Crisis and Communication Strategies Case Study: The Johnson and Johnson Tylenol Crisis'.

[21] Stokes, A., 'Merck Continues Campaign against River Blindness in the DRC' (September 2014).

[22] Reese, J. and Sookdeo, R., 'America's Most Admired Corporations', *Fortune* (8

［23］ Collins and Porras (1997), p. 49.

［24］ Prakash, S., and Valentine, V., 'Timeline: The Rise and Fall of Vioxx', *npr* (10 November 2007).

［25］ Collins, J. C., *How the Mighty Fall* (London: Random House, 2009), p. 50.

［26］ Kavilanz, P., 'Johnson and Johnson CEO: We Made a Mistake' (30 September 2010).

［27］ Fortune, 'Merck, World's Most Admired Companies' (2020).

［28］ Court, E., 'Valeant Gets a New Name to Shed Its Scandals, but Will It Work?', *MarketWatch* (17 July 2018); Bloomberg News, 'Valeant's Former Boss Michael Pearson Is Suing the Pharma for Not Paying Him 3 Million Shares Promised When He Left', *Financial Post* (28 March 2018); Scott, B., 'Valeant CEO Michael Pearson Lost $180 Million Yesterday, and $750 Million in Past Year', *Forbes* (16 March 2016).

［29］ Pollack, A., 'Drug Goes from $13.50 a Tablet to $750, Overnight', *The New York Times* (20 September 2015). 在此之后，什克雷利因另外一起证券欺诈案被判处 7 年有期徒刑。

［30］ Mylan, 'Mylan Launches the First Generic for EpiPen® (epinephrine injection, USP) Auto-Injector as an Authorized Generic' (16 December 2016). 在药理学上，仿制药的疗效近似专利过期的原研药。

［31］ Jeffrey, A., 'Mylan Finalizes $465 Million EpiPen Settlement with Justice Department', *CNBC* (17 August 2017).

［32］ Mylan, 'Mylan and Pfizer Announce Viatris and the New Company Name in the Planned Mylan – Upjohn Combination' (12 November 2019).

［33］ *Guardian* Staff and Agencies, 'Johnson & Johnson to Pay $5bn in Landmark $26bn US Opioid Settlement', *The Guardian* (21 July 2021); Case, A., and Deaton, A., *Deaths of Despair and the Future of Capitalism* (Princeton, NJ: Princeton University Press, 2020); Hoffman, J., 'Purdue Pharma Is Dissolved and Sacklers Pay $4.5 Billion to Settle Opioid Claims', *New York Times* (1 September 2021).

［34］ Bodleian Libraries, 'The University of Oxford's Relationship with the Sackler Family- Statement' (15 May 2023).

［35］ Durkin Richer, A., 'Witness: Drug Company Hired Ex-Stripper to Increase Sales', *abcNews* (1 March 2019).

［36］ Kuchler, H., et al., 'Opioid Executive Admits to "No Morals" Ahead of Prison Term', *Financial Times* (23 January 2020).

［37］ McCarthy, J., 'Big Pharma Sinks to the Bottom of U.S. Industry Rankings', Gallup (3 September 2019).

[38] World Health Organization (WHO), 'WHO Timeline Covid-19'.

[39] Khazan, O., 'The One Area Where the U.S. COVID-19 Strategy Seems To Be Working', *The Atlantic* (22 February 2021).

[40] Gallup, 'Business and Industry Sector Ratings' (17 August 2021).

[41] Wellcome Trust, 'Who We Are'.

[42] Novo Nordisk Fonden, 'History'.

3　经济动机

[1] Smith, A., *An Inquiry into the Nature and Causes of the Wealth of Nations*, vol. II (London: W. Strahan and T. Cadell, 1776), p. 232.

[2] Ibid.

[3] Broadberry, S., Campbell, B. M. S., Klein, A., Overton, M., and Van Leeuwen, B., *British Economic Growth*, 1270–1870 (Cambridge: Cambridge University Press, 2015) via Bank of England (2020).

[4] Razzell, P., and Spence, C., 'The History of Infant, Child and Adult Mortality in London, 1550–1850', *London Journal*, vol. 32, no. 3 (2007), pp. 271–92; Roser, M., Ortiz-Ospina, E., and Ritchie, H., 'Life Expectancy', *Our World in Data* (2013). 在当时，婴儿在出生时的死亡率及5岁前的夭折率较高，这对预期寿命的粗略估算可能会产生误导。然而，即使这样，斯密也算得上高寿了（苏格兰的平均预期寿命数据统计始于1841年，我们可由此向前推断当地整体的平均预期寿命情况）。

'Life Expectancy by Age in England and Wales' in Roser, M., Ortiz-Ospina, E., and Ritchie, H., 'Life Expectancy', *Our World in Data* (2013). 人类死亡率数据库的数据可以帮助我们推算出人们当年安然度过5岁前高夭折期的预期寿命。Houston, R., "Mortality in Early Modern Scotland: The Life Expectancy of Advocates", *Continuity and Change*, vol. 7, no. 1 (1992), Table 1. 为印证当时对预期寿命的计算，这篇文章对当时辩护律师群体的寿命进行了结构性的分析和推断，该群体与斯密属于同一个社会阶层。（实际上，斯密的父亲就是其中一员。）

[5] Smith (1776), p. 6.

[6] Thwaites, T., *The Toaster Project: or, A Heroic Attempt to Build a Simple Electric Appliance from Scratch* (Princeton, NJ.: Princeton Architectural Press, 2011).

[7] Rousseau, J.-J., *A Discourse upon the Origin and Foundation of the Inequality among Mankind* (London: R. and J. Dodsley, 1761).

[8] Peterson, C., and Seligman, M. E. P., *Character Strengths and Virtues: A Handbook and Classification* (Oxford: Oxford University Press, 2004).

[9] Csikszentmihalyi, M., *Flow: The Psychology of Optimal Experience: Steps toward Enhancing the Quality of Life* (New York: Harper Collins, 1991).

[10] YouTube video of Messi *v.* Getafe, Steve Jobs's iPhone launch in San Francisco, YouTube video of Claudio Abbado.

[11] Jobs, S., 'Commencement Address', Stanford Report (12 June 2005).

[12] Service, T., 'The Abbado Effect', *The Guardian* (19 August 2008).

[13] Schofield, R. S., 'Dimensions of Illiteracy, 1750–1850', *Explorations in Economic History*, vol. 10, no. 4 (1973), p. 443.

[14] Matthew, H. C. G., McKibbin, R. I., and Kay, J. A., 'The Franchise Factor in the Rise of the Labour Party', *English Historical Review*, vol. 91, no. 361 (1976), pp. 723–52. 1868年，选举权的覆盖范围有所扩大，即便如此，工人阶层中仅有少数男性有资格投票，而女性依然没有选举权。第一次世界大战激发了大规模扩大选民群体的改革，但这一改革直到1928年才得以完成。

[15] MacDermot, E. T., and Clinker, C. R., *History of the Great Western Railway* (London: Ian Allan, 1982), p. 15.

[16] *New York Daily Tribune* (25 March 1888), p. 11.

[17] Jensen, M. C., and Meckling, H. W., 'Theory of the Firm: Managerial Behaviour, Agency Costs and Ownership Structure', *Journal of Financial Economics*, vol. 3, no. 4 (1976), pp. 305–60.

[18] Haldeman, P., 'The Return of Werner Erhard, Father of Self Help', *New York Times* (28 November 2015).

[19] Welkos, R. W., 'Founder of est Targeted in Campaign by Scientologists: Religion: Competition for Customers Is Said to Be the Motive behind Effort to Discredit Werner Erhard', *Los Angeles Times* (29 December 1991).

[20] Pavlov, I. P., *Conditioned Reflexes: An Investigation of the Physiological Activity of the Cerebral Cortex* (Oxford: Oxford University Press, 1927); Skinner, B. F., *The Behavior of Organisms: An Experimental Analysis* (New York: Appleton-Century-Crofts, Inc., 1938).

第二部分 商业简史

1 机械的企业思维与管理

[1] Solow, R. M., 'The Production Function and the Theory of Capital', *Review of Economic Studies*, vol. 23, no. 2 (1955–6), p. 101.

[2] 相比这一突出现象，有关"集聚经济学"的文献数量还相当有限。相关介绍参见：Glaeser, E. L., *Agglomeration Economics* (Chicago, IL: University of Chicago Press, 2010)。

[3] Cobb, C. W., and Douglas, P. H., 'A Theory of Production', *American Economic Review*, vol. 18, no. 1 (supplement) (1928), pp. 139–65.

[4] 相关文献的综述，详见 Romer, P. M., 'The Origins of Endogenous Growth', *Journal of Economic Perspectives*, vol. 8, no. 1 (1994), pp. 3–22。

[5] Adams, R., 'Does Brown Need Balls?', *The Guardian* (27 February 2007).

[6] Kanigel, R., *The One Best Way: Frederick Winslow Taylor and the Enigma of Efficiency* (London: MIT Press, 2005), p. 165.

[7] Taylor, F. W., *Shop Management* (New York: Harper & Brothers, 1912), p. 132.

[8] Ibid., pp. 139–40.

[9] Ibid., p. 196.

[10] Marx, K., F. Engels (ed.), S. Moore and E. Aveling (trans.), *Capital*, vol. I (London: Swan Sonnenschein, Lowrey, & Co., 1887), p. 556.

2　制造业的崛起

[1] Carnegie, A., in J. B. Freeman, *Behemoth: A History of the Factory and the Making of the Modern World* (New York: W. W. Norton & Co., 2018).

[2] Clapham, J. H., *Bibliography of English Economic History* (London: Historical Association, 1913), p. 401. "cannonades"（连续炮装）一词源自法语词 "*carronade*"（音译卡伦炮），拿破仑认为，法军之所以在特拉法加之战中败北，原因是英国皇家海军装配的大量卡伦炮大幅提升了战舰的近战能力。

[3] Peaucelle, J.-L., and Guthrie, C., 'How Adam Smith Found Inspiration in French Texts on Pin Making in the Eighteenth Century', *History of Economic Ideas*, vol. 19, no. 3 (2011), pp. 41–67. 关于这段争议，详见：Hamowy, R., 'Progress and Commerce in Anglo-American Thought: The Social Philosophy of Adam Ferguson', *Interpretation*, vol. 14, no. 1 (1986), pp. 61–88。

[4] Robert Burns, 'At Carron Ironworks' (1787).

[5] Pennant, T., *A Tour in Scotland*, 1769 (London: 1771), p. 261.

[6] Hume, D., Letter to Adam Smith (27 June 1772), in J. H. Burton (ed.), *Life and Correspondence of David Hume*, vol. II (1846), pp. 459–61.

[7] Robert Burns, 'At Carron Ironworks' (1787).

[8] Bossidy, J. C., 'A Boston Toast' (1910), Juster, A. M., 'Cabots, Lowells, and a

Quatrain You Don't Really Know', *Light Poetry Magazine* (2015).《波士顿祝酒词》据传首次亮相于 1910 年圣十字学院的校友会晚宴，尽管类似的诗句早已广泛流传。圣十字学院是马萨诸塞州伍斯特市一所仅对教民开放的耶稣会学院。

[9] Smith, A., *An Inquiry into the Nature and Causes of the Wealth of Nations*, vol. I (London: W. Strahan and T. Cadell, 1776), p. 17.

[10] Marçal, K., *Who Cooked Adam Smith's Dinner?* (London: Portobello Books, 2015), p. 17.

[11] Gross, D., and editors of *Forbes* magazine, *Forbes Greatest Business Stories of All Time* (New York: John Wiley & Sons, 1996); Lewis, D. L., *The Public Image of Henry Ford: An American Folk Hero and His Company* (Detroit, MI: Wayne State University Press, 1976), pp. 42, 44.

[12] Hamilton, H., 'The Founding of Carron Ironworks', *Scottish Historical Review*, vol. 25, no. 99 (1928), p. 189.

[13] National Museums Scotland, *Boulton & Watt Engine* (2021).

[14] Marx (1887), p. 713; Smith (1776), p. 328.

[15] Pennant (1771), pp. 261–2.

[16] Saltaire Village Website, 'The Saltaire Village Website, World Heritage Site'.

[17] Port Sunlight Village Trust, 'A Brief History of Port Sunlight'.

[18] Cornell School of Industrial and Labour Relations Web Exhibit 'The 1911 Triangle Factory Fire' (2018). 该网站汇集了大量记载该事件的资料。

[19] Knoema, 'Top Vehicle Manufacturers in the US Market, 1961–2016' (21 May 2020). 该排名截至 2016 年。

[20] 该工厂的名称看起来略显突兀，它取自长期担任意大利共产党总书记的帕尔米罗·陶里亚蒂的姓氏。

3　公司的崛起

[1] Bierce, A., *The Collected Works of Ambrose Bierce*, vol. VII, *The Devil's Dictionary* (New York: Neale Publishing, 1911).

[2] 2006 年，伦敦金融城公司更名为大伦敦管理局。

[3] 从法律上讲，伦敦金融城公司作为法人实体的资格源于英国习惯法中的"时效原则"，这意味着由于其长期被视为法人实体，法律便认定其具备法人地位，因此其起源已无从追溯。其自由权利在《大宪章》第 13 条中得以重申，而该条款是《大宪章》中至今仍然有效的四项条款之一。

[4] Kwai, I., 'Murderer Who Wielded Narwhal Tusk to Stop Terrorist Gets Royal Pardon', *The New York Times* (19 October 2020).

［5］ 1885—1908年，非洲刚果［今刚果(金)］一直属于比利时国王利奥波德二世的"私人领地"。他和他的下属的暴行引起了国际社会的强烈抗议，比利时政府于1908年出面接管了此地。

［6］ Dreazen, Y. J., 'How a 24-Year-Old Got a Job Rebuilding Iraq's Stock Market', *Wall Street Journal* (28 January 2004).

［7］ 约翰·特纳指出，被称为《泡沫法案》的立法实际上是由南海公司推动的，该公司期望阻止其他公司与自己争夺投机者资金。

［8］ Givner, J., 'Industrial History, Preindustrial Literature: George Eliot's *Middlemarch*', *ELH*, vol. 69, no. 1 (2002), pp. 223–43.

［9］ Odlyzko, A., 'The Collapse of the Railway Mania, the Development of Capital Markets, and the Forgotten Role of Robert Lucas Nash', *Accounting History Review*, vol. 21, no. 3 (2011), p. 332.

［10］ Brontë, C., Letter to Margaret Wooler (30 January 1846).

［11］ Checkland, S. G., *Scottish Banking: A History, 1695–1973* (Glasgow: Collins, 1975), pp. 469–71. 西部银行曾是苏格兰当地第二大银行，但其于20多年前已破产，其导致的后果与格拉斯哥城市银行类似，只是影响程度稍轻。

［12］ Drummond, H., *The Dynamics of Organizational Collapse: The Case of Barings Bank* (Abingdon: Routledge, 2008), p. 17.

［13］ Ziegler. P., *The Sixth Great Power: A History of One of the Greatest of All Banking Families, the House of Barings, 1762–1929* (New York: Alfred A. Knopf Inc., 1988).

［14］ Catherwood, J., 'Drunk Valuations, and Frothy Markets: The Guinness IPO', *Investor Amnesia* (30 August 2018).

［15］ https://www.ardingtonhouse.com/history/.

［16］ Baer, J., and Zuckerman, G., 'Branded a Villain, Lehman's Dick Fuld Chases Redemption', *Wall Street Journal* (6 September 2018).

［17］ Hannah, L., 'J. P. Morgan in London and New York before 1914', *Business History Review*, vol. 85, no. 1 (2011), p. 126.

［18］ Hannah, L., *The Rise of the Corporate Economy* (London: Routledge, 1976).

4　命运无常

［1］ Boethius, H. R. James (trans.), *The Consolation of Philosophy*［AD 524］, (London: Elliot Stock, 1897).

［2］ Clark, A., 'Chrysler – How a Great Car Firm Crashed', *The Guardian* (1 May 2009).

［3］ Motavalli, J., 'Stellantis: Fiat Chrysler Merges with PSA, Becoming World's Fourth-

［4］ Tichy, N., and Charan, R., 'Speed, Simplicity, Self-Confidence: An Interview with Jack Welch', *Harvard Business Review* (1989 updated to 2020).

［5］ 需特别指出的是，文中未提及沙特阿美。沙特阿美尽管不是一家寻常意义上的公司，但其市值却已超过一万亿美元。

5 制造业的衰落

［1］ Greenspan, A., 'Question: Is There a New Economy?', Haas Annual Business Faculty Research Dialogue, University of California, Berkeley (4 September 1998).

［2］ Biden, J., 'Remarks by President Biden on Economic Progress since Taking Office: Speech at Springfield, Virginia' (26 January 2023).

［3］ Herrendorf, B., Rogerson, R., and Valentinyi, A., 'Growth and Structural Transformation', National Bureau of Economic Research, Working Paper 18996 (2013); Our World in Data, 'Share of Agriculture in Total Employment, 1801 to 2011'. 注：文中所列数据来自"用数据看世界"网站，其主要数据源自 Herrendorf 等人的文章 (2013 年)。

［4］ Bank of England, 'Inflation Report' (2018); Office for National Statistics (ONS), 'UK Labour Market: September 2020' (15 September 2020); U.S. Bureau of Labor Statistics, 'Injuries, Illnesses and Fatalities' (2020). 文中英国就业数据，2016 年之前来自英格兰银行的统计，2016 年及以后来自英国国家统计局的统计；文中美国就业数据来源于美国劳工局的统计。

［5］ Aristotle, B. Jowett (trans.), *Politics* (350 BC), Book I, Chapter 10.

［6］ Ibid.

［7］ European Commission, 'Labour Market Information: Switzerland (6 June 2023)'.

［8］ 'The Truth behind the Tories' Northern Strongholds', *The Economist* (31 March 2021). "红墙"是一个英国政治术语，特指英格兰中部和北部的选区，这些选区中的许多人是传统工业衰退的受害者，他们在 2019 年首次推选出保守党议员。

［9］ 与英国的"红墙"类似，"铁锈地带"是指美国 20 世纪 50 年代后经历传统工业衰退的地区。

［10］ Wolf, M., *The Crisis of Democratic Capitalism* (London: Penguin, 2024).

［11］ Derks, S., *The Value of a Dollar: Prices and Incomes in the United States, 1860–1999* (Lakeville, CT: Grey House Publishing, 1999).

［12］ Ford Motor Company, 'The Model T' (2023).

［13］ 作者自行按四舍五入计算。英镑兑换美元汇率参照 2020 年 1 月 1 日的汇率，即

1英镑兑1.325美元。美国通胀数据来自：McCusker, J. J., 'How Much Is That in Real Money? A Historical Price Index for Use as a Deflator of Money Values in the Economy of the United States', *Proceedings of the American Antiquarian Society*, vol. 101, no. 2 (1991), Table A2, CPI Index and U.S. Bureau of Labor Statistics, 'CPI for All Urban Consumers (CPI-U), All Items in U.S. City Average, All Urban Consumers, Not Seasonally Adjusted, CUUR0000SA0' (4 May 2023)。

[14] Roberts, W., 'That Imperfect Arm: Quantifying the Carronade', *Warship International*, vol. 33, no. 3 (1996), pp. 231–40.

[15] British Army, 'Equipment: Small Arms and Support Weapons' (2020).

[16] Ford Motor Company (2023).

[17] Airbus Media Relations, 'Airbus Aircraft 2018 Average List Prices (USD Millions)' (2018).

[18] Penafiel, K., "The Empire State Building: An Innovative Skyscraper", *Buildings* (28 June 2006); Empire State Realty Trust, 'Empire State Building Fact Sheet'.

[19] Burj Khalifa, 'Fact Sheet'.

[20] Mobile Phone Museum, 'MOTOROLA DYNATAC 8000X'.

[21] Ashton, T. S., 'The Records of a Pin Manufactory, 1814–21', *Economica*, no. 15 (1925), pp. 281–92.

[22] Medicines and Healthcare Products Regulatory Agency (26 January 2021), p. 2.

[23] Nordhaus, W. D., 'Do Real-Output and Real-Wage Measures Capture Reality? The History of Lighting Suggests Not', in Bresnahan, T. F., and Gordon, R. J. (eds.), *The Economics of Real Goods* (Chicago, IL: University of Chicago Press, 1996), pp. 29–70.

[24] 在撰写本书时，飞利浦超高效2.3瓦LED灯的零售价为8.99英镑，承诺使用寿命为5万小时。按每千瓦·时27新便士的典型电价计算，电费约占整体成本的3/4。

[25] 假设一只60瓦白炽灯泡的价格为1英镑，平均使用寿命为1 000小时，平均亮度为840流明。

第三部分　我们成功的法宝

1　一切向好

[1] The Beatles, 'Getting Better' (1967).

[2] Olympics, 'The Story of Abrahams and Liddell at Paris 1924' (27 June 2023).

［3］ Nag, U., 'Usain Bolt's Records: Best Strikes from the Lighting Bolt' (27 June 2023).

［4］ 影片中，作为职业教练的穆萨比尼被拒绝进入体育场，直到赛场上奏响英国国歌，他才得知亚伯拉罕获胜的消息。

［5］ Scottish FA, 'Kenny Dalglish'.

［6］ Littlewood, M., 'Sir James Mirrlees Obituary', *The Guardian* (24 September 2018).

［7］ 达尔马诺克曾是火车制造中心，为重拾繁荣，人们曾试图在废弃的场地上为2014年英联邦运动会修建运动员村，但运动员的短暂停留并未给当地带来中长期的兴旺。

［8］ Internet Movie Database (IMDB), 'Alec Guinness'.

［9］ 与此相对的观点参见：Hamilton, B., 'East African Running Dominance: What Is behind It?', *British Journal of Sports Medicine*, vol. 34, no. 5 (2000), pp. 391–4; Wilber, R. L., and Pitsiladis, Y. P., 'Kenyan and Ethiopian Distance Runners: What Makes Them So Good?', *International Journal of Sports Physiology and Performance*, vol. 7, no. 2 (2012), pp. 92–102; and Mooses, M., and Hackney, A. C., 'Anthropometrics and Body Composition in East African Runners: Potential Impact on Performance', *International Journal of Sports Physiology and Performance*, vol. 12, no. 4 (2017), pp. 422–30。

［10］《圣经·创世记》3:6。

［11］ Henrich, J., *The Secret of Our Success: How Culture Is Driving Human Evolution, Domesticating Our Species, and Making Us Smarter* (Princeton, NJ: Princeton University Press, 2015).

［12］ Tomasello, M., Page-Barbour Lecture at the University of Virginia (2010).

2　商业的精进

［1］ Tesla, N., 'A Story of Youth Told by Age (Dedicated to Miss Pola Notes 373 Fotitch)' (1939).

［2］ Regis, E., 'No One Can Explain Why Planes Stay in the Air', *Scientific American* (1 February 2020).

［3］ Boeing, 'Boeing 737 Facts' (2014).

［4］ Wright, T., 'The Learning Curve of the Cumulative Average Model: What Is Wright's Law?', Ark Invest.

［5］ Henderson, B., 'The Experience Curve – Reviewed (Part II)', BCG (1973).

［6］ Wright (accessed 2023).

［7］ Surowiecki, J., *The Wisdom of Crowds: Why the Many Are Smarter than the Few and*

How Collective Wisdom Shapes Business, Economies, Societies and Nations (New York: Doubleday, 2004).

［8］ Galton, F., 'Vox Populi', Nature, vol. 75 (1907), pp. 450–51. 在没有机械或电子计算辅助的情况下，高尔顿能用中位数简化计算过程。而实际上，平均值更接近实际的重量——据高尔顿观察，猜测得出的重量数据并不呈现正态分布。

［9］ Kay, J., *Other People's Money: Masters of the Universe or Servants of the People?* (London: Profile, 2015).

［10］ Aristotle, *Politics*, Book 3.

3 价值

［1］ Fisher, I., *The Rate of Interest: Its Nature, Determination and Relation to Economic Phenomena* (New York: Macmillan, 1907), p. 6.

［2］ Wilde, O., *Lady Windermere's Fan: A Play about a Good Woman* (London, 1892), p. 40.

［3］ Marshall, A., *Principles of Economics* (London: Macmillan & Co., 1890), p. 348.

［4］ 这里也可能指的是迪士尼乐园中类似的主题之旅。

［5］ Kirkpatrick, D., 'Mystery Buyer of $450 Million *Salvator Mundi* Was a Saudi Prince', *The New York Times* (6 December 2017).

［6］ 'The Upper East Side's Most Expensive 5th Avenue Apartment Buildings', MPA (5 February 2013).

［7］ Hirsch, F., *Social Limits to Growth* (London and Henley: Routledge & Kegan Paul, 1977).

［8］ Mayer, C., *Capitalism and Crises* (Oxford: Oxford University Press, 2023).

4 斯坦利·马修斯换乘火车

［1］ Messi, L., <https://www.brainyquote.com/quotes/lionel_messi_473553> (accessed 25 July 2023).

［2］ Settimi, C., 'The World's Highest-Paid Soccer Players 2017: Cristiano Ronaldo, Lionel Messi Lead the List', *Forbes* (26 May 2017).

［3］ Shread, J., 'Lionel Messi Reveals He Chose to Join Paris Saint-Germain in Order to Win Fifth Champions League', *Sky Sports* (12 August 2021).

［4］ Matthews, S., *The Way It Was: My Autobiography* (London: Headline Publishing, 2001), pp. 301–2.

［5］ Hollander, J. H., 'Adam Smith 1776–1926', *Journal of Political Economy*, vol. 35, no. 2 (1927), p. 86.

[6] Smith, A., *An Inquiry into the Nature and Causes of the Wealth of Nations*, vol. I (London: W. Strahan and T. Cadell, 1776), p. 75.

[7] Anderson, J., *Observations on the Means of Exciting a Spirit of National Industry; Chiefly Intended to Promote the Agriculture, Commerce, Manufactures and Fisheries of Scotland* (Edinburgh: T. Cadell & C. Elliot, 1777), p. 376.

[8] Alton, R., 'A New Biography of Stanley Matthews', *The Spectator* (1 June 2013).

[9] Porter, J., 'How Jimmy Hill's Strike Threat Turned £20 Footballers into Multi-Millionaires', *The Sportsman* (18 January 2021).

[10] Carlson, M., 'For F.J. Titmus Read Titmus, F.J.' (23 March 2011).

[11] Taylor, M., *The Association Game: A History of British Football* (Abingdon: Routledge, 2013), p. 196.

[12] 我没有购买这场比赛的门票，结果证明这是个明智的决定。由于疫情防控措施，这场比赛仅有 22 500 名观众，偌大的体育场留有 3/4 的空位。那是一个潮湿的夜晚，比赛毫无亮点，双方都没能进球得分。二手市场上 200 英镑的价格表明，黄牛赚取了其中大部分的利润。

[13] Leicester City, 'Emotional Khun Vichai Tribute Played on Big Screen', YouTube (11 November 2018).

[14] True Faith, 'Premier League – Owner Financing Last 10 Years (2012–21)', (2022).

[15] Maidment, N., 'Could the Glazers Lose Their Public Enemy No. 1 Tag at Manchester United?', *Reuters* (15 June 2015).

[16] Anderson, J., *An Enquiry into the Nature of the Corn Laws; with a View to the New Corn Bill Proposed for Scotland* (Edinburgh: Mundell, 1777), pp. 48, 50.

[17] 试想，这将对农民的收入产生怎样的影响？

[18] Webb in Shaw, G. B. (ed.), *Fabian Essays in Socialism* (London: W. Scott, 1899), p. 44.

[19] Hayes, A., 'Economic Rent: Definition, Types, How It Works, and Example', *Investopedia* (1 September 2023).

第四部分　个人主义时代

1　财富买不到爱情

[1] Larkin, P., 'Annus Mirabilis', in *High Windows* (London: Faber and Faber, 1974). 这首诗是拉金在 1967 年创作的，而这部诗集直到 1974 年才正式出版。

[2] Eisenhower, D., 'President Dwight D. Eisenhower's Farewell Address' (1961); Galbraith, J. K., *The New Industrial State* (Boston, MA: Houghton Mifflin, 1967), pp. 211–13.

[3] 社会民主党的维利·勃兰特曾于1969年至1974年担任德国总理，他积极推行"新东方政策"，努力改善与苏联的关系，使德国在战后全球事务中的地位得以恢复，因而赢得了国人赞誉。

[4] 作为德裔犹太人，马尔库塞是在德国纳粹夺取政权后移居美国的。

[5] Reich, C. A., *The Greening of America* (New York: Random House, 1970).

[6] Ehrlich, P. R., *The Population Bomb* (New York: Ballantine Books, 1968), p. 11.

[7] Friedman, F., 'A Friedman Doctrine – "The Social Responsibility of Business Is to Increase Its Profits"', *The New York Times* (13 September 1970).

[8] Powell, L. F., 'Attack on American Free Enterprise System', *U.S. Chamber of Commerce* (23 August 1971).

[9] Biskupic, J., and Barbash, F., 'Retired Justice Lewis Powell Dies at 90', *Washington Post* (26 August 1998).

2 或许它可以：现代企业理论

[1] Ely Devons by Coase, R. H., 'Opening Address to the Annual Conference: International Society of New Institutional Economics, Washington, DC, USA', The Ronald Coase Institute (17 September 1999).

[2] Clapham, J. H., 'Of Empty Economic Boxes', *Economic Journal*, vol. 32, no. 127 (1922), pp. 305–14.

[3] Sainsbury, D., *Windows of Opportunity* (London: Profile, 2019).

[4] Ansoff, H. I., *Corporate Strategy: An Analytic Approach to Business Policy for Growth and Expansion* (New York: McGraw-Hill, 1965), pp. 2–3.

[5] Ansoff (1965), p. 16.

[6] American Economic Association, 'Distinguished Fellows'.

[7] Bain, J. S., *Industrial Organisation: A Treatise* (London: John Wiley, 1959), pp. vii–viii.

[8] Scherer, F. M., *Industrial Market Structure and Economic Performance* (Chicago, IL: Rand McNally, 1970).

[9] Porter, M., 'How Competitive Forces Shape Strategy', *Harvard Business Review* (1979).

[10] Gardner, D., and Tetlock, E. P., *Superforecasting: The Art and Science of Prediction*

[11] Hayek, F. von, 'Friedrich von Hayek Prize Lecture', *The Nobel Prize* (11 December 1974).

[12] Ibid.

[13] Kay, J., and King, M., *Radical Uncertainty: Decision-Making for an Unknowable Future* (London: Bridge Street Press, 2020).

[14] Hall, R. E., 'Notes on the Current State of Empirical Macroeconomics' (June 1976). 虽然安索夫所在的匹兹堡距离伊利湖比大西洋更近，但卡内基－梅隆大学的学术研究氛围却更具清新气息，而非保守刻板。

[15] Coase, R. H., 'Prize Lecture', *The Nobel Prize* (9 December 1991).

[16] Kay, J., 'Ronald Coase: Nobel Prize Winner Who Explored Why Companies Exist', *Financial Times* (3 September 2013).

[17] Williamson, O. E., *Markets and Hierarchies: Analysis and Antitrust Implications* (New York: Free Press, 1975).

[18] *Alaska Packers' Association v. Domenico*, 117F. 99 (1902).

[19] Alchian, A. A., and Demsetz, H., 'Production, Information Costs, and Economic Organization', *American Economic Review*, vol. 62, no. 5 (1972), pp. 777–95.

[20] Posner, R. A., 'A Reply to Some Recent Criticisms of the Efficiency Theory of the Common Law', *Hofstra Law Review*, vol. 9, no. 3 (1981), pp. 775–94; MacFarquhar, L., 'The Bench Burner', *New Yorker* (2 December 2001).

[21] Jensen and Meckling (1976), pp. 305–36.

[22] Easterbrook, F. H., and Fischel, D. R., 'Limited Liability and the Corporation', *University of Chicago Law Review*, vol. 52, no. 1 (1985), p. 89.

[23] Meyer, M., Milgrom, P., and Roberts, J., 'Organisational Prospects, Influence Costs, and Ownership Changes', *Journal of Economics & Management Strategy*, vol. 1, no. 1 (1992), p. 17.

3 所有权的神话

[1] Rousseau (1761).

[2] Friedman (1970).

[3] Ibid.

[4] *Treasury Commissioners v. Short Brothers*, UKHL J0729–2 (1948), Summary.

[5] *Inland Revenue v. Laird Group*, EWCA Civ 576 (2003), Para 35.

[6] *Inland Revenue Commissioners v. Crossman*[1937]AC 26 p. 66.

[7] *Inland Revenue v. Laird Group* (2003) Para 36; *Inland Revenue Commissioners v. Joiner*［1975］1 WLR 1701, 1705E *per* Lord Wilberforce.

[8] Davies, P. L., Worthington, S., and Hare, C., *Gower: Principles of Modern Company Law*, 11th edn (London: Sweet & Maxwell, 2021), p. 787. 相比以往的版本，该书最新版的主要内容变化不大。

[9] *Inland Revenue v. Laird Group* (2003), Para 35.

[10] Basic Law for the Federal Republic of Germany', European Union Agency for Fundamental Rights (1949).

[11] *Marex Financial Ltd v. Sevilleja* (2020), UKSC 31.

[12] Chancellor J. L. Wolcott in *Bodell v. Gen. Gas & Elec. Corp.*, 132 A. 442 (Del. Ch. 1926).

[13] 1787 年，作为率先批准《美利坚合众国宪法》的殖民地，特拉华州被赋予"第一州"的美称。

[14] Stout, L., *The Shareholder Value Myth: How Putting Shareholders First Harms Investors, Corporations, and the Public* (San Francisco, CA: Berrett-Koehler Publishers, 2012).

[15] 在一篇发表于 2016 年的合著文章中，哈特十分推崇"正式关系契约"，这似乎是一个矛盾的表述。同时，对于如何克服曼斯勋爵在上诉法院指出的执法困境，这篇文章并没有给出解释。

[16] Hart, O., *Firms, Contracts, and Financial Structure* (Oxford: Clarendon Press, 2009), p. 30.

[17] Honoré, A. M., 'Ownership', in Guest, A. G. (ed.), *Oxford Essays in Jurisprudence* (Oxford: Oxford University Press, 1961), p. 108.

[18] Bohn, J., and Choi, S., 'Fraud in the New-Issues Market: Empirical Evidence on Securities Class Actions', *University of Pennsylvania Law Review*, vol. 144, no. 3 (1996), pp. 904–5.

[19] Garry, P. M., Spurlin, C., Owen, D. A., and Williams, W. A., 'The Irrationality of Shareholder Class Action Lawsuits: A Proposal for Reform', *South Dakota Law Review*, vol. 49, no. 2 (2004), p. 278.

[20] Handy, C., 'What Is a Company for?', *RSA Journal*, vol. 139, no. 5416 (1991), pp. 231–41.

4 公司必须追求利润最大化吗

[1] *Bank of Tokyo Ltd v. Karoon*, EWCA Civ J0524 -1 (24 May 1987).

[2] Regierungskommission, Deutscher Corporate Governance Kodex, 'German Corporate

Governance Code 2017, Press Release' (14 February 2017).

[3] *Dodge v. Ford Motor Co.*, 204 Mich. 459, 170 N.W. 668 (Mich. 1919).

[4] Ford, H., and Crowther, S., *My Life and Work* (New York: Garden City Publishing Company, Inc., 1922), p. 73.

[5] *Dodge v. Ford* (1919).

[6] Macey, J. R., 'A Close Read of an Excellent Commentary on *Dodge v. Ford*', *Virginia Law and Business Review*, vol. 3, no. 1 (2008), p. 184.

[7] Wise, D. B., 'Dodge: Hell Raisers from Michigan', in Ward, I. (ed.), *The World of Automobiles: An Illustrated Encyclopedia of the Motor Car*, vol. (New York: Purnell Reference Books, 1977), p. 552.

[8] Macrotrends, 'Dow Jones – DJIA – 100 Year Historical Chart'; Federal Reserve Bank of Minneapolis, 'Consumer Prize Index, 1913'.

[9] *eBay Domestic Holdings, Inc. v. Newmark*, 16 A.3d 1 (Del. Ch. 2010).

[10] *Revlon, Inc. v. MacAndrews & Forbes Holdings, Inc.*, 506 A.2d 173 (Del. 1986).

[11] *eBay v. Newmark* (2010), para. 34.

[12] *Burwell v. Hobby Lobby Stores, Inc.*, 573 U.S. 682 (2014).

[13] *Autronic AG v. Switzerland*, No. 12726/87 (1990); *Colas Est SA and Others v. France*, No. 37971/97 (ECHR, 2002); Emberland, M., *The Human Rights of Companies: Exploring the Structure of ECHR Protection* (Oxford: Oxford University Press, 2006), pp. 129–35.

[14] 联合公民的裁决具有重大影响，这与美国的政治制度有关，而与商业行为无关。

5　偷工减料综合征

[1] Philips, M., 'Remembering Hatfield – 20 Years on', *Rail Safety and Standard Board* (17 October 2020).

[2] Kornai, J., 'The Soft Budget Constraint', *Kyklos: International Review for Social Sciences*, vol. 39, no. 1 (1986), pp. 3–30.

[3] McLean, B., and Elkind, P., *The Smartest Guys in the Room: The Amazing Rise and Scandalous Fall of Enron* (London: Penguin, 2013), p. 42.

[4] Brantley, B., 'Titans of Tangled Finances Kick Up Their Heels Again', *The New York Times* (27 April 2010).

[5] 美国证券交易委员会要求在美国上市的公司，无论其法定注册地在何处，都必须发布季度收益报告。2014 年，在该委员会审阅一份关于短期主义的报告后，这项规定不再适用于英国企业，但大多数其他企业仍然会发布季度报告。

［6］ McLean and Elkind (2013), p. 39.

6 世界上最愚蠢的想法

［1］ Guerrera, F., 'A Need to Reconnect', *Financial Times* (12 March 2009).

［2］ Buffet, quoted in Rattner, S., 'Who's Right on the Stock Market?', *The New York Times* (14 November 2013).

［3］ Langley, M., *Tearing Down the Walls* (New York: Simon & Schuster, 2003), pp. 324–5.

［4］ Rappaport, A., *Creating Shareholder Value: A Guide for Managers and Investors* (New York: The Free Press, 1986).

［5］ Guerrera (2009).

［6］ Bloomberg, 'Jack Welch Elaborates: Shareholder Value', Bloomberg (16 March 2009).

［7］ Jensen, M. C., 'Some Anomalous Evidence Regarding Market Efficiency', *Journal of Financial Economics*, vol. 6, no. 2–3 (1978), p. 95.

［8］ Grossman, S. J., and Stiglitz, J. E., 'On the Impossibility of Informationally Efficient Markets', American Economic Review, vol. 70, no. 3 (1980), pp. 393-408.

［9］ Buffett, W. E., 'Chairman's Letter 1989' (28 February 1989).

［10］ 有证据表明，有诸多规则限制高管交易其所在公司的股票，因为他们更了解公司的运营状况和前景。然而，也有研究表明，即使有这些保障措施，高管们往往也能够在恰到好处的时点卖出股票。Jeng, L. A., Metrick, A., and Zeckhauser, R., 'Estimating the Returns to Insider Trading: A Performance-Evaluation Perspective', *Review of Economics and Statistics*, vol. 85, no. 2 (2003), pp. 453–47, and Mazza, P., and Ruh, B., 'The Performance of Corporate Legal Insider Trading in the Korean Market', *International Review of Law & Economics*, vol. 71 (2022).

［11］ Capen, E. C., Clapp, R. V., and Campbell, W. M., 'Competitive Bidding in High-Risk Situations', *Journal of Petroleum Technology*, vol. 23, no. 6 (1971), pp. 641–53.

第五部分　金融行业的游戏规则

1 金融业的发展

［1］ Wolfe, T., *The Bonfire of the Vanities* (New York, Farrar Straus and Giroux, 1987), p. 57.

［2］ Chernova, Y., 'Sequoia Capital Goes on Fundraising Spree', *Wall Street Journal Pro*

Venture Capital (5 March 2018).

［3］ Darmouni, O., and Papoutsi, M., 'The Rise of Bond Financing in Europe' (May 2022).

［4］ 摩根建富早于摩根大通成立。该公司由美国人乔治·皮博迪创立，时至今日，皮博迪信托仍在伦敦提供社会住房。皮博迪曾聘请约翰·摩根的父亲担任其美方初级合伙人。

2　交易的艺术

［1］ Schanche, A. D., 'It Is Theoretically Possible for the Entire United States to Become One Vast Conglomerate, Presided over by Mr James. J. Ling', *Saturday Evening Post* (January 2024), p. 49.

［2］ Trump, D. J., and Schwartz, T., *Trump: The Art of the Deal* (New York: Random House, 1987).

［3］ Southey, R., 'The Battle of Blenheim' (1796), in *Metrical Tales, and Other Poems* (London: Longman, Hurst, Rees, and Orme, 1805).

［4］ Manne, H. G., 'Mergers and the Market for Corporate Control', *Journal of Political Economy*, vol. 73, no. 2 (1965), pp. 110–20.

［5］ Clutterbuck, D., and Devine, M., *Clore: The Man and His Millions* (London: Weidenfeld and Nicolson, 1987).

［6］ Cao, X., Chan, K., and Kahle, K., 'Risk and Performance of Bonds Sponsored by Private Equity Funds', *Journal of Banking and Finance*, vol. 93 (2018), pp. 41–53.

［7］ Reuters Staff, 'Quote Box-Trump, Business Leaders Comment on Jack Welch's Death', Reuters (2 March 2020).

3　前景并不乐观

［1］ Roosevelt, T., 'The Duties of a Great Nation', in *The Works of Theodore Roosevelt*, vol. XIV, *Campaigns and Controversies* (New York: Charles Scribner's Sons, 1926), pp. 290–2 (p. 291). 该演讲发表于1898年。

［2］ Bewkes, quoted in Butterworth, T., 'The Biggest Mistake in Corporate History', *Forbes* (30 September 2010).

［3］ AT&T, 'AT&T to Acquire Time Warner' (22 October 2016).

［4］ 'A Steal?', *The Economist* (24 October 2002); McIntosh, B., 'Vodafone Faces Pounds 400m Bill as It Posts Bid for Mannesmann', *The Independent* (24 December 1999).

［5］ McKinsey, 'Global M&A Market Defies Gravity in 2021 Second Half ' (16 March

2022).

［6］ Orcel, quoted in Jenkins, P., and Saigol, L., 'UBS's Orcel Admits Banks Must Change', *Financial Times* (9 January 2013).

［7］ Bowers, S., 'RBS Invested Billions in Complex Loans That Bosses Did Not Understand', *The Guardian* (12 December 2011).

［8］ Wilson, H., Aldrick, P., and Ahmed, K., 'The Bank that Went Bust', *Sunday Telegraph* (6 March 2011), p. B6.

［9］ Sabbagh, D., 'Ackermann Agrees to Pay €3.2 Million Towards Settlement', *The Times* (25 November 2006).

［10］ Board of Governors of the Federal Reserve System, 'Currency in Circulation ［CURRCIR］', retrieved from FRED, Federal Reserve Bank of St. Louis.

［11］ Mondelez International, 'Oreo Fact Sheet' (2017).

4　圣象的陨落

［1］ Callahan, P., 'So Why Does Harry Stonecipher Think He Can Turn Around Boeing?', *Chicago Tribune* (29 February 2004).

［2］ Kay, J., *Obliquity: Why Our Goals Are Best Achieved Indirectly* (London: Profile, 2010).

［3］ Ibid.

［4］ Hosking, P., 'I Made Money at Marconi: Mayo', *This Is Money* (21 January 2002); Mayo, J., 'Marconi Under the Microscope. In the Final Part of His Account John Mayo Reflects on Mistakes that Were Made and the Responsibility He Feels Towards Shareholders', *Financial Times* (21 January 2002).

［5］ 西尔斯大厦现已改名为威利斯大厦，是以一家总部位于伦敦、租赁了大厦内办公空间的金融服务公司名字命名的。不过，大厦最大的租户是美国联合航空公司，而大厦所有者则是黑石集团。

［6］ Serling, R. J., *Legend and Legacy: The Story of Boeing and Its People* (New York: St. Martin's Press, 1992), p. 68.

［7］ Ibid., p. 285

［8］ Useem, J., 'The Long-Forgotten Flight that Sent Boeing Off Course', *The Atlantic* (20 November 2019).

［9］ Ford, J., 'Boeing and the Siren Call of Share Buybacks', *Financial Times* (4 August 2019).

［10］ Majority Staff of the Committee on Transportation and Infrastructure, 'Final

［10］ Committee Report: The Design, Development & Certification of the Boeing 737 MAX' (September 2020), p. 6.

［11］ Kay, J., 'Boeing and a Dramatic Change of Direction', johnkay.com (10 December 2003).

［12］ Insinna, V., 'Boeing Hits 2023 Jet Delivery Goal but Lags Airbus', Reuters (10 January 2024).

［13］ IBM, 'A History of Progress' (2008), p. 34.

［14］ Francis, T., 'Revisiting IBM's Palmisano Equation' (13 March 2012).

［15］ Financial Conduct Authority (FCA), 'Deutsche Bank Fined £227 Million by Financial Conduct Authority for LIBOR and EURIBOR Failings and for Misleading the Regulator' (24 April 2015).

［16］ Enrich, D., *Dark Towers: Deutsche Bank, Donald Trump, and an Epic Trail of Destruction* (New York: HarperCollins, 2020), p. 290. 该书称引文源自以下文件，但我至今无法确认其出处。'Justice Department Statement of Facts (draft), 15 April 2015, disclosed in *USA v. Connolly*, Exhibit 399-12'.

［17］ International Monetary Fund (IMF), 'Germany: Financial Sector Assessment Program–Stress Testing the Banking and Insurance Sectors–Technical Notes' (29 June 2016), p. 29.

5　财务诅咒

［1］ Moggridge, D., *British Monetary Policy*, 1924–31 (Cambridge: Cambridge University Press, 1972), p. 76. 这是丘吉尔在 1925 年担任财政大臣时，就金融与产业之间的紧张关系发表的评论。然而，为缓解这一紧张关系，他让英国恢复金本位制以巩固其金融地位。现在看来，这一做法颇为荒谬。

［2］ 'Building Society Members Vote by Narrowest of Margins against the Organisation Becoming a Bank: Nationwide Rejects Float', *The Herald* (24 July 1998).

［3］ Croft, J., 'Rogue HBOS Banker Sentenced to 11 Years in Prison', *Financial Times* (2 February 2017).

［4］ Bank of England, 'The Failure of HBOS plc (HBOS)' (November 2015).

［5］ Kendall, T., and Chesworth, N., 'Money Watch: Windfalls in Freefall as Shares Crash to Earth; Millions Lose Out as Bank Values Plunge', *Sunday Mirror* (12 March 2000); Unclaimed Assets, 'Halifax Unclaimed Demutualisation Shares'.

第六部分　21 世纪公司的协作与变革

1　组合与能力

[1] 'What Satya Nadella Thinks', *New York Times* (14 May 2020).

[2] BBC News, 'Goldman Sachs: Bank Boss Rejects Work from Home as the "New Normal"', *BBC News* (25 February 2021).

[3] Schiffer, Z., 'Apple Asks Staff to Return to Office Three Days a Week Starting in Early September', *The Verge* (2 June 2021).

[4] Office for National Statistics (ONS), 'Characteristics of Homeworkers, Great Britain: September 2022 to January 2023' (13 February 2023).

[5] Max, D. T., 'The Chinese Workers Who Assemble Designer Bags in Tuscany', *The New Yorker* (9 April 2018).

[6] Marshall, A., *Principles of Economics* (London: Macmillan & Co., 1890), p. 332.

[7] Ibid., p. 330.

[8] Ibid. p. 333.

[9] Mikkelson, B., 'Bush and French Word for Entrepreneur', *Snopes* (23 September 2007).

[10] McCraw, T. K., *Prophet of Innovation: Joseph Schumpeter and Creative Destruction* (Cambridge, MA: Belknap Press, 2007), p. 4.

[11] 熊彼特曾被指控同情纳粹政权，且在二战爆发后受到美国联邦调查局的调查，但该调查最终不了了之。他曾帮助许多欧洲学者逃往美国，且是保罗·萨缪尔森的坚定支持者。萨缪尔森因在哈佛大学遭遇排挤，转而投奔麻省理工学院，许多人将其遭遇归咎于当时的反犹太主义。

[12] Carlyle, T., 'Occasional Discourse on the Negro Question', *Fraser's Magazine for Town and Country*, vol. 40 (1849), pp. 670–79.

[13] Carlyle, T., *On Heroes, Hero-Worship, and the Heroic in History* (New York: Wiley and Putnam, 1846), p. 26.

[14] Butler, S., 'Letter to Carlyle', (21 November 1884).

[15] Schumpeter, J. A., R. Opie (trans.), *The Theory of Economic Development*, (Cambridge, MA: Harvard University Press, 1959), p. 75.

[16] Penrose, E. T., *The Theory of the Growth of the Firm* (Oxford: Oxford University Press, 1995).

[17] Ibid., p. 2.

[18] Isaacson, W., *Steve Jobs: A Biography* (New York: Simon & Schuster, 2011), p. 151; Mac History, '1984 Apple's Macintosh Commercial', YouTube (1 February 2012).

[19] Teece, D. J., Pisano, G., and Shuen, A., 'Dynamic Capabilities and Strategic Management', *Strategic Management Journal*, vol. 18, no. 7 (1997), pp. 509–33.

2 阿诺德·温斯托克的来信

[1] 2010年万物数字化D8大会上，乔布斯最后一次接受沃尔特·莫斯伯格和卡拉·斯维舍的采访。

[2] 英国东印度公司的新员工（当时被称为"仆人"）会去格林德利公司办理前往印度所需的各种手续。格林德利银行一直存续到2000年，最终被渣打银行收购。

[3] Weber, M., G. Roth, and C. Wittich, (eds.), *Economy and Society* (Berkeley, CA: University of California Press, 1978), pp. 957–8.

[4] Ibid., p. 964.

[5] Office of Strategic Services, *Simple Sabotage Field Manual* (Washington, DC: Office of Strategic Services, 1944), p. 28.

[6] Freund, C. J., *Anatomy of a Merger: Strategies and Techniques for Negotiating Corporate Acquisitions* (New York: Law Journal Press, 1975), p. 394.

[7] Fenton, Roger, *General Pierre François Joseph Bosquet* (1810–1861), 1855, Royal Collection Trust.

[8] George, B., 'The New 21st Century Leaders', *Harvard Business Review* (30 April 2010).

[9] Kay, J. A., 'The Management of the University of Oxford...Facing the Future', johnkay.com (20 November 2000).

[10] Urwick, L., *The Elements of Administration* (London: Pitman, 1947), p. 47.

[11] Grove, A., *High Output Management* (New York: Souvenir Press, 1984), p. 82.

[12] Blair, M. M., and Stout, L. A., 'A Team Production Theory of Corporate Law', *Virginia Law Review*, vol. 85, no. 2 (1999), p. 278.

3 麦克尼尔重返巴拉

[1] Macneil, I. R., 'The Many Futures of Contracts', *Southern California Law Review*, vol. 47, no. 691 (1973–4), p. 767.

[2] Macaulay, S., Friedman, L. M., and Stookey, J., *The Law and Society – Readings on the Social Study of Law* (New York & London: W. W. Norton & Co., 1996).

[3] Ibid.

[4] Cohen, J., 'It Would Take 17 Hours to Read the Terms & Conditions of the 13 Most Popular Apps', *PCMag* (4 December 2020).

[5] 'Obituary: Ian Macneil, Clan Chief and Lawyer', *The Scotsman* (19 February 2010).

[6] Henrich, J., *The WEIRDest People in the World* (New York: Farrar Straus and Giroux, 2020).

[7] Pew Research Center, 'Religion's Relationship to Happiness, Civic Engagement and Health around the World' (31 January 2019).

[8] Transparency International, 'Corruption Perceptions Index 2022' (2023).

[9] Steinhardt, M., *Jewish Pride* (New York: Simon and Schuster, 2022).

[10] Heilbron, J. L., *Galileo* (Oxford: Oxford University Press, 2012); Charisius, H., 'When Scientists Experiment on Themselves: H. Pylori and Ulcers', *Scientific American* (5 July 2014).

[11] Erhard, W., Jensen, M. C., and Zaffron, S., 'Integrity: Where Leadership Begins – A New Model of Integrity', presented at the Center for Public Leadership, John F. Kennedy School of Government, Harvard University (10 May 2007), Abstract.

[12] Whately, R., *Detached Thoughts and Apophthegms: Extracted from Some of the Writings of Archbishop Whately* (London, 1854), p. 127.

[13] Proverbs 10:22.

[14] Proverbs 22:1.

[15] MacIntyre, A., 'The Nature of the Virtues', *The Hastings Center Report*, vol. 11, no. 2 (1981), pp. 27–34.

[16] *Baird Textiles Holdings Ltd v. Marks & Spencer plc* (2002).

[17] Ibid.

[18] *Amey Birmingham Highways Ltd v. Birmingham City Council* [2018] EWCA Civ 264.

[19] Hart, O., 'Incomplete Contracts and Control', Nobel Prize Lecture (8 December 2016).

[20] Ibid.

[21] Ibid.

4 空心化企业

[1] Johnson, R., 'Tyger! Tyger! Burning Bright', *Twitter* (23 April 2022).

[2] Grandin, G., *Fordlandia: The Rise and Fall of Henry Ford's Forgotten Jungle City* (New York: Metropolitan Books, 2009).

[3] Klein, P. G., 'Coase and the Myth of Fisher Body', *Organizations and Markets* (12 September 2006).

[4]　Jonas, N., 'The Hollow Corporation', *Business Week* (3 March 1986), pp. 57–9.

[5]　Tipu, Md. S. I., 'Tazreen Fire Tragedy: Trial Proceedings of Cases in Limbo', *Dhaka Tribune* (23 November 2020).

[6]　正如大量其他诸如此类的警句，此名言也被认为出自马克·吐温。

[7]　Davis, G. F., 'What Might Replace the Modern Corporation? Uberization and the Web Page Enterprise', *Seattle University Law Review*, vol. 39, no. 2 (2016), pp. 501–15.

[8]　Friedman, T. L., 'Foreign Affairs Big Mac I', *The New York Times* (8 December 1996).

[9]　Lynch, L., 'I'm Lovin' It (Most of the Time): A Brief History of McDonald's in Serbia', *Balkanist* (27 August 2014).

[10]　Thomas, M., 'McDonalds Coming to Dubrovnik – Location Known!', *Dubrovnik Times* (27 January 2023).

[11]　我并不确定"接包"（insourcing）这个词是否存在，但至少我的拼写检查程序认为它是对的。

[12]　World Bank, 'Creating Jobs and Diversifying Exports in Bangladesh' (14 November 2017).

[13]　International Finance Corporation, 'Safety First: Bangladesh Garment Industry Rebounds' (11 November 2019).

[14]　Barboza, D., 'An iPhone's Journey, from the Factory to Floor to the Retail Store (And Why the Product Costs More in China)', *The New York Times* (29 December 2016).

[15]　World Bank, 'World Development Indicators: NY.GDP.MKTP.CD' (30 March 2023), and IMF, 'GDP, Current Prices (Billions of U.S. Dollars)' (2022).

[16]　Gallup, 'The Gig Economy and Alternative Work Arrangements' (2018), p. 2.

[17]　Uber, '2020 Annual Report' (26 February 2021), p. 7; Airbnb, 'About Us'.

[18]　Langlois, R. N., *The Corporation and the Twentieth Century* (Princeton, PA: Princeton University Press, 2023).

第七部分　21世纪资本论

1　作为服务的资本

[1]　Burnham, J., *Beyond Modern Sculpture* (New York: G. Braziller, 1968), p. 11.

[2]　Amazon, 'Form 10-Q' (2023).

[3]　Ibid.

[4]　Haskel, J., and Westlake, S., *Capitalism without Capital* (Princeton, PA: Princeton University Press, 2018).

[5] Burrows, P., 'Inside Apple's Plans for Its Futuristic, $5Billion Headquarters', Bloomberg (5 April 2013).

[6] Norges Bank Investment Management, 'Fund Signs Regent Street Agreement' (13 January 2011).

[7] Apple, 'Apple Inc. FORM 10-K' (2019).

[8] Dealogic via PwC, 'Global IPO Watch 2023 and Outlook for 2024'.

[9] Anelli, M., 'FTSE 100 Firms Announce £26.9bn Buybacks, but Will This Reward Them?', *TrustNet* (3 May 2023); AJ Bell, 'Dividend Dashboard Q2 2023'.

[10] Miao, H., 'Buybacks from S&P 500 Companies Set Record in 2022', *Wall Street Journal* (21 March 2023); Greenwald, I., 'Companies Pay Record Dividends in 2022 Despite Dismal Year', *Investopedia* (30 December 2022).

[11] Compass Group, 'Our People Are the Heart of Our Business'; G4S, 'G4S UK: Socio-Economic Impact Assessment', p. 2; International Service System, 'Annual Report 2019' (2020), p. 8.

[12] IBM, 'Annual Report 2019' (2019), p. 64.

[13] Rosoff, M., 'Jeff Bezos Told What Might Be the Best Startup Investment Story Ever', *Business Insider* (20 October 2016).

2 资本与财富

[1] McLellan, D., *Karl Marx: A Biography*, 4th edn (London: Palgrave Macmillan, 2006), p. 356.

[2] 这本书的内容虽被广泛引用，但实际阅读量不高。数学家乔丹·艾伦伯格一篇妙趣横生的文章指出，那些读者（更正一下，是从亚马逊获得电子文本授权的用户）难以读完的图书中，托马斯·皮凯蒂所著的《21世纪资本论》的未读完率仅次于希拉里·克林顿的回忆录。Ellenburg, J., 'The Summer's Most Unread Book Is …', *Wall Street Journal* (3 July 2014). 艾伦伯格根据作品中突出显示段落的分布得出了以上结论。他假设，如果人们通读了整部作品，那么突出显示的段落会均匀分布在整个文本中。但是，现实并非如此。

[3] Piketty, T., *Capital in the Twenty-First Century* (Cambridge, MA: Belknap Press, 2014), p. 47.

[4] Ibid., p. 48.

[5] Rolt, L. T. C., *Victorian Engineering* (London: Penguin, 1970), p. 37.

[6] Organisation for Economic Cooperation and Development (OECD), 'National Accounts: 9B. Balance Sheets for Non-Financial Assets'. 数据源自N1111（住房）、

N11121(非住房建筑)、N11122(其他构筑物)、N1113(机器设备及武器系统)。注：尽管存在其他类别数据项，但为了便于国别对比，图中显示的数据并未包括它们。

[7] Office for National Statistics (ONS), 'Capital Stocks and Fixed Capital Consumption, UK: 2023', *Office for National Statistics* (8 December 2023).

[8] Eurostat, 'House or Flat – Owning and Renting'.

[9] Walsh, C., 'Leadership on 9/11: Morgan Stanley's Challenge', *Harvard Business School* (17 December 2001).

[10] Stewart, J., 'The Real Heroes Are Dead', *The New Yorker* (3 February 2002).

[11] Berle, A., *The 20th Century Capitalist Revolution* (New York: Harcourt, Brace & Co., 1954), p. 40.

[12] McCloskey, D., *Beyond Positivism, Behaviorism, and Neoinstitutionalism in Economics* (Chicago, IL: University of Chicago Press, 2022), p. 46: "常温水供应或稳定的政府，对于经济社会的繁荣极为重要。但没有人热衷于谈论'水主义'或'电主义'。"

3　现在的资本家是谁

[1] Rees, K., 'BlackRock's Assets Seen Topping $15 Trillion in Five Years' Time', Bloomberg (17 April 2023).

[2] Office for National Statistics (ONS), 'How Has Life Expectancy Changed over Time?' (9 September 2015). 数据周期为 1891—1900 年。

[3] ONS, 'Total Wealth in Great Britain: April 2016 to March 2018' (5 December 2019), Table 2.2. 数据周期为 2016 年 4 月至 2018 年 3 月。金融资产总值包括资产的总财务价值(净值)和个人养老金总值。

[4] ONS (5 December 2019), Table 2.11. 数据周期为 2016 年 4 月至 2018 年 3 月。退休群体包括 65 岁及以上的人员。当然，也有人会在此年龄之前退休，通常而言，这说明这部分人提前储备了足够的养老财富，因此，此处引用的数据是对现实的保守估计。

4　寻找资本

[1] Wharton School, University of Pennsylvania, 'How GM's Mary Barra Drives Value', *Knowledge at Wharton*.

[2] Abruzzi, W., 'The Myth of Chief Seattle', *Human Ecology Review*, vol. 7, no. 1 (2000), pp. 72–5.

［3］ Zuboff, S., *The Age of Surveillance Capitalism: The Fight for a Human Future at the New Frontier of Power* (London: Profile, 2018).

［4］ DeLong, J. B., *Slouching towards Utopia* (London: Basic Books, 2022).

［5］ Becker, G., 'Gary Becker Facts', *The Nobel Prize* (1992).

［6］ 例如，贝克尔的婚姻理论曾被年轻的艾伦·布林德（后来担任美联储副主席）在有关刷牙的经济学研究中讽刺过。

［7］ Putnam, R. D., 'Tuning In, Tuning Out: The Strange Disappearance of Social Capital in America', *Political Science and Politics*, vol. 28, no. 4 (1995), p. 667.

［8］ Burke, E., *Reflections on the Revolution in France* (London: J. Dodsley, 1790), p. 68.

［9］ Putnam, R., and Garrett, S. R., *The Upswing: How America Came Together a Century Ago and How We Can Do It Again* (New York: Simon & Schuster, 2020).

［10］ OECD, 'Biodiversity, Natural Capital and the Economy: A Policy Guide for Finance, Economic and Environment Ministers', *OECD Environment Policy Papers*, no. 26 (2021).

［11］ ONS, 'UK Natural Capital Accounts: 2022' (10 November 2022); ONS, 'National Balance Sheet' (31 October 2022), Table A. 为计算英国的实物资本数据，我们将数据库中的建筑物及构筑物 (AN.112)、机器设备及武器系统 (AN.113 和 AN.114) 以及库存 (AN.12) 数据项进行了加总。

［12］ BBC News, 'Sycamore Gap: Man Pleads Not Guilty to Cutting Down Tree', (16 May 2024).

［13］ Knight, F. H., '"What Is Truth" in Economics?', *Journal of Political Economy*, vol. 48, no. 1 (1940), fn. 10.

第八部分　最好的时代，最坏的时代

［1］ Winston Churchill, Mansion House Speech (1942).

［2］ Keynes, J. M., *The General Theory of Employment Interest and Money* (London: MacMillan and Co., 1936), p. 383.

1　模糊是一种特性，而不是缺陷

［1］ Goodman, G. J. W., *Powers of Mind* (New York: Random House, 1975), p. 209.

［2］ Dickens, C., *A Tale of Two Cities* (London: Chapman & Hall, 1859), p. 1. 此段引文参照译林出版社 2020 年 6 月出版的《双城记》。——编者注

［3］ Wordsworth, W., 'The French Revolution: As It Appeared to Enthusiasts at Its Commencement', in de Selincourt, E. (ed.) *The Poetical Works of William Wordsworth*, vol. 2 (Oxford: Oxford University Press, 1952), pp. 264–5.

[4] Ferguson, A., *An Essay on the History of Civil Society* (Dublin: Boulter Grieson, 1767), p. 183.

[5] Aristotle, *Nicomachean Ethics* (350 BC), Book I.

[6] Aristotle, *Politics* (350 BC), Book VII, Part 9.

[7] Wordsworth, (1952), pp. 264–5.

[8] 这一悖论最早由古希腊哲学家欧布利德斯提出。

[9] National Bureau of Economic Research (NBER), 'Business Cycle Dating'.

[10] Macaulay, S., 'Relational Contracts Floating on a Sea of Custom? Thoughts about the Ideas of Ian Macneil and Lisa Bernstein', *Northwestern University Law Review*, vol. 94, no. 3 (2000), p. 778.

[11] Romer, P., 'Mathiness in the Theory of Economic Growth', *American Economic Review: Papers & Proceedings*, vol. 105, no. 5 (2015), pp. 89–93.

[12] Dickens (1859), p. 1. 此引文参照译林出版社 2020 年 6 月出版的《双城记》，有少量改动。——编者注

2　后资本主义

[1] Bernal, J. D., *Marx and Science* (New York: International Publishers, 1952).

[2] Dickens, C., *Nicholas Nickleby* (London: Chapman and Hall, 1839), p. 22.

参考文献

'A Steal?', *The Economist* (24 October 2002)

Abruzzi, W., 'The Myth of Chief Seattle', *Human Ecology Review*, vol. 7, no. 1 (2000), pp. 72–5

Adams, R., 'Does Brown Need Balls?', *The Guardian* (27 February 2007)

Airbnb, 'About Us'

Airbus Media Relations, 'Airbus Aircraft 2018 Average List Prices (USD Millions)' (2018)

AJ Bell, 'Dividend Dashboard Q2 2023'

Alaska Packers' Association v. Domenico, 117F. 99 (1902)

Alchian, A. A., and Demsetz, H., 'Production, Information Costs, and Economic Organization', *American Economic Review*, vol. 62, no. 5 (1972), pp. 777–95

Alton, R., 'A New Biography of Stanley Matthews', *The Spectator* (1 June 2013)

Amazon, '2019 Annual Report' (2020)

—, 'Form 10-Q' (2023)

American Chemical Society International Historic Chemical Landmarks, 'Discovery and Development of Penicillin'

American Economic Association, 'Distinguished Fellows'

Amey Birmingham Highways Ltd v. Birmingham City Council [2018] EWCA Civ 264

Anderson, J., *An Enquiry into the Nature of the Corn Laws; with a View to the New Corn Bill Proposed for Scotland* (Edinburgh: Mundell, 1777)

—, *Observations on the Means of Exciting a Spirit of National Industry; Chiefly Intended to Promote the Agriculture, Commerce, Manufactures and Fisheries of Scotland* (Edinburgh: T. Cadell & C. Elliot, 1777)

Anelli, M., 'FTSE 100 Firms Announce £26.9bn Buybacks, but Will This Reward Them?', *TrustNet* (3 May 2023)

Ansoff, H. I., *Corporate Strategy: An Analytic Approach to Business Policy for*

Growth and Expansion (New York: McGraw-Hill, 1965)

Anthony, R. S., and Kim, J. H., 'Thalidomide: The Tragedy of Birth Defects and the Effective Treatment of Disease', *Toxicological Sciences: An Official Journal of the Society of Toxicology*, vol. 122, no. 1 (2007), pp. 1–6

Ardington House, 'History'

Aristotle, B. Jowett (trans.), *Politics* (350 BC)

—, W. D. Ross (trans.), *The Nicomachean Ethics* (350 BC)

Arkansas Teacher Retirement System et al. v. Goldman Sachs Group, Inc., No. 16–250 (2d. Cir. 2018)

Apple, 'Apple Inc. FORM 10-K' (2019)

Ashton, T. S., 'The Records of a Pin Manufactory, 1814–21', *Economica*, no. 15 (1925), pp. 281–92

AT&T, 'AT&T to Acquire Time Warner' (22 October 2016)

Autronic AG v. Switzerland, NO 12726/87 (1990)

Baer, J., and Zuckerman, G., 'Branded a Villain, Lehman's Dick Fuld Chases Redemption', *Wall Street Journal* (6 September 2018)

Bain, J. S., *Industrial Organisation: A Treatise* (London: John Wiley, 1959)

Baird Textiles Holdings Ltd v. Marks & Spencer plc (2002)

Ballentine, C., 'Sulfanilamide Disaster', *FDA Consumer Magazine* (June 1981)

Bank of England, 'The Failure of HBOS plc (HBOS)' (November 2015)

—, 'Inflation Report' (2018)

Bank of Tokyo Ltd v. Karoon, EWCA Civ J0524 -1 (24 May 1987)

Barboza, D., 'An iPhone's Journey, from the Factory to Floor to the Retail Store (And Why the Product Costs More in China)', *New York Times* (29 December 2016)

Barney, J., 'Firm Resources and Sustained Competitive Advantage', *Journal of Management*, vol. 17, no. 1 (1991), pp. 99–120

Basic Law for the Federal Republic of Germany', European Union Agency for Fundamental Rights (1949)

Bastian, H., 'Down and Almost Out in Scotland: George Orwell, Tuberculosis and Getting Streptomycin in 1948', *Journal of the Royal Society of Medicine*, vol. 99, no. 2 (2006), pp. 95–8, <doi: 10.1258/jrsm.99.2.95>

BBC News, 'Goldman Sachs: Bank Boss Rejects Work from Home as the "New Normal"', *BBC News* (25 February 2021)

Becker, G., 'Gary Becker Facts', The Nobel Prize (1992)

Berle, A., *The 20th Century Capitalist Revolution* (New York: Harcourt, Brace & Co., 1954)

Berle, A., and Means, G., *The Modern Corporation and Private Property* (New Brunswick, NJ: Transaction, 1932)

Berliner Philarmoniker, 'Claudio Abbado in Rehearsal with the Berliner Philarmoniker', YouTube (3 August 2011)

Berman, M., *All That Is Solid Melts into Air: The Experience of Modernity* (New York: Penguin Books, 1982)

Bernal, J. D., *Marx and Science* (New York: International Publishers, 1952)

Bernard, D., 'How a Miracle Drug Changed the Fight against Infection during World War II', *Washington Post* (11 July 2020)

Biden, J., 'Remarks by President Biden on Economic Progress since Taking Office: Speech at Springfield, Virginia' (26 January 2023)

Bierce, A., *The Collected Works of Ambrose Bierce*, vol. VII, *The Devil's Dictionary* (New York: Neale Publishing, 1911)

Biskupic, J., and Barbash, F., 'Retired Justice Lewis Powell Dies at 90', *Washington Post* (26 August 1998)

Blair, M. M., and Stout, L. A., 'A Team Production Theory of Corporate Law', *Virginia Law Review*, vol. 85, no. 2 (1999), pp. 247–328

Bloomberg, 'Jack Welch Elaborates: Shareholder Value', Bloomberg (16 March 2009)

Bloomberg News, 'Valeant's Former Boss Michael Pearson Is Suing the Pharma for Not Paying Him 3 Million Shares Promised When He Left', *Financial Post* (28 March 2018)

Board of Governors of the Federal Reserve System, 'Currency in Circulation [CURRCIR]', retrieved from FRED, Federal Reserve Bank of St. Louis

Bodell v. Gen. Gas & Elec. Corp., 132 A. 442 (Del. Ch. 1926)

Bodleian Libraries., 'The University of Oxford's Relationship with the Sackler Family – Statement' (15 May 2023)

Boeing., 'Boeing 737 Facts' (2014)

Boethius, H. R. James (trans.), *The Consolation of Philosophy* [AD 524], (London: Elliot Stock, 1897)

Bohn, J., and Choi, S., 'Fraud in the New-Issues Market: Empirical Evidence on Securities Class Actions', *University of Pennsylvania Law Review*, vol. 144, no. 3 (1996), pp. 903–82

Bowers, S., 'RBS Invested Billions in Complex Loans That Bosses Did Not Understand', *The Guardian* (12 December 2011)

Brantley, B., 'Titans of Tangled Finances Kick Up Their Heels Again', *New York Times* (27 April 2010)

Brief for the Chamber of Commerce of the United States of America as Amici Curiae Supporting Defendants-Appellants, *Arkansas Teacher Retirement System et al. v. Goldman Sachs Group, Inc.*, No. 16–250 (2d. Cir. 2018)

British Army., 'Equipment: Small Arms and Support Weapons' (2020)

Broadberry, S., Campbell, B. M. S., Klein, A., Overton, M., and Van Leeuwen, B., *British Economic Growth, 1270–1870* (Cambridge: Cambridge University Press, 2015)

Brontë, C., Letter to Margaret Wooler (30 January 1846)

Buffett, W. E., 'Chairman's Letter 1989' (28 February 1989)

'Building Society Members Vote by Narrowest of Margins against the Organisation Becoming a Bank: Nationwide Rejects Float', *The Herald* (24 July 1998)

Burj Khalifa, 'Fact Sheet'

Burke, E., *Reflections on the Revolution in France* (London: J. Dodsley, 1790)

Burnham, J., *Beyond Modern Sculpture* (New York: G. Braziller, 1968)

Burns, R., 'Elegy on the Year Eighty-Eight / Verses, Written on a Window of the Inn at Carron' (1787)

Burrows, P., 'Inside Apple's Plans for Its Futuristic, $5Billion Headquarters', Bloomberg (5 April 2013)

Burwell v. Hobby Lobby Stores, Inc., 573 U.S. 682 (2014)

Butler, S., 'Letter to Carlyle', (21 November 1884)

Butterworth, T., 'The Biggest Mistake in Corporate History', *Forbes* (30 September 2010)

Callahan, P., 'So Why Does Harry Stonecipher Think He Can Turn Around Boeing?', *Chicago Tribune* (29 February 2004)

Cao, X., Chan, K., and Kahle, K., 'Risk and Performance of Bonds Sponsored by Private Equity Funds', *Journal of Banking and Finance*, vol. 93 (2018), pp. 41–53

Capen, E. C., Clapp, R. V., and Campbell, W. M., 'Competitive Bidding in High-Risk Situations', *Journal of Petroleum Technology*, vol. 23, no. 6 (1971), pp. 641–53

Carbolic Smoke Ball Co., 'Carbolic Smoke Ball', *Illustrated London News* (1893)

Carlson, M., 'For F.J. Titmus Read Titmus, F.J.' (23 March 2011)

Carlyle, T., 'Occasional Discourse on the Negro Question', *Fraser's Magazine for Town and Country*, vol. 40 (1849), pp. 670–79

—, *On Heroes, Hero-Worship, and the Heroic in History* (New York: Wiley and Putnam, 1846)

Case, A., and Deaton, A., *Deaths of Despair and the Future of Capitalism* (Princeton, NJ: Princeton University Press, 2020)

Cassidy, J., 'Muckraking and Medicine: Samuel Hopkins Adams', *American Quarterly*, vol. 16, no. 1 (1964), pp. 85–99

Catherwood, J., 'Drunk Valuations, and Frothy Markets: The Guinness IPO', *Investor Amnesia* (30 August 2018)

Chandler, A. D., *Strategy and Structure: Chapters in the History of the American Industrial Enterprise* (Boston, MA: MIT Press, 1962)

Charisius, H., 'When Scientists Experiment on Themselves: H. Pylori and Ulcers', *Scientific American* (5 July 2014)

Checkland, S. G., *Scottish Banking: A History, 1695–1973* (Glasgow: Collins, 1975)

Chernova, Y., 'Sequoia Capital Goes on Fundraising Spree', *Wall Street Journal Pro Venture Capital* (5 March 2018)

Citizens United v. Federal Election Commission, 558 U.S. 310 (2012)

Clapham, J. H., *Bibliography of English Economic History* (London: Historical Association, 1913)

—, 'Of Empty Economic Boxes', *Economic Journal*, vol. 32, no. 127 (1922), pp. 305–14

Clark, A., 'Chrysler – How a Great Car Firm Crashed', *The Guardian* (1 May 2009)

Clutterbuck, D., and Devine, M., *Clore: The Man and His Millions* (London: Weidenfeld and Nicolson, 1987)

CNBC, 'CNBC Exclusive: CNBC Transcript: Goldman Sachs Chairman & CEO David Solomon Speaks with CNBC's Jim Cramer on *Mad Money* Today' (18 July 2022)

Coase, R. H., 'The Nature of the Firm', *Economica*, vol. 4, no. 6 (1937), pp. 386–405

—, 'Opening Address to the Annual Conference: International Society of New Institutional Economics, Washington, DC, USA', The Ronald Coase Institute (17 September 1999)

—, 'Press Release', *The Nobel Prize* (15 October 1991)

—, 'Prize Lecture', *The Nobel Prize* (9 December 1991)

Cobb, C. W., and Douglas, P. H., 'A Theory of Production', *American Economic Review*, vol. 18, no. 1 (supplement) (1928), pp. 139–65

Cohen, J., 'It Would Take 17 Hours to Read the Terms & Conditions of the 13 Most Popular Apps', *PCMag* (4 December 2020)

Colas Est SA and Others v. France, no 37971/97 (ECHR, 2002)

Collins, C., *How the Mighty Fall* (London: Random House, 2009)

Collins, J. C., and Porras, J. I., *Built to Last: Successful Habits of Visionary Companies* (New York: HarperBusiness, 1997)

Commissioners v. Joiner [1975] 1 WLR 1701

Compass Group, 'Our People Are the Heart of Our Business'

Connelly, D., 'A History of Aspirin', *Clinical Pharmacist*, vol. 6, no. 7 (2014)

Cornell School of Industrial and Labour Relations Web Exhibit, 'The 1911 Triangle Factory Fire' (2018)

Court, E., 'Valeant Gets a New Name to Shed Its Scandals, But Will It Work?', *MarketWatch* (17 July 2018)

Croft, J., 'Rogue HBOS Banker Sentenced to 11 Years in Prison', *Financial Times* (2 February 2017)

Csikszentmihalyi, M., *Flow: The Psychology of Optimal Experience: Steps toward Enhancing the Quality of Life* (New York: HarperCollins, 1991)

Darmouni, O., and Papoutsi, M., 'The Rise of Bond Financing in Europe', *European Central Bank Working Paper Series*, no. 2663 (May 2022)

Davies, P. L., Worthington, S., and Hare, C., *Gower: Principles of Modern Company Law*, 11th edn (London: Sweet & Maxwell, 2021)

Davis, G. F., 'What Might Replace the Modern Corporation? Uberization and the Web Page Enterprise', *Seattle University Law Review*, vol. 39, no. 2 (2016), pp. 501–15

Dealogic via PwC, 'Global IPO Watch 2023 and Outlook for 2024'

DeLong, J. B., *Slouching towards Utopia* (London: Basic Books, 2022)

Department for Business, Energy & Industrial Strategy, 'Business Population Estimates for the UK and Regions 2022: Statistical Release' (6 October 2022)

Derks, S., *The Value of a Dollar: Prices and Incomes in the United States, 1860–1999* (Lakeville, CT: Grey House Publishing, 1999)

Dewey, K., and Hemingway, M., 'Building a Top-Flight Supreme Court Practice with Kannon Shanmugam', *Lawdragon* (25 January 2024)

Dickens, C., *A Tale of Two Cities* (London: Chapman & Hall, 1859)

—, *Nicholas Nickleby* (London: Chapman and Hall, 1839)

Dodge v. Ford Motor Co., 204 Mich. 459, 170 N.W. 668 (1919)

Dreazen, Y. J., 'How a 24-Year-Old Got a Job Rebuilding Iraq's Stock Market', *Wall Street Journal* (28 January 2004)

Drucker, P., *Concept of the Corporation* (New York: John Day, 1946)

Drummond, H., *The Dynamics of Organizational Collapse: The Case of Barings Bank* (Abingdon: Routledge, 2008)

Durkin Richer, A., 'Witness: Drug Company Hired Ex-Stripper to Increase Sales', *abcNews* (1 March 2019)

Easterbrook, F. H., and Fischel, D. R., 'Limited Liability and the Corporation', *University of Chicago Law Review*, vol. 52, no. 1 (1985), pp. 89–117

eBay Domestic Holdings, Inc. v. Newmark – 16 A.3d 1 (2010)

ECA v. J. P. Morgan Chase, No. 07-1786 (2d. Cir. 2009)

Edelman, 'Edelman Trust Barometer 2020' (2020)

Ehrlich, P. R., *The Population Bomb* (New York: Ballantine Books, 1968)

Eisenhower, D., 'President Dwight D. Eisenhower's Farewell Address' (1961)

Ellenburg, J., 'The Summer's Most Unread Book Is ...', *Wall Street Journal* (3 July 2014)

Emberland, M., *The Human Rights of Companies: Exploring the Structure of ECHR Protection* (Oxford: Oxford University Press, 2006)

Empire State Realty Trust, 'Empire State Building Fact Sheet'

Engels, F., P. Sweezy (trans.), 'The Principles of Communism', in *Karl Marx and Frederick Engels: Selected Works*, vol. 1 (Moscow: Progress Publishers, 1973), pp. 81–97

Enrich, D., *Dark Towers: Deutsche Bank, Donald Trump, and an Epic Trail of Destruction* (New York: HarperCollins, 2020)

Erhard, W., Jensen, M. C., and Zaffron, S., 'Integrity: Where Leadership Begins – A New Model of Integrity', presented at the Center for Public Leadership, John F. Kennedy School of Government, Harvard University (10 May 2007)

European Commission, 'Labour Market Information: Switzerland (6 June 2023)'

Eurostat, 'House or Flat – Owning and Renting'

Federal Reserve Bank of Minneapolis, 'Consumer Prize Index, 1913'

Fenton, R., *General Pierre François Joseph Bosquet (1810–1861)*, 1855, Royal Collection Trust

Ferguson, A., *An Essay on the History of Civil Society* (Dublin: Boulter Grieson, 1767)

Financial Conduct Authority (FCA), 'Deutsche Bank Fined £227 Million by Financial Conduct Authority for LIBOR and EURIBOR Failings and for Misleading the Regulator' (24 April 2015)

Fisher, I., *The Rate of Interest: Its Nature, Determination and Relation to Economic Phenomena* (New York: Macmillan, 1907)

Ford, J., 'Boeing and the Siren Call of Share Buybacks', *Financial Times* (4 August 2019)

Ford, H., and Crowther, S., *My Life and Work* (New York: Garden City Publishing Company, Inc., 1922)

Ford Motor Company, 'The Model T' (2023)

Fortune, 'Merck, World's Most Admired Companies' (2020)

Francis, T., 'Revisiting IBM's Palmisano Equation' (13 March 2012)

Freeman, J. B., *Behemoth: A History of the Factory and the Making of the Modern World* (New York: W. W. Norton & Co., 2018)

Freund, C. J., *Anatomy of a Merger: Strategies and Techniques for Negotiating Corporate Acquisitions* (New York: Law Journal Press, 1975)

Friedman, F., 'A Friedman Doctrine – "The Social Responsibility of Business Is to Increase Its Profits"', *New York Times* (13 September 1970)

Friedman, T. L., 'Foreign Affairs Big Mac I', *New York Times* (8 December 1996)

G4S, 'G4S UK: Socio-Economic Impact Assessment'

Galbraith, J. K., *The New Industrial State* (Boston, MA: Houghton Mifflin, 1967)

Gallup, 'Business and Industry Sector Ratings' (17 August 2021)

—, 'Confidence in Institutions' (2020)

—, 'The Gig Economy and Alternative Work Arrangements' (2018)

Galton, F., 'Vox Populi', *Nature*, vol. 75 (1907), pp. 450–51

Gardner, D., and Tetlock, E. P., *Superforecasting: The Art and Science of Prediction* (London: Random House, 2016)

Garry, P. M., Spurlin, C., Owen, D. A., and Williams, W. A., 'The Irrationality of Shareholder Class Action Lawsuits: A Proposal for Reform', *South Dakota Law Review*, vol. 49, no. 2 (2004), pp. 275–312

Gavi, The Vaccine Alliance, 'There are Four Different Kinds of COVID-19 Vaccines: Here's How They Work'

George, B., 'The New 21st Century Leaders', *Harvard Business Review* (30 April 2010)

Givner, J., 'Industrial History, Preindustrial Literature: George Eliot's *Middlemarch*', *ELH*, vol. 69, no. 1 (2002), pp. 223–43

Glaeser, E. L., *Agglomeration Economics* (Chicago, IL: University of Chicago Press, 2010)

Goldman Sachs, 'Code of Business Conduct and Ethics' (23 February 2023)

—, 'Goldman Sachs' Commitment to Board Diversity' (4 February 2020)

Goodman, G. J. W., *Powers of Mind* (New York: Random House, 1975)

Grandin, G., *Fordlandia: The Rise and Fall of Henry Ford's Forgotten Jungle City* (New York: Metropolitan Books, 2009)

Greenspan, A., 'Question: Is There a New Economy?', Haas Annual Business Faculty Research Dialogue, University of California, Berkeley (4 September 1998)

Greenwald, I., 'Companies Pay Record Dividends in 2022 Despite Dismal Year', *Investopedia* (30 December 2022)

Gross, D., and editors of *Forbes* magazine, *Forbes Greatest Business Stories of All Time* (New York: John Wiley & Sons, 1996)

Grossman, S. J., and Stiglitz, J. E., 'On the Impossibility of Informationally Efficient Markets', *American Economic Review*, vol. 70, no. 3 (1980), pp. 393-408.

Grove, A., *High Output Management* (New York: Souvenir Press, 1984)

Guardian Staff and Agencies, 'Johnson & Johnson to Pay $5bn in Landmark $26bn US Opioid Settlement', *The Guardian* (21 July 2021)

Guerrera, F., 'A Need to Reconnect', *Financial Times* (12 March 2009)

Haldeman, P., 'The Return of Werner Erhard, Father of Self Help', *New York Times* (28 November 2015)

Hall, R. E., 'Notes on the Current State of Empirical Macroeconomics' (June 1976)

Hamel, G., and Prahalad, C. K., 'The Core Competence of the Corporation', *Harvard Business Review* (1990)

Hamilton, B., 'East African Running Dominance: What Is Behind It?', *British Journal of Sports Medicine*, vol. 34, no. 5 (2000), pp. 391–4

Hamilton, H., 'The Founding of Carron Ironworks', *Scottish Historical Review*, vol. 25, no. 99 (1928), pp. 185–93

Hamowy, R., 'Progress and Commerce in Anglo-American Thought: The Social Philosophy of Adam Ferguson', *Interpretation*, vol. 14, no. 1 (1986), pp. 61–88

Handy, C., 'What Is a Company for?', *RSA Journal*, vol. 139, no. 5416 (1991), pp. 231–41

Hannah, L., 'J. P. Morgan in London and New York before 1914', *Business History Review*, vol. 85, no. 1 (2011), pp. 113–50

—, *The Rise of the Corporate Economy* (London: Routledge, 1976)

Hart, O., *Firms, Contracts, and Financial Structure* (Oxford: Clarendon Press, 2009)

—, 'Incomplete Contracts and Control', Nobel Prize Lecture (8 December 2016)

Haskel, J., and Westlake, S., *Capitalism without Capital* (Princeton, PA: Princeton University Press, 2018)

Hayek, F. von, 'Friedrich von Hayek Prize Lecture', *The Nobel Prize* (11 December 1974)

Hayes, A., 'Economic Rent: Definition, Types, How It Works, and Example', *Investopedia* (1 September 2023)

Haynes, A., 'The History of Snake Oil', *Pharmaceutical Journal*, vol. 294, no. 7850 (21 February 2015)

Heilbron, J. L., *Galileo* (Oxford: Oxford University Press, 2012)

Henderson, B., 'The Experience Curve – Reviewed (Part II)', *BCG* (1973)

Henrich, J., *The Secret of Our Success: How Culture Is Driving Human Evolution, Domesticating Our Species, and Making Us Smarter* (Princeton, NJ: Princeton University Press, 2015)

—, *The WEIRDest People in the World* (New York: Farrar Straus and Giroux, 2020)

Herrendorf, B., Rogerson, R., and Valentinyi, A., 'Growth and Structural Transformation', National Bureau of Economic Research, Working Paper 18996 (2013)

Heyes, C., *Cognitive Gadgets: The Cultural Evolution of Thinking* (Cambridge, MA: Belknap Press, 2018)

Hirsch, F., *Social Limits to Growth* (London and Henley: Routledge & Kegan Paul, 1977)

Hoffman, J., 'Purdue Pharma Is Dissolved and Sacklers Pay $4.5 Billion to Settle Opioid Claims', *New York Times* (1 September 2021)

Hollander, J. H., 'Adam Smith 1776–1926', *Journal of Political Economy*, vol. 35, no. 2 (1927), pp. 153–97

Honoré, A. M., 'Ownership', in Guest, A. G. (ed.), *Oxford Essays in Jurisprudence* (Oxford: Oxford University Press, 1961), pp. 107–47

Hosking, P., 'I Made Money at Marconi: Mayo', *This Is Money* (21 January 2002)

Houston, R., "Mortality in Early Modern Scotland: The Life Expectancy of Advocates", *Continuity and Change*, vol. 7, no. 1 (1992), 47–69

Hume, D., Letter to Adam Smith (27 June 1772), in Burton, J. H. (ed.), *Life and Correspondence of David Hume*, vol. II (Edinburgh: W. Tait, 1846), pp. 459–61

IBM, 'Annual Report 2019' (2019)

—, 'A History of Progress' (2008)

—, 'What Is SaaS (Software-as-a-Service)?'

Inland Revenue v. Laird Group UKHL 54 Para 35 (2003)

Inland Revenue v. Laird Group, EWCA Civ 576 (2003)

Inland Revenue Commissioners v. Crossman [1937] AC 26

Inland Revenue Commissioners v. Joiner [1975] 1 WLR 1701, 1705E *per* Lord Wilberforce

Insinna, V., 'Boeing Hits 2023 Jet Delivery Goal but Lags Airbus', Reuters (10 January 2024)

International Finance Corporation, 'Safety First: Bangladesh Garment Industry Rebounds' (11 November 2019)

International Monetary Fund (IMF), 'GDP, Current Prices (Billions of U.S. Dollars)' (2022)

—, 'Germany: Financial Sector Assessment Program – Stress Testing the Banking and Insurance Sectors – Technical Notes' (29 June 2016)

International Service System, 'Annual Report 2019' (2020)

Internet Movie Database, 'Alec Guinness'

Isaacson, W., *Steve Jobs: A Biography* (New York: Simon & Schuster, 2011)

Jeffrey, A., 'Mylan Finalizes $465 Million EpiPen Settlement with Justice Department', *CNBC* (17 August 2017)

Jeffrey Ross Blue v. Michael James Wallace Ashley, [2017] EWHC 1928 (Comm)

Jeng, L. A., Metrick, A., and Zeckhauser, R., 'Estimating the Returns to Insider Trading: A Performance-Evaluation Perspective', *Review of Economics and Statistics*, vol. 85, no. 2 (2003), pp. 453–71

Jenkins, P., and Saigol, L., 'UBS's Orcel Admits Banks Must Change', *Financial Times* (9 January 2013)

Jensen, M. C., 'Some Anomalous Evidence Regarding Market Efficiency', *Journal of Financial Economics*, vol. 6, no. 2–3 (1978), pp. 95–101

Jensen, M. C., and Meckling, H. W., 'Theory of the Firm: Managerial Behaviour, Agency Costs and Ownership Structure', *Journal of Financial Economics*, vol. 3, no. 4 (1976), pp. 305–60

Jobs, S., 'Commencement Address', Stanford Report (12 June 2005)

Johannes T. Martin v. Living Essentials, LLC, No. 15 C 01647 (Northern District, Eastern Illinois 2016), Memorandum Opinion and Order

Johnson & Johnson, 'Our Credo'

Johnson, R., 'Tyger! Tyger! Burning Bright', *Twitter* (23 April 2022)

Jonas, N., 'The Hollow Corporation', *Business Week* (3 March 1986), pp. 57–9

Juster, A. M., 'Cabots, Lowells, and a Quatrain You Don't Really Know', *Light Poetry Magazine* (2015)

Kanigel, R., *The One Best Way: Frederick Winslow Taylor and the Enigma of Efficiency* (London: MIT Press, 2005)

Kannabus, A., 'History of TB Drugs'

Kavilanz, P., 'Johnson and Johnson CEO: We Made a Mistake' (30 September 2010)

Kay, J., 'Boeing and a Dramatic Change of Direction', johnkay.com (10 December 2003)

—, 'The Management of the University of Oxford … Facing the Future', johnkay.com (20 November 2000)

—, *Obliquity: Why Our Goals Are Best Achieved Indirectly* (London: Profile, 2010)

—, *Other People's Money: Masters of the Universe or Servants of the People?* (London: Profile, 2015)

—, 'Produced to Price' (13 June 1997)

—, 'Ronald Coase: Nobel Prize Winner Who Explored Why Companies Exist', *Financial Times* (3 September 2013)

Kay, J., and King, M., *Radical Uncertainty: Decision-Making for an Unknowable Future* (London: The Bridge Street Press, 2020)

Kendall, T., and Chesworth, N., 'Money Watch: Windfalls in Freefall as Shares Crash to Earth; Millions Lose Out as Bank Values Plunge', *Sunday Mirror* (12 March 2000)

Khazan, O., 'The One Area Where the U.S. COVID-19 Strategy Seems To Be Working', *The Atlantic* (22 February 2021)

Kirkpatrick, D., 'Mystery Buyer of $450 Million *Salvator Mundi* was a Saudi Prince', *New York Times* (6 December 2017)

Klein, P. G., 'Coase and the Myth of Fisher Body', *Organizations and Markets* (12 September 2006)

Knight, F. H., '"What Is Truth" in Economics?', *Journal of Political Economy*, vol. 48, no. 1 (1940), pp. 1–32

Knoema, 'Top Vehicle Manufacturers in the US Market, 1961–2016' (21 May 2020)

Kornai, J., 'The Soft Budget Constraint', *Kyklos: International Review for Social Sciences*, vol. 39, no. 1 (1986), pp. 3–30

Kuchler, H., et al., 'Opioid Executive Admits to "No Morals" Ahead of Prison Term', *Financial Times* (23 January 2020)

Kwai, I., 'Murderer Who Wielded Narwhal Tusk to Stop Terrorist Gets Royal Pardon', *New York Times* (19 October 2020)

Lackman, C. L., 'The Classical Base of Modern Rent Theory', *American Journal of Economics and Sociology*, vol. 35, no. 3 (1976), pp. 287–300 (p. 291)

LaFrance, A., 'The Largest Autocracy on Earth', *The Atlantic* (27 September 2021)

Langley, M., *Tearing Down the Walls* (New York: Simon & Schuster, 2003)

Langlois, R. N., *The Corporation and the Twentieth Century* (Princeton, PA: Princeton University Press, 2023), p. 6

Larkin, P., 'Annus Mirabilis', in *High Windows* (London: Faber and Faber, 1974)

Laurence, J., 'Government's £80M for Victims of Thalidomide – But Still No Apology', *The Independent* (21 December 2012)

Leicester City, 'Emotional Khun Vichai Tribute Played on Big Screen', YouTube (11 November 2018)

Lewis, D. L., *The Public Image of Henry Ford: An American Folk Hero and His Company* (Detroit, MI: Wayne State University Press, 1976)

Littlewood, M., 'Sir James Mirrlees Obituary', *The Guardian* (24 September 2018)

Lowrey, A., 'Why the Phrase "Late Capitalism" Is Suddenly Everywhere', *The Atlantic* (1 May 2017)

Lydon, C., 'A Tough Infighter', *New York Times* (20 August 1976)

Lynch, L., 'I'm Lovin' It (Most of the Time): A Brief History of McDonald's in Serbia', *Balkanist* (27 August 2014)

Mac History, '1984 Apple's Macintosh Commercial', YouTube (1 February 2012)

Macaulay, S., 'Relational Contracts Floating on a Sea of Custom? Thoughts about the Ideas of Ian Macneil and Lisa Bernstein', *Northwestern University Law Review*, vol. 94, no. 3 (2000), pp. 775–804

Macaulay, S., Friedman, L, M., and Stookey, J., *The Law and Society – Readings on the Social Study of Law* (New York & London: W. W. Norton & Co., 1996)

MacDermot, E. T., and Clinker, C. R., *History of the Great Western Railway* (London: Ian Allan, 1982)

Macey, J. R., 'A Close Read of an Excellent Commentary on *Dodge v. Ford*', *Virginia Law and Business Review*, vol. 3, no. 1 (2008), pp. 177–90

MacFarquhar, L., 'The Bench Burner', *New Yorker* (2 December 2001)

MacIntyre, A., 'The Nature of the Virtues', *The Hastings Center Report*, vol. 11, no. 2 (1981), pp. 27–34

Macneil, I. R., 'The Many Futures of Contracts', *Southern California Law Review*, vol. 47, no. 691 (1973–4), pp. 691–816

—, 'Whither Contracts?', *Journal of Legal Education*, vol. 21, no. 4 (1969), pp. 403–18

Macrotrends, 'Dow Jones – DJIA – 100 Year Historical Chart'

Maidment, N., 'Could the Glazers Lose Their Public Enemy No.1 Tag at Manchester United?', *Reuters* (15 June 2015)

Majority Staff of the Committee on Transportation and Infrastructure, 'Final Committee Report: The Design, Development & Certification of the Boeing 737 MAX' (September 2020)

Manne, H. G., 'Mergers and the Market for Corporate Control', *Journal of Political Economy*, vol. 73, no. 2 (1965), pp. 110–20

Marçal, K., *Who Cooked Adam Smith's Dinner?* (London: Portobello Books, 2015)

Marex Financial Ltd v. Sevilleja, UKSC31 (2020)

Marshall, A., *Principles of Economics* (London: Macmillan & Co., 1890)

Marx, K., F. Engels (ed.), S. Moore and E. Aveling (trans.), *Capital*, vol. I (London: Swan Sonnenschein, Lowrey, & Co., 1887)

Matthew, H. C. G., McKibbin, R. I., and Kay, J. A., 'The Franchise Factor in the Rise of the Labour Party', *English Historical Review*, vol. 91, no. 361 (1976), pp. 723–52

Matthews, S., *The Way It Was: My Autobiography* (London: Headline Publishing, 2001)

Max, D. T., 'The Chinese Workers Who Assemble Designer Bags in Tuscany', *The New Yorker* (9 April 2018)

Mayer, C., *Capitalism and Crises* (Oxford: Oxford University Press, 2023)

Mayo, J., 'Marconi Under the Microscope: In the Final Part of His Account John Mayo Reflects on Mistakes that Were Made and the Responsibility He Feels Towards Shareholders', *Financial Times* (21 January 2002)

Mazza, P., and Ruh, B., 'The Performance of Corporate Legal Insider Trading in the Korean Market', *International Review of Law & Economics*, vol. 71 (2022)

McCarthy, J., 'Big Pharma Sinks to the Bottom of U.S. Industry Rankings', Gallup (3 September 2019)

—, 'Mylan and Pfizer Announce Viatris and the New Company Name in the Planned Mylan – Upjohn Combination' (12 November 2019)

McCloskey, D., *Beyond Positivism, Behaviorism, and Neoinstitutionalism in Economics* (Chicago, IL: University of Chicago Press, 2022)

McCraw, T. K., *Prophet of Innovation: Joseph Schumpeter and Creative Destruction* (Cambridge, MA: Belknap Press, 2007)

McCusker, J. J., 'How Much Is That in Real Money? A Historical Price Index for Use as a Deflator of Money Values in the Economy of the United States', *Proceedings of the American Antiquarian Society*, vol. 101, no. 2 (1991), pp. 297–373

McIntosh, B., 'Vodafone Faces Pounds 400m Bill as It Posts Bid for Mannesmann', *The Independent* (24 December 1999)

McKinsey, 'Global M&A Market Defies Gravity in 2021 Second Half' (16 March 2022)

McLaughlin, K., 'Burj Khalifa: Everything You Need to Know about the Tallest Building in the World', *Architectural Digest* (26 December 2022)

McLean, B., and Elkind, P., *The Smartest Guys in the Room: The Amazing Rise and Scandalous Fall of Enron* (London: Penguin, 2013)

McLellan, D., *Karl Marx: A Biography*, 4th edn (London: Palgrave Macmillan, 2006)

Medicines and Healthcare Products Regulatory Agency, (26 January 2021)

Merck & Co., 'Merck's 1899 Manual', Project Gutenberg

Merck KGaA, 'Company History'

'Messi Magic: Messi vs Getafe', YouTube (7 June 2016)

Meyer, M., Milgrom, P., and Roberts, J., 'Organisational Prospects, Influence Costs, and Ownership Changes', *Journal of Economics & Management Strategy*, vol. 1, no. 1 (1992), pp. 9–35

Miao, H., 'Buybacks from S&P 500 Companies Set Record in 2022', *Wall Street Journal* (21 March 2023)

Mikkelson, B., 'Bush and French Word for Entrepreneur', *Snopes* (23 September 2007)

Mobile Phone Museum, 'MOTOROLA DYNATAC 8000X'

Modern Airliners, 'Airbus A380 Super Jumbo'

Moggridge, D., *British Monetary Policy, 1924–31* (Cambridge: Cambridge University Press, 1972)

Mondelez International, 'Oreo Fact Sheet' (2017)

Mooses, M., and Hackney, A. C., 'Anthropometrics and Body Composition in East African Runners: Potential Impact on Performance', *International Journal of Sports Physiology and Performance*, vol. 12, no. 4 (2017), pp. 422–30

Motavalli, J., 'Stellantis: Fiat Chrysler Merges with PSA, Becoming World's Fourth-Largest Automaker', *Forbes* (4 October 2021)

Muilenburg, D., 'Statement from Boeing CEO Dennis Muilenburg: We Own Safety – 737 MAX Software, Production and Process Update' (5 April 2019)

Mylan, 'Mylan Launches the First Generic for EpiPen® (epinephrine injection, USP) Auto-Injector as an Authorized Generic' (16 December 2016)

Nag, U., 'Usain Bolt's Records: Best Strikes from the Lighting Bolt' (27 June 2023)

National Bureau of Economic Research (NBER), 'Business Cycle Dating'

National Museums Scotland, *Boulton & Watt Engine* (2021)

Nordhaus, W. D., 'Do Real-Output and Real-Wage Measures Capture Reality? The History of Lighting Suggests Not', in Bresnahan, T. F., and Gordon, R. J. (eds.), *The Economics of Real Goods* (Chicago, IL: University of Chicago Press, 1996), pp. 29–70

Norges Bank Investment Management, 'Fund Signs Regent Street Agreement' (13 January 2011)

Novo Nordisk Fonden, 'History'

'Obituary: Ian Macneil, Clan Chief and Lawyer', *The Scotsman* (19 February 2010)

Odlyzko, A., 'The Collapse of the Railway Mania, the Development of Capital Markets, and the Forgotten Role of Robert Lucas Nash', *Accounting History Review*, vol. 21, no. 3 (2011), pp. 309–45

O'Donnell, T., 'Pfizer CEO: Company Refused Taxpayer Money for COVID-19 Vaccine Development to "Liberate our Scientists"', *Yahoo!News* (13 September 2020)

Office for National Statistics (ONS), 'Capital Stocks and Fixed Capital Consumption, UK: 2023', *Office for National Statistics* (8 December 2023)

—, 'Characteristics of Homeworkers, Great Britain: September 2022 to January 2023' (13 February 2023)

—, 'How has Life Expectancy Changed over Time?' (9 September 2015)

—, 'National Balance Sheet' (31 October 2022)

—, 'Total Wealth in Great Britain: April 2016 to March 2018' (5 December 2019)

—, 'UK Business: Activity, Size and Location, 2022' (28 September 2022)

—, 'UK Labour Market: September 2020' (15 September 2020)

—, 'UK Natural Capital Accounts: 2022' (10 November 2022)

Office of Strategic Services, *Simple Sabotage Field Manual* (Washington, DC: Office of Strategic Services, 1944)

Olympics, 'The Story of Abrahams and Liddell at Paris 1924' (27 June 2023)

Organisation for Economic Cooperation and Development (OECD), 'Biodiversity, Natural Capital and the Economy: A Policy Guide for Finance, Economic and Environment Ministers', *OECD Environment Policy Papers*, no. 26 (2021)

—, 'National Accounts: 9B. Balance Sheets for Non-Financial Assets'

Orwell, G., 'Politics and the English Language', *Horizon*, vol. 13, no. 76 (1946), pp. 252–65

Otten, H., 'Domagk and the Development of the "Sulphonamides"', *Journal of Antimicrobial Chemotherapy*, vol. 17, no. 6 (June 1986), pp. 689–96

Our World in Data, 'Share of Agriculture in Total Employment, 1801 to 2011'

Pavlov, I. P., *Conditioned Reflexes: An Investigation of the Physiological Activity of the Cerebral Cortex* (Oxford: Oxford University Press, 1927)

Peaucelle, J.-L., and Guthrie, C., 'How Adam Smith Found Inspiration in French Texts on Pin Making in the Eighteenth Century', *History of Economic Ideas*, vol. 19, no. 3 (2011), pp. 41–67

Penafiel, K., '"The Empire State Building: An Innovative Skyscraper"', *Buildings* (28 June 2006)

Pennant, T., *A Tour in Scotland, 1769* (London: 1771)

Penrose, E. T., *The Theory of the Growth of the Firm* (Oxford: Oxford University Press, 1995)

Peterson, C., and Seligman, M. E. P., *Character Strengths and Virtues: A Handbook and Classification* (Oxford: Oxford University Press, 2004)

Pew Research Center, 'Modest Declines in Positive Views of "Socialism" and "Capitalism" in U.S.' (19 September 2022)

—, 'Religion's Relationship to Happiness, Civic Engagement and Health around the World' (31 January 2019)

Philips, M., 'Remembering Hatfield – 20 Years on', *Rail Safety and Standard Board* (17 October 2020)

Phillips, S., 'How a Courageous Physician-Scientist Saved the U.S. from a Birth-Defects Catastrophe', *UChicagoMedicine* (March 2020)

Piketty, T., *Capital in the Twenty-First Century* (Cambridge, MA: Belknap Press, 2014)

Pollack, A., 'Drug Goes from $13.50 a Tablet to $750, Overnight', *New York Times* (20 September 2015)

Port Sunlight Village Trust, 'A Brief History of Port Sunlight'

Porter, J., 'How Jimmy Hill's Strike Threat Turned £20 Footballers into Multi-Millionaires', *The Sportsman* (18 January 2021)

Porter, M., 'How Competitive Forces Shape Strategy', *Harvard Business Review* (1979)

Posner, R. A., 'A Reply to Some Recent Criticisms of the Efficiency Theory of the Common Law', *Hofstra Law Review*, vol. 9, no. 3 (1981), pp. 775–94

Powell, L. F., 'Attack on American Free Enterprise System', *U.S. Chamber of Commerce* (23 August 1971)

Prakash, S., and Valentine, V., 'Timeline: The Rise and Fall of Vioxx', *npr* (10 November 2007)

Putnam, R., and Garrett, S. R., *The Upswing: How America Came Together a Century Ago and How We Can Do It Again* (New York: Simon & Schuster, 2020)

Putnam, R. D., 'Tuning In, Tuning Out: The Strange Disappearance of Social Capital in America', *Political Science and Politics*, vol. 28, no. 4 (1995), pp. 664–683

Rappaport, A., *Creating Shareholder Value: A Guide for Managers and Investors* (New York: The Free Press, 1986)

Rattner, S., 'Who's Right on the Stock Market?', *New York Times* (14 November 2013)

Razzell, P., and Spence, C., 'The History of Infant, Child and Adult Mortality in London, 1550–1850', *London Journal*, vol. 32, no. 3 (2007), pp. 271–92

Redman, M., 'Cocaine: What Is the Crack? A Brief History of the Use of Cocaine as an Anesthetic', *Anesthesiology and Pain Medicine*, vol. 1, no. 2 (2011), pp. 95–7

Rees, K., 'BlackRock's Assets Seen Topping $15 Trillion in Five Years' Time', Bloomberg (17 April 2023)

Regierungskommission, Deutscher Corporate Governance Kodex, 'German Corporate Governance Code 2017, Press Release' (14 February 2017)

Regis, E., 'No One Can Explain Why Planes Stay in the Air', *Scientific American* (1 February 2020)

Reich, C. A., *The Greening of America* (New York: Random House, 1970)

Reinarz, J., and Wynter, R., 'The Spirit of Medicine: The Use of Alcohol in Nineteenth-Century Medical Practice', in Schmid, S., and Schmidt-Haberkamp, B. (eds.), *Drink in the Eighteenth and Nineteenth Centuries* (Abingdon: Pickering & Chatto, 2014), pp. 127–40

Reuters Staff, 'Quote Box-Trump, Business Leaders Comment on Jack Welch's Death', Reuters (2 March 2020)

Revlon, Inc. v. MacAndrews & Forbes Holdings, Inc., 506 A.2d 173 (1986)

Ricardo, D., *On the Principles of Political Economy and Taxation* (London: John Murray, 1817)

Roberts, W., 'That Imperfect Arm: Quantifying the Carronade', *Warship International*, vol. 33, no. 3 (1996), pp. 231–40

Rolt, L. T. C., *Victorian Engineering* (London: Penguin, 1970)

Romer, P., 'Mathiness in the Theory of Economic Growth', *American Economic Review: Papers & Proceedings*, vol. 105, no. 5 (2015), pp. 89–93

—, 'The Origins of Endogenous Growth', *Journal of Economic Perspectives*, vol. 8, no. 1 (1994), pp. 3–22

Roosevelt, T., 'The Duties of a Great Nation', in *The Works of Theodore Roosevelt*, vol. XIV, *Campaigns and Controversies* (New York: Charles Scribner's Sons, 1926), pp. 290–297

Roser, M., Ortiz-Ospina, E., and Ritchie, H., 'Life Expectancy', *Our World in Data* (2013)

Rosoff, M., 'Jeff Bezos Told What Might Be the Best Startup Investment Story Ever', *Business Insider* (20 October 2016)

Rousseau, J.-J., *A Discourse upon the Origin and Foundation of the Inequality Among Mankind* (London: R. and J. Dodsley, 1761)

Sabbagh, D., 'Ackermann Agrees to Pay €3.2 Million Towards Settlement', *The Times* (25 November 2006)

Sainsbury, D., *Windows of Opportunity* (London: Profile, 2019)

Saltaire Village Website, 'The Saltaire Village Website, World Heritage Site'

Schanche, A. D., 'It Is Theoretically Possible for the Entire United States to Become One Vast Conglomerate, Presided over by Mr James. J. Ling', *Saturday Evening Post* (January 2024)

Scherer, F. M., *Industrial Market Structure and Economic Performance* (Chicago, IL: Rand McNally, 1970)

Schiffer, Z., 'Apple Asks Staff to Return to Office Three Days a Week Starting in Early September', *The Verge* (2 June 2021)

Schofield, R. S., 'Dimensions of Illiteracy, 1750–1850', *Explorations in Economic History*, vol. 10, no. 4 (1973), pp. 437–54

Schroter, J., 'Steve Jobs Introduces iPhone in 2007', YouTube (9 October 2011)

Schumpeter, J., *Capitalism, Socialism, and Democracy* (New York: Harper & Brothers, 1942)

Schumpeter, J. A., R. Opie (trans.), *The Theory of Economic Development*, (Cambridge, MA: Harvard University Press, 1959)

Scott, B., 'Valeant CEO Michael Pearson Lost $180 Million Yesterday, and $750 Million in Past Year', *Forbes* (16 March 2016)

Scottish FA, 'Kenny Dalglish'

'Secrets of Ball-Giving: A Chat with Ward McAllister', *New York Daily Tribune* (25 March 1888)

Serling, R. J., *Legend and Legacy: The Story of Boeing and Its People* (New York: St. Martin's Press, 1992)

Service, T., 'The Abbado Effect', *The Guardian* (19 August 2008)

Settimi, C., 'The World's Highest-Paid Soccer Players 2017: Cristiano Ronaldo, Lionel Messi Lead the List', *Forbes* (26 May 2017)

Shaw, G. B., *Fabian Essays in Socialism* (London: W. Scott, 1899)

Short v. Treasury Commissioners, AC 534 (1948)

Shread, J., 'Lionel Messi Reveals He Chose to Join Paris Saint-Germain in Order to Win Fifth Champions League', *SkySports* (12 August 2021)

Skinner, B. F., *The Behavior of Organisms: An Experimental Analysis* (New York: Appleton-Century-Crofts, Inc., 1938)

Smith, A., *An Inquiry into the Nature and Causes of the Wealth of Nations*, vol. I (London: W. Strahan and T. Cadell, 1776)

—, *An Inquiry into the Nature and Causes of the Wealth of Nations*, vol. II (London: W. Strahan and T. Cadell, 1776)

Solomon, M., 'Poison Pill', *Medium* (14 July 2022)

Solow, R. M., 'The Production Function and the Theory of Capital', *Review of Economic Studies*, vol. 23, no. 2 (1955–6), pp. 101–8

Southey, R., 'The Battle of Blenheim' (1796), in *Metrical Tales, and Other Poems* (London: Longman, Hurst, Rees, and Orme, 1805), pp. 44–7

Spark, A., 'Wrestling with America: Media, National Images, and the Global Village', *Journal of Popular Culture*, vol. 29 (1996), pp. 83–98

Steinhardt, M., *Jewish Pride* (New York: Simon and Schuster, 2022)

Stewart, J., 'The Real Heroes Are Dead', *The New Yorker* (3 February 2002)

Stokes, A., 'Merck Continues Campaign Against River Blindness in the DRC' (September 2014)

Stout, L., *The Shareholder Value Myth: How Putting Shareholders First Harms Investors, Corporations, and the Public* (San Francisco, CA: Berrett-Koehler Publishers, 2012)

Strine Jr., L. E., 'The Dangers of Denial: The Need for a Clear-Eyed Understanding of the Power and Accountability of Structure Established by the Delaware General Corporation Law', *University of Pennsylvania Institute for Law and Economics Research Paper*, no. 15–08 (2015)

Surowiecki, J., *The Wisdom of Crowds: Why the Many Are Smarter than the Few and How Collective Wisdom Shapes Business, Economies, Societies and Nations* (New York: Doubleday, 2004)

Taibbi, M., 'The Great American Bubble Machine', *Rolling Stone* (5 April 2010)

Taylor, F. W., *Shop Management* (New York: Harper & Brothers, 1912)

Taylor, M., *The Association Game: A History of British Football* (Abingdon: Routledge, 2013)

Teece, D. J., 'Firm Organisation, Industrial Structure, and Technological Innovation', *Journal of Economic Behavior & Organisation*, vol. 31, no. 2 (1996), pp. 193–224

Teece, D. J., Pisano, G., and Shuen, A., 'Dynamic Capabilities and Strategic Management', *Strategic Management Journal*, vol. 18, no. 7 (1997), pp. 509–33

Tesla, N., 'A Story of Youth Told by Age (Dedicated to Miss Pola Fotitch)' (1939)

Thayer, C. F., *An End to Hierarchy, and End to Competition* (New York: New Viewpoints, 1981)

The Beatles, 'Getting Better' (1967)

'The Truth behind the Tories' Northern Strongholds', *The Economist* (31 March 2021)

'The Upper East Side's Most Expensive 5th Avenue Apartment Buildings', *MPA* (5 February 2013)

Thomas, M., 'McDonalds Coming to Dubrovnik – Location Known!', *Dubrovnik Times* (27 January 2023)

Thomas, Z., and Swift, T., 'Who Is Martin Shkreli – "the Most Hated Man in America"?', *BBC News* (4 August 2017)

Thwaites, T., *The Toaster Project: or, A Heroic Attempt to Build a Simple Electric Appliance from Scratch* (Princeton, NJ.: Princeton Architectural Press, 2011)

Tichy, N., and Charan, R., 'Speed, Simplicity, Self-Confidence: An Interview with Jack Welch', *Harvard Business Review* (1989)

Tipu, Md. S. I., 'Tazreen Fire Tragedy: Trial Proceedings of Cases in Limbo', *Dhaka Tribune* (23 November 2020)

Tomasello, M., Page-Barbour Lecture at the University of Virginia (2010)

Transparency International, 'Corruption Perceptions Index 2022' (2023)

Treasury Commissioners v. Short Brothers, UKHL J0729 – 2 (1948)

True Faith, 'Premier League – Owner Financing Last 10 Years (2012–21)', (2022)

Trump, D. J., and Schwartz, T., *Trump: The Art of the Deal* (New York: Random House, 1987)

Twain, M., 'Letter to Helen Keller, in Wrentham', (17 March 1903)

Uber, '2020 Annual Report' (26 February 2021)

Unclaimed Assets, 'Halifax Unclaimed Demutualisation Shares'

United Nations Commission for Trade and Development, 'Classifications'

U.S. Bureau of Labor Statistics, 'CPI for All Urban Consumers (CPI-U), All Items in U.S. City Average, All Urban Consumers, Not Seasonally Adjusted, CUUR0000SA0' (4 May 2023)

—, 'Injuries, Illnesses, and Fatalities'

U.S. Department of Defense, 'Crisis and Communication Strategies Case Study: The Johnson and Johnson Tylenol Crisis'

U.S. Department of Justice, Office of Public Affairs, 'Boeing Charged with 737 Conspiracy and Agrees to Pay over $2.5 Billion' (7 January 2021)

U.S. Food and Drug Administration, 'Milestones in US Food and Drug Law'

U.S. Securities and Exchange Commission, 'Boeing to Pay $200 Million to Settle SEC Charges that It Misled Investors about the 737 Max' (22 September 2022)

U.S. Small Business Administration Office of Advocacy, '2022 Small Business Profile' (2022)

Useem, J., 'The Long-Forgotten Flight that Sent Boeing Off Course', *The Atlantic* (20 November 2019)

Video Insider, 'Steve Jobs in 2010, at D8 Conference', YouTube (8 February 2015)

'Wall Street and the Financial Crisis: The Role of Investment Banks', Hearing before the Permanent Subcommittee on Investigations of the Committee on Homeland Security and Governmental Affairs, vol. 4, 111th Congress (27 April 2010)

Walsh, C., 'Leadership on 9/11: Morgan Stanley's Challenge', *Harvard Business School* (17 December 2001)

Wang, E., 'After US IPO Stumbles, Companies under Pressure to Offer Bargains', Reuters (19 October 2023)

Weber, M., G. Roth and C. Wittich (eds.), *Economy and Society* (Berkeley, CA: University of California Press, 1978)

Welkos, R. W., 'Founder of est Targeted in Campaign by Scientologists: Religion: Competition for Customers Is Said to Be the Motive behind Effort to Discredit Werner Erhard', *LA Times* (29 December 1991)

Wellcome Trust, 'Who We Are'

Wernerfelt, B., 'A Resource-Based View of the Firm', *Strategic Management Journal*, vol. 5, no. 2 (1984), pp. 171–80

Wharton School, University of Pennsylvania, 'How GM's Mary Barra Drives Value', *Knowledge at Wharton*

'What Satya Nadella Thinks', *New York Times* (14 May 2020)

Whately, R., *Detached Thoughts and Apophthegms: Extracted from Some of the Writings of Archbishop Whately* (London, 1854)

Wilber, R. L., and Pitsiladis, Y. P., 'Kenyan and Ethiopian Distance Runners: What Makes Them So Good?', *International Journal of Sports Physiology and Performance*, vol. 7, no. 2 (2012), pp. 92–102

Wilde, O., *Lady Windermere's Fan: A Play about a Good Woman* (London, 1892)

Williamson, O. E., 'Calculativeness, Trust, and Economic Organization', *Journal of Law & Economics*, vol. 36, no. 1 (1993), pp. 453–86

—, 'The Economics of Organization: The Transaction Cost Approach', *American Journal of Sociology*, vol. 87, no. 3 (1981), pp. 548–77

—, *Markets and Hierarchies: Analysis and Antitrust Implications* (New York: Free Press, 1975)

Wilson, H., Aldrick, P., and Ahmed, K., 'The Bank that Went Bust', *Sunday Telegraph* (6 March 2011)

Wise, D. B., 'Dodge: Hell Raisers from Michigan', in Ward, I. (ed.), *The World of Automobiles: An Illustrated Encyclopedia of the Motor Car, vol. V* (New York: Purnell Reference Books, 1977), pp. 550–558

Wolf, M., *The Crisis of Democratic Capitalism* (London: Penguin, 2024)

Wolfe, T., *The Bonfire of the Vanities* (New York, Farrar Straus and Giroux, 1987)

Wordsworth, W., 'The French Revolution: as It Appeared to Enthusiasts at Its Commencement', in de Selincourt, E. (ed.), *The Poetical Works of William Wordsworth*, vol. 2 (Oxford: Oxford University Press, 1952), pp. 264–5

World Bank, 'Creating Jobs and Diversifying Exports in Bangladesh' (14 November 2017)

—, 'World Development Indicators: NY.GDP.MKTP.CD' (30 March 2023)

World Health Organization, 'WHO Timeline Covid-19' (27 April 2020)

Wright, T., 'The Learning Curve of the Cumulative Average Model: What Is Wright's Law?', Ark Invest

Yahoo!, 'Amazon.com, Inc. (AMZN) Balance Sheet'

Ziegler. P., *The Sixth Great Power: A History of One of the Greatest of All Banking Families, the House of Barings, 1762–1929* (New York: Alfred A. Knopf Inc., 1988)

Zuboff, S., *The Age of Surveillance Capitalism: The Fight for a Human Future at the New Frontier of Power* (London: Profile, 2018)

中国道路丛书

学　术
- 《解放生命》
- 《谁是农民》
- 《香港社会的民主与管治》
- 《香港社会的政制改革》
- 《香港人的政治心态》
- 《币缘论》
- 《如何认识当代中国》
- 《俄罗斯之路30年》
- 《大国新路》
- 《论企业形象》
- 《能源资本论》
- 《中国崛起的世界意义》
- 《美元病——悬崖边缘的美元本位制》
- 《财政预算治理》
- 《预见未来——2049中国综合国力研究》
- 《文明的互鉴——"一带一路"沿线伊斯兰智库、文化与媒体》
- 《强国经济学》

译　丛
- 《西方如何"营销"民主》
- 《走向繁荣的新长征》
- 《国家发展进程中的国企角色》
- 《美国社会经济五个基本问题》
- 《资本与共谋》
- 《国家发展动力》
- 《谁是世界的威胁——从历史的终结到帝国的终结》
- **《21世纪的公司——现代企业商业运作原理与模式》**

智库报告	《新时代：中国道路的延伸与使命》
	《新开局：中国制度的变革与巩固》
	《新常态：全面深化改革的战略布局》
	《新模式：走向共享共治的多元治理》
	《新征程：迈向现代化的国家治理》
	《新动能：再造国家治理能力》
	《全面依法治国新战略》
	《大变局——从"中国之制"到"中国之治"》
企业史	《与改革开放同行》
	《黎明与宝钢之路》
	《海信史（2003—2019）》
企业经营	《寻路征途》
	《中信创造力》
专　访	《中国道路与中国学派》
	《21世纪的中国与非洲》
	《"一带一路"拉美十国行记》
人　物	《重读毛泽东，从1893到1949》
政　治	《创新中国集体领导体制》
战　略	《国家创新战略与企业家精神》
金　融	《新时代下的中国金融使命》
	《中国系统性金融风险预警与防范》
	《新时代中国资本市场：创新发展、治理与开放》
	《本原与初心——中国资本市场之问》
管　理	《中国与西方的管理学比较》